岳麓年鉴

(2016)

长沙市岳麓区史志档案局 编

方志出版社

图书在版编目(CIP)数据

岳麓年鉴. 2016 / 长沙市岳麓区史志档案局编. ——
北京:方志出版社,2017.10
ISBN 978-7-5144-2592-5

Ⅰ.①岳… Ⅱ.①长… Ⅲ.①区(城市)—长沙—
2016—年鉴 Ⅳ.①Z526.44

中国版本图书馆 CIP 数据核字(2017)第 254692 号

岳麓年鉴(2016)

编　　者:长沙市岳麓区史志档案局
责任编辑:梅中英

出 版 人:冀祥德
出 版 者:方志出版社
地址 北京市朝阳区潘家园东里 9 号(国家方志馆 4 层)
邮编 100021
网址 http://www.fzph.org
发　　行:方志出版社图书经销中心
电话 (010)67110500
经　　销:新华书店
印　　刷:湖南省日大彩色印务有限公司

开　　本:889 × 1194　1/16
印　　张:14
字　　数:443 千字
版　　次:2017 年 10 月第 1 版　2017 年 10 月第 1 次印刷
印　　数:0001~1000 册

ISBN 978-7-5144-2592-5　　定价:150.00 元

岳麓年鉴编辑委员会

顾　问　周志凯

主　任　刘　汇（女）

副主任　周　凡　蔡　锋　杨利成　王剑鸣　曾高杰

成　员　郑　平（女）　李思远　吕　瑛（女）　杨国春

岳麓年鉴编辑部

主　　编　喻剑平

常务副主编　周义娟（女）

责任编辑　陈志云（女）　屈国文

《岳麓年鉴(2016)》组稿人员

（名字按篇目顺序排列）

陆立人　唐南沙　陈建光　叶斯佳　李世雷　曹　娟　陈　瑶
何喜春　彭　彬　周义娟　高育敏　罗迎军　赵洪卫　唐智勇
何　冰　任　颖　文　成　周海宁　叶婉玉　李　晔　陶冠宇
蒋　娟　梁子君　康利民　陈　念　郭强华　谭一冰　周　磊
赵方程　余　祥　何　韬　张　康　刘铁庚　王瑞军　胡玉良
史　愿　林　娟　彭波静　李　莉　黄　旭　谢　思　刘　波
周建平　黄松杰　陈新喆　张晟荣　龙西刚　李　丹　罗　峰
谢英姿　陈　雯　罗　信　王小宇　胡　蕾　周跃进　王　灿
徐江方　魏拥军　徐　佳　韩娟娟　李炜路　刘　艳　葛　昊
曹海燕　罗　俊　符　浩　范　燕　任　娇　张　丽　左　乐
刘紫春　彭新伏　王　清　毛世栋　罗　瑶　余　南　凌　杰
胡　泉　向孝周　候　沙　杨幸生　彭慕曦　江南芬　张　峥
杨　灿　文晓明　程庆荣　杨思薇　彭上红　黄　静　李珊珊
吴红杰　陈星宇　袁　超　袁　英　方　彤　陈　娟　谢　婷
陈　意　彭　琴　吴　丹　戴湘蓉　张智权　李文郁　何仕蓉
刘科伟　胡海彬　李未枝　阙　琳

编辑说明

一、《岳麓年鉴》记述岳麓区自然、政治、经济、文化、社会等方面情况，是由中共岳麓区委、岳麓区人民政府主办，岳麓区史志档案局承办的年度资料性文献。《岳麓年鉴(2016)》主要记载2015年岳麓区各部门、各行业、各地区的主要工作、重要事件，收录若干文献和统计资料，集中反映岳麓区改革开放的新进程和经济建设、社会发展的新成绩、新经验及存在的问题。所载资料全面、系统、翔实、准确，是国内外人士了解岳麓区的权威性工具书。

二、本卷采用分类编辑法，设部类、分目、子目、条目等层次，全书共分13个部类。

三、本卷所载内容均由各部门、各单位专人撰写，领导审核，岳麓年鉴编辑部整理编辑，经区领导审查。岳麓区领导班子成员及各单位副科级以上领导干部名单，由各单位办公室提供，并经区委组织部审定。

四、为方便读者阅读，本卷所有副科级及以上单位领导名单均设在文前。

五、本卷各项数据均由各部门、各单位提供。

目 录

军 事

法 治

经济管理

工业·园区·交通

农业·林业·畜牧·水务

城乡建设管理

财政·税务·金融

旅游服务

榜上有名

附录

2015年8月7日，省委书记徐守盛（前排左5）到岳麓区调研长沙城市规划建设管理工作

2015年1月5日，市委书记易炼红（右1）赴岳麓区调研简政放权工作

2015年12月24日，省委巡视组调研岳麓区经济社会发展情况

2015年12月18日，全国各地文化产业精英考察后湖国际艺术园

2015年4月15日，岳麓区文化旅游产业协会理事会成立

2015年6月2日，岳麓区举行银政战略合作签约仪式

2015年9月28日，中铁城建集团华中总部基地项目正式奠基开工

商贸产业

SHANGMAOCHANYE

2015年10月27日，湘江新区岳麓区现代服务业发展高峰论坛暨招商推介会成功举办

2015年5月25日，湖南省检验检测特色产业园在岳麓科技园正式授牌成立

2015年5月18日，长沙首家创客集结地“库可咖啡馆”对外开放

2015年11月22日，全国首家24小时诊疗药店特格尔健康生活馆在长沙市岳麓区银盆岭开业

梅溪湖国际家居MALL

红星美凯龙

省信用联社

爱格农艺园

商贸产业

SHANGMAOCHANYE

森蓝科技蓝莓基地

天泉草业基地

2015年6月5日，长沙市首届环保文化节开幕式在岳麓区西湖文化园秀广场举行

2015年4月29日，岳麓区总工会启动“三工服务职工”志愿服务活动

2015年3月4日，岳麓区含浦街道官埠口举办金轮侨心卫生站落成典礼

2015年10月18日，岳麓区望岳街道八方社区三百余位老人齐聚汉园，互戴茱萸，共饮菊花茶，以传统的方式共度重阳佳节。

和谐民生

HEXIEMINSHENG

2015年7月28日，岳麓区首届民办学校（幼儿园）校（园）长研修班开课

2015年8月12日，湖南首个智慧街道落户咸嘉湖

2015年4月21日，“旧物换盆栽、大妈环保秀”、长沙市民玩转“世界地球日”大学生志愿者在倡议板上签名

2015年4月22日，岳麓区启动“微孝吧！少年”孝心教育实践活动

2015年9月18日，抗战老兵方耀寰、恽顺芳给新兵们讲述抗战故事

2015年9月9日重阳节，敬老模范们现场首次分享家风家训

2015年5月23日，“学最美画家，弘扬延安文艺座谈会精神，做德艺双馨的文艺工作者”道德讲堂活动在长沙市岳麓区桔子洲街道后湖国际艺术区美术馆举办

2015年9月17日，洋湖青年代表手持LOGO作品与大师们合影

2015年11月2日，世界顶级人像摄影大师卡什155幅原作首次到湖南并在岳麓区渔人码头展出

2015年5月22日，岳麓区举办驻区高校关心下一代工作经验交流暨区校共建活动

2015年4月3日，长沙市岳麓区中小学生在七十三军抗日阵亡烈士墓前举行公祭活动

2015年8月29日，岳麓区举办“铭记抗战史，共圆中国梦”爱国主题歌曲演唱会

2015年8月1日，“崇德问善，剪彩中华”校园剪纸文化进社区

精神文明 JINGSHENWENMING

2015年10月21日，望月湖街道志愿者上门服务老人

2015年4月21日，“爱地球、爱环境、爱家园、爱生活”学雷锋志愿服务活动在洋湖街道洋湖景园安置小区举办

城市新貌

JINGSHENWENMING

① 洋湖夜景

② 莲花镇

③ 渔人码头

① 八方生态公园
② 中盈广场
③ 李自健美术馆

城市新貌

JINGSHENWENMING

①	②
③	
④	⑤

① 湖南师范大学附属滨江学校
② 市素质教育基地
③ 麓山国际实验小学
④ 麓山滨江实验学校
⑤ 白马实验小学

城市新貌

JINGSHENWENMING

① 万科·白鹭郡
② 万科·金域滨江
③ 湘江玖号
④ 阳光丽城
⑤ 协信·星澜湾
⑥ 湘江时代
⑦ 梅溪青秀
⑧ 盛世耀凯

特 载

推进"三融共进"　着力"五化同步"
率先建成全面小康　加快实现基本现代化
——在区委四届十六次全委(扩大)会议暨经济工作会议上的讲话

周志凯

(2016年1月6日)

今天的会议是区委四届十六次全委(扩大)会议和区委经济工作会议合在一起开,以节省时间、提升效率。这次会议非常重要,既要全面贯彻落实党的十八届五中全会、省委十届十五次全委(扩大)会议、市委十二届十一次全委(扩大)会议精神,研究岳麓"十三五"时期经济社会发展的若干重大问题,审议通过《中共长沙市岳麓区委关于制定国民经济和社会发展第十三个五年规划的建议》,又要深入学习贯彻中央经济工作会议、城市工作会议和省委、市委经济工作会议精神,总结2015年、部署2016年的经济工作。我们要以本次会议为新的起点,聚精会神谋发展,铆足干劲抓落实,奋力实现"十三五"经济社会发展"开门红"。

一、"十二五"发展取得巨大成就,为"十三五"发展打下坚实基础

"十二五"时期,我们深入学习贯彻习近平总书记系列重要讲话精神和中央、省委、市委重大决策部署,团结带领全区人民跨越赶超、创新发展,以走在前列的目标引领干在实处的行动,总体完成"十二五"规划预期目标,创造了岳麓发展又一个黄金期。

这五年,我们坚持稳增长、调结构,推动经济大发展。区域经济总量大幅跃升,结构日益优化,效益同步提升,跻身全国科学发展百强区、市辖区综合实力百强区、投资潜力百强区三个"百强"行列,具体表现为"三个成倍跃升、三个大幅增长、三个明显优化"。"三个成倍跃升":"十二五"末,全区预计实现地区生产总值837亿元、财政总收入69.6亿元、全社会固定资产投资750亿元,分别为"十一五"末期的2倍、2.8倍、2倍。"三个大幅增长":社会消费品零售总额、规模工业增加值、城镇居民人均可支配收入均保持两位数以上的增长率,分别达到15.3%、15%、12.4%。"三个明显优化":区域发展格局明显优化,2015年税收过亿元街道达10个,比"十一五"末增加9个,区域协调发展、均衡发展的态势更为明朗;三次产业结构明显优化,预计由3.8∶53.7∶42.5调整为2.1∶51.4∶46.5,岳麓科技产业园获批省级工业集中区,检测认证等产业集群初具规模,三产对地区生产总值的贡献率由2010年的26.9%增至2015年的61.3%,都市农业加快发展,农业产业化品牌效应持续彰显;企业结构明显优化,规模以上企业增至162家,8家企业跻身亿元纳税方阵,3家企业挂牌上市,支撑作用进一步增强。

这五年,我们坚持铸品质、优管理,推动城市大变样。把城乡建设作为新区发展的关键抓手,加快构筑河西靓城。扩容与提质同推进,撑开城市"骨架"。五年共铺排重点工程项目665个,征拆腾地4.5万亩,城市发展容量进一步扩充。新增营盘路隧道、南湖路隧道、福元路大桥、湘府路大桥等过江通道,地铁2号线及西延线投入运行,岳麓发展迈进"湘江时代""地铁时代"。长韶娄高速、坪塘大道等6条跨区域干线及潇湘大道南延线、岳麓大道西延线等95条片区道路竣工通车,湘江新区交通枢纽建成运营,基本构建"七桥二隧一地铁"立体交通体系。改造滨江、坪塘片区、桐梓坡大板房等棚户区20余处,城市功能架构更加完备。建设与治理同优化,丰富城市"血肉"。实施史上最严格、最精细、最到位的城市管理,专业维护、常态维护、市场维护相结合的城市管理格局更加成熟。强力推进“百万拆违大行动”,累计拆除违法建筑420万平方米,后湖景区等区域违法建筑基本清零。深入推进“三年造绿大行动”,完成21个绿色城市建设项目,云栖路、雷锋大道等道路绿化提质顺利完成。实施农村公路通达、电力扩容、安全饮水和环境整治四大工程,农村生产生活条件得到较大改善。物质与文明同提升,焕发城市“活力”。积极开展城市品质工程和“三进”行动,提质改造社区20个,新建社区公园23个,背街小巷、老旧社区、城郊接合部人居环境明显改善。长华社区等4个单位被评为全国文明单位。大力宣扬社会主义核心价值观,评选首届岳麓“十大杰出人物”,全国时代楷模段江华、全国道德模范廖月娥等先进事迹深入人心。

这五年,我们坚持办实事、促改革,推动民生大改善。把增强群众获得感作为一切工作的出发点,全面推进改革事业,大力增进民生福祉。让群众获得更多发展红利。民生保障支出保持在区财政支出的70%左右,五年完成为民办实事任务173项,全面小康综合实现程度连续两年位居全省第二名。步步高、奥克斯、麦德龙、红星美凯龙、王府井等商业综合体、大卖场相继开业,市民群众在河西也能享受到高端购物体验。新改扩建学校56所,19所新建学校开学,新增中小学学位3万余个,获评全省首批教育强区。加快基层医疗体系建设,实现初级卫生保健服务全覆盖。文化惠民步伐加快,覆盖城乡的公共文化设施网络基本建成,获评全国公共文化服务体系示范区、全国和谐社区建设示范区。扎实推进社会综合治安防控体系建设,切实抓好企业安全生产,连续9年获评全省平安县(市、区)。让群众获得更多生态福利。实施清霾、碧水、静音、净土行动,坪塘老工业基地21家污染企业全部退出,超额完成主要污染物减排任务。新增含浦、坪塘等污水处理厂4个,完成28处排污口截污改造,湘江流域治理成效明显。湘江新区生态补偿试点全面启动,整顿关闭非煤矿山28家,洋湖湿地、桃花岭景区、巴溪洲水上公园、西湖文化园等成为长沙新的名片,连续3年获评全省十佳旅游区。让群众获得更多改革便利。持续推进全面深化改革,社会治理、区校合作等特色工作先后获评“中国改革年度案例”。深化行政审批制度改革,建立统一规范的权力清单、责任清单和流程清单,全面清理非行政许可审批事项,实现行政许可项目100%在线办理,行政审批效率提升50%以上,人民群众普遍感受到办事更快、更方便。

这五年,我们坚持强队伍、改作风,彰显管党大成效。把从严治党作为区域发展的坚强保障,突出抓基层、打基础,转作风、强队伍,全区上下心齐气顺、风清气正的政治生态已然形成。干部队伍建设展现新风貌。坚持重品行、重实绩、重基层、重公认的用人导向,深入开展“五好班子、五好干部、五好党员”分类评选活动,不断提高选人用人的科学性和公信度,干部队伍干事创业的动力明显增强。基层组织建设激发新活力。全面推行“三服务”一线工作法,加快基层服务型党组织建设,探索党员发展“三三制”、党员分类积分管理,稳妥处置不合格党员,逐年提高基层组织运转经费,基层党建科学化水平不断提升。党风廉政建设孕育新气象。扎实开展创先争优、党的群众路线教育实践活动和“三严三实”专题教育,大力整治“为官不为”等问题,有效扫除“四风”之弊。全面落实党风廉政“一岗双责”,深化纪检体制改革,推进“清风岳麓、你我同行”廉政主题教育,形成崇廉尚实、遵纪守法的良好氛围。

回顾五年的发展历程,我们取得了重大成就,也积累了宝贵经验。一是坚持在全面贯彻落实省、市重大决策部署的基础上,积极探索适合岳麓区情的发展路子。二是主动适应经济发展新常态,注重远近结合、强基固本、改革创新,有效增强综合实力和长远竞争力。三是坚持为民办实事,着力保障改善民生,维护社会公平正义,增强人民群众获得感。四是坚持全面从严治党要求,持续发力改进作风,形成风清气正、干事创业的良好氛围。这些经验弥足珍贵,对经济社会发展将起到长远作用,我们要倍加珍惜、矢志坚持,不断巩固、完善、发展。

在总结成绩和经验的同时,我们也要清醒地看到:以中部地区先进城区为参照系审视岳麓,我区经济发展结构性矛盾较为突出,总部经济、服务经济、园区经济实力有待进一步增强;转型创新动力尚处培育阶段,人文优势、科教优势、生态优势有待进一步转化;群众利益诉求日益多元,公共服务供给相对不足,行政效能和治理能力有待进一步提升;各级干部的思想观念、能力素质、创新精神、工作方法还不适应新常态要求,公民文明素质和社会文明程度有待进一步提高,等等。对此,我们必须增强忧患意识、危机意识、责任意识,始终保持昂扬向上、奋发有为的精神状态,求新求变求突破,实干苦干合力干,开拓岳麓转型创新发展新境界。

二、科学研判形势,坚定信心决心,在更高层次开创“十三五”发展的全新格局

“十三五”时期既是新常态下速度变化、结构优化、动力转换的关键期，也是新起点上率先建成全面小康加快实现基本现代化的决胜期。时势总体有利，挑战不容小视。关键看我们有没有定力、有没有能力去把握机遇，放大机遇，用好机遇。

区域地位极大提升带来叠加的战略机遇，必须奋发有为、不辱使命。发展地位决定发展格局，发展格局决定发展空间。从省市来看，“一带一部”的新定位、“双引擎”“双高地”的新构架和长沙率先迈向基本现代化的新要求，为岳麓在更大空间、更广范围集聚资源要素，推动创新创业、开放开发注入强大动力与活力。从自身来看，国家级湖南湘江新区、全国两型社会综合配套改革试验区、国家自主创新示范区三大战略平台在岳麓交汇叠加、集中发力。良好的基础、叠加的优势与时代的呼唤集成融汇，我们必须因势而谋、顺势而为，使之转化为看得见、摸得着的发展动力和现实生产力。

新型城镇化全面加速带来难得的发展机遇，必须奋力拼搏、步步攀升。城镇化是现代化的必由之路。近日中央在时隔37年后再次召开城市工作会议，习近平总书记提出“一个尊重、四个统筹”的总思路，这是我国将加快从规模城镇化向人口城镇化转型升级的重大信号和重大部署。长沙作为国家新型城镇化格局中“长江横轴”和“京广纵轴”的枢纽城市，2020年全市城镇人口将达810万，城镇化水平将达到80%以上。据国务院发展研究中心测算，城镇化率每提高1个百分点，将拉动消费增长1.6个百分点。作为省会主城区，我区的城镇化率也将明显提高，这必将带来基础设施建设、城市人口聚集、承载功能提升等多重利好，为我们推进经济社会发展奠定厚实基础、积蓄强大势能。

产业发展深刻变革带来重大的转型机遇，必须奋勇争先、聚力突破。新常态下中国经济正处于从“量的积累”转向“质的飞跃”的风口，以新技术、新能源、新材料为支撑的产业变革大幕全面拉开。越是应变快的地方，就越有潜力；越是创新强的产业，就越有活力。近年来，我们强力推进滨江、梅溪湖、洋湖、坪塘等片区征拆腾地，着力打造岳麓科技产业园、特色产业街区、城市综合体、甲级写字楼等产业发展平台，为引进新的产业项目、承接新的产业业态、培育新的增长动力打下了坚实的基础。岳麓走出转型升级、凤凰涅槃的发展新路，其时已至、其势已成。

鉴此，“十三五”期间，岳麓经济社会发展的指导思想是：坚持以马列主义、毛泽东思想、邓小平理论、“三个代表”重要思想、科学发展观为指导，深入贯彻习近平总书记系列重要讲话精神，围绕“五位一体”总体布局和“四个全面”战略布局，按照两型高地、科教强区、增长新极、河西靓城的总定位，推动产业融合、产城融合、城乡融合“三融共进”，着力新城国际化、产业高端化、城乡一体化、治理现代化、民生普惠化“五化同步”，加快建成秀美气质更迷人、创新气势更磅礴、发展气场更宏大、国际气息更浓郁的新岳麓，全面助推湘江新区建设，团结带领全区人民为率先建成全面小康加快实现基本现代化而奋斗。“十三五”时期的总体目标是率先建成全面小康加快实现基本现代化，计划分“三步走”：2016年率先建成全面小康，各项指标实现程度位居全省前列；2017—2018年，区域综合竞争力大幅跃升，跨入中部中心城区第一方阵；2019—2020年，率先全省实现基本现代化。我们要在这三个时间节点交出三份经得起历史检验的成绩单，必须着力建设“四个新岳麓”：建设秀美气质更迷人的新岳麓。岳麓集山水洲城于一域，要不负天赐之美，让山水更清秀、城乡更美丽。“十三五”时期，要以绿色发展为引领，以两型建设为抓手，改善自然环境，彰显自然价值，增值自然资本，着力塑造两型引领、低碳环保、和谐相生的绿色发展名片，让好山好水好风光融入城乡发展全过程。建设创新气势更磅礴的新岳麓。岳麓区是传统的科教大区、文化大区，具备巨大的创新潜能。要借助大众创业、万众创新的热潮，统筹效能提速、要素激活和创新驱动，不断推进制度创新、科技创新、文化创新等各方面创新，将创新潜能转化为创新势能，彰显出磅礴的创新气势，加快建成国家创新型城区。建设发展气场更宏大的新岳麓。城市如人，气场足则意味着发展空间广、对外影响大、自身价值高。“十三五”时期，要同步提升经济总量、发展质量、人均均量，实现地区生产总值到2020年突破1300亿元，三次产业结构更趋优化，市民群众平等参与、平等发展、平等享有的权利得到充分保障。建设国际气息更浓郁的新岳麓。城市的国际气息，既体现在城市硬件，也体现在城市软件，既是有形的，也是无形的。岳麓要在长沙建设具有国际品质和湖湘文化标识的现代化大都市中站头排、创示范，必须统筹新区拓展、老城提质和乡村建设，全面提升城区发展的综合吸纳力、文化影响力、城市承载力、政府服务力，着力建设富有国际品质、湖湘标识、文化厚重的现代化新区。

围绕上述指导思想和目标要求，重点从三个方面发力：

(一)推进“三融共进”,切实践行率先建成全面小康加快实现基本现代化的新战略。战略是行动的先导。事实证明,发展战略是否对头,从根本上决定着发展成效。区委研究“十三五”规划建议时,也特别强调,要纲举目张,发展战略找对了,目标任务就好定了。为此,《建议》提出实施产业融合、产城融合、城乡融合“三融共进”。这是区委在深刻分析宏观发展大势、总结岳麓发展实践的基础上,集众人之智形成的。

实施产业融合战略。率先建成全面小康加快实现基本现代化,促进产业融合是前提。实施产业融合,就是要推进三次产业之间、产业内部不同行业之间、行业内部不同业态之间渗透融合、协调发展。无论是匹配湘江新区核心区的战略地位,还是增强区域竞争实力,都必须通过产业融合加快产业发展,不断培育新的增长点,做大经济总量规模。“十三五”时期,全区上下要把主要精力集中到产业发展上来,统筹发展三二一产业,重点推动第三产业向第一产业和第二产业的延伸和渗透,实现新兴产业与传统产业互为补充,产业集聚与产业辐射同步推进,构建以高端服务业为核心、以新型工业和战略性新兴产业为引领、以现代农业为特色的都市产业体系。

实施产城融合战略。率先建成全面小康加快实现基本现代化,促进产城融合是关键。实施产城融合,就是要统筹建新城、兴产业、聚人气三者的关系,做到新城规划建设到哪里,产业经济就覆盖到哪里,公共服务就配套到哪里,市民安居乐业就到哪里,达到人、产、城三者和谐共进。要坚持把以人为本的理念贯穿于新城建设全过程,科学规划功能定位、空间布局、公共设施等,加快崛起产业功能组团,有序推进产业轴带建设,通过发展产业不断提升就业吸纳能力和人口集聚水平,通过集聚人气为产业发展积蓄能量、拓展空间,从而构建起产业复合、服务配套、宜居宜业的空间组织方式,让城乡居民就近、舒适地就业创业、休闲居住。

实施城乡融合战略。率先建成全面小康加快实现基本现代化,促进城乡融合是重点。实施城乡融合,就是要正确处理新城、老城、乡村的关系,加快推进城乡产业发展、基础设施、公共服务等方面的一体化,致力打造承载功能完善、宜居品质彰显、城乡融合发展的省会长沙新中心。要立足三大板块优统筹、抓协同,形成融合互动、齐头并进的发展局面。新城板块要以公共服务提质和环境形象提升为重点,推动学校、医院、商场、文体等配套设施向重点片区覆盖,提升城市规划建设管理水平,全面展现新区宜居气质。老城板块要加快有机更新,提升综合服务功能,加强历史文化资源保护,有序推进城中村和棚户区改造,改善提升人居环境,让老城居民共享新城建设成果。乡村板块要强化基础设施和公共服务设施一体化建设,引导更多发展要素向乡村延伸,推动“物的新农村”和“人的新农村”齐头并进。

(二)着力“五化同步”,奋力探索率先建成全面小康加快实现基本现代化的新路子。实现全面小康与基本现代化建设相互衔接、相互促进,必须协调推进新城国际化、产业高端化、城乡一体化、治理现代化和民生普惠化,把岳麓发展推向更高层次。

彰显新城国际化特色。融入人文、智慧、绿色、精致理念,在长沙国际化建设进程中找准坐标、精准定位,全方位提升城市规划、建设、管理水平。要完善空间布局。依据建成区150平方公里、常住人口120万的城区规模,统筹生产空间、生活空间、生态空间,增强空间立体性、平面协调性、风貌整体性、文脉延续性,充分彰显“山水洲城”特色。要以泛岳麓山创新创意和文化旅游示范区为核心,强化湘江西岸主轴功能,塑造金星路、枫林路、桐梓坡路、坪塘大道、云栖路等各具特色、错位发展的复合型城市功能轴,精心布设特色化、差异化发展的若干功能组团,着力构建“山水织城、聚核释能、轴带延展、片区联动”的区域空间框架。要彰显宜居品质。加快推进交通、信息、能源、管网等基础设施的现代化,建设智慧城区、海绵城区、生态城区,全面提升承载功能。坚持城管为民、城管从严的理念,健全城市管理长效机制,深度推进清洁城区、畅通城区、绿色城区、靓丽城区和更高水准的文明城区建设,让市民群众真切感受到“城市让生活更美好”。要优化城市生态。蓝天白云、青山绿水,是老百姓最能切身感受到的现代化形态。要继续实施史上最严的生态环保行动,着力推动绿色发展、循环发展、低碳发展,加快形成天蓝、水碧、空气清新的环境新常态。

加快产业高端化发展。坚持以产业高端化助推岳麓现代化进程,推动产业形态向更高层次演进升级。要促成产业组团的竞相发展。充分发挥科教、生态、空间等资源优势,大力发展商贸服务业、文化旅游业、健康养生业、金融业、检测认证产业、现代农业六大特色主导产业,构建泛岳麓山组团、市府滨江组团、环梅溪湖组团、洋湖大王山组团、岳麓科技产业园组团、莲雨含组团六大产业组团,推进区域组团式发展、产业多点式突破,着力塑造产业组团与主导产业共生共融的创新发展新格局。要体现服务产业的倍增之势。统筹传统服务产业、战略新兴产业和都市休闲产业,大力培育新技术、新产业、新业态、新模式“四新”经济,培育新的经济增长点,实现产业结构向高端领域迈进。推动生产性服务业专业化、生活性服务业品质化、商务服务业集聚化、新兴服务业网络化发展,着力构建与新型工业化相配套、与城市化进程相协调、与城乡居民需求相适应的现代服务业体系。要形成专业园区的集聚效应。园区是岳麓实体经济发展的主战场。园区的发展水准,体现着我们抓经济工作的能耐和本领。要聚焦岳麓科技产业园,深化区校战略合作,加快检验检测等专业园区发展,实现建设大推进、总量大扩张、产业大提升、企业大发展,打造精致型、专业型、效益型的现代城市科技经济综合体。

提速城乡一体化进程。岳麓区有 422 平方公里的涉农区域,既为我们加快发展提供了广阔的空间,也是转型创新的必破难题。要紧紧围绕基础配套、产业支撑、公共服务三个重点,构建新型城乡关系,推动城乡共同繁荣。要完善基础设施。构建布局合理、衔接顺畅的城乡路网体系,提高农村供水、供电、供气、通讯水平,逐步实现广电网、电信网、互联网“三网融合”,加快实现城乡能源供给全覆盖。要发展都市农业。规范农村土地流转,引进有实力、讲信誉、带动力强的现代农业、旅游农业、科技农业项目,培育一批现代农庄、特色基地、龙头企业、合作组织,加快形成莲花慢谷、坪塘绿谷、雨敞坪五彩谷、学士农趣谷、含浦乡韵谷等都市农业“五谷”格局。要优化公共服务。推动公共财力更多向农村倾斜、公共服务设施更多向农村延伸、公共管理更多向农村覆盖,让广大农民共同分享现代化成果。推进土地制度、户籍制度等相关改革,促进农业转移人口市民化,形成城乡发展一体化的制度安排。

提升治理现代化水准。立足区情实际,紧扣全面深化改革、基层治理、依法治区三大课题,全面开拓治理能力现代化的新境界。坚持以深化改革为主线。主动承接落实中央、省委、市委部署的各项任务,制定针对性强、含金量高的改革方案,释放改革创新的红利。积极扶持、全面推进众创、众包、众扶、众筹,不断丰富创新创业组织形态,建成中南大学科技园研发总部、湖南大学创新创意园,打造全省乃至全国具有影响力的创新创业中心。坚持以基层治理为重点。进一步拓展“三服务”一线工作,深化“五星网格”创建,探索物业管理与社区管理、政府引导与市场运作、干部作为与志愿服务相结合的方式,推动“社区、社团、社工”三社联动,着力构建党建组织、社会组织、志愿服务、社区居民共同参与的社区治理新格局。坚持以依法治区为保障。坚持党的领导、人民当家做主、依法治国的有机统一,把依法治区作为“十三五”的一个基本要求来落实,做到法无授权不可为、法定职责必须为。要加强信用体系建设,增强全民法治意识,真正做到依法行政、依法办事。

提高民生普惠化程度。民生连着民心,民心凝聚民力。要更加注重利民为本、惠民为先,让人民群众共享改革发展成果。着力提高市民群众殷实感。不断优化居民收入结构,推动就业更加充分,率先实现精准脱贫,进一步完善社会保险、社会救助、社会福利相衔接的社会保障体系,促进城乡衔接、加快扩面提标、确保托底兜网,努力让市民群众生活更有尊严、更加体面。着力提高市民群众安全感。健全完善安全生产隐患清单、责任落实、长效管理“三大体系”,提高公共安全水平,推进依法治访,有效维护社会公平正义。着力提高市民群众愉悦感。深入开展中国梦和社会主义核心价值观宣传教育,浓厚向上向善、互信互助的社会风尚。重点规划建设好图书馆、文化馆等文化惠民工程,大力开展群众性文化活动,不断丰富人民群众精神文化生活。

(三)紧扣务实创新“十二条”,实行重点攻坚,着力形成率先建成全面小康加快实现基本现代化的新成效。率先建成全面小康加快实现基本现代化,是我区“十三五”时期的中心任务。立足我区资源禀赋各异、产业基础薄弱、体制机制不顺等实际情况,要在预定时间实现既定目标,必须补齐短板、突破难点、强化保障,实行重点攻坚。

实行重点攻坚,历来是我们推动工作的重要领导方法和工作方法,其实质就是遵循实事求是的精神,抓主要矛盾,抓矛盾的主要方面。能不能在纷繁复杂的工作中找到并抓住重点,采取有效措施予以突破,决定着工作能否取得成功,也是衡量我们领导能力和工作水平的重要标志。区委制定务实创新推进区域经济社会发展“十二条”的实施意见,主要有三个方面的考虑:一是从产业发展方面补齐短板,主要包括发展六大产业、优化产业结构;发挥科教优势,建设泛岳麓山创新创意区;深化区校合作,加快岳麓科技产业园发展。二是从理顺机制方面突破难点,主要包括全面理顺岳麓区与湘江新区、高新区机制体制;严格规范程序,加强政府投资项目管理;拓展融资渠道,创新多元融资模式;坚持标本兼治,健全安全生产三大体系;坚持依法治访,维护社会大局和谐稳定。三是从队伍建设方面强化保障,主要包括调动积极因素,有效提升生产力;狠抓工作落实,确保政令畅通;严守纪律规矩,加强干部队伍作风建设;坚持与时俱进,全面加强党的建设。在文件征求意见的过程中,有的同志讲,这"十二条"涵盖的范围是不是窄了,还有很多工作没有列进来;也有的同志提出,这"十二条"的任务提得太重了,是不是能够实现;还有同志提出,这"十二条"的方向性有了,每一条怎么搞还没有明确。对于第一个问题,促进区域发展包括常规工作、瓶颈工作、特色工作,常规工作就要常态化推进,特色工作就要根据各地各单位实际来谋划,瓶颈工作就要重点攻坚。这"十二条"就是我们推进全面小康和现代化建设需要重点攻坚的任务,就是区委确定的重点工作。我也希望,我们各级各部门都要找准自己的工作重点,既要弹好钢琴、更要抓住关键,而不是胡子眉毛一把抓。对于第二个问题,我们常讲要跳起来摘桃子。推进区域发展也是如此,必须以一流的目标来引领,以担当的精神来作为,总想着轻轻松松、舒舒服服,没有目标、不在状态,那是干不成什么事业的。对于第三个问题,区委制定"十二条"就是管方向、提要求的,具体怎么抓、怎么操作,那需要责任领导和责任部门研究会商,拿出方案、列出计划、提出建议,给区委当好参谋。在经济发展新常态下,如果我们还只是习惯于那些固有的框框,下达一些不痛不痒的任务,我们的发展怎么能够落到实处?因此,区委对这"十二条"、26 项具体任务,都确定了牵头领导、牵头单位和责任领导、责任单位,明确了调度机制和考核办法。各牵头单位和责任单位要对照任务要求、组织各相关责任单位明确工作思路、工作目标和工作举措,制定具体工作方案和年度工作计划,分线分块分解责任,定期向区委、区政府汇报工作进展情况;各责任单位要明确具体责任人和完成时限,做到责任上肩,确保工作落实。各部门单位之间要加强配合、形成合力,做到上下联动、协同推进。

三、引领新常态,实现"十三五"精彩开局

日前召开的中央经济工作会议提出了五大政策支柱和五大任务,五大政策支柱即宏观政策要稳、产业政策要准、微观政策要活、改革政策要实、社会政策要托底;五大任务即去产能、去库存、去杠杆、降成本、补短板。习近平总书记在会上提出"十个更加注重"的重要论述。这些政策、任务和论述都是奔着问题去的。我们要读懂其中的信号、内涵和要义,在岳麓形成政策落地的叠加效应、乘数效应,加快区域内涵式发展。

2016 年是"十三五"的开局之年。今年全区经济工作的总体要求是:认真落实中央、省委、市委经济工作会议精神,突出以务实创新促进经济社会发展"十二条"为抓手,以项目建设为载体,以产业发展为突破口,以城乡统筹为结合点,以改革创新为带动力,着力推进岳麓经济形态、产业结构、增长模式、城乡建设、社会治理向更高层次转型创新。

今年经济工作的基本基调是:行稳致远。"行稳"就是要稳投资、稳要素、稳就业三结合,保持中高速增长,继续在省会中心城区中走在前列;"致远"就是落实创新、协调、绿色、开放、共享五大发展理念,统筹推进转方式、调结构、促改革、惠民生,实现更高质量、更大能级、更可持续、更加公平的发展。区委考虑,今年地区生产总值增长的预期目标为 10%左右,财政总收入增长 10%以上,规模工业增加值增长 6%以上,社会消费品零售总额增长 11%以上,固定资产投资增长 17%以上,城镇居民人均可支配收入增长 10%以上。

落实上述总体要求和预期目标,要着重做好四个方面的工作:

(一)顺应供给侧改革,开展"产业发展年"活动,实现更高质量的发展。区委决定,2016 年为全区"产业发展年",总的思路是:紧紧围绕长效财源的培植,坚持双创驱动、开放合作、政策引导、环境保障,开展精准招商、发展特色产业、壮大实体经济、优化产业结构,致力打造岳麓经济升级版。一是浓厚创业氛围。加快中南大学科技园研发总部、湖南大学创新创意园、后湖国际文化艺术区建设,塑造学士路创新创业走廊,培育"58 众创"等 10 个以上使用成本低、吸纳能力强、配套功能齐的众创空间,力争每个街道打造 1 个以上创业型社区,推动形成以岳麓山创新创意集聚区为核心,辐射西湖、洋湖、梅溪湖、滨江等区域的"一核多极"创新创意版图。二是掀起兴业高潮。依托"六大组团",推进湘江玖号、省建筑设计院、中冶长天等标志性项目竣工达效,提速湘江欢乐城、绿地湖湘中心、华谊电影文化城、中铁城建等战略性项目建设,大力培育特色主导产业,发挥集聚效应。聚焦大王山文化旅游、洋湖总部经济、岳麓山创新创意、裕湘纱厂游艇经济、渔人码头及湘江玖号高端商贸、滨江金融区等黄金节点资源,统筹规划设计,优化服务配套,汇聚消费人气,加快打造湘江西岸现代服务业走廊。以检验检测专业园区建设为突破口,启动实施检测认证产业“三年行动计划”，开展点对点、订单式招商行动，汇集检验检测企业30家以上，其中国际国内知名企业5家以上，创建湖南首家检验检测高技术服务业集聚区。大力推动“总部进楼、企业满楼”行动计划，集聚区域总部企业20家以上，楼宇企业300家以上。三是打造置业高地。精准把握中央、省、市去库存的政策利好，结合棚户区、城中村改造及重大项目征拆建设，鼓励群众选择货币安置，在岳麓区就近购买商品房源。深入开展区域价值宣传推介，打好优质教育和宜居环境“两张牌”，全面展示岳麓建设发展成果和“山水洲城”特色，让全省各地有购买能力、有购买意愿的人来岳麓安家就学、置业创业。

（二）坚持需求侧发力，促推项目建设大提升，实现更大能级的发展。要认真落实中央、省委、市委决策部署，以项目建设为着力点，更好地从需求侧发力，释放内需潜力，增强发展后劲。一是抓项目的导向要更加鲜明。在经济发展新常态下，虽然存在有效需求不足的问题，但是基础设施、产业发展、公共服务、生态环保仍然有很大的投资需求，我们必须敏锐把握、充分利用。今年，全区计划铺排438个建设项目，计划投资690亿元；铺排征拆项目208个，其中集体土地项目172个，国有土地项目36个。这些项目是释放需求、拉动增长的重要来源。要坚持以项目论英雄、排座次、定奖惩，抓早、抓新、抓快、抓实，形成年年引大项目、月月上新项目、天天谋好项目、时时在抓项目的更浓氛围。二是抓项目的方法要更加科学。抓好项目建设，最基本的就是要讲究统筹分类、综合施策。要全面破解手续难题，切实加强对省、市特别是湘江新区的衔接，无论是项目立项、征地拆迁，还是环境评估、前置许可等事项，都要明确专人负责，在第一时间积极主动联系、主动协调。要有效破解资金难题，对于区投区建项目，要坚持政府引导、市场运作，创新投融资机制，通过争取上级资金、激活民间资本、加强银企对接等多种途径，形成多元化的资金保障体系；对于省、市和湘江新区重点项目，要做好环境保障工作，推动资金到位率、项目开工率、投产达效率不断提升。要大力破解征拆难题，全面推广和借鉴桐梓坡棚改的先进经验，强化责任上肩，注重方法创新，确保如期完成全年项目征拆计划。三是抓项目的作风要更加务实。按照“领导盯着项目看，部门围着项目转，干部上到项目去”的总要求，坚持以干部的辛苦指数换取项目的推进速度。对于项目建设中的各种问题，符合条件的要“马上办”，手续不完备的要“帮着办”，特别紧急的要“特殊办”，需要勘察的要“现场办”，预约联系的要“上门办”，努力为项目建设提供最优服务。

（三）注重城市化品质，加快城乡一体统筹，实现更可持续的发展。认真落实中央城市工作会议精神，继续把“宜居宜业、精致精美、人见人爱”的品质城区建设推向深入。一是显著增强承载功能。加快城区顶层设计和扩容提质，实现成片开发、整体成形，推动新区建设向“组团式”发展坚实迈进。坚持大小交通同步，主动服务城铁、地铁建设，推进岳宁公路、南横线、莲坪大道、坪塘大道等重点道路建设，启动西二环快速化快捷化改造，加快拉通滨江、后湖等区域的断头路、瓶颈路，努力构建通达有序的道路交通体系。全面完成坪塘片区、桐梓坡大板房等棚户区征收扫尾，加快推进三汊矶、老咸嘉湖路等棚户区改造。启动白沙液街有机棚改，致力打造河西第一老街。二是不断优化城市管理。2016年城管工作考核将更严格、更全面、更精细、更深入，考核导向将从以问题为主转变为以品质为主，考核范畴将覆盖社区、村。要坚持全域治理、源头治理、立体治理、精细治理、常态治理，从净化、序化、美化、绿化、亮化着手，全方位打造整洁、清新、靓丽的城区新形象。以社区为单位开展城市精细化管理大竞赛，进一步改善老旧社区、农安小区、背街小巷的环境形象，在全市社区改造三年行动计划中走在前列。始终保持拆违控违高压态势，严控新增违章产生。高标准推进新一轮“三年造绿行动计划”，把造绿增绿与绿化美化、造景添景结合起来，建设环城绿带生态圈。落实最严环保制度，努力让百姓享受到更宜居的生态环境。三是推进美丽乡村建设。实施农村公路“白改黑”改造，加快水、电、气、讯等基础设施城乡一体化。坚持三产带一产、一产促三产，推进传统种植农业向现代科技农业、都市农业、特色农业转型，打造和提升莲花现代农业产业示范园、学士“农趣谷”、雨敞坪“田园香”等农业品牌。按照“生态美、生活美、生产美、行为美”的要求，全面改善农村人居环境，深入推进村庄垃圾收集处理、污水治理、村庄绿化等综合整治。

（四）发展普惠型民生，增进市民群众获得感，实现更加公平的发展。统筹民生普惠、公共服务和安全常态，不断改善人民生活，着力建成全面小康、和谐文明的宜居宜业新家园。一是全心办好民生实事。要精准对接民需，把新增财力更多投向民生领域、投向公益事业、投向困难和弱势群体。实施教育发展“三年行动计划”，开放素质教育基地，推动教育事业向更高层次优质均衡发展。完善基层医疗卫生服务体系，启动区公共卫生中心建设，加快形成小病在社区、大病进医院、康复回社区的就医格局。启动新的区文化馆、区图书馆建设，扎实开展文化进乡村、进社区活动，不断提高文化产品供给能力。二是全面筑牢民生保障。完善公共就业创业服务体系，进一步扩大就业、扶持创业，推动城乡居民收入倍增。不断健全城乡居民最低生活保障制度，统筹抓好精准扶贫、精准脱贫，减少建档立卡贫困人口1300人以上。三是全力维护安定和谐。坚持依法治理、源头治理、综合治理，重点抓好首访初访，积极创新有效预防和化解社会矛盾的体制机制。加强“平安岳麓”建设，建立立体化社会治安防控体系，有效预防和坚决遏制各类安全事故发生，使岳麓成为最具安全感的地区。

四、立足统揽全局、协调各方、狠抓落实，切实增强新形势下领导发展的能力和水平

推进“三融共进”“五化同步”的新实践，关键在党、关键在干部。面对“十三五”时期艰巨的改革任务和今年繁重的具体工作，我们必须坚持中国特色社会主义政治经济学，提高领导经济社会发展的科学化、制度化、专业化水平。

(一)推进思想再提升，以先进的理念引领发展。置身新常态中推进“三融共进”“五化同步”，必须以思想的大解放来谋划发展路径，以认识的再飞跃来推动工作创新。现在有些同志对新常态的认识还不够、定力还不够、作为还不够，遇到困难动辄强调现在是新常态，自我原谅、自我减压，等待观望、无所作为。这与岳麓的发展态势、与群众的热切期盼是极不相称的。对当前经济下行的巨大压力，我们决不能听之任之；对改革发展的困难挑战，我们决不能无所作为。新常态的中高速，是对全国面上而言的，不是各地都要整齐划一、齐步前进，而是在有质量、有效益的前提下，可以发展得稳一些、好一些、快一些。当前的岳麓，多重优势复合叠加，沿着“三步走”的道路，率先建成全面小康加快实现基本现代化，基础已经夯实，机遇就在眼前。只要我们继续解放思想，不断砥砺抢先的意识、率先的精神、争先的干劲，善于用新的信念、理念、观念破解难题，用新的思想、思维、思路谋求突破，就一定能够创造一个激情燃烧、干事创业的火红年代。

(二)推进队伍再提升，以坚实的基础支撑发展。强队伍首在用干部。选用什么人，不用什么人，必须旗帜鲜明，态度坚决。要始终坚持党管干部原则，全面贯彻落实“好干部”标准，深化干部选拔任用制度改革，突出“五看五选用”:看品行，选用信念坚定、忠诚可靠的干部；看实绩，选用开拓进取、善抓落实的干部；看口碑，选用扎根基层、为民服务的干部；看能力，选用敢于担当、勇于攻坚的干部；看作风，选用严格自律、清正廉洁的干部，让吃苦的人吃香、实干的人实惠、有为的人有位。强队伍必须抓党建。全面开展“三级联述联评联考”“双述双评”工作，实行基层党建项目化推进，紧扣破解基层组织活力不足、集体经济后劲不强、少数党员干部作用发挥不佳等重点问题，健全城乡基层党组织互帮互助机制，着力强化基层党组织的发展和服务功能。强队伍重在树形象。认真落实“一进二访”，全面深化“三服务”一线工作，进一步打通联系服务群众“最后一公里”，让群众更满意、更信服、更支持。

(三)推进能力再提升，以过硬的本领助推发展。经济社会发展步入新的阶段，新情况新矛盾层出不穷，迫切要求党员干部不断强化专业思维、提升专业素养、掌握专业方法，成为既“接天线”，又“通地气”的行家里手。牢记参谋是生产力。对区委、区政府来讲，各个部门、街镇的主要负责同志常年工作在一线，要多从全局高度、专业角度，积极为区委、区政府科学决策出谋划策。我们要尊重专业、注重学识，在全区形成“让专业人干专业事”的浓厚氛围。牢记协调是生产力。全面理顺与湘江新区、高新区、驻区高校体制机制，积极争取上级政策倾斜、资金扶持、项目落户，全程跟进、主动服务、守住底线，凝聚各方力量为岳麓发展所用。牢记担当是生产力。位子就是担子，领导就是责任。全区各级干部特别是领导干部，在面对矛盾时要敢于迎难而上，在面对危机时要敢于挺身而出，在面对失误时要敢于承担责任，在面对歪风邪气时要敢于坚决斗争。区委将旗帜鲜明地鼓励担当者、支持担当者、保护担当者，理解创新中的曲折，包容探索中的失误，让基层和干部放开、放活、放胆去干。牢记环境是生产力。树立“所有部门都是服务部门、所有岗位都是服务岗位”的观念，不断深化行政审批制度改革，大力优化项目建设环境，全面提升服务质量，打造优良的营商环境。

(四)推进作风再提升，以一流的作为服务发展。要始终坚持从严治党、从严治吏，以高度的政治自觉履行党风廉政建设“两个责任”，对各类作风问题、腐败问题抓早抓小、严肃查处、寸步不让。要巩固拓展党的群众路线教育实践活动和“三严三实”专题教育成果，组织开展“为官不为”专项整治，让“严”和“实”成为全区党员干部修身做人、用权律己、干事创业的

“座右铭”。要狠抓工作落实,强化督查督办,加强对重点工作的交办、催办、督办、查办,做到工作推进到哪里,督查考核就跟进到哪里,通过查不落实推动落实,查不作为推动作为。到岳麓区工作以来,我经常接到一些反映,有些同志干工作看风向标,领导强调多的工作或者容易出彩的工作,就抓一抓;领导讲得少的工作或者基础性工作,就难以推动;有的同志开展工作还要挑选领导,认为职位重要就马上办,认为不重要的就拖拖看。这里我再次强调,对于区级分管领导、联点领导要不分一线二线,凡是代表区委、区政府作出的决策部署、工作安排,各级干部都要认真落实到位,确保政令畅通。

同志们,率先建成全面小康加快实现基本现代化,是岳麓必须担当的时代责任,是全区人民的共同愿景。蓝图催人奋进,责任重于泰山。让我们更加紧密地团结起来,务实作为,创新实践,在“三融共进”“五化同步”的现代化道路上携手奋斗、再创辉煌!

长沙市岳麓区人民代表大会常务委员会工作报告

2016 年 1 月 14 日在长沙市岳麓区第四届人民代表大会第五次会议上

区人大常委会主任　胡杰夫

2015 年工作回顾

2015 年,是全面完成“十二五”规划的收官之年。区人大常委会在区委的正确领导下，深入贯彻落实党的十八大及十八届三中、四中、五中全会精神和习近平总书记系列重要讲话精神,始终坚持党的领导、人民当家做主和依法治国的有机统一，围绕转型创新、跨越赶超、率先建成全面小康的战略目标,结合人大工作实际,依法履职,积极作为。全年共召开主任会议 23 次,常委会议 8 次,听取和审议“一府两院”专项工作报告和其他报告 54 项,作出重大决定 3 项;开展专题询问 1 项;开展专项工作评议 3 项;开展执法检查和配合省、市人大常委会开展执法检查 5 项;开展专题调研 22 项;任免国家机关工作人员 109 人次;备案审查区政府规范性文件 8 份,圆满完成了区四届人大第四次会议确定的各项任务。

一、依法行使重大事项决定权,推动经济社会发展

常委会坚持将行使重大事项决定权与贯彻区委决策部署相结合，紧紧围绕全区工作大局和群众切身利益,正确运用重大事项决定权,实现了依法行使职权与支持“一府两院”开展工作的有机统一。

审议区域国民经济和社会发展规划。密切关注“十二五”规划执行和“十三五”编制情况,组织专门调研和考察学习,多次听取区政府及发改部门对“十二五”规划执行情况,以及“十三五”规划纲要编制情况的报告,要求政府紧扣中央、省、市、区委重大决策部署,抢抓战略发展机遇,高起点、高质量谋划未来,为岳麓今后五年发展提供科学设计和制度保障。

决定本级财政全口径预决算。按照新《预算法》要求,深化对政府预算编制、调整、执行的全口径监督,推动政府预算更加全面、规范、透明。严格审查批准本级决算、年度预算、预算调整方案。加强对预算的预先审查和预算执行的监督，督促政府强化财政预算和收支管理,加大民生领域的投入。延伸审计监督,两次听取和审议审计工作报告,审计所查问题整改情况的报告,促进工作落实。强化债务监督,按照党的十八大和新《预算法》要求,依法对政府债务进行审查,推动政府清理债务存量,确定年度政府债务总额、政府负责债务额度和政府债务率,有效防范债务风险。鼓励支持政府重点项目建设和园区项目建设投融资体系创新，依法审查批准岳麓科技产业园玉江片区新型城镇化建设项目委托代建事项，有效缓解园区融资矛盾,支持了园区的发展。

决定辖区乡镇区划调整。按照省、市、区委关于乡镇区划调整改革要求，依法决定撤销东方红镇和麓谷街道合并设立新的麓谷街道。

决定加强古树名木保护。常委会根据区情,以加强古树名木保护为切入点，强化区域两型和生态文明建设监督,率先在全市出台《关于加强古树名木保护的决定》，区人民政府从 2016 年起设立 200 万专项基金加强对古树名木的保护。市人大城环委、法制委和市林业局、园林局等部门高度肯定,市林业局将该项《决定》作为成果性意见转发,产生良好反响。

二、依法行使监督权,推动民生事业改善

常委会紧紧围绕全区工作大局，运用多种监督方式,加强各项监督,支持和促进“一府两院”依法行政,公正司法,推动了重大决策和法律法规落到实处。

加强对重点项目建设的监督。深入开展“项目建设岳麓行”活动,紧盯重大项目建设,围绕创新发展,采取主任会议成员牵头督办、政府副区长领办、常委会委员协办和重点督办的方式,对棚改、城改、教育、路网、产业项目、重点设施加强监督,支持区委、区政府推进项目建设,取得明显成效。

加强对教育均衡发展的监督。开展《义务教育法》执法检查,深入素质教育基地、师大附中博才实

验中学(南校区)等学校实地调研,组织走访、座谈,征求意见,全面了解掌握《义务教育法》在本区的贯彻实施情况。开展了专题询问,在听取政府贯彻落实《义务教育法》情况报告后,常委会委员和特邀代表,就如何确保城乡教育均衡发展、有效化解城区大班额、农村教育相对落后等 12 个问题进行专题询问,区政府分管副区长及教育、财政、发改、住建、人社、城管、工商、公安、交警、消防、食药监、文体等部门主要负责人认真回答询问,常委会结合审议和询问,提出具体审议意见,督促政府不断加强和推进城乡义务教育均衡发展。通过执法检查和专题询问,充分体现了政府接受人大监督的精神和要求,《湖南日报》、湖南省教育电视台、《长沙晚报》、长沙电视台等多家媒体进行了宣传报道。

加强对生态环境保护的监督。以“守护碧水蓝天,建设美丽长沙”为主题,开展三湘环保世纪行、“保护母亲河,共建长沙文明城”活动,营造全社会共同关注、参与大气污染和水污染防治的良好氛围。现场督办加强湘江截污工程、排污口和地下管网建设,跟踪督办生态保护审议问题整改落实。以保护改善水资源环境为目的,到龙王港、靳江河、白泉河、八曲河等处深入视察、调研,形成了《岳麓区流域治理调研报告》。在岳麓山、桃花岭等景区和相关街道,集中开展《岳麓山风景名胜区保护条例》宣传周活动。开展“农产品质量安全行”“三湘农民健康行”活动,监督改善农村卫生服务条件,加强农产品质量安全监管。

加强对城乡住房建设的监督。开展对住建工作专项评议,深入区直相关单位、部分街镇、村(社区)和建安企业,走访居民群众,实地考察岳麓山建筑公司、梅溪湖新城运营管理有限公司等单位,赴温州市瓯海区考察学习建筑业和社区物业管理经验,要求加强建设领域法律法规宣传,优化行业监管服务,加大行政执法力度,关注和督促解决建安市场发展、小区物业管理、农安房办证问题,推动全区城乡住房建设和发展。

加强对安全生产工作的监督。开展对安全生产监督工作专项评议,就安全生产责任体系、执法整治和基础工作,组织开展调研座谈、明查暗访,集中视察望岳燃气站、长宏乙炔有限公司、轨道交通 2 号线等重点场所,要求加强普法宣传、夯实安全基础工作、强化专业监管和巩固基层建设,有效推动了安全生产隐患清单体系、安全责任体系和长效管理体系健全。

加强对法律法规实施的监督。以公正司法、依法行政为重点,开展司法公正岳麓行活动,推进法治岳麓建设。开展庭审评议活动,组织市、区人大代表参加旁听区人民法院审理刘某容留他人吸毒案庭审,对合议庭、公诉人和辩护人的庭审表现进行满意度测评,组织专家对公安办案侦查、检察审查起诉、法院审判案卷进行计分评查,形成评议意见,及时反馈交办,督促整改落实。推进法治政府建设,组织政务公开情况视察,听取审议区政府《关于行政审批工作情况的报告》,对区政府规范性文件进行备案审查。监督法律实施,组织开展《人民调解法》《未成年人保护法》执法检查,重点跟踪监督《禁毒法》执法检查报告审议意见的整改落实,效果明显,全区查获贩卖毒品和登记吸毒人员均较去年大幅度下降。认真处理群众来信来访,办结群众信访 37 件,重点督办涉法信访案件 3 件,化解信访积案 1 件,维护了社会和谐,推进了平安岳麓建设。

三、依法行使选举任免权,推动区域民主进程

选举任免权是宪法和法律赋予人大及其常委会的一项重要职权。常委会坚持党的领导与依法任免相统一,切实保证人民当家做主,不断推进区域民主建设。

弘扬宪法精神。以国家宪法日为契机,弘扬宪法精神,率先实行向宪法宣誓制度,从人员范围、宣誓流程等方面,建立相对科学完整的制度体系,增强了人大任命国家机关工作人员的宪法意识。全年组织 6 批 49 人次向宪法宣誓活动。

依法补选代表。依照《代表法》、《选举法》规定,认真履行代表资格审查委员会工作职责,及时掌握市、区代表变动情况,指导街镇做好代表辞职、选举或补选代表工作,确认补选 17 名代表资格有效,补选市代表 2 名。

规范人事任免。根据《选举法》《地方组织法》和《长沙市岳麓区人民代表大会常务委员会人事任免办法》有关规定,正确处理好党管干部与人大及其常委会依法任免干部的关系,全面推行任前法律考试、会议陈词、颁发任命书和向宪法宣誓制度,不断推动人事任免规范化、民主化和制度化,共任免国家机关工作人员 109 人次,其中接受区长辞去职务 1 人次,免去副区长职务 3 人次,决定代理区长 1 人次,任命副区长 2 人次。

四、坚持代表主体地位,推动代表作用发挥

常委会把加强代表工作摆在突出位置,进一步完善代表工作格局,不断加强和改进代表工作。

督办代表建议。共收到代表建议71件,内容涉及文教卫、项目建设、产权办证等多个方面。常委会通过听取审查、集中交办、重点督办和主任会议成员牵头督办,已解决或正在解决62件,因受政策和条件限制暂不具备解决条件,已向代表作出解释说明9件,办复率、见面率和满意率均为100%。《关于请求解决学士路延长至含泰路建设的建议》《关于提请岳麓区专项财政支持基层医疗机构内涵建设,发挥湘雅三医院在区域卫生服务体系中龙头作用的建议》、《关于加大对失地农民培训和就业的建议》等办理得力,发挥了良好建议作用。

深化代表活动。以"双联"活动为平台,加强常委会委员与代表、代表与人民群众的联系。常委会领导集中走访代表100余人次,制定《长沙市岳麓区人大常委会代表述职评议办法》,安排71名区人大代表向选区选民述职。各代表小组闭会期间活动丰富多彩、生动活泼,各位人大代表忠实履职,备受选区和选民欢迎,涌现出大批优秀代表。余海燕、辜梁、王大益、王毅清、刘又阳、唐祖怡、殷宏祝、赵希求、胡学明、戴美霞、贺秋纯、李金海、夏学启、雷百鸣等代表,在带头创新创业、带领群众建设小康示范、百万大拆违、化解矛盾纠纷、帮助困难群体等履职服务中,发挥了表率作用。

优化代表服务。全年安排36名代表列席区人大常委会会议,组织89名代表参加履职能力培训,组织230人次代表参加执法检查、专题询问、工作评议。召开市、区"一府两院"向人大代表通报工作会,开展会前集中视察,为代表履职提供有效保障。巩固街镇代表活动室建设,延伸代表活动触角,建成19个村(社区)代表接待室,为代表联系选民、服务群众、接受评议,以及联系服务省、市代表,搭建了更加直接有效的平台。常委会办公室、联工委及各街镇人大组织,正确引导、总结推介,形成正能量,协助在《湖南日报》、光明网等主流媒体上刊发专版,宣传代表风采。

五、加强常委会自身建设,推动履职水平提升

加强自身建设是常委会依法行使职权的重要保证。常委会巩固群众路线教育实践活动成果,切实加强思想作风建设、干部队伍建设和制度规范建设,不断提高新形势下做好人大工作的能力和水平。

改进作风树形象。认真开展"三严三实"专题教育,深化"四风"整治,有效解决"不严不实"等突出问题。深入开展党员联系群众、"一进二访"、"三服务一线"活动,机关党员干部作风进一步转变、工作程序进一步规范,法治意识、纪律意识、规矩意识进一步增强。

注重培训强素质。加大人大干部推荐使用力度,全年有8名人大干部得到重用提拔,4名干部解决副处级待遇。加大人大干部交流力度,交流2名人大机关干部到街道担任重要领导职务,吸收4名区直部门和街镇科职干部担任常委会委办负责人,调入法学专业干部1人,优化人大机关干部队伍结构。加大培训力度,分两批次组织常委会委员、人大代表、人大工作者,赴全国人大北京培训基地和延安干部学院参加履职能力培训,有效提升人大干部队伍素质。人大机关选送的《探索建立地方人大对司法机关有效监督新模式》论文,获全省人大系统理论研讨会论文一等奖。

营造氛围聚合力。按照务实人大、学习人大、健康人大和快乐人大建设目标,不断深化人大机关文化建设。注重发挥各工作委员会和工作机构作用,围绕常委会议题,积极开展调查研究,工作评议和执法检查,注重与有关方面沟通协调,在开展专题研究、提高审议质量、增强监督实效、发挥代表作用等方面取得良好效果。加强对街镇人大工作指导,通过邀请列席常委会会议,召开专题座谈会、基层工作会等方式,在工作评议、执法检查、专题调研、代表活动中上下联动,协同配合,形成全区人大工作合力。密切交流合作,接待来自安徽、陕西、新疆、浙江、广东、江西等外省区县市旗12批次,以及省内5批次人大考察团的参观学习,开展友好交流,相互学习借鉴,展现岳麓人大形象。

各位代表,过去一年常委会取得的工作成绩,是区委正确领导的结果,是全体代表、常委会组成人员、人大机关工作人员辛勤工作的结果,是"一府两院"密切配合,各街镇及选民群众大力支持的结果。在此,我谨代表区人大常委会,向全区各级人大代表,向关心、支持人大工作的各级领导和各界人士,向无私奉献的人大工作者,向"一府两院"的同志,表示衷心感谢和崇高敬意!

同时,我们也清醒地认识到,常委会的工作,对照宪法和法律赋予的职责,对照区委要求和群众期盼,还存在一些薄弱环节:工作监督和法律监督的机制和效力还需进一步加强,常委会的审议质量需进一步提高,推动热点难点问题、民生问题方面,还需做出更大努力;代表建议、批评意见的督办需进一步落实,闭会期间代表活动的实效有待进一步增强,自身建设也需要进一步提升。对此,我们将虚心听取代表和各方面意见，不断加强和改进工作。

2016 年工作思路

2016 年，是我区全面实施“十三五”规划的开局之年，是全面推进依法治区的关键之年，人大工作承担着重大责任和光荣使命，区人大常委会要在区委的正确领导下，深入贯彻落实党的十八大和十八届三中、四中、五中全会和习近平总书记系列重要讲话精神，坚持党的领导、人民当家做主、依法治区有机统一，牢固树立创新、协调、绿色、开放、共享五大发展理念，围绕“十三五”规划纲要和区委经济工作会议精神，积极履行宪法和法律赋予的各项职责，求真务实，奋发有为，为岳麓区率先建成全面小康加快实现基本现代化营造良好的法治环境。2016 年常委会工作的主要任务是：

突出三大重点，在助推发展上谋求新作为。一是助推产业发展。依法监督“十三五”规划实施，支持政府加快发展方式转变和经济结构转型，创新方法，发挥、引导各级代表创新创业、创意创客。特别是要把岳麓科技产业园的建设发展，作为人大监督和助推的重点，确保园区发展规范严格，持续健康。二是助推民生改善。重点关注加强社保低保、精准扶贫、城乡教育、城乡医疗保障、城乡设施改善、三年造绿、美丽乡村建设，以及流域治理、饮水安全等民生实事的落实，为城区品质提升提供必要的人大监督和支持。三是助推项目建设。深化项目建设岳麓行活动，积极推动产业融合、产城融合、城乡融合“三融共进”，加快新城国际化、产业高端化、城乡一体化、治理现代化、民生普惠化“五化同步”，积极呼吁和组织各级人大代表关注支持全区经济社会发展。常委会有针对性地开展视察、调研、听取、审议、审查、决定、专项评议和专题询问，组织代表同心协力，凝心聚力，推动实现“十三五”良好开局。

紧扣三大环节，在加强监督上务求新成效。一是紧扣关键抓监督。紧紧围绕“十三五”的启动、人事任免权的行使、全口径财政预算和预算执行、政府债务、两型生态环境保护、民生实事推进、义务教育均衡发展专题询问审议意见的落实，以及助推产业发展、创新创业、区校合作、园区发展等重点工作，开展调研，进行视察和审议，强化对经济运行和民生实事的监督。二是聚焦落实抓监督。重点对人代会、常委会议、主任会议作出的有关决定、审议意见落实情况，重点对区委交办人大事项的落实情况进行跟踪监督，推动干部作风转变，提升效能效力。三是强化力度抓监督。选择代表关注、群众关心的法律法规进行执法检查，强化实施监督，查前学法，查中较真，查后督办，推动问题解决，推动“一府两院”依法行政、依法行权，形成法无授权不可为，法定职权必作为的良好氛围。

夯实三大基础，在自身建设上追求新形象。一是发挥代表主体作用。以街镇人大工作为抓手，做实代表基础工作，健全代表履职考核、评价和监督机制，完善代表履职登记制度，充分引导发挥代表主体作用。继续开展代表履职能力培训，提高代表调研视察、审议工作、执法检查和专题询问水平。继续巩固“双联”活动，新建一批标准化村(社区)代表接待室，力争每个街镇建成 2 个示范性村（社区）代表接待室。二是扎实做好换届选举工作。认真落实省、市委、区委换届选举安排，做细做实思想政治工作，把握时间节点，履行法定程序，在市委、区委的坚强领导下，扎实做好换届选举各项工作，确保换届选举风清气正、平稳有序。三是加强常委会自身建设。狠抓班子和干部队伍建设，自觉做讲政治的表率、维护班子团结的表率、新常态下作风建设的表率。重视机关文化建设，提升务实人大、学习人大、健康人大、快乐人大的建设水平。

各位代表，蓝图已绘就，奋发当有为。让我们紧密团结在以习近平同志为总书记的党中央周围，高举中国特色社会主义伟大旗帜，在区委的坚强领导下，坚定信心，振奋精神，求真务实，依法履职，为岳麓区率先建成全面小康、加快实现基本现代化而努力奋斗！

政府工作报告

2016年1月13日在长沙市岳麓区第四届人民代表大会第五次会议上

代区长 刘汇

一、“十二五”工作回顾

“十二五”时期，在市委、市政府和区委的坚强领导下，我们坚持稳增长、促改革、调结构、一惠民生，推进两型高地——科教强区、增长新极、河西靓城建设，较好地完成了“十二五”规划的主要目标任务，谱写了经济社会发展新篇章，一座朝气蓬勃的新城崛起在湘江西岸。

五年来，我们适应经济发展新常态，大力推进产城融合，现代产业汇聚岳麓的态势更加强劲。

经济综合实力显著增强。2015年，全区实现地区生产总值837亿元，为2010年的2倍，连续跨越四个百亿元台阶；财政总收入69.6亿元，为2010年的2.8倍，增幅连续五年位居中心城区前列，税收过亿元街道达10个；全社会固定资产投资750亿元，为2010年的1.8倍，增幅连续五年稳居中心城区首位；社会消费品零售总额271亿元，为2010年的2倍；规模以上工业增加值278亿元，为2010年的1.6倍；城镇居民人均可支配收入38000元，年均增长12.4%。主要经济指标均保持较高速度增长。

“十区一园”活力竞相迸发。坚持规划引领、基础先行、产业支撑，“十区一园”相映生辉的发展格局基本形成。滨江片区：集聚民生银行、吉祥人寿等金融总部5家，绿地中央广场、楷林国际等30余个标志性项目主体竣工或开业运营，长沙“陆家嘴”形象更加凸显。市府区治片区：步步高、麦德龙、红星美凯龙、王府井及佳兴世尊酒店相继营业，金星路先进服务业国际街区商业价值日益彰显。谷山一青山片区：奥克斯缔壹城、金科世界城等项目加快建设，都市生活气息更为浓郁。梅溪湖片区：中冶长天、景嘉微电子等企业总部纷纷落户，梅溪湖国际文化艺术中心、金茂广场等20余个产业项目主体竣工或投入运营，“长沙未来城市新中心”加速形成。望城坡片区：湘江新区综合交通枢纽正式运营，枢纽型经济发展势头强劲。洋湖片区：宜家购物中心等引领性项目相继进驻，省建筑设计院、省信用联社等企业总部竣工落成，生态型总部经济集聚区初现雏形。坪塘一大王山片区：湘江欢乐城、天择传媒等项目全面开建，国际新兴旅游目的地的内涵更加丰富。滨湾镇一西湖片区：绿地湖湘中心等产业项目建设提速，西湖文化园开园，传统商圈焕发新生活力。岳麓山一大学城片区：后湖国际文化艺术区、中南大学科技园研发总部等项目建设有序推进，“58众创”等项目正式进驻，创新创业势能加快积蓄。雨莲合片区：集聚花卉苗木、鲜蔬瓜果、体验休闲等投资上千万元现代农业项目8个，农业农村经济增长态势良好。岳麓科技产业园：规划控制面积达46平方公里，区校战略合作纵深推进，进驻企业269家，引进中铁城建、联东U谷等10亿元以上项目9个，检验检测认证等产业集群初具规模，园区跻身省级工业集中区序列。

产业转型动力加速集聚。五年引进优质产业项目243个，引进市外境内资金形成固定资产投资626亿元，实际到位外资11亿美元。全区城市综合体达300万平方米、写字楼宇达260万平方米，进驻楼宅企业600余家、企业总部60家，省外银行区域总部、国际高端品牌酒店等领域实现零的突破，第三产业经济增长贡献率由2010年的26.9%增至2015年的61.3%，现代服务业转型升级迈出坚实步伐。实现商品房销售面积1776万平方米、销售额1113亿元，房地产业连续五年领跑全市中心城区。深化商事制度改革以来，新增商事主体24544家、企业9861家，规模以上企业增至展多元融资，实现融资143亿元。商业资本、消费人气集聚岳麓的态势愈发强劲。

五年来，我们服务湘江新区新发展，大力拓延战略空间，城乡融合面貌日新月异。

新区现代化气息更为浓郁。五年铺排重点项目，665项，完成投资1907亿元；实施征拆项目306个，腾地、4.5万余亩，滨江、梅溪湖、洋湖、坪塘、莲湾镇等重点片区征拆基本完成，建成区面积增至.85平方公里。地铁2号线及西延线等重大交通设施投入运行，地铁3、4号线及城际铁路建设推进顺利，迈进“地铁时代”和“零换乘时代”。新增过江通道5处，竣工通车长韶娄高速、坪塘大道南延线等骨干道路100条，基本构建“七桥二隧一地铁”过湘江、外成环、内联网的立体化交通体系。湖南湘江新区获批中部首个国家级新区，高端产业业态和现代服务元素纷纷进驻，岳麓区在，国家总体战略布局中的地位不断提升。

老城品质化改造富有成效。改造滨江、坪塘老工业基地等棚户区20余处，涉及房屋面积102.7万平方米、居民12550户，桐梓坡大板房棚改获评全国棚改货币安置经典案例。茶子山村等7个城中村改造工作稳步推进。提质改造教师村、洋海塘等老旧社区、农安小区20个，新建白鹤等社区公园28个，长华社区成为全省社区改造典范。治理城市斑点15处，完成老旧房屋“平改坡”103栋，实施社区支路微循环改造27条，新增停车位4034个，背街小巷、农安小区、城郊接合部人居环境有效改善。

城乡一体化进程全面提速。在金市率先编制《城乡融合发展规划》。顺利完成农村公路建设“三年行动计划”，新改建各类公路464公里，全区农村公路通车里程达857.4公里。改造危旧桥梁33座。实施水利工程1000余项，除险加固中小型水库38座，清淤扩容山塘1.2万亩，疏浚沟渠600公里，解决7万余人安全饮水问题，改造自来水户表5万户。天顶、坪塘、含浦撤乡(镇)建街，新增学士、洋湖街道，莲花两型示范镇、雨敞坪田园风情小镇建设稳步推进，城乡发展融合度显著增强。

五年来，我们彰显河西靓城新形象，大力改善环境质量，“宜居在岳麓”的理念成为广泛共识。

城市管理水平大幅提升。实施最严城市管理，推进清洁、畅通、靓丽城市建设，全区洁化、序化、绿化、亮化、美化水平全面提升。依托数字化平台，实现城市管理权责重心下移，专业化维护、市场化维护、常态化维护“三维一体”格局基本成型。开展史上最大规模拆违控违行动，依法拆除违法建筑420万平方米、户外广告36万平方米，后湖景区等重点区域违法建筑基本清零。超限超载和非法营运专项治理成效显著。扎实推进“三年造绿大行动”，新增绿地面积800公顷，云栖路、雷锋大道等21条道路绿化全面提质。注重提升市民文明素养，涌现全国道德模范廖月娥、时代楷模段江华等先进人物，文明城区建设迈上更高水平。

城乡环境治理纵深推进。实施环保“三年行动计划”和清霾、碧水、静音、净土“四大行动”，超额完成主要污染物减排任务；新增含浦、坪塘等污水处理厂4个、污水管网54公里，完成28处排污口截污改造，湘江长沙综合枢纽库区排水改造和截污工程全面完成；关闭非煤矿山31家；坪塘老工业基地21家污染企业全部退出。42个村(社区)的农村环境连片综合整治顺利完成。岳麓山一橘子洲景区获评长沙首个国家AAAAA级景区，洋湖湿地获评国家AAAA级景区，桃花岭景区、巴溪洲水上公园等成为长沙新的名片，连续三年获评全省十佳旅游区。

两型改革成效愈加显现。在金省率先推行绿色GDP考核。开展清洁低碳技术推广服务体系建设试点，地源热一江水热源等获得推广运用。湘江新区生态补偿试点全面启动。坪塘绿心区域生态保护工程扎实推进。梅溪湖、洋湖、滨江获批全国智慧城市试点片区，梅溪湖成为全国首批五个绿色生态示范城区之一。创建国家级生态乡镇(村)5个，省级生态乡镇(村)6个，省级两型示范单位37家，为长株潭两型社会建设作出了积极贡献。

五年来，我们顺应人民群众新期盼，大力增进民生福祉，基本公共服务均等化取得新的进步。

社会事业普惠民生。五年完成为民办实事任务173项。新建及改扩建学校56所，新开学学校19所，新增中小学学位3万余个，获评全省首批教育强区，“读书在岳麓”的品牌更加响亮。建成综合文化站17个、文化活动中心(室)129个，公共文化服务体系建设走在全市前列。新建及改扩建社区卫生服务中心(卫生院)7个，实现流动人口计生服务均等化，基层卫生计生服务体系日益完善。全面小康综合实现程度连续两年位居金省第二名。

社会保障更加完善。新增城镇就业62823人、农村劳动力转移就业8947人。实现城乡居民养老、医保统筹及城乡低保一体化，发放社保卡29万张。建成各类养老机构37家，新增养老床位1000余张。32个社区服务用房全面达标，获评全国和谐社区建设示范城区。筹集公租房1926套，发放廉租住房补贴1794户，改造农村危房1030户，竣工农民安置房730万平方米，办理17607户产权办证遗留问题，住房保障水平稳步提升。

社会安全多元共治。深入推进普法教育，扎实开展安置帮教、社区矫正和法律援助工作。创新开展

"三服务"一线工作,综合治理、依法治访全面落实,一批信访积案得到有效化解。严格落实安全生产责任,大力开展重点领域安全隐患整治和打非治违行动,青山、望城坡商贸城等区域安全治理成效明显。加强食品药品安全监管,"舌尖上的安全"得到有效保障。"天网工程"基本实现全覆盖,连续五年获评全省平安县(市、区),市民安全感普遍增强。

五年来,我们践行群众路线新要求,大力弘扬严实作风,政府自身建设进一步加强。

行政行为更趋规范。坚持依法行政,严格执行"三重一大"集体决策制,推进重大行政决策合法性审查,审查政府规范性文件54件,政府合同220件。主动接受人大和政协监督,认真落实人大及其常委会的决议决定,办结人大代表建议393件、政协委员提案664件,见面率、办复率达100%。认真听取各民主党派、工商联、无党派人士、人民团体和社会各界的建议和意见,自觉在监督中用权、依法律办事。

政府效能明显提升。完成新一轮机构改革,精简合并机构2个,精简议事协调机构57个,加快职能转变,实现政府"瘦身"。深化行政审批制度改革,建立统一规范的权力清单、责任清单和流程清单,全面清理非行政许可审批事项,承接市级经济社会管理权限120项,精简、调整、取消行政审批事项86项,行政审批效率提升50%以上。扩大政务公开范围,畅通"12345"市民服务热线,实现政务网络全域覆盖,区政府门户网站连续五年位居全国50强。

廉政建设持续深化。严格落实党风廉政建设主体责任和监督责任。从严控制政府行政成本,"三公"经费大幅下降,公务用车改革稳步推进,预算改革扎实开展,重大事项资金使用流程进一步规范。加强重点领域审计监督,完成政府投资审计项目121个,核减金额2.77亿元,政府性资金使用效益明显提高。这五年,我们连续三年获评市对区绩效考核中心城区第一名,跻身全国科学发展百强区、市辖区综合实力百强区、投资潜力百强区三个"百强区"行列,相继获得国家级荣誉50项、省级荣誉68项,社会治理及区校合作经验分别获评2014、2015全国"年度改革十大案例"。与此同时,国防动员和后备力量建设不断加强。人防、外事、侨务、民族、宗教、对台、史志、档案、保密、机关事务管理、老干、关心下一代、老龄等工作取得新的进步。工会、共青团、妇联、残联、侨联、科协等群众团体为新区建设作出了新贡献。

各位代表,过去五年的成绩来之不易,这是市委、市政府和区委正确领导的结果,得益于区人大、区政协的监督和支持,凝聚了全区上下的汗水与智慧。在此,我代表区人民政府,向各位人大代表和政协委员,向各民主党派、工商联、人民团体和各界人士,向所有关心支持岳麓发展的朋友们,表示衷心的感谢,并致以崇高的敬意!

充分肯定成绩的同时,我们也清醒看到:经济下行压力依然较大,传统产业动力正在减弱,新的增长动力仍在培育,产业结构急需优化,经济总量及发展质量有待提升;科教、生态等资源优势还未充分释放,共驻共建、共创共享的发展格局尚待完善;城市建设新旧问题相互交织,城乡融合发展水平不高;改善民生还需付出更多努力;政府创新社会治理能力亟待增强。这些困难和问题,我们将认真对待,采取有力措施切实加以解决。

二、"十三五"时期目标与任务

"十三五"时期,我国经济长期向好的基本面没有变,仍处于大有作为的重要战略机遇期。分析全区发展形势,我们研判,机遇与挑战并存,机遇大于挑战,尤其是国家级湖南湘江新区、国家两型社会建设综合配套改革试验区、国家自主创新示范区三大战略平台交汇叠加、集中发力,为岳麓区推动实现创新、转型、协调、绿色、共享发展孕育了重大利好。我们将按照两型高地、科教强区、增长新极、河西靓城的总定位,实施区域经济社会发展新"三步走"战略,推动产业融合、产城融合、城乡融合"三融共进",着力新城国一际化、产业高端化、城乡一体化、治理现代化、民生普惠化"五化同步",全面助推湘江新区建设,率先建成全面小康加快实现基本现代化!

——建设秀美气质更迷人的新岳麓,致力打造全国两型社会建设首善区。坚持生产空间集约高效、生活空间宜居适度、生态空间山清水秀,深化两型改革示范,加快形成绿色低碳生产方式和生活方式,推动实现绿色富区、绿色惠民。

——建设创新气势更磅礴的新岳麓,致力打造国家创新创意重要集聚地。将创新创业作为引领岳麓新一轮发展的旗帜,深化区校战略合作,激发大众创业、万众创新活力,实现科研成果就地转化,让"创新创业"的特质镌刻在岳麓大地。

——建设发展气场更宏大的新岳麓,致力打造省会经济发展核心增长极。做大经济总量,提升发展质量,增加人均均量,深度融入湘江新区,全面构建支撑岳麓发展的现代产业体系,显著增强区域经济实力、核心竞争力和可持续发展能力。

——建设国际气息更浓郁的新岳麓,致力打造中部一流现代宜居新都会。坚持高起点规划、高融合发展、高标准建设、高水平管理、高效率服务，推动新区、老城与乡村、湖湘文化标识与国际元素相互融合，全面提升岳麓宜居宜业宜游指数。

“十三五”时期全区经济社会发展的主要预期目标是：地区生产总值年均增长 9~10%；财政总收入年均增长 10%；全社会固定资产投资年均增长 17%；社会消费品零售总额年均增长 11%；城镇居民人均可支配收入年均增长 10%以上；城镇登记失业率低于 4%；单位地区生产总值综合能耗降低、主要污染物排放累计减少达到市里要求。

实现上述目标，必须坚持转型创新、统筹协调、绿色崛起、包容开放、普惠共享的原则，聚精会神做好以下工作：

（一）优化产城空间格局，着力构筑省会长沙新中心。坚持区域组团式发展、产业多点式突破，依托“六大功能组团”，发展“六大主导产业”，形成产城共融、错位发展的新格局。泛岳麓山组团：突出创新驱动、科技引领，引导高校院所建设创新区、创意园、创业街，服务专家教授、青年学子就地创新创业，建成中南大学科技园研发总部、桃子湖高校创新创意园总部、省美术馆等重点项目，提升后湖国际文化艺术区、西湖文化园产业发展水平，初步建成“泛岳麓山创新创意集聚区”。市府滨江组团：以商贸服务业为引领，推动生产性服务业专业化、生活性服务业品质化，建设金星路先进服务业国际街区，赋予行政中心浓郁的商务氛围。依托湘江西岸现代服务业走廊，大力发展金融业，鼓励各类金融机构总部、分支机构和第三方支付机构进驻，致力打造滨江金融商务区。环梅溪湖组团：突出发展健康养生业，加快国际医疗健康城等项目建设，引入国内外高端医疗资源、一流医疗机构和先进管理模式，形成医、养、研、商、游全生命健康服务产业链条。同时，释放交通枢纽优势，推进棚户区改造和专业市场提质，建设枢纽型经济圈。洋湖大王山组团：聚焦文化旅游业，建成湘江欢乐城、华谊电影小镇等重点项目。引导上市公司总部进驻，不断提升“岳麓旅游”的国际影响力。岳麓科技产业园组团：集聚发展检验检测认证产业，实施“三年行动计划”，引进一批龙头企业，铸造“岳麓检测”品牌，在中部率先建成国家检验检测认证服务业集聚区。深化区校战略合作，推进“5511”工程，打造学士路创、新创业走廊，努力建成国家级科研成果转化基地。注重招大引强与招才引智并举，推进中汽（湖南）汽车服务产业基地建设，增强云栖路国际汽车长廊辐射带动能力，着力建设专业型、效益型、精致型园区。服务长沙高新区麓谷基地发展，共建全国智能制造领航区。莲雨含组团：推进以人为核心的新型城镇化，按照一镇一特、一村一品发展思路，深化现代农业经营体制改革，大力发展现代农业，加快建成乡村旅游长廊、特色产业基地、现代农业公园。

（二）推动城乡深度融合，着力彰显田园都市新风貌。增添新城国际元素。按照“适度超前”和“先规划盾建设、先地下后地上”的原则，科学布局公共服务设施，推进智慧城区建设，赋予湘江西岸、功能组团、重点部位、地标建筑湖湘特色和国际亮色，形成与国际化新区地位相称的配套瑰能。重塑旧城功能风貌。完成白沙液街有机棚改，有序推进观音港、三汉矶、老咸嘉湖路、万宝山、望新等棚户区改造，基本完成二环线内城中村改造，治理老旧社区环境，让老城涅槃重生、焕然一新。建设美丽宜居乡村。实施农村公路提质、电力扩容、安全饮水、环境治理四大工程，破除城乡融合发展体制机制障碍，实现“物的新农村”和“人的新农村”齐头并进。提升城乡融合水平。推动城乡规划、基础设施、社会事业、产业发展、公共服务、生态体系六大融合，加强城市管理，完善地下综合管廊系统，推进海绵城市建设，构建立体化交通体系、绿色化市政体系、智能化服务体系。

（三）释放生态环境优势，着力探索绿色发展新路径。开展生态环境治理。落实最严环保制度，打好清霾、碧水、静音、净土四大攻坚战。健全城乡污水收集处理系统，深化湘江流域综合治理，完成后湖、麓山景区等区域环境整治，推进湘江洲岛保护性开发。筑牢生态安全屏障，建成高品质的国家生态园林城区。健全生态保护体系。推进生态文明体制改革，加快构建产权清晰、多元参与、激励约束并重、系统完整的生态文明制度体系。打造生态文明高地。深化两型改革，涵养生态文明，打造城市生态景观廊道，发展绿色建筑和绿色产业，让百姓享受更多的绿色福利。

（四）实施创新驱动战略，着力打造创新创业新高地。激发创新内生动力。推进区校、校企战略合作，支持开展重大技术攻关，实现科研成果就地转化，构建以企业为主导、产学研一体的技术创新联盟。做强创业支撑平台。完善创新创业政策体系，降低创新创业门槛，打造一批示范性众创、众包、众扶、众筹平台，吸引各类人才留在岳麓创新创业。营造开放包容环境。深化行政审批制度和商事制度改革，实施知识产权战略行动，进一步优化创新创业环境。

(五)精准对接民生向往,着力建设幸福宜爽新家园。建立更加稳固的安全屏障。落实安全生产监管责任,构建社会治安立体化防控体系,加强食品药品安全监管,打造平安岳麓、健康岳麓。创新社会治理,坚持依法治访,提高"三服务"一线工作实效性,维护人民群众合法权益。共享更为优质的公共服务。发展各项社会事业,着力提升教育、文化、卫生计生等公共服务水平,持续增进民生福祉。实现更高水准的全面小康。实施收入倍增、精准扶贫、社会保障、慈善关爱、安居保障"五大民生工程",增强民生实事效果,让人民群众拥有更多的幸福感和获得感。

(六)推进治理能力现代化,着力构建服务发展新体系。建设法治政府。坚持党的领导,严格依法行政,自觉把政府工作置于人大法律监督、政协民主监督等各方监督之下,做到法无授权不可为、法定职责必须为。落实党风廉政建设主体责任和监督责任,加强政务诚信建设,营造风清气正的社会风尚。全面深化改革。从供给侧、需求侧两端发力,深化重点领域和关键环节改革,实施市场负面清单管理制度,着力破解转型创新发展的深层次问题和结构性矛盾,充分释放改革红利。打造人才高地。注重提升基层治理能力,激发干部队伍干事创业活力,调动一切积极因素,为全区经济社会发展提供充实的人力资源和智力保障。

三、2016 年工作重点

今年是实施"十三五"规划的第一年,政府工作总体要求是:认真贯彻党的十八大和十八届三中、四中、五中全会及中央、省委、市委、区委经济工作会议精神,紧紧围绕率先建成全面小康加快实现基本现代化的总体目标,落实区域经济社会发展新"三步走"战略部署,以提高发展质量和效益为中心,大力推进创新创业、产业转型、项目建设、城乡统筹、民生改善和治理升级,奋力实现"十三五"发展精彩开局。

全年经济社会发展主要预期目标是:地区生产总值增长 9.5%左右;财政总收入增长 10%以上,一般公共预算收入增长 10%以上;全社会固定资产投资增长 17%以上;规模以上工业增加值增长 6%以上;社会消费品零售总额增长 11%以上;到位外资增长 10%以上,引进市外境内资金形成固定资产投资增长 16%以上;城镇居民人均可支配收入增长 10%以上。重点是加快推动"五个发展一个升级"。

(一)以打造"泛岳麓山创新创意集聚区"为核心,加快推动创新发展。紧抓大众创业、万众创新政策利好,凸显岳麓,山一大学城引领地位,统筹后湖、桃子湖、西湖、园区规划布局,全面启动"泛岳麓山创新创意集聚区"创建步伐。完善创新创业政策。秉承精准投入、舍得投入的理念,结合商事制度改革,整合已有产业政策,制定和完善推动"双创"的实施细则,增强政策系统性、精准性、可行性,保障高校师生、归国人才及创业成功校友返校创新创业,进一步提高科研成果就地转化率、大学生就地创业成功率。搭建创新创业平台。坚持园区、校区、景区、社区"四区联动",引导更多创新创意元素环湖、聚园、沿路布局,实施后湖国际文化艺术区环境提质。推进省美术馆、"58 众创"、中南大学科技园研发总部、桃子湖高校创新创意园总部建设,促成西湖文化园产业招商,让湖水的灵动迸发创新的灵感;以创智天地、联东 U 谷等项目为载体,推动科研成果进园转化,引导大学生进园创业,打造学士路创新创业走廊,加快实现科教优势向现实生产力转变。营造创新创业环境。建立上下对接机制和区校联席机制,汇聚省市、高校和社会力量,通过举办创新创业大赛、宣传创新创业典型、发布创新创业信息等方式,浓厚"鼓励创新、宽容失败"的创新创业氛围,加快形成创客集聚的规模效应,让"创业在岳麓"蔚然成风。

(二)以培育新的经济增长动能为重点,加快推动转型发展。坚持供需两端发力,推进结构性改革,加快形成新的经济增长点,实现区域经济稳中向好。提升实体消费人气。顺应"互联网+"的趋势,做大"金星券"电子诚信消费促进平台,点对点推介中心商圈、新兴商场和特色商街,引领消费潮流,提振消费人气,让"消费在岳麓"成为新风尚。坚持以项目建设扩大市场供给,推进宜家购物中心、卓伯根中国总部、湘江欢乐城等项目建设,实现柏宁地王广场、绿地湖湘中心等项目主体竣工,促成湘江玖号、渔人码头全面开业,加快形成湘江西岸现代服务业走廊、金星路先进服务业国际街区、云栖路国际汽车长廊等新兴消费热点,着力构筑岳麓消费新生态。开展"产业发展年"活动。依托"六大功能组团",集中精力服务产业项目。坚持产城融合与产业融合并进,以现代服务业转型升级为核心,实现生产性、生活性服务业提质增效。立足展现市府滨江组团新形象,重点发展商贸服务业和金融业,科学布局金星路、湘江西岸产业业态,推进广发、浦发等金融总部建设,支持长沙银行等企业上市,引导银行证券保险等金融机构总部进驻,提升滨江金融商务区产业集聚度,巩固市府区域商贸中心地位。立足丰富环梅溪湖组团新内涵,培育研发总部经济,竣工梅溪湖国际文化艺术中心,启动国际医疗健康城等项目建设，加快把健康养生业打造成新的支柱产业。立足彰显洋湖大王山组团新气质，突出发展文化旅游业，推进大王山旅游度假区、华谊电影小镇、天择传媒等项目建设，实现文化、生态与旅游融合多赢。坚持去化库存与提升品质并举，加大区域价值宣传推介力度，引导市民住房改善性需求，吸引更多人群到岳麓安家置业；顺应棚改安置货币化及户籍制度改革的趋势，打通存量商品房与棚改安置房、保障房的供需通道，满足新市民住房刚性需求。兴建一批宜学型、生态型、智能型楼宇，实现商品房销售面积300万平方米以上、销售额200亿元以上，促进房地产业稳定健康发展。坚持招大引强与特色发展并行，启动检验检测认证产业“三年行动计划”，创建全省首家检验检测认证服务业集聚区；推进中汽(湖南)汽车服务产业基地、洋湖国际创富中心等重点项目建设，力争引进50亿元战略投资项目1个、10亿元重大产业项目3个、各类企业200家，不断提升岳麓科技产业园组团综合实力。坚持提质升级与创新营销并力，支持爱格设施农艺园等项目发展，打造一批生态型、科技型、规模型特色农业品牌，提高莲雨含组团现代农业项目持续发展能力。增强招商引资实效。借力湘江新区和专业机构，创新开展战略招商、专业招商、二次招商，依托行业协会、省际商会推进以商招商，引进有税收、有实力、有带动力的项目和企业，引导战略合作伙伴合作开发桐梓坡、熊家湾、后湖等重要项目，实现300家楼宇企业、20家企业总部入驻。推进理性多元融资。搭建政银企合作对接平台，化解中小微企业融资难、融资贵等问题，积极支持企业上市，为实体经济发展和创新创业提供充足的资金保障。做大做强城建投和园区两大融资平台，创新多元融资方式，探索合作设立城市发展基金，推广政府与社会资本合作(PPP)模式，建立健全风险共担、利益共享合作机制，积极引导社会资本参与重点项目建设，为全区经济社会发展筹集资金。规范资金管理，科学制定年度融资及偿债计划，有效防范金融风险，切实保障区域金融安全。

(三)以提升城乡融合发展水平为方向，加快推动协调发展。以湘江新区新的“三年行动计划”为契机，以重点项目为抓手，为湘江新区新一轮发展提供征地拆迁、环境维护、民生事务“三大保障”，全面助推岳麓新区拓展、老城改造和乡村建设。在征地拆迁上有突破。严守政策底线，破解征拆瓶颈，突出抓好洋湖、坪塘等重大片区项目征地拆迁，有序推进蜂巢化工、三汊矶、白沙液街、老成嘉湖路、观音港、新生水泥等棚户区改造，全面完成桐梓坡大板房等项目征收扫尾，扎实推进茶子山村、傅家洲村等城中村改造。在互联互通上有进展。主动服务城际铁路及地铁3、4、6号线建设，启动潇湘大道、西二环快速化改造，推进岳宁大道、黄桥大道南延线、含浦大道一段、学士路西、南延线等重点项目建设，拉通茶子山路、麻园路等8条断头路和瓶颈路，实施社区支路微循环改造，加快完善区域交通路网。启动地下综合管廊系统及海绵城市建设试点。推进公交、水、电、气、讯等基础设施向新开发片区延伸，进一步增强城区综合承载功能。在乡村建设上有成效。以《城乡融合发展规划》为引领，推进新型城镇化建设，不断提高农村公共服务和社会管理水平。启动农村公路提质“三年行动计划”，完成100公里农村公路提质、2座渡改桥建设和6座危旧桥梁改造。推进以流域为重点的水生态建设，加速实现农村自来水村村通。严格规范农村土地流转，完成农村土地确权登记颁证工作。提升莲花两型示范镇、雨敞坪田园风情小镇建设水平。引导社会资本投入“三农”领域，让“美丽乡村”建设的动力更加强劲。

(四)以建设更高品质的宜居岳麓为引领，加快推动绿色发展。坚持建设与管理并重、生态保护与优势转化并重、物的有形提质与人的素质提升并重，巩固文明创建和两型建设成效，探索一条“绿水青山就是金山银山”的绿色发展新路。提升环境品质。落实城市管理重心下移责任清单、维护清单、范围清单，提升基层基础管理水平，创建示范(精品)街道3个。深化拆违控违行动，突出“拆违清零”和“拆后清场”，构建防违控违长效机制，全面清零历史违法建筑。严控扬尘渣土污染和超限超载现象。规范市容市貌秩序，落实“门前三包”责任，着力治理高校周边环境。实施城市管理品质工程，提质改造社区10个、背街小巷13条，新建社区公园4个。加强城市重要节点设计，精心规划湘江西岸城市建设和空间形态，进一步彰显省会新区风貌。加强环境治理。落实最严环保制度，继续推进清霾、碧水、静音、净土“四大行动”，适时启动麓山景区、鹅洲等区域环境治理。加强农村环境综合整治，开展27个行政村生态补偿试点。推进“三年造绿大行动”，实施“规而未建”公园、林荫道路及彩化美化、立体绿化、拆违拆墙复绿增绿“四大工程”，提质长韶娄高速出入城口等道路绿化，建设环城绿带生态圈，加强绿心区域保护，新增城区绿地45公顷，进一步提升造绿增绿护绿水平。共享环境福利。把人的文明放在首位，新创一批精神文明特色品牌，推广一批节能、节材、节水、节地等资源节约新技术，建设更高水准的文明城区和两型新区。倍加珍惜岳麓生态资源，做好环境与教育、文化、养生、旅游的结合文章，找到“点绿成金”的转化器，让生态优势加速蝶变为经济发展优势。

（五）以满足人民群众对美好生活的向往为根本，加快推动共享发展。始终把工作的出发点和落脚点放在改善民生上，顺应民生需求，兜住民生底线，全力保障人民群众基本生活和基本公共服务。提高民生工程的精准度。全面办好省市涉及岳麓区的重大民生实事。坚持精准扶贫、精准脱贫，加大资金、政策、工作投入力度，实现1300人脱贫目标。充分对接企业用工需求和待业人群就业需求，加强失地农民就业创业帮扶，新增城镇就业和农村劳动力转移就业8500人。实施新教育“三年行动计划”，加强师德师风及师资队伍建设，开放素质教育基地，新建及改扩建雅礼梅溪湖中学、栗山学校、麻田中学等中小学校17所，推动教育实现更高层次的优质均衡发展。提高卫生计生信息化服务水平，实施全面两孩政策，启动区公共卫生中心建设，建成含浦社区卫生服务中心，引导优质医疗资源下移，加快完善分级诊疗体系。启动教育、卫生系统公租房和新的区文化馆、区图书馆建设。推进坪塘等敬老院建设，对80周岁以上老年人实施高龄补贴普惠。完善优抚、助残、救孤、济困制度，积极发展慈善事业。落实全民参保计划，巩固城乡低保一体化成果，让困难群众和弱势群体享受更多的发展红利。做好企业办社会职能的分离工作。加大住房保障力度，改造一批农村危房，建成麓枫和苑二期、桔洲移民等安置小区，基本完成房产证办证遗留问题，共圆金区人民“安居梦”。提高人民群众的安全感。健全安全生产隐患清单、安全责任、长效管理“三大体系”，深化建筑、消防、校车、交通、非煤矿山、危险化学品、特种设备等重点领域安全隐患治理，定期开展应急演练和安全教育活动，坚决遏制重特大安全事故发生。完善社会治安立体化防控体系，提高维护公共安全能力水平。加强食品药品安全监管，积极创建国家食品安全示范城区。提高社会治理的满意率。加强基层治理能力建设，实施社区建设新“三年行动计划”，推进街镇村改居，落实新开发小区社区服务阵地，新创1~2个全国文明社区。优化基层干部队伍结构，关心爱护并严格管理基层干部，完成第十次社区(村)换届选举筹备及乡镇区划调整并村改革。继续深化“三服务”一线工作，有效整合数字化平台资源，探索运用“大数据”模式，推进“互联网＋网格化”智慧政务建设，鼓励开展多元化志愿服务，努力构建政府与社会协阿共治的工作格局。正确处理维权与维稳的关系，坚持依法治访，推进诉访分离，稳妥化解一批信访积案，维护社会大局和谐稳定。

与此同时，积极推进军民深度融合发展，加强国防后备力量建设，提升国防动员能力，做好双拥共建和人民防空工作。激发外事、侨务、民族、宗教、对台、史志、档案、保密、老干、关心下一代、科协等部门和组织的活力，推动各项社会事业全面协调发展。

（六）以人民满意为最高标准，加快推动政府治理升级。落实权力清单、责任清单和流程清单，推进政府治理能力现代化，不断提升政府公信力、执行力和服务力。建设法治政府。坚持依法行政、依法用权，自觉接受人大法律监督和政协民主监督，认真办好人大代表建议、政协委员提案，虚心听取各民主党派、工商联、无党派人士、人民团体和社会各界的意见，实现政府工作在法治轨道上规范运行。建设服务政府。深化行政审批制度改革，公开公共服务事项目录，推进部门信息共享和业务协同，简化优化服务流程，提高政务服务效率。创新公共服务供给方式，鼓励推行政府购买服务、政府与社会良性互动，让政府与市场、社会各尽其责、各展所长。坚持以节点倒推任务、以责任倒逼进度，建立任务清单、时间清单、责任清单、督查考评清单“四单一体”的政务工作执行体系，形成满负荷、快运转、无缝隙的推动落实格局。建设廉洁政府。严守党的政治纪律和政治规矩，落实党风廉政建设主体责任和监督责任，贯彻廉洁自律准则和纪律处分条例，执行《政府投资项目建设管理实施细则》，加强行政监察、财政评审和审计监督，稳步推行全口径预算、工程预算上限值公开制度，逐步扩大审计结果公告范围，强化重点领域、关键环节、重要岗位权力运行监督制约。厉行节约，反对浪费，完成公务用车改革，严控“三公”经费，让财政的每一分钱都用在“刀刃”上。

各位代表，创新转型，担当向前；绿色崛起，使命在肩。让我们在区委的坚强领导下，同心同德，真抓实干，全力夺取“十三五”发展的新胜利，为率先建成全面小康加快实现基本现代化而努力奋斗！

政协长沙市岳麓区委员会常务委员会工作报告

——在政协长沙市岳麓区委员会第四届五次会议上

区政协主席　袁精华

（2016 年 1 月 12 日）

2015 年工作回顾

2015 年，区政协认真贯彻落实中共十八大、十八届三中、四中、五中全会精神和习近平总书记系列重要讲话精神，在中共岳麓区委的坚强领导下，高举爱国主义和社会主义伟大旗帜，大力推进协商民主，围绕团结和民主两大主题，认真履行职责职能，扎实推进工作落实，为促进我区政协事业的健康发展和经济社会的科学发展作出了积极贡献。

（一）认真履行政协职能，努力为全区改革发展建言献策

一年来，区政协认真履行职能，围绕重大决策、重要问题进行政治协商，围绕热点难点问题加强民主监督，围绕经济社会发展中的重要问题深入调查研究，协商水平有了新提高，民主监督有了新拓展，参政议政取得新成效。

1. 有序开展专题协商。认真贯彻落实中共中央关于推进协商民主的要求，积极有序地开展了专题协商工作。同时，坚持把促进发展作为专题协商的重点内容。年初与区委、区政府一道研究制定了年度协商工作计划，认真落实计划安排，主席会议先后对招商引资与产业发展工作、半年度财政预算执行情况、重点提案督办工作和健康养老工作开展了专题协商，并及时将协商意见向区委、区政府和相关职能部门进行反馈。同时，区政协常委会议对本区乡镇行政区划调整工作进行了重点协商。各专委会、界别和政协委员还就提案办理等相关工作开展了对口协商。

2. 扎实推进民主评议。按照区委的部署，重点就文化产业、旅游产业的发展工作开展民主评议，通过实地调研、现场视察、学习参观及协商座谈等方式，全面了解和掌握了我区文化产业和旅游产业的现状、存在的差距和不足，在深入剖析原因的基础上，对进一步推进我区文化产业提出了发挥政府引导功能、突出产业发展重点、推进产业融合发展、搭建产业发展平台的建议，对进一步推进我区旅游产业发展提出了加强顶层设计、创新体制机制、激活市场潜能、引进规模企业、优化发展环境打造产业品牌等对策建议，及时向区委、区政府提交了民主评议报告。同时，区政协对 2014 年民主评议的岳麓科技产业园发展工作组织了“回头看”，开展了专项视察，促进了工作落实。

3. 精心组织重点调研。按照区委的要求，把推进城乡一体化建设工作作为区政协的重点调研课题。调研过程中，以推进城乡规划一体化、基础设施一体化、生态环境一体化和公共服务一体化为重点，通过纵横对比找差距，深入剖析查原因，着眼长远寻对策，形成的调研报告对我区城乡一体化发展规划、农村基础设施建设、农村综合整治等五个方面的工作给予了充分肯定，查找了农村基础设施互联互通欠缺、小城镇集聚度不高、农业产业化水平较低、农村社会事业发展相对滞后等八个方面的问题和不足，重点对建设新农村、发展新农业、致富新农民三个方面提出了 10 条对策建议，得到区委、区政府有关领导同志的充分肯定。各街（镇）政协联络处和各界别组织委员开展调研 40 多次；本次会议上，各街（镇）政协联络处、各界别和广大委员提交大会发言材料 29 篇，对我区转型创新发展和民生事业改善提出了建设性的意见和建议。

4. 务实开展参政议政。一是创新推进提案工作。将 2015 年确定为“提案工作创新年”，着力推进提案办理机制的创新工作，建立健全相关工作机制，发挥重点提案办理的示范带动作用。区政协四届四次会议以来共收到委员提案 130 件，立案并交办 111 件，目前已全部办复。探索建立重点提案政府领导领衔主办、政协相关主席领衔协办制度，确定 5 件重点提案由副区长领衔主办、区政协副主席领衔协办。同时,坚持主席、副主席领衔督办提案工作,按照联系分工,各位主席对委员提交的提案进行了面上全面督办,并对重点提案和承办提案数量较多的单位进行了专门的指导和督促。二是认真组织专题视察。区政协主席会议坚持每季度组织一次专题视察,先后对宝宁寺建设工作、区公安局打击侵权性犯罪工作和部分街(镇)的重点工作开展了专题视察,对相关工作提出了建设性的意见和建议。各街(镇)政协联络处和各界别组织委员开展专题视察50多次,积极为区域经济社会发展建言献策。三是积极反映社情民意。通过优化骨干信息员队伍、加强信息线索征集、强化业务培训指导、完善考评激励机制,社情民意信息工作得到了进一步加强。反映社情民意信息160多条,一些社情民意信息分别得到省、市、区领导的批示,引起了相关部门的高度重视,较好地促进了有关发展、民生和稳定方面问题的解决。四是切实加强文史工作。进一步发挥文史资料存史、资政、团结、育人的积极作用,在中国人民抗日战争暨世界反法西斯战争胜利70周年之际,组织委员切实加强对岳麓抗战历史的学习和研究;同时,成立了文史编辑委员会,通过座谈讨论、走访采编、专家指导,历时五个月,组织编撰了《岳麓文史(第三辑)·抗战实录》一书,在省市政协系统产生了很好的影响。

(二)不断深化主题活动,全力服务经济社会发展大局

区政协始终遵循围绕中心、服务大局的履职原则,组织动员全区政协系统和广大政协委员,以高度的政治责任感,大力践行"一线工作法",深入开展"争当'六好'委员、建设美丽岳麓"主题活动。

1. 不断创新活动举措。继续深化"争当'六好'委员、建设美丽岳麓"这一主题活动,一是结合全区"三服务一线工作",组织开展了政协委员"下基层、进网格、听民声、解民忧"活动,组织广大委员深入一线、深入实际,服务基层、服务群众、服务项目、服务发展。二是组织召开了以"争当'六好'委员、建设美丽岳麓"为主题的委员风采报告会,宣扬先进典型,展现委员风采,收集汇编24名委员履职事迹。报告会上,8名委员结合自己的履职实践作了典型发言,展现了委员们在全区经济和社会发展中的突出成效,进一步激发了全区广大政协委员履职尽责的热情。对我区开展委员下基层服务群众的主题活动,省政协《湘声报》头版头条进行了专题报道。

2. 主席会议成员带头示范。区政协主席会议成员全力服务全区中心工作,区政协主席、副主席按照区委的统一安排,深入基层抓项目、促发展,分别参与了多项重点项目建设和中心工作,推动和促进了所联街(镇)、所联项目相关工作的落实到位。袁精华主席联点岳麓街道,担任湖大支路一、二、三及水系项目拆迁指挥长以及后湖国际文化艺术区综合整治项目指挥部政委,他深入街道和项目现场,听取情况汇报,协调解决问题,推进工作落实,有效推进了项目建设。刘平副主席担任湖大支路一、二、三及水系项目、岳麓街道西片区拆迁项目常务副指挥长,扎实推进拆迁工作。在主席会议成员的带领下,区政协机关5名同志积极参与桐梓坡大板房拆迁改造项目及岳麓街道西片区项目拆迁工作。区政协主席会议成员和区政协机关干部按照区委"一进二访"活动的有关要求,深入7个联点村和20多户困难户调研走访慰问,结合村情户情,积极帮助联点贫困村和贫困户解决具体困难和问题。

3. 委员作用充分展现。各街(镇)联络处和各界别按照区政协主题活动的要求,结合自身实际,开展了形式多样、富有成效的履职活动。全体政协委员热忱参与主题活动,充分发挥各自特长优势,立足本职作贡献,参政议政建诤言,服务中心促发展,扶贫帮困促和谐,委员作用得到了充分发挥,委员价值得到了集中展现。在深化主题活动中,全区政协组织和广大政协委员围绕党政中心开展服务活动97次,联系服务重点工程项目60个,帮促企业42个,为企业解决实际问题48个;开展对外交流合作16次;为招商引资引智提供服务和联络25次;结对帮扶困难对象238个,推动解决人民群众最关心、最直接、最现实的利益问题141个;举办公益慈善活动65次,捐款捐物共计538万元;开展法律援助44次,提供法律咨询72次,协助党委、政府协调维稳工作74次,化解矛盾64起。省、市新闻媒体先后30多次报道我区政协组织和政协委员开展主题活动的情况,进一步宣传了委员事迹,扩大了政协影响。

(三)进一步夯实工作基础,切实提高政协履职能力

进一步夯实政协工作基础,不断增加工作动力,增添履职活力,努力打造奋发有为的政协团队。

1. 发挥专委会基础作用。重视专委会主任、副主任和专委会委员队伍建设,通过加强政策理论学习和业务培训,提高了专委会履职能力;在制定年度工作要点和年度协商计划时,充分听取专委会意见;发挥专委会作用,开展调研视察、对口协商等履职活动；落实专委会联系联络处和界别制度，发挥专委会联系、协调和指导作用；坚持专委会主任、副主任列席区政协主席会议和区政协常委会议制度，重大决策和重要工作部署充分听取专委会意见建议，发挥专委会参谋助手作用。

2. 加强联络处工作指导。坚持主席会议成员、各专委会联系街（镇）联络处工作制度，统一印发各联络处年度主要工作安排，修改完善联络处年度工作考评细则，定期召开联络处主任季度工作例会，进一步加强对街（镇）联络处工作的指导和督促，街（镇）政协联络处工作的整体水平进一步提升，工作的制度化、规范化不断增强。

3. 发挥政协界别积极作用。坚持和落实界别联系机制、目标任务机制、考评激励机制、经费保障机制、平台搭建机制，有效调动了界别履职的积极性和主动性，在区政协专题协商、民主评议、重点调研、专题视察、提案办理协商等各项履职活动中，充分发挥了界别委员的作用，展现了界别委员的身影，界别工作呈现出活跃有序、务实有效的生动局面。

4. 加强委员联系服务管理。落实主席联常委、常委联委员、委员联群众制度，开展了经常性的联系走访活动；鼓励政协参加单位建立“民情工作站”，支持有条件的委员设立“委员工作室”；依照《委员履职管理办法》，加强委员履职考评，增强委员荣誉感。广大委员立足岗位积极履职，涌现出了一批“六好委员”。

（四）切实加强自身建设，不断提升政协工作水平

始终把自身建设作为工作创新发展的前提和基础，不断提高履职能力，努力推动政协工作上新水平。

1. 认真组织“三严三实”专题教育。按照中央、省委、市委、区委有关 “三严三实”专题教育的要求，认真组织了政协领导干部的专题学习教育。通过举办专题党课、组织专题研讨、召开专题民主生活会等多种形式，认真对照检查、找准问题、剖析原因、明确方向。通过“三严三实”专题教育，政协领导班子的责任心、敏感性和凝聚力进一步增强。

2. 及时组织集中学习培训。坚持常委会议集中学习制度，区政协四届第12次和第13次常委会议先后邀请区委常委、区纪委书记贺赤兴同志作《反腐倡廉专题报告》，邀请湖南大学岳麓书院院长朱汉民教授作《岳麓书院与湖湘文化》专题辅导。十分注重政协机关的学习教育，通过召开机关干部大会、机关干部列席主席扩大会议和党组扩大会议等，组织机关干部学习中共十八届三中、四中、五中全会精神和习近平总书记系列重要讲话精神，及时传达学习全国、省、市政协和区委有关会议和文件精神。精心组织专题委员学习培训，组织50多名政协委员赴浙江大学开展了政协委员履职能力提升学习培训，进一步提高委员的综合素质和履职能力。

3. 不断加强政协制度建设。深化和拓展党的群众路线教育实践活动成果，注重抓好问题清单的整改落实，将本届区政协重新修订和完善的25项制度，编印成《政协长沙市岳麓区委员会机关工作制度汇编》，形成了覆盖较全面、运行较完备、管理更科学的制度体系，政协工作的科学化、制度化和程序化水平明显提升。坚持“有利于发挥政治保障作用、先锋模范作用、团结凝聚作用、骨干表率作用”的原则，结合区政协机关干部调整，加强了机关党支部建设，区政协机关党建工作进一步制度化、规范化。

各位委员、同志们，过去一年成绩的取得，是中共岳麓区委坚强领导和市政协正确指导的结果，是区人大常委会、区人民政府大力支持的结果，是全体政协委员忠实履职和政协工作者共同努力的结果。在此，我谨代表政协长沙市岳麓区第四届委员会常务委员会，向全体政协委员，向所有重视、关心和支持政协工作的各位领导、各界人士表示衷心的感谢并致以崇高的敬意！

同时，我们也清醒地认识到，我们的工作还有许多亟待加强的地方。比如，如何充分发挥人民政协协商民主的重要渠道作用，推动协商的制度化、规范化和程序化方面还可挖掘更多潜力；如何进一步发挥政协民主监督的作用，扩大监督领域、提高监督实效等方面还需不断加强；如何扩大委员履职覆盖面，不断提升委员履职的能力和水平，优化联系服务委员的工作，充分发挥委员履职的主体作用方面还有待加强；如何进一步深入基层，广泛听取民声、反映民意、帮解民忧，努力维护和实现群众利益方面还有差距。我们真诚希望，广大委员对常委会工作提出批评和建议，以利于我们把今后的工作做得更好。

2016年工作部署

2016年，是我区实施“十三五”规划的第一年，是全面深化改革的重要之年，也是率先全面建成小康的关键之年，区政协工作的指导思想是：在中共岳麓区委的坚强领导下，认真贯彻落实中共十八大、十八届三中、四中、五中全会和区委经济工作会议精神，高举爱国主义和社会主义伟大旗帜，坚持团结和民主主题，继续坚持“求实效、创特色、上水平、出影响、争一流”的工作思路，发挥好人民政协协商民主重要渠道作用,不断开创我区政协工作的新局面。

(一)在服务发展大局上出实招。认真贯彻中共十八届五中全会精神,紧紧围绕中共岳麓区委经济工作会议提出的战略目标,凝聚智慧、汇集力量,积极助推我区"十三五"规划的顺利实施,推进创新能力的提升和发展方式的转变,围绕我区创新、协调、绿色、开放、共享发展和六大产业发展、加快泛岳麓山创新创业区发展、深化区校合作和加快岳麓科技产业园发展、融资模式创新等积极建议献策,重点对加快推进泛岳麓山创新创业区发展开展专题调研,为我区转型创新发展建有用之言、献务实之策。鼓励和支持政协委员立足岗位,发挥优势,推动大众创业、万众创新。

(二)在推进民主协商上求实效。认真贯彻中共中央《关于加强社会主义协商民主建设的意见》、中共中央办公厅《关于加强人民政协协商民主建设的实施意见》和省委、市委有关文件精神,协助区委制定和出台《政协长沙市岳麓区委员会民主监督实施办法》和《政协长沙市岳麓区委员会参政议政实施办法》。在广泛征求意见的基础上,协助区委区政府制定年度协商计划,认真组织政协协商,通过政协全体会议、常委会议、主席会议以及专委会对口协商和界别协商等多种形式,重点对现代服务业发展、发挥科教优势推动区校合作、半年度财政预算执行情况和重点提案办理等事关全区经济社会发展中的重大事项和有关重要问题,深入开展广泛多层的政协协商,努力提出有见地、有分量的协商议政意见建议。

(三)在改善民生福祉上建真言。继续深入开展"争当'六好'委员、建设美丽岳麓"主题活动,组织和引导全区政协委员下基层、进网格、听民声、解民忧。充分发挥人民政协联系群众紧密和委员的业务专长优势,组织和动员广大政协委员深入基层、深入群众、深入一线,了解群众疾苦、听取群众意见、反映群众诉求,通过调研视察、协商议政、提交提案、反映社情民意信息等多种形式,讲真话、道实情、出实招。重点对后湖国际文化艺术区环境综合治理、三汊矶棚户区改造项目征收、乡村环境综合整治等事关经济社会发展和民生事业改善的工作,通过主席会议视察、专委会视察和专题调研等履职活动,为促进民生福祉积极建言。

(四)在促进社会和谐上聚合力。认真落实中央统战工作会议的有关精神,充分发挥政协的特殊优势,凝聚各方面力量,促进各阶层、各界别、各方面的团结和谐。重视发挥各民主党派岳麓区工委、区工商联和无党派代表人士在区政协的履职作用,努力为他们履职尽责、发挥作用创造条件、搭建平台。通过加强相关提案办理、反映社情民意信息、注重调研视察成果转化等方式,协助党委政府积极推进社会层面的和谐稳定。不断加强与社会各界、各阶层的联系、沟通和交流。加强政协对外联络,为我区对外开放和促进招商引资引智献计献策、牵线搭桥。

(五)在加强自身建设上求突破。深入学习中共十八大和十八届三中、四中、五全会精神和习近平总书记的系列重要讲话精神,领会精神实质,指导工作实践,切实提高政治把握能力,不断巩固政协履职的共同思想政治基础。进一步深化委员的学习培训工作,切实加强常委会的专题学习。加强委员履职情况的管理考核工作,宣传推介委员履职的先进典型,发挥优秀委员的示范引领作用。在中共岳麓区委的领导下,会同相关部门,认真做好区政协换届相关工作,积极把社会各界优秀人士吸纳到新一届区政协委员队伍中来。加强对本届政协履职工作的总结提炼。开展形式多样的文体活动,丰富机关业余文化生活。对照"三严三实"的要求,加强机关作风建设和干部管理。

各位委员、同志们,新的时期、新的起点,人民政协面临新的形势、新的任务。让我们在中共岳麓区委的坚强领导下,全面贯彻落实中共十八大,十八届三中、四中、五中全会精神和习近平总书记系列重要讲话精神,求真务实,开拓创新,凝心聚力,团结奋进,努力推动我区人民政协事业再上新台阶,为加快推进岳麓全面小康建设和现代化进程,助推岳麓转型创新发展作出新的更大贡献。

大事记

1月

4日，区委书记陈中、区长周志凯、常务副区长刘立走访调研财税工作。

5日，区委召开2014年度“六个走在前列”大竞赛暨绩效廉政考核述职述廉测评大会。

同日，省委常委、市委书记易炼红视察岳麓区工商分局商事登记窗口工作。区委书记陈中、区长周志凯陪同视察。

6日，区委召开经济工作会议。学习贯彻中央、省委、市委经济工作会议精神，总结回顾2014年工作，安排部署2015年任务。区委书记陈中、区长周志凯作重要讲话。

同日，区政协主席袁精华、副主席刘平到岳麓街道看望慰问困难群众。

7日，周志凯主持召开各民主党派和无党派代表人士就《政府工作报告》征求意见座谈会。

同日，区政府召开全区劳动密集型企业暨居民小区消防专项整治工作会议。

8日，举行梅溪湖派出所落成揭牌仪式，市公安局局长唐向阳、区委书记陈中等市、区领导出席仪式并讲话。

同日，区人大常委会组织本区61名省市人大代表视察区重点项目建设。区委书记陈中，区委副书记、区长周志凯，区人大常委会主任胡杰夫等领导参加视察活动。代表们先后视察湘江玖号项目、王府井商业广场、龙王港截污工程、柏宁酒店暨地王广场项目、长华社区提质改造等重点建设项目。

9日，区委书记陈中带队调研城市管理市场化维护工作，现场查看梅溪湖路、含光路、坪塘大道和二环线的维护作业情况，召开调研会议。

同日，周志凯分别主持召开离退休老干部、人大代表和政协委员《政府工作报告》征求意见座谈会。

13—15日，区政协召开第四届政协委员会第四次全体会议。

14日，省委书记徐守盛、省长杜家毫率全体省委常委，到西湖文化园、长华社区考察，调研城市规划建设、城市管理“三进”（进农安小区、进背街小巷、进城郊接合部）行动和社区建设工作。

14—16日，区第四届人民代表大会第四次会议召开。

16日，省人民医院和望岳街道金星村联合组织惠民活动，为村民开展B超、心电图、血压、血液检测、尿检、胸透等8个项目免费检查。

21日，区长周志凯带队调研望城坡街道商贸城片区消防安全隐患综合整治工作。

27日，区委书记陈中在湘麓山庄主持召开基层探索试点改革工作座谈会。

2月

2日，省财政厅厅长郑建新到岳麓区慰问财政退休干部，调研了解岳麓区工作情况。区长周志凯汇报全区2014年各项经济指标和省市下达任务完成情况，2015年度工作规划，区委书记陈中介绍区情特色及经济发展形势整体工作思路。郑建新对岳麓区发展绿色经济，打造两型服务高地给予高度肯定。

同日，周志凯主持召开2015年全区金融机构迎春座谈会。

3日，周志凯主持召开区长办公会议，研究城市管理、法制、司法等工作。

同日，区委召开常委会议。

4日，周志凯主持召开区长办公会议，研究民政、农业林业畜牧、水务、人口和计划生育等工作。

同日，区委召开离退休干部区情通报会。

同日，区政府召开全区教育工作会议。

5日，区长周志凯率队到园林局看望慰问职工，高度评价园林局一年来的工作。

同日，“名家春联送万家”迎新春送春联主题活动在咸嘉新村社区绿化广场举行，600副由省、市、区书法名家书写的作品送到居民手中。

9日，区第四届纪委第七次全会暨全区反腐败工作会议召开,区长周志凯主持会议,纪委书记贺赤兴作《坚持从严依规治党、强化执纪监督问责、构建岳麓党风廉政建设和反腐败工作新常态》工作报告。区委副书记刘汇通报2014年度全区党风廉政建设工作单位和个人,区委书记陈中作重要讲话。

同日,区委召开全区2015年春节期间信访维稳工作调度会。

11日,周志凯一行检查梅溪湖街道春节前安全生产工作,召开梅溪湖街道社区(村)书记、主任座谈会。

12日,2015年“人文岳麓”社区群众迎春文艺汇演在区机关会议中心举行,参演和观众达1000余人。

13日, 召开区第四届人民政府第十六次常务会议。

15日,区委召开常务会议。

25日, 区政府召开全区重点项目建设动员部署大会。

28日,区第四届人大常委会第十九次会议召开。

3月

1日,区政府召开全区城乡一体化规划编制工作座谈会。

2日,周志凯主持召开区长办公会议,研究教育、卫生、文化体育新闻出版等工作。

4日,区委副书记、区长周志凯等领导与全国道德模范、身边好人共度元宵佳节。

同日,副省长、省政府秘书长戴道晋在省厅党委副书记、常务副厅长周符波,副市长、市局党委书记、局长唐向阳陪同下,到梅溪湖检查元宵节安保工作。

5日,省委常委、市委书记易炼红一行到岳麓区人民法院, 看望慰问荣获全国巾帼文明岗殊荣的民事审判一庭的女法官集体。

同日,2015“人文岳麓”龙腾狮跃闹元宵暨体育健身进社区展演活动在奥克斯广场举行, 吸引观众500余人。

6日,周志凯主持召开区长办公会议,研究工业和信息化、科学技术、服务总部经济发展、商务、招商、旅游、工商、住房和城乡建设、工务、征地征收、人民防空、国土规划等工作。

7日,周志凯主持召开区长办公会议,研究财政税收、发展和改革、统计、人力资源和社会保障、政务服务、两型社会建设、机关后勤服务、电子政务信息、应急管理等工作。

8日,国际妇女节,省委常委、长沙市委书记易炼红看望法院女干警。

9日,区政府召开全区政务工作推进会。

12日,望岳街道举办“就业帮扶　真情相助”现场招聘会,前来应聘的求职者600余人,达成就业意向255人。

同日,国家第34个全民义务植树节,区直机关干部、职工和青年志愿者100余人到莲花镇五丰村楠竹生态园义务植树基地开展爱绿护绿植树活动。《长沙晚报》、长沙新闻频道等媒体参与报道。

14日,区委召开常委会议。

同日,区委、区政府召开2014年度“六个走在前列”大竞赛暨绩效考核总结讲评会。

16日,区委副书记、区长周志凯,区纪委书记贺赤兴调研三汊矶棚改项目工作,研究茶子山村、岳北社区城中村改造工作。

20日, 周志凯主持召开区长办公会议, 研究财税、审计、机关大院物业管理服务合同续约等工作。

同日,国际著名检验检测机构SGS集团与岳麓科技产业园签订入驻协议,其湖南总部正式落地园区。

22日, 湖南省节约用水办公室在橘子洲头举行2015年“世界水日”“中国水周”宣传活动启动仪式,宣扬节约用水理念。

23日,第50个“国际气象日”,咸嘉新村社区携手长沙市气象局在社区广场开展以 “气象知识服务气候行动”为主题的气象科普宣传活动。

同日,区委举行中心组(扩大)理论学习暨“3·23”廉政教育日活动。

24日,民政部社会救助司王司长,湖南省民政厅厅长邓磊一行到西湖街道普亲先锋社区老年养护中心考察指导工作。

25日,2015“激情岳麓”送戏送电影进社区(村)文化惠民活动,为岳麓区17个街道(镇)送戏送电影970场。

30日,区政府召开表彰大会,表彰2014年度岳麓区优秀群众文体团队及先进单位、先进个人。团队一等奖5个,二等奖10个,三等奖15个。

是月,在农业部召开的农村土地流转工作会上,副区长李舜作典型经验介绍,获得农业部和省、市经管局的高度评价, 并推荐岳麓区申报创建农业部农村土地经营权流转试点县(区)。

4月

1日,湖南省畜牧水产局、长沙市人民政府共同举办的“2014湘江春季人工增值放流活动启动仪式”在湘江橘子洲战备码头举行。

2日，召开全区安全生产暨建设工程安全工作会议。

同日，区人大常委会主任胡杰夫率主任会议成员到望岳街道调研经济社会发展、重点项目建设、依法行政及人大工作相关情况。

同日，国务院法制办副主任胡可明，社会管理法制司副司长彭高建，全国妇联权益部副部长兰青，法规处副处长赵明等在省市相关领导陪同下到岳麓区法院考察调研反家庭暴力的审判工作。

7日，区人民法院公开开庭审理原告贵州茅台酒厂(集团)习酒有限责任公司诉莫正安(被告一)、贵州省仁怀市茅台镇仁和酒业有限公司(被告二)商标侵权纠纷一案。中国法院庭审直播网、湖南法院网直播栏目等对该案庭审进行全程网络视频直播。

9日，区委副书记、区长周志凯一行到咸嘉湖街道调研指导街道工作。

13日，周志凯一行调研观沙岭街道经济社会发展工作，区领导贺赤兴、苏春光参加调研。

14日，中国志愿服务联合会调研座谈会在橘子洲景区召开。中国志愿服务联合会副秘书长段桂青，湖南省委宣传部副部长、省文明办主任刘进能等省、市领导出席会议。

14—16日，区第四届人民代表大会第四次会议召开。

15日，区文化旅游产业协会理事会成立大会暨首期湘江文话论坛活动在橘子洲举行。

16日，召开全区防汛抗旱工作暨2015年全区生态环境保护委员会第一次会议。

17日，召开全国部分高级人民法院异地执行相互协作协助工作机制备忘录签字会议，会议由湖南省高级人民法院主办、长沙市中级人民法院协办、岳麓区人民法院承办，会上，来自北京、内蒙古、山东等15个省、直辖市、自治区高院联合签署《关于建立异地执行相互协作协助工作机制备忘录》。

22日，中国社区发展协会会员部主任周立一行到岳麓区望城坡街道长华社区考察社区建设发展创新工作，省民政厅副厅长李劲夫等陪同考察。

26日，湖南省首家音乐主题博物馆——橘子洲古董钢琴博物馆正式向公众开放。

27日，省委宣传部副部长、省文明办主任、省志工办主任刘进能带队到岳麓区调研。调研组一行察看西湖文化生态污水处理站和绿色卫士守望点，参观长沙绿色卫士标准化工作站并召开座谈会。

30日，区第四届人大常委会第二十次会议召开。

5月

4日，湘江新区领导调研后湖国际艺术园，区委书记陈中，区长副书记、区长周志凯，区委常委蔡锋、吴江参加。

5日，长沙市委常委、市纪委书记李军到岳麓区调研农村基层党风廉政建设工作。区委书记陈中，区委常委、区纪委书记贺赤兴陪同调研。

6日，区委召开常委会议。

8—10日，中共中央政治局委员、中央书记处书记刘云山一行到湖南省委党校了解湖南群众教育实践活动深入开展情况。

11日，长沙出现强降水、阵性雷电大风，使413株树木倒伏、倾斜，1000多株行道树断枝受损。园林局迅速启动应急预案，紧急调度，安排应急备勤队上路排查，将倒伏阻碍交通的树木移至路旁，采取修整、重栽、扶正加固等措施，增强树木的抗倒伏能力。

同日，区委召开常委会议。

13日，召开全区固定资产投资统计制度改革专题培训会议，全区所有“四上”及房地产开发经营企业和亿元以上在建项目的法人单位共计400余家单位统计人员参会。

14日，区政协主席袁精华带领区政协民主评议旅游产业工作组成员视察全区旅游产业发展情况。岳麓山风景名胜区管理局书记丁继荣、局长胡德强，副区长刘雄辉，景区管理处书记周竹平陪同视察。

15日，区委书记陈中率队赴岳麓科技产业园调研主持召开现场办公会议。

同日，区长周志凯主持召开区长办公会议，研究全区2015年为民办实事、岳麓公证处撤销相关遗留问题、全区公共租赁住房小区安全隐患整改等工作。

19日，市政府领导调度区涉市重点项目，区委书记陈中、区长周志凯、常务副区长刘立参加。

同日，国家卫计委中国人口与发展研究中心专家汤梦君、李抒然一行到西湖街道调研流动人口卫生计生基本公共服务均等化试点工作。

21日，长沙市人大常委会主任袁观清一行到岳麓区就经济社会发展和人大工作相关情况进行调研。陈中、周志凯、胡杰夫等领导陪同。袁观清一行实地视察绿地湖湘中心、红星美凯龙、麦德龙岳麓店、黄陂拆违、岳麓实验小学等项目和单位，听取区委、区人大和区政府相关工作汇报。

22日,省委常委、市委书记易炼红到步步高广场长沙店视察食品安全工作,市、区相关领导及相关部门负责人陪同视察。

同日,公安部改革专项调研督导组于东琳一行到岳麓公安分局调研警务改革工作,先后参观岳麓区社会矛盾调处中心南片分中心和刑侦岳麓片区受案分中心,实地调研和听取汇报,对分局的基层工作和警务改革予以高度肯定。

23日,区委召开常委会议。

26日,区委召开区委、人大、政府、政协联席会议。

同日,江西省贵溪市(县级市)人大常委会党组副书记、常务副主任姚建中率考察团来岳麓区考察社区居家养老工作。

27日,区委书记陈中主持召开正科职领导干部浙江大学学习班成果汇报会。

同日,区政协主席袁精华带领区政协主席会议成员到岳麓科技产业园调研,了解园区发展情况。

同日,周志凯主持召开区长办公会议,研究土地卫片执法监督检查和机动车驾驶员培训机构违法用地处置工作、长沙市西工建设公司房屋征收市食品公司二里半宿舍危房改造工作、区绿心地区农村环境综合整治项目建设和2015年环境保护工作考核事宜、岳麓山抗战文化园建设维护工作。

30日,由长沙市委宣传部指导,潇湘晨报、腾讯·大湘网、《快乐老人报》主办的“大美长沙 绿色家园”2015长沙最美社区评选活动PK赛暨颁奖典礼在开福区风帆广场举行,为全市5个社区授予“最美社区”荣誉称号,咸嘉新村社区获得此项荣誉。

6月

1日,区政府与光大银行长沙分行银政战略合作协议签约。

4日,区委书记陈中主持召开区委常委办公会,专题研究项目征拆扫尾工作。

5日,区委中心组(扩大)理论学习,邀请著名经济学专家、浙江大学孙家良教授为全区副科职以上领导干部作《中国宏观经济形势分析》辅导报告。

同日,全省法院立案登记制和多元化纠纷解决机制改革工作推进电视电话会议召开。省高院党组书记、院长康为民出席会议并做重要讲话。区法院院长袁征作为基层法院先进代表作经验发言。

同日,长沙市首届环保文化节开幕式在岳麓区西湖文化园秀广场举行。省委常委、市委书记易炼红,省环保厅厅长刘尧臣,市委副书记、市长胡衡华,市人大常委会主任袁观清等市、区领导出席开幕式,并向环保卫士宣传小分队授旗。

9日,区委书记陈中调研基层党建工作。

同日,袁精华带领区政协主席会议成员及部分区政协委员到宝宁寺视察。

11日,麦德龙长沙岳麓商场开业。

同日,区第五届社区文体节暨第四届校园文化进社区活动在西湖文化园举行。市委常委、宣传部部长张湘涛宣布活动开幕。区委书记陈中、区长周志凯,市、区相关部门负责人出席。大学生、群众文艺团队、社区群众代表共1000余人参加。

12日,区委书记陈中调研环城绿带城中村改造工作。

14日,岳麓区环境监测站正式挂牌“湖南省环境监测站标准化建设(三级站)达标单位”,成为湖南省区级单位中首位。

15日,咸嘉新村社区公共服务中心太阳能光伏发电项目正式竣工,该项目引进20千瓦并网光伏发电,年平均发电量约达20000千瓦时。

16日,区人大常委会主任胡杰夫带队到望城坡街道,就《关于成立汽车西站综合管理办公室的建议》进行督查。

17日,全省检察机关侦查监督工作会上,岳麓区检察院检察长盛智作题为《强化三种意识、严把三道关口,着力提高审查逮捕质量》经验发言。

20日,省委常委、市委书记易炼红在橘子洲头宣布2015中国长沙湘江国际帆船赛开幕,来自美国、法国、英国、俄罗斯、意大利、新西兰、比利时、中国等8个国家的参赛选手在湘江橘子洲段扬帆竞技。

23日,区委书记陈中到望岳街道长望路谷山段项目建设现场,实地督查施工建设。

24日,湖南省统计局投资处处长匡浩堂一行到洋湖街道调研固定资产投资工作,市、区有关领导陪同调研。

同日,区委书记陈中督查文明创建工作。

25日,区委书记陈中到咸嘉街道调研街道经济社会发展工作。

同日,区第四届人大常委会第二十一次会议召开。

26日,区委书记陈中赴望城坡街道老虎岭社区巡查“三服务”一线工作。

同日,省委常委、市委书记易炼红,市长胡衡华率市委、市人大、市政府、市政协四大家班子成员及市直相关单位负责人和各区县党政负责人一行75人，视察全市拆违控违、三年造绿、拆墙透绿和对围而未建地块覆绿工作，到雷锋大道造绿工作现场和洋湖片区拆违控违现场观摩。区委书记陈中、区长周志凯、区人大常委会主任胡杰夫、区政协袁精华主席陪同观摩。

29日，区委书记陈中主持召开常委办公会，传达学习全市依法治理进京非访调度会精神，专题研究依法治理进京非访工作。

30日，区政协主席袁精华带领主席会议成员及部分区政协委员就区公安分局打防多发性侵财犯罪工作开展专题视察。

7月

3日，区委召开常委会议。

7日，省两型实验区管委会副主任周上游一行来咸嘉新村社区视察"两型"建设工作，市领导陈泽珲陪同视察。

8日，区人大常委会主任胡杰夫率人大常委会主任会议成员、部分区人大代表一行视察调研岳麓区古树名木保护工作。

9日，八方小区开展"绿色相依"爱心捐赠活动，收到居民、志愿者捐赠的衣物200余袋。当日，湖南广播电视台公共频道在八方社区授牌成立"帮女郎爱心点"，长沙市红十字会会长唐俊杰为八方社区红十字会志愿服务队授旗。

11日，农业部调研组在省、市经营管理局领导陪同下，到雨敞坪镇瓦灰村调研农村土地承包经营权确权登记颁证试点工作。

13日，省司法厅、市司法局领导调研莲花司法所和雨敞坪司法所。

同日，世界领先技术的化粪池污物硬化处理机、粪便污泥快速处理机等设备设施进驻咸嘉湖街道白鹤咀社区，由岳麓区环保局联合长沙市金骏环保科技有限公司打造的，扫除城区污水处理盲点移动处理服务项目正式启动。

同日，区人大常委会主任胡杰夫率人大常委会主任会议成员及相关委办负责人调研岳麓科技产业园项目建设工作。他们先后到检验检测专业园区、联东U谷·长沙国际企业港、达嘉维康医药物流园等项目施工现场进行实地调研，胡杰夫对园区项目建设进度给予充分肯定。

15日，区委书记陈中主持召开区委常委办公会，专题研究中南大学西大门和含浦大道(一段)拆迁建设工作。

同日，区人大常委会主任胡杰夫率队对全区贯彻落实《中华人民共和国义务教育法》和《湖南省实施〈中华人民共和国义务教育法〉办法》(以下简称"一法一办法")情况进行执法检查。

17日，召开全区践行"三严三实"推进作风建设大会。会上播放作风建设暗访片《警醒》，对全区上半年暗访发现的典型作风问题予以曝光。区委常委、纪委书记贺赤兴通报区纪委近期查处的5起违反作风建设规定案例。区委书记陈中围绕"践行三严三实、推进作风建设"作重要讲话。

22—27日，2015人文岳麓·多彩舞台——全民"独唱、独奏、独舞"比赛，评选出一等奖4名、二等奖7名、三等奖11名、优秀奖24名。

23日，区委召开常委会议。

24日，召开区"一府两院"向区人大代表通报上半年工作会议。

29日，区委书记陈中主持基层党建工作半年度交叉检查讲评会。

同日，区委、区政府"八一"建军节慰问驻区部队。

30日，区委书记陈中主持召开区委常委办公会，专题研究后湖景区综合整治工程工作。

31日，永州市新田县党政代表团到岳麓区考察学习。

8月

3日，"保护风景名胜资源，建设生态文明岳麓"《岳麓山风景名胜区保护条例》2015年宣传周活动在橘子洲景区拉开大幕。

4日，周志凯主持召开区长办公会议，研究山水新城127套公共租赁住房装修项目相关工作、集体土地拆迁项目联合会审专用章制作事宜、市土地储备中心地块管理维护相关问题、湘麓金座物业管理服务外包招投标事宜、区直机关事业单位编外合同制人员和社区专职工作人员住房公积金缴存工作、增配人力资源和社会保障及最低生活保障基层工作人员事宜、动物防疫站自收自支人员医疗保险费补缴问题。

5日，由岳麓山风景名胜区管理局和区人大常委会主办的"保护风景名胜资源，建设生态文明岳麓"《岳麓山风景名胜区保护条例》宣传周活动在橘子洲景区举行，橘子洲、岳麓、学士等7个街道设点宣传，发放环保宣传手册、倡议书。

6日,区长周志凯率队到园林局看望慰问职工。

同日,全国人大代表长沙小组到橘子洲街道学堂坡社区开展“新形势下社区治理机制体制创新研究”专题调研,实地考察社区建设、社区管理创新情况,召开调研座谈会,市、区相关领导陪同。

同日,“湖南抗日战争纪念馆美术作品创作专题研讨会”在岳麓区后湖国际艺术区举行。此次创作活动共完成作品16幅,规格最大的一幅油画作品的《中流砥柱》长8米,宽有3米,毛泽东、刘少奇、周恩来、朱德、任弼时等中国共产党人在画面中组成铜墙铁壁,气势恢宏。

7日,省委书记、省人大常委会主任徐守盛到绿地湖湘中心就湘江新区城市规划和棚户区改造工程进行考察。省领导韩永文、易炼红参加调研。

9日,上海市委常委、统战部部长沙海林率上海市工商联企业家一行到岳麓区莲花镇,考察省级“同心项目”天泉草业。省委常委、统战部部长李微微出席活动,市委常委、统战部部长文树勋,区委书记陈中等领导陪同。

11日,长沙市抗战故事比赛,岳麓区童江洪荣获中学组一等奖。

12日,宁夏回族自治区党委常委、统战部部长马廷礼一行到岳麓区莲花镇,考察省级“同心项目”天泉草业。省委统战部副部长龙建湘等陪同。

15日,“红色记忆·橘洲展望”纪念中国人民抗日战争暨世界反法西斯战争胜利七十周年大型户外音乐会在橘洲沙滩乐园举行。省委常委、宣传部部长许又声,省委常委、市委书记易炼红,省人大常委会原副主任肖雅瑜等省、市领导与长沙市各战线、各行业代表4000余人出席音乐会。

20日,市长胡衡华一行到先锋社区调研。市人大常委会副主任谭杭生、副市长黎石秋等领导陪同调研。市长一行对先锋社区居家养老的服务模式给予充分肯定。

21日,区政府召开全区深化最严城市管理执法工作推进会,落实“最严城管”,规范执法程序,提升执法水平。

23日,由《三湘都市报》主办的第六届长沙社区文化节“创和谐文明社区,建人民满意城市”在望城坡街道长华社区举行。

25日,区委召开常委会议。

同日,长沙市委副书记、市长胡衡华到南家塘社区调研湘浙小商品市场的安全生产工作。市安监局局长文卫红、区委书记陈中、区长周志凯等陪同调研。

26日,副省长李友志到岳麓区步步高广场长沙店视察安全生产工作,市、区相关领导陪同视察。李友志询问商场安全生产工作情况,查看消防设施设备,了解当前社会普遍关注的电梯安全问题。他强调,要牢固树立“安全第一”意识,全面落实好各项安全措施,切实保障人民群众的生命财产安全。

28日,岳麓区开展爱国主题歌曲演唱会暨慰问抗战老兵活动。

是月,全区开展纪念抗战胜利70周年系列活动:“长沙——抗日烽火中的英雄城市”主题讲座,纪念抗日战争胜利暨世界反法西斯战争胜利七十周年专题书籍展;纪念抗日战争胜利七十周年暑期少儿电影展播。

9月

1日,区委举行“三严三实”专题教育第二次扩大学习研讨暨区委中心组学习,与会人员围绕“严以律己,严守党的政治纪律和政治规矩,自觉做政治上的‘明白人’”主题,联系自己实际工作,结合反面典型进行讨论交流。市委常委、宣传部部长张湘涛出席会议。

7日,区委书记陈中率队对全区涉市重大项目建设进行现场督办。

同日,区政府召开全区政务工作推进会议、区政府党组“三严三实”专题教育第二次(扩大)学习研讨会。

8日,区委书记陈中率区委主要领导现场督办岳麓科技产业园项目建设及环保工作绩效考核项目。

9日,区第四届人大常委会第二十二次会议召开。

11日,区人大常委会主任胡杰夫率人大常委会主任会议成员和部分人大代表对全区安全生产工作进行视察。

14日,区委书记陈中主持召开湘江700信访维稳调度会。

15日,区人大常委会主任胡杰夫带队检查西湖街道安全生产工作。

同日,区委书记陈中调研岳麓山抗战纪念文化园。

同日,国家发改委宏观院国土开发与地区经济研究所环境经济研究室主任李忠,省长株潭两型试验区管委会副主任刘怀德一行到咸嘉湖街道白鹤咀社区调研两型社区建设工作。

17 日，国家卫生计生委副主任金小桃一行到望月湖社区卫生服务中心调研人口健康信息化建设工作。省卫生计生委主任张健等相关领导陪同调研。

21 日，区委书记陈中督查文明创建工作。

22 日，区委召开常委会议。

同日，区政府在湖南商学院举办第六届全国统计开放日活动——统计服务民生公开课，向广大学子宣传民生统计工作。

23 日，国家卫计委指导司副司长胡志春、国家卫计委指导司综合处处长张莹率专家组到西湖街道社区卫生服务中心视察流动人口基本公共服务及卫生计生均等化工作，省卫计委党组书记詹鸣，省、市、区相关领导陪同视察。

同日，岳麓区“礼赞模范，爱满中秋”主题活动在博才卓越小学举行，“全国道德模范” 廖月娥、“中国好人”贺国辉、刘玉娟、杜贞、“长沙市十大孝星”徐国斌夫妇来到活动现场，与 500 余名小学生一起分享自家家风家训。

24 日，召开全区落实党风廉政建设主体责任讲评会议。纪检书记贺赤兴对全区落实党风廉政建设主体责任情况作讲评报告。学士街道等基层党委（组）书记就如何抓好主体责任落实作交流发言。区委书记陈中作重要讲话。

同日，区人大常委会主任胡杰夫率队开展“三湘农民健康行”视察活动，先后视察坪塘街道社区卫生服务中心、兴丰村卫生室、长好医院、爱尔湘江医院、西湖街道社区卫生服务中心、观沙岭街道社区卫生服务中心并召开座谈会。

25 日，区政协召开重点提案办理工作协商会，区委副书记、常务副区长刘汇应邀出席会议。

26 日，湖南省关注消费品质量安全宣传活动在咸嘉湖街道银谷国际社区开展。此次活动由省质监局主办，市质监局承办，省质检院和银谷国际社区协办，主题为“关注消费品质量安全，维护消费者合法权益”。

29 日，区政协召开四届十四次常委会议。

同日，省委常委、长沙市委书记易炼红到岳麓区调研湘江新区交通枢纽站试运营前期准备情况。市领导张迎春、夏建平、刘明理，区委书记陈中、区长周志凯陪同调研。

30 日，区政府召开全区 2015 年环境保护百日攻坚行动动员会。

10 月

10 日，召开 2015 年岳麓区政协民主评议大会。区委副书记、常务副区长刘汇应邀出席会议。全体区政协常委、区政协各界别召集人、区政协民主评议工作组全体成员、区文体新局和区旅游局班子成员，各街、道政协联络处主任、分管文化、旅游工作的副主任（副镇长），区直有关部门的负责同志参加会议。

同日，区长周志凯一行到望岳街道调研指导八方小区创建文明小区工作。

14 日，区政府召开区长办公会，听取区农林畜牧局 2015 年工作情况汇报。

同日，中央文明办志愿服务工作组负责人何一帆一行到岳麓区，就如何完善志愿服务制度化的政策法规、管理体制、协调机制和推动方式等进行调研。

同日，区政协召开“争当‘六好’委员、建设美丽岳麓”主题活动委员风采报告会。李佐立、饶艳、宁帆、张浪、吴梁、杨正良、宁联芳、江正贵 8 名政协委员就个人履职事迹作典型发言。

同日，2015 年长沙市校园文化进社区活动在步步高广场举行。

16 日，区委召开常委会议。

同日，区政协组织以“推进岳麓区健康养老工作”为主题开展专题协商，协商组深入红枫康乐养老中心、学堂坡社区太阳园日间照料中心和坪塘街道敬老院进行现场视察。

17 日，区委书记陈中主持召开区委常委办公会，专题研究省美术馆项目相关问题。

18 日，首届长沙国际马拉松赛正式开赛，来自国内外的 1.5 万名选手从贺龙体育馆出发，沿途经过湘江、橘子洲、岳麓山、梅溪湖、洋湖湿地公园。

21 日，区委书记陈中督查项目建设工作。

同日，周志凯主持召开区长办公会议，研究全区城市管理、拆违控违、城管品质工程和环境保护工作。

22 日，区委召开常委会议。

27 日，区第四届人大常委会第二十三次会议召开。

28 日，中国科协党组成员、书记处书记王春法一行到望月湖社区卫生服务中心，调研基层公共医疗建设工作。省科协副主席廖任强、长沙市副市长何寄华、副区长肖文辉等领导陪同调研。

29 日，区委中心组（扩大）举行理论学习专题讲座。邀请省安委办副主任、省安监局副局长李大剑和湖南师范大学法学院院长肖北庚教授，分别围绕《强化红线意识、推动安全发展》和解读《行政诉讼法》、新《环境保护法》作专题报告。

30日，周志凯主持召开全区城市管理“重心下移”暨示范街道创建学习观摩会。

11月

1日,中国(长沙)第九届麓山红枫节在麓山景区开幕。

3日,区委、区政府召开全区负责干部会。

4日，最高人民法院公布该院2015年度重大课题中标结果。岳麓区法院与中南大学法学院联合申报的《〈专利法〉第四次修改关于专利纠纷调解救济机制的研究》成功中标最高人民法院2015年度第9项司法调研重大课题。

9日,2015年全省“119”消防宣传月启动仪式在学士街道白鹤社区举行,区委副书记、区长周志凯,副区长陈定佳参加。

同日,召开全区文明创建迎国检工作调度会。区长副书记、区长周志凯讲话。

13日,区政协召开四届十五次常委会议。

17日,召开区长办公会,研究环城绿带生态圈建设相关工作。

19日,省委常委、市委书记易炼红一行到岳麓区莲花镇调研城乡一体化和基层党建工作。区委书记陈中、区长周志凯等领导陪同调研。

20日，长沙市两型示范创建学习观摩活动在岳麓区咸嘉湖街道举行。市、区相关领导出席。市属各区县(市)政府分管领导,市、区县相关部门分管正、副职，部分省市级两型示范单位代表70余人参加观摩。

同日,区第四届人大常委会第二十四次会议召开。

同日,周志凯主持召开区长办公会议,研究企业办社会职能分离移交相关工作、岳麓科技产业园财政管理体制相关工作,审议《中心商务岛合作开发合同》补充协议和《创芯科技楼买卖合同》,审议《岳麓区预拌商品混凝土场站经营权招标方案》、望岳街道府后路社区“两安”用地挂牌出让工作。

21日,国家卫计委副主任、国家中医药管理局局长王国强一行到西湖社区卫生服务中心考察基层中医药适宜技术推广情况,省卫计委副主任、省中医药管理局局长邵湘宁、副局长李国忠陪同。

23日，召开区第四届人民政府第二十四次常务会议。

24日,区委书记周志凯主持召开区委常委会议。

25日,区委、区政府召开全区负责干部会议。

27日,区委中心组(扩大)理论学习,邀请中央党校董亚炜教授就深入学习贯彻五中全会精神作辅导报告。

12月

1日,区委召开常委会。

4日,岳麓区“12·4”国家宪法日暨全区法制宣传日系列活动在步步高商业广场金星路及王家湾店举行。

同日，农业部督导组对岳麓区土地流转及工商资本租赁农地监管和风险防范制度落实情况进行督导验收。

同日,望岳街道金峰农安小区“最美发姐”等12家店铺签署“小巷有大爱,情暖环卫工”爱心承诺书,挂上“环卫工人爱心驿站”服务牌和爱心项目介绍牌。

8日,区第四届人大常委会第二十五次会议召开。

9日，区委书记周志凯主持召开区委常委会议,传达学习全市造绿复绿工作汇报会精神，专题研究全区造绿复绿工作。

同日，区委书记周志凯率队赴区城建投资公司调研,并主持召开现场办公会。

10日，区委书记周志凯率队赴后湖景区综合整治工程项目指挥部调研,实地查看杜家塘小学、清水路、天马路等拆违整治现场。

11日，召开省委巡视组第一组巡视岳麓区工作动员会。

15日,区委召开常委会议。

19日，召开岳麓区作家协会第一次会员代表大会。会议审议通过《长沙市岳麓区作家协会章程(草案)》《长沙市岳麓区作家协会第一批会员发展办法(草案)》,选举产生协会第一届理事会和协会执行领导机构成员。

21日,召开全区调整换届时间工作部署会。区四大家领导、法检两长参加。

同日，省、市人大代表岳麓区代表联组视察绿地·湖湘中心,后湖景区综合整治项目、湘江欢乐城·朗豪酒店等地,并组织召开视察汇报会。

22日,召开全区2015年度党风廉政建设责任制检查考核大会。

24日，省委巡视组第一组视察全区区域经济社会发展工作。

同日，市委副书记、市长胡衡华率队视察岳麓区后湖景区综合整治工程、岳麓科技产业园等重点项目。

同日，湖南省民政厅副厅长李劲夫、省社会组织管理局局长陈自力等领导到岳麓区咸嘉湖街道白鹤咀社区视察指导社区志愿服务开展和社区组织建设工作。

同日，长沙市人大常委会主任联席会议在岳麓区召开。市人大常委会主任袁观清，副主任张建国、王国海、赵建强、黄佳惠、谭杭生、芮英姿，秘书长柳美景出席。会议通报市十四届人大四次会议筹备情况，听取2015年市人大常委会工作报告（草案）的说明等事宜。各区县（市）人大常委会负责同志汇报2015年度工作，并就如何谋划好“十三五”开局之年各项工作进行探讨和交流发言。

25日，区委召开常委会议。

30日，岳麓区第四届人大常委会第二十六次会议召开。

同日，区委书记周志凯主持召开《岳麓区国民经济和社会发展第十三个五年规划的建议（讨论稿）》、《关于深化务实创新十二项举措促进区域经济社会又好又快发展的实施意见（讨论稿）》征集意见座谈会。

岳麓区概况

自然地理

【区域位置】岳麓区因境内国家AAAAA级旅游区岳麓山得名,位于长沙市湘江西滨,北纬27° 58′ 30″ ~28° 27′ 65″ ,东经112° 36′ 17″ ~112° 57′ 21″ ,东与开福区、天心区隔湘江相望,南与湘潭县九华乡、龟头镇相连,西与宁乡县道林镇、花明楼镇、夏铎铺镇接壤,北与望城区白箬铺镇、黄金镇、星城镇毗邻。辖区东西最大直线距离35.3千米,南北最大直线距离33.5千米,总面积558平方千米。其中陆地480.9平方千米,占86.2%;水域77.1平方千米,占13.8%。区治位于金星北路一段517号。

【地貌资源】境内大部为岗地丘陵区,地势略为西高东低、南高北低,地面高程一般在海拔60~80米,最高点稽家山海拔474.9米,最低点洋湖垸海拔21.6米。境内矿藏资源有灰岩、石英岩、砂岩、黏土、铁矿、锰矿、煤矿,主要分布在坪塘街道及雨敞坪镇。

【水文气候】境内有四条主要河流:湘江、靳江、龙王港、八曲河。湘江是湖南省最大河流,为长江主要支流之一。发源于广西兴安县南部白石乡境内海洋山脉的近峰岭,干流全长856千米,流域面积9.466万平方千米,流经岳麓区境内34.2千米。靳江为湘江下游一级支流,发源于宁乡县白鹤山寨子冲,于岳麓区柏家洲注入湘江。干流河长85.0千米,平均坡降0.55‰,全流域面积781平方千米,流经岳麓区境内长26.5千米,流域面积320平方千米。龙王港为湘江下游一级支流,发源于望城区南角岭,流经岳麓区溁银桥汇入湘江。全流域面积173平方千米,河长31.0千米,主河道坡降0.84‰,岳麓区境内长11千米,流域面积75平方千米。八曲河是一条防洪排涝的骨干河道,属湘江二级支流,发源于岳麓区雨敞坪镇甑皮岭,于望城县高塘岭镇胜利村与沩水河汇合后流入湘江,流域总面积331平方千米, 干流全长53千米,岳麓区境内长12.7千米。岳麓区气候属亚热带季风性湿润气候,特点是:气候温和,四季分明,热量充足,雨热同期。年平均气温在17.4℃~17.6℃,年平均生长期244天(稳定通过10℃的天数),年平均无霜期268天, 年平均日照时数1510.9~1682.5小时,年平均降水量1428.1~1551.3毫米,年平均降雨日数为150.2~157.9天。2015年年平均气温18.6℃,年内最高气温37.8℃,最低气温0.1℃,年降水量1565毫米。岳麓区自然山水资源得天独厚,集长沙“山水洲城”的城市风貌特色于一体。

人口·民族

【人口】2015年年末,全区公安户籍人口68.69万人,比上年增加1.20万人。按性别分,男性32.64万人, 女性33.05万人; 按年龄结构分18岁以下12.61万人,18~35岁17.51万人,36~60岁24.19万人,60岁以上11.38万人。全年人口出生率为15.6‰,死亡率为3.4‰,自然增长率为12.2‰。

【民族】岳麓区境内人口以汉族为主,占总人口的96.7%;土家族7225人,占1.1%;苗族4598人,占0.7%;侗族、蒙古族、回族、白族、瑶族等46个少数民族9852人,占1.5%。

建置·区划

【建置】 岳麓区区域春秋时期属楚地。秦始皇时期属长沙郡。自汉至民国初期属长沙、荆州、潭州等地域。民国23年(1934年)设区,民国26年(1937年)撤区设太平、黄兴两镇。民国33年(1944年)撤镇改区。1949年10月成立城西区人民区公所,1951年9月撤区公所设西区人民政府。1956年水上区并入西区。1975年原岳麓区并入西区。1996年撤西区设岳麓区。2008年原望城县坪塘镇、含浦镇、莲花镇、雨敞坪镇划入岳麓区。

【区划】2015年,岳麓区辖岳麓、橘子洲、望月湖、银盆岭、观沙岭、西湖、望城坡、望岳、咸嘉湖、梅溪湖、天顶、坪塘、洋湖、学士、含浦15个街道办事处,莲花、雨敞坪2个镇,共17个乡级政区;有85个社区居民委员会、83个村民委员会、1个管区；下设1675个居民小组、1598个村民小组。

国民经济和社会发展

【概况】2015年全区实现地区生产总值(GDP)818.74亿元,同比增长9.7%。其中,第一产业增加值19.05亿元,同比下降5.0%;第二产业增加值413.25亿元,同比增长7.5%;第三产业增加值386.43亿元,同比增长13.5%。三次产业结构比由上年度的2.42∶53.97∶43.61调整为2.33∶50.47∶47.20。在GDP累计增幅中第一、二、三产业分别拉动-0.11、4.19、5.62个百分点,三次产业对GDP的贡献率分别为-1.1%、43.2%、57.9%。全年全区完成财政总收入69.57亿元,同比增长12.5%。全区财政总支出47.08亿元,同比增长16.2%。

【农业】全年完成农林牧渔业总产值25.40亿元,同比下降5.9%。其中,农业产值15.60亿元,同比下降8.0%;林业产值7225万元,同比增长2.1%;畜牧业产值6.92亿元,同比下降4.3%;渔业产值1.48亿元,同比增长2.9%;农林牧渔服务业产值6861万元,同比增长1.5%。全年粮食总产量8.92万吨,出栏肉猪40.0万头,肉禽出笼68.5万羽,水产品产量1.12万吨。

【工业和建筑业】全年全区实现工业增加值343.82亿元,同比增长6.2%,其中规模以上工业实现增加值286.72亿元,同比增长6.0%。在规模以上工业企业中按轻重工业分组,轻工业实现增加值25.31亿元,重工业实现增加值261.41亿元。按经济类型分组,国有经济实现增加值1.12亿元,股份合作经济实现增加值631万元,股份制企业实现增加值253.57亿元,外商及港澳台商投资企业实现增加值15.82亿元,其他经济类型企业实现增加值16.14亿元。在总计中,国有控股企业实现增加值143.71亿元,非公有制企业实现增加值127.23亿元。

全区具有建筑业资质等级的独立核算企业共63家,全年完成建筑业总产值317.35亿元,同比增长12.7%;房屋建筑施工面积2940万平方米,同比增长3.0%;房屋竣工面积560万平方米,同比下降28.2%。

【固定资产投资】全年完成固定资产投资753.76亿元,同比增长24.1%。建安工程投资为615.95亿元,同比增长40.4%。房地产投资286.76亿元,同比下降25.6%;商品房销售面积476.3万平方米,同比增长71.3%,其中住宅销售面积为445.9万平方米,同比增长73.4%;商品房销售额299.46亿元,同比增长47.9%,其中住宅销售额为269.32亿元,同比增长55.8%。

【国内贸易】全年实现社会消费品零售总额274.43亿元,同比增长11.3%。按行业分,批发业实现零售额21.30亿元,同比增长10.1%;零售业实现零售额224.88亿元,同比增长11.1%;住宿业实现零售额3.77亿元,同比增长19.7%;餐饮业实现零售额24.48亿元,同比增长13.3%。总计中限额以上企业实现零售额132.52亿元,同比增长5.7%。

【对外经济和旅游】全年共实施内联引资项目47个,其中,新投产项目26个,新审批外资项目8个,协助办理外资项目7个。全年实际到位省外境内资金89.22亿元,同比增长15.9%,其中区属53.10亿元,同比增长23.4%;引进市外境内资金形成固定资产241.57亿元,同比增长21.4%,其中区属179.81亿元,同比增长23.3%;外商直接投资实际到位资金6.68亿美元,同比增长16.4%,其中区属2.93亿美元,同比增长18.8%。

全年共接待国内旅游者1406.8万人次,同比增长16.1%,实现国内旅游收入162.5亿元,同比增长22.8%。接待入境旅游者35.3万人次,同比增长24.9%,实现国内国际旅游收入173.6亿元,同比增长32.0%。

【教育和科学技术】全区共有区属中学16所,在校学生1.67万人;小学76所,在校学生4.13万人;幼儿园132所,其中公办园31所,区属公办园23所。全区小学、初中适龄人口入学率均达100%,小学辍学率为0,初中辍学率为0,城乡义务教育秋季“一费制”全免率达100%,政策范围内农村义务教育阶段学生杂费免除率达100%,全年共接收外来务工人员子女1.62万名,占全区中小学生人数的27.3%。全年新建和启动新建学校15所(其中楼盘配套学校11所),扩建学校1所、农村学校附属幼儿园3所,并对61所中小学进行运动场提质建设、校园文化建设和维修改造。

区本级科技发展专项经费投入6219万元,达到同级财政预算支出的1.8%,人均科普经费达到1.5元。全年专利申请总量达到7315件,同比增长35.7%,授权专利数达4416件,同比增长28.1%,其中授权发明专利1796件,同比增长56.5%。全年高新技术企业完成总产值1299.46亿元,同比增长6.2%,完成增加值384.12亿元,占地区生产总值的比重为

46.9%,较上年下降3.7个百分点。

【文化、卫生和体育】全区拥有群众业余文艺团体246个,文化馆1个,公共图书馆12个(含11个社区、村图书分馆),街道、镇文体站17家。原四镇电视综合人口覆盖率达100%,有线电视用户达3.35万户。共有晨晚练点380余处,全年开展全民健身项目100余次,全民健身运动参加人数30余万人。公共文化服务不断完善,已建成87个农家书屋、78所社区未成年人绿色网吧、66个示范性社区文体活动中心。

全区共有各类医疗卫生机构555个,新增57个,其中,一级及以上医院48个,疾病预防控制机构1个。卫生技术人员8816人,床位8620张,新增1899张。

全年合法生育率达95.4%,出生婴儿男女性别比为103.1∶100,计划生育免费技术服务到位率达100%。

【环境保护和安全生产】全年空气质量优良率,以PM10计为96.3%,以PM2.5计为65.2%。湘江饮用水源保护区水质稳定达标,4个地表水监测断面地表水达标率100%。区域环境噪声平均值为54.9分贝,稳定达标。全区绿地面积达3316.5公顷,全年新增173.3公顷,其中,公园绿地1472.6公顷,全年新增121.7公顷,绿化覆盖率达48.0%。

全年各类安全生产事故死亡6人,其中,工矿商贸事故死亡2人、经营性道路交通事故死亡4人。亿元GDP生产安全事故死亡率0.0075人,工矿商贸企业从业人员十万人生产安全事故死亡率0.5人。

【交通】全区农村公路里程1008.9千米,已硬化里程855.4千米。其中省道8.3千米,已硬化8.3千米;县道160.8千米,已硬化153.8千米;乡道137.7千米,已硬化120.2千米;村道702.1千米,已硬化573.1千米。共有农村公路桥梁174座,桥梁长度2424.9延长米,其中大中桥35座,长度为1076.3延长米;小桥139座,长度1348.6延长米。全区拥有客运站4个,其中一级客运站1个,简易客运站3个。共有渡口3个,其中民渡1个,义渡2个。

【人民生活和社会保障】2015年,全区城镇居民人均可支配收入4.23万元,同比增长9.1%。城镇居民人均消费支出2.99万元。城镇住户平均每百户家庭拥有家用汽车57.2辆,计算机131.5台,其中接入互联网的计算机113.9台,城镇居民人均自有住房面积33.65平方米。

全区共有敬老院5家,有床位550张,入住老人282人。拥有各类社区服务设施420个,街道社区服务中心15个,社区公共服务中心85个。全年发放城乡居民最低生活保障金4102万元,居民得到政府最低生活保障15.23万人次,其中城市居民最低生活保障6.32万人次,农村居民最低生活保障8.91万人次。城市和农村低保对象月人均发放保障金分别达363.1元和202.7元。

全年城镇登记失业率为2.17%;全年新增城镇就业人员7108人,失业人员再就业4436人,就业困难人员就业1778人,农村劳动力转移就业1468人;城镇零就业家庭实现动态就业援助达100%。

全区参加企业职工基本养老保险人数达5.63万人,基本养老金社会化发放率达100%;参加城乡居民养老保险人数达11.63万人。参加城镇职工基本医疗保险人数达28.76万人;参加城镇职工基本医疗保险人数达28.76万人,参加城乡居民医疗保险人数达27.81万人,基本医疗覆盖率达98.7%。参加失业保险职工人数达4.33万人,领取失业保险金人数达2095人;参加工伤保险人数达9.23万人,参加生育保险人数达27.90万人。

精神文明建设

2015年,岳麓区精神文明建设工作立足区情,求实创新,深化创建内涵,在全市城区文明指数测评中,综合成绩排名第一。

【开展文明创建活动】制定出台《岳麓区2015年度文明创建目标管理考核实施细则》《岳麓区2015年督查要点责任细化标准》《建设更高水准文明城区2015年工作要点》等文件,明确各责任单位的创建任务与具体要求。召开区文明委工作会议,动员部署全区文明创建工作。全年共有30家单位成功申报各级文明单位(文明村镇、文明社区),西城实业集团、莲花镇、五丰村、长华社区分别被评为全国文明单位、文明镇、文明村、文明社区。

【加强公民思想道德建设】主办、承办湖南省"文明旅游·全民点赞",中国志愿服务联合会调研座谈会,"做德艺双馨的文艺工作者"道德讲堂,"长沙好人元宵有约","关爱进城务工人员","爱地球、爱环境、爱家园"学雷锋志愿服务等活动近60次,促进市民文明素质的提升,涌现了一批先进典型。"最美画家"段江华被评为湖南省道德模范,并获"中国好人"、全国道德模范提名奖、全国时代楷模,范志明评为"全国优秀共产党员志愿者",陈建良评为"中国好人",曾德术等11人被评为"长沙好人·我身边的雷锋"。

【稳步推进未成年人思想道德建设】坚持发挥科教大区优势建立健全终身教育体系，把未成年人教育纳入教育发展整体规划。年内新建3所城市(乡村)学校少年宫,组织中小学生开展开学第一课——践行社会主义核心价值观教育、演讲比赛、校园文化节、美德少年评选、“我们的节日·清明——追思励志做栋梁”等活动,承办长沙市乡村(城市)学校少年宫2015年工作交流会。270篇德育漫画在中国未成年人网上进行刊播展示,指导“微孝吧！少年”等未成年人思想道德建设工作创新案例进行品牌打造和完善提升,有7篇优秀案例入选《长沙市未成年人思想道德建设工作创新案例集》。全区有91人被评为长沙市“美德少年”。

【深化志愿服务工作】推进学雷锋志愿服务制度化,探索形成“组织化管理、精准化帮扶、常态化发展、规范化宣传”四化模式,精心策划、组织“我们一起来过节”“幸福加油站”“放学来吧”“同心家园”“1+1工作室”“微孝吧!少年”“青少年融合关爱之家”等学雷锋志愿服务活动影响广泛。望城坡街道长华社区评为“全国最美志愿服务社区”,梅溪湖街道阳明山庄社区荣获“全国社区学雷锋志愿服务联络工作示范站”称号。服务农村留守儿童的“农家学舍”评为“长沙市优秀志愿服务基地”,其经验在全国刊物《精神文明导刊》上专题推介。

中国共产党长沙市岳麓区委员会

书　　记　陈　中(1—11)
　　　　　周志凯(11—)
副 书 记　周志凯(1—11)
　　　　　刘　汇(女)
　　　　　周春晖(11—)
常　　委　贺赤兴
　　　　　刘　立(1—7)
　　　　　周　凡
　　　　　彭利芝(女)
　　　　　蔡　锋
　　　　　吴　江
　　　　　罗春来
　　　　　张铁炎
　　　　　贾　鹏
　　　　　苏春光

区委办公室
主　　任　蔡　锋
副 主 任　刘振乾
　　　　　唐志敏(兼,女)
　　　　　曾英姿(女)
　　　　　王　军
　　　　　王阳清(兼,女)
　　　　　晏应龙(兼)

区委机要局
局　　长　唐志敏(女)
副 局 长　黄　伟

区委政研室
主　　任　熊训忠

区委督查室
主　　任　李思远

区委改革办
副 主 任　熊训忠
　　　　　彭　阳
　　　　　易　佳

【区委全体会议】 2015 年,区委召开全体会议 2 次。1 月 26 日,区委四届十四次全体(扩大)会议召开。会上,各街道(镇)党委书记就履行基层党建工作责任制情况作述职,基层代表现场提问。区委书记陈中代表区委常委会作重要讲话,强调开展基层党建工作述职评议,不是为评功摆好,更不是为走个形式,而是要以此为契机和动力,实打实解决基层党建工作中存在的困难问题,进一步树牢重视基层党建、狠抓基层党建、服务基层党建的工作导向。党要管党、从严治党不是一句空话,必须落实到全区 740 多个基层党组织和 21000 多名党员的具体行动上。陈中要求各级党组织特别是党组织书记要认真贯彻落实市委全会精神和市委书记易炼红指示要求,坚持真抓真管、长管长严,把"一心一意谋发展,聚精会神抓党建"落实到最基层,全面形成管党治党新常态。围绕这一总体要求,做到四个"坚定不移":坚定不移形成"管党治党"的政治自觉;坚定不移强化服务发展的工作导向;坚定不移落实"固本强基"的重点任务;坚定不移强化"考责问责"的刚性保障。要以高度的政治责任感和使命感,切实增强管党意识,履行管党责任,扎扎实实做好基层党建各项工作,不断提升基层党建科学化水平,为岳麓跨越赶超、创新发展提供坚强的组织保障。7 月 17 日,区委四届十五次全体(扩大)会议召开。区委书记陈中代表区委常委会作《在全区践行"三严三实"推进作风建设暨半年度工作讲评大会上的讲话》,回顾总结上半年主要工作,科学谋划下半年重点任务,就"践行三严三实,推进作风建设"要求全区各级各部门改进作风必须树立问题导向,除病根,根治畏难怕事、虚而不实、各行其是、得过且过的顽疾;强化政治责任,做最可靠的、能担当的、暖民心的,守底线的干部;聚焦区域发展,把项目建设、产业升级、城市管理、改善民生等工作抓落实、求实效。

【区委常委会议】 2015 年,区委共召开常委会议 16 次。2 月 3 日,常委会议听取区机关大院开放式管理改造工作、省委常委会 2015 年第四次会议涉及岳麓区工作任务责任分解情况汇报,研究《党政领导干部选拔任用工作全程纪实办法(试行)》、全区党风廉政建设和反腐败工作以及干部人事问题。2 月 15 日,常委会议研究全区政法工作、2015 年全区重点项目征拆、建设计划有关工作,听取全区绩效考核工作、全区经济发展"双强双快"街道(镇)综合考评、2015 年区人大、政协工作要点的汇报,研究宣传思想文化、组织、统战、办公室工作。3 月 14 日,常委会议研究全区拆违控违工作和安全生产工作。5 月 6 日,常委会议研究 2015 年区委常委会工作要点,听取全区重点项目建设工作汇报、城市管理拆违控违及"三年造绿"工作汇报。5 月 11 日,常委会议传达 5 月 8 日市委常委会议精神,听取全面深化改革工作和党内规范性文件第一阶段清理工作情况汇报。5月23日，常委会议听取区绩效考核、教育实践活动整改落实、2015年软弱涣散基层党组织整顿及社区党建、社区建设、区科协及区法院党组、区检察院党组工作情况汇报，研究全区“三严三实”专题教育工作、岳麓科技产业园融资工作以及干部人事问题。7月3日上午，研究机构改革有关政策、作风建设及干部违纪问题、区委全面深化改革领导小组2015年工作要点及责任分工。7月23日下午，会议传达省委十届十三次全体（扩大）会议和全市上半年经济形势分析会议精神，听取机构改革有关政策落实及职数设置情况的汇报。8月25日上午，常委会议传达省委深入学习习近平总书记关于扶贫开发工作系列重要讲话培训班精神，听取安全生产工作情况、商品房办证遗留问题处置情况以及“三严三实”专题教育工作的汇报，研究机构改革相关工作及干部人事问题。9月22日上午，常委会议传达上级有关精神，听取省绩效评估指标运行情况以及国安工作的汇报，研究《岳麓区面向村（社区）党组织书记和大学生村官考聘街道（镇）事业编制工作人员实施方案》《岳麓区推进城乡全域融合发展、加大精准扶贫力度，率先实现全面小康实施方案》《关于率先建成全面小康，加快实现基本现代化的意见》。10月16日下午，常委会议听取政府职能转变和机构改革工作的汇报，研究乡镇区划调整工作。10月22日上午，常委会议听取全面深化改革工作情况汇报，研究《中共长沙市岳麓区委贯彻落实〈中共中央关于全面推进依法治国重大问题的决定〉的工作方案》《关于在“三严三实”专题教育中开展领导干部“一进二访”活动的实施方案》《岳麓区社区党建和社区建设三年行动计划实施方案》。11月24日上午，常委会议研究《岳麓区“十三五”时期国民经济和社会发展基本思路》《岳麓区促进现代服务业发展的若干政策》，听取关于区纪委（监察局）机关内设机构调整工作情况汇报，传达市委统战工作会议精神。12月1日上午，常委会议研究区人大、区政协“两会”筹备相关工作，听取迎接省委巡视组进驻我区巡视筹备工作情况汇报。12月15日下午，常委会议研究《中共长沙市岳麓区委关于制定岳麓区国民经济和社会发展第十三个五年规划的建议（征求意见稿）》《关于务实创新推进区域经济社会发展“十二条”的工作意见》和2016年区级财政预算（草案）编制工作，听取党组清理规范工作的情况汇报，研究部分区委常委分工调整的建议。12月25日下午，常委会议传达上级有关文件精神，听取党管武装工作情况汇报，研究《岳麓区人民政府工作报告（送审稿）》《岳麓区人民代表大会常务委员会工作报告（送审稿）》《政协长沙市岳麓区委员会常务委员会工作报告（送审稿）》《长沙市岳麓区人民法院工作报告（送审稿）》《长沙市岳麓区人民检察院工作报告（送审稿）》《岳麓区2015年预算执行情况及2016年预算草案的报告（送审稿）》及其他事项。

附录

中共岳麓区委2015年文件目录

1.岳发〔2015〕1号　关于印发《岳麓区2015年建设项目投资计划》的通知

2.岳发〔2015〕2号　关于成立长沙市岳麓区第四届人民代表大会第四次会议临时党委和各代表团临时党支部的通知

3.岳发〔2015〕3号　关于调整区委常委、调研员、正（副）县级干部分工的通知

4.岳发〔2015〕4号　关于印发《岳麓区2015年度重点项目建设计划》的通知

5. 岳发〔2015〕5号　关于2014年度“六个走在前列”大竞赛暨领导班子和领导干部绩效考核结果的通报

6.岳发〔2015〕6号　关于进一步加强生态环境保护工作的意见

7.岳发〔2015〕7号　关于同意召开莲花镇第五届人民代表大会第四次会议的批复

8.岳发〔2015〕8号　关于同意成立中国共产党长沙佳兴房地产集团有限公司委员会的批复

9.岳发〔2015〕9号　关于印发《中共长沙市岳麓区委常委会2015年工作要点》的通知

10.岳发〔2015〕10号　关于废止和宣布失效一批党内规范性文件的决定

11.岳发〔2015〕11号　关于同意召开雨敞坪镇第五届人民代表大会第四次会议的批复

12.岳发〔2015〕12号　关于调整部分区委常委分工的通知

13.岳发〔2015〕13号　关于印发《长沙市岳麓区人民政府职能转变和机构改革方案的实施意见》的通知

14.岳发〔2015〕14号　关于长沙市岳麓区人民政府工作部门设置的通知

15.岳发〔2015〕15号　贯彻落实《中共中央关于全面推进依法治国若干重大问题的决定》的工作方案的通知

16.岳发〔2015〕16号　关于印发《岳麓区全域城乡融合发展推进精准扶贫率先实现全面小康实施方案》的通知

17.岳发〔2015〕17号　关于对部分党组(党委)清理规范的通知

【政策研究工作】　全年共起草、修改、整理区委领导讲话、报告、汇报、致辞和理论文章200余篇。其中,《涵养“六种气度”践行“三严三实”》在《学习与研究》刊发,《把科技优势转化为发展优势》《落实有分量,发展才有含金量》等多篇文章在《人民日报》刊发,《培育经济社会发展新动力》在中央党校《学习时报》刊发,《抢抓机遇,奋力作为,矢志打造国家级新区的核心增长极》在《内参》刊发,还有10余篇理论文稿在《湖南日报》等省市主流报刊刊发。紧扣区情实际、中心工作、重点工作开展案例性、对策性、战略性调研活动20余次,形成“拆违控违”“产业发展”“体制改革”等一批调研成果,并纳入区委、区政府决策。《让人民群众共享拆违控违成果》在省委《工作情况交流》2015年12月刊发,被湖南省委常委、秘书长许又声批示给韶山景区专题学习、参考借鉴,《突出打好‘组合拳’,确保打赢‘攻坚战’——岳麓区用好‘四五六’工作法,全力推进控违拆违》在《市委通报》2015年第10期刊发,得到市委书记易炼红的重要批示。全年编报《信息专报》29期,上报各类信息379条,被省、市采用180条,上稿《中办每日汇报》《要情汇报》等重要内刊22条,信息工作位列全市第二、全省先进。

【统筹协调服务工作】　完善督促检查、问题交办、专项考核等机制,加强调度考评,推动全区各项工作干在实处、走在前列。深入推进群众工作,取得信访总量下降、解决问题提速、群众满意提高、五星创建提质、干部形象提升良好效果。完成9大类48项125小项年度改革任务,法院多元解纷改革获最高人民法院推介、农村土地流转改革成为农业部试点,区校合作驱动创新发展改革案例获评“2015中国改革年度案例”。参加洋湖征地拆迁,保质保量地完成任务。落实发文申报和简报内刊备案审查制度,从严控制文件、会议总量,全年全区综合性会议、文件、内刊简报同比分别下降42%、25%、76%。年内接待各级领导和来宾65批次,其中完成刘云山、贾庆林同志到长沙考察涉区接待10批次,省、市主要领导视察23次。严格按制度办理明传、密码电报,收发密码电报79份、明传电报262份,文件通知1625份,做到百分之百按时办理,无一差错。加大保密工作宣传教育、督促检查力度,有效提高全区机关干部的保密意识。坚持厉行节俭、力戒奢华、方便务实的原则,确保公务接待活动的规范、合理、有序。全年共接待省审计厅、省委第一巡视组等领导到区审计、巡视等各级活动、来宾185批次,近4000人次。

【督查落实工作】　对区委常委会、区委常委办公会等重要会议作出的决策部署,以及上级领导作出的重要批示细化分解、一督到底。全年承办省、市领导批示件23件次,区级领导查办件50件。运用现场督、跟踪督、专项督、交叉督、联合督等多种形式加大督办、回访复核工作力度,全年组织开展决策督查和专项督查40余次。将督查结果与年度考核挂钩,奖优罚劣、奖勤罚懒。年内编发《岳麓督查专报》5期,《岳麓督查》19期,督促解决金桂路违章搭建占道经营等问题71件。(陆立人)

组织工作

区委组织部

部　　长　彭利芝(女)

常务副部长

唐南沙(女)

副部长、区绩效办主任

李玲艳(女)

副部长、区委基层办主任

何宗晔(女)

区委新经济组织工委常务副书记

李利明(女)

区绩效办副主任

张　康

区委基层办副主任

张湘君(女)

区委组织部党员教育中心主任

陈　烨

【概况】　中共长沙市岳麓区委员会组织部是中共长沙市岳麓区委主管组织工作和干部工作的职能部门。原名中共长沙市西区委员会组织部,1996年7月,长沙市区划调整更名为中共长沙市岳麓区委员会组织部。内设办公室、党建科、干部科、研究室,下设区委基层办、区远教中心、区委新经济组织工委、区绩效考核办、区党代表联络5个二级事业单位。主要职责:负责全区基层党建、干部人才队伍建设、绩效考核以及“两新”组织党组织建设等工作。共有人员编制23个,干部职工22人。

基层党建。落实基层党建责任。制定街(镇)、社区(村)、区直机关、“两新”组织等六类《党组织书记履行基层党建工作责任清单》,推行“月观摩讲评、季交流学习、半年交叉检查、年终述职评议”工作落实机制与“三个一”举措,下发《基层党建工作绩效考核实施细则》,共组织月度观摩会10次、交流学习3次、专项督导6次、半年度交叉检查讲评2次、工作推进会4次,构建以“责任清单”为抓手,分层定责、分步推进、分类考核责任落实体系。具体做法得到《人民日报》专题宣传推介。严格党员队伍管理。严把党员入口关。全面推行党员发展“三三制”综合管理办法,得到新华社、《人民日报》、《中国组织人事报》等中央多家主流媒体关注,省基层党建工作简报向全省推介,获评第五届全市组织工作创新奖。强化党员日常管理。全面实施党员分类积分管理,以支部为单位,全员亮明党员身份,全程公示积分情况,广泛接受党员群众监督。积分结果作为党员年度民主评议、评先评优和不合格党员处置依据。全年处置不合格党员48名。抓好党员全员培训。加大工作创新力度,丰富党员教育培训方式方法,面对面培训党员3万余人次。探索创立党员能力素质专题提升班、党小组互动式微党课等党员教育平台,提升党员教育的吸引力与实效性。全面提升基层党组织服务水平。实施党建示范创新工程。下发《党建工作创新示范工程实施方案》,通过自主申报、指导点评、定期督查、年终验收、制度推广、奖励扶持等举措,激发创新动力,初步形成“一街镇一项目一示范点”的工作格局。推行“一体四化”服务模式。整合基层党建优质资源,把基层党建工作与基层社会治理融为一体,打造网格化党小组、多元化党员志愿服务队伍、专业化社会组织、个性化品牌工作室的“一体四化”服务格局。提升基层工作保障。加大阵地建设投入,新打造湘仪、白鹤咀、白庙子等10个社区服务阵地精品工程,提质改造桐木村、新卯村、联丰村等8个农村服务阵地。普调社区专职工作人员基本工资,提高农村组织运转经费标准。强化理论调研、信息报送与特色工作宣传。全年,在中央、省、市主流媒体和组工内刊上发表署名文章21篇、工作信息58篇。课题《城中村、城郊村基层党建工作的实践与思考》荣获全市组织系统调研课题优秀成果奖,岳麓组织工作影响力与知名度进一步提升

干部工作。从严规范干部选任工作。出台《岳麓区党政领导干部选拔任用工作全程纪实办法(试行)》,严格遵守预审报告制度,落实“凡提两必核”要求,全面核实干部“三龄两历一身份”。坚持好干部标准,面向项目征拆建设一线及中心工作,评选“五好”领导班子10个、“五好”干部10名,进一步彰显区委选人用人导向。抓常抓实干部教育培训。举办各类培训班65期,共计培训6800余人次。着重抓好理想信念、党性党风党纪和《党政领导干部选拔任用工作条例》等内容培训。织密干部日常监管网络。建立科级领导干部个人有关事项报告信息系统,制定抽查核实工作机制与工作规则,抽查19名科级领导干部个人有关事项报告。启动档案专项审核工作,完成科级领导干部档案初审工作。着力聚焦“消超”工作。利用政府机构改革契机,通过自愿申请改非、退休、增加纪检职数、交流至空缺岗位等方式消化超配领导职数35名、非领导职数35名。

绩效考核工作。在区委的正确领导下,全区较好地完成了市委、市政府下达的年度各项指标任务,获市对区绩效考核中心城区排名第三的成绩。创新考核模式,延伸考核范围,紧扣市、区中心工作,进一步强化细化优化全区绩效考核工作。通过考核,全区66个区直部门、17个街镇共评出一等班子21个(占25%),二等班子61个(占73%),三等班子1个,垂直管理单位评出优质服务单位4个;纳入考核的639名领导干部,共评出优秀151人(占24%),称职486人(占76%),不称职2人。

“两新”组织党建工作。完善组织设置。积极开展非公党组织、党员普查工作,坚持“小型、灵活、业余”的原则,综合考虑企业规模、党员人数等因素的情况,将全区小微企业党组织分成65个联组,撤销58个“两新”组织。健全考核机制。将非公组织党建工作纳入区对街(镇)、园区和有关部门的年度绩效考核。为辖区内非公企业建立党组织提供全方位服务,对新进非公企业实行跟踪管理服务,由集中式向常态化转变。突出规范管理。严格把握党员发展入口,认真推行党员发展“三三制”办法,全年共发展“两新”组织党员45名。组织全区“两新”组织党组织书记、委员270人参加党建培训,系统学习党建理论和党员规范管理等方面的内容;推荐5名党组织负责人到浙江大学分别参加培训,不断提升支部班子成员做好非公党建工作的使命感和责任感。

(唐南沙)

宣传工作

区委宣传部

区委常委、宣传部部长

吴　江

常务副部长

冯　莹(女)

副部长、区文明办主任

唐南沙(女,1—3)

雷云飞(3—)

副 部 长　舒　拉(1—8)

区文明办副主任

倪　伟(女)

区网管办主任

潘振兴

【概况】 区委宣传部是中共长沙市岳麓区委的工作机构，加挂区精神文明建设指导委员会办公室牌子,内设办公室、理论教育办公室、未成年人思想道德教育办公室、文化产业办公室,下辖全额二级事业单位网络管理办公室,有在编干部职工15人。主要职责:制订全区宣传思想工作的规划和措施,并具体组织贯彻实施,指导和协调全区各工委、党委、党组的宣传思想工作；负责指导全区的理论教育工作,协同组织、纪检部门抓好党员教育工作；做好区委中心组理论学习的服务工作;负责全区宣传舆论的引导、把关和社会宣传工作；负责与有关新闻单位的业务联系，搞好新闻报道和对外宣传工作；研究和指导全区思想政治工作，组织对基层思想政治工作的考核;负责企业、事业单位政工干部的职称评定工作；负责区精神文明建设指导委员会的日常工作。规划部署全区群众性社会主义精神文明建设活动,负责全区文明创建的牵头、协调、参谋、督查、考核工作;归口管理区文体新局。负责指导、协调全区文化、艺术工作,促进全区文化艺术事业的发展，对全区文化艺术社团进行政治方向、方针政策的领导;规划、指导、协调和督促落实文化产业发展工作;完成区委和市委宣传部交办的其他工作。

理论武装。一是区委中心组学习规范有效。精心遴选专家,先后邀请中纪委原宣教室主任李本刚、清华大学教授汤珂、中央党校教授董亚炜等知名专家作专题辅导报告，累计组织区委中心组学习7次。采用学习重要文件精神、研读央媒重要报道、观看主题网络视频等形式,组织实施“三严三实”专题教育扩大学习研讨活动3次。开展“学用讲话　走在前列”主题活动，区委中心组成员坚持做到“五带头”并积极撰写学习微心得,累计发表理论调研文章50余篇,产生良好示范效应。二是理论普及深入推进。采取专家学者集中讲、网格干部定期讲、群众典型灵活讲等形式,开展“理论宣讲进网格”“微理论·微宣讲”系列活动，共组织专题讲座及微宣讲2000余场。深化区校共建大学生道德高地工作,中宣部《思想政治工作研究》和《人民日报内参》分别刊发经验文章《区校共建道德高地助力青年成长成才》、调研报告《突破闭门造车局限　德育实践就近就地》。三是学习型城区建设基础扎实。策划开展“我邀请父母逛书市”、亲子读书心得征集比赛等系列活动,通过家校互动,传递热爱学习正能量。参加全市学习型机关建设“双争四推”活动,推介学习典型，营造人人尚学的浓厚氛围。

舆论引导。一是突出重点报道。全年在中央和省市主流媒体发稿2100多篇次(其中央媒发稿100篇、省市主媒头版头条23篇)。岳麓新闻网发稿2600余篇,红网推稿2000余篇,用稿推稿数居全省前列。二是凸显创意特色。引入航拍设备，精心策划组织开展“图说桐梓坡大板房拆迁”等系列主题报道,制作微型视频、图片图册、微信电子宣传页等新媒体产品,其中,《抗战老兵故事汇》微视频、纪念岳麓老兵微信宣传页等成为全市抗战胜利70周年主题策划报道亮点，后湖景区综合整治工程航拍视频获一致好评。三是科学处置舆情。建立科学高效监管机制，有效化解“浣铁军案”“麓山南路移树”等10多起网络舆情,营造和谐舆论氛围。

文明创建。一是典型模范不断推出。继2013年推出全国道德模范廖月娥,2015年挖掘推出全国时代楷模段江华、全国优秀共产党员志愿者范志明等重大典型，全区52人获评“中国好人”“我身边的雷锋”等荣誉。长华社区等4家单位被中央文明委评为全国文明单位(村镇),是全市获评数量最多的城区。推荐“憨儿要工作——爱心糕点坊”等4个项目参加第二届中国青年志愿服务项目大赛,获银奖。二是常态机制不断创新。制订出台文明创建目标管理考核实施细则，明确各责任单位创建任务与具体要求。区文明委领导参与巡查，在全区开展地毯式交叉检查，摸排并督促整改各类问题1000余个,测评成绩位居全市前列。三是未成年人思想道德建设品牌不断夯实。新建成3所城市（乡村）学校少年宫，主办承办中国志愿服务联合会调研座谈、湖南省“文明旅游·全民点赞”、长沙市乡村(城市)学校少年宫工作交流会等近30次省市重大活动。

文化产业。一是打造产业后

湖。加快实施后湖国际艺术园(后湖景区综合整治)建设,违章建筑内635家门店全面关停,60余万平方米违章建筑基本清零，天马路顺利通车,后湖路启动拆迁,后湖片区道路交通骨架基本形成。二是推动跨界融合。在全市区县中率先成立岳麓区文化旅游产业协会,隆重举办“岳麓区文化旅游产业协会成立暨首届湘江文话论坛”活动,参与的金融机构、投资公司和文化企业近100家，与湖南省文化旅游担保投资有限公司签署1亿元担保融资战略合作协议。三是推进项目建设。建立“一个项目、一套班子、一抓到底”工作机制,做好项目服务,积极引导锦绣潇湘、后湖艺术区、四海通达等20余家企业成功获得市文化产业引导资金近500万元。省美术馆、西湖文化园、湘江欢乐城、橘子洲音乐岛、中南国家出版基地四海通达基地、渔人码头等文化产业项目建设有序推进，初步形成创意设计、文化艺术、旅游休闲三大特色文化产业板块布局。

群文活动。一是公共文化服务水平不断提升。举办“纪念抗日战争胜利七十周年”主题书展影展、“世界读书日”等系列活动,广泛吸引读者参与。区文化馆免费开放,精心策划各类展览、培训活动,惠及群众近8万人次。二是群文活动丰富多彩。紧扣“欢乐潇湘·品质长沙”大型群众文化活动工作部署,开展“铭记抗战史共圆中国梦”爱国歌曲演唱会、校园文化进社区等系列活动，打造形成“人文岳麓·书香讲堂”、小小向日葵营地、国际儿童图书日等特色品牌。三是不断推出精品力作。围绕文明创建、环保法治等主题新创文艺作品30个,选送作品参加市廉政文化优秀节目创作与汇演获第一名，参加市纪念中国人民抗日战争暨世界反法西斯战争胜利70周年大型群众合唱比赛获金奖。　　　　（陈建光）

【省委常委、市委书记易炼红点赞“身边活雷锋”】 3月5日，省委常委、市委书记易炼红作出批示：“五旬画家段江华在严寒之中,危急时刻，奋不顾身跃入水中抢救落水孩子，展示了高尚的精神风貌,堪称‘我们身边的活雷锋’,彰显了社会的正能量，令人感动使人振奋,值得学习。”受易炼红委托,市委办公厅、市委宣传部、市文明办相关负责人来到段江华家中,看望慰问画家夫妇,对他们的善举表示赞赏。区委、区政府及橘子洲街道负责人也登门问候段江华。区文明委作出《关于在全区开展向段江华学习活动的决定》,号召学习“德艺双馨”艺术家段江华的优秀事迹。

段江华是湖南师范大学美术学院副教授、岳麓区后湖国际艺术区入驻艺术家。3月4日下午3点多，两名儿童放学回家路上不慎滑入后湖景区的岳麓渔场,危急时刻，段江华跳入冰冷湖水救起落水孩子。两个孩子在医院得到及时救治,已康复出院。

【举行“我们的节日·清明节追思励志做栋梁”公祭活动】 4月3日,“我们的节日·清明节追思励志做栋梁”公祭活动在岳麓山举行。在活动现场,区新民小学等学校的学生表演了诗歌朗诵《不朽啊,人民英雄》、手语操《感恩的心》,向七十三军烈士墓宣誓并敬献花篮,抗战史专家、长沙故事书籍《七十三军抗日战史》和《长沙会战》作者曹湘陵,为同学们讲抗战英雄史，缅怀革命先烈的丰功伟绩。此次活动由长沙市精神文明建设指导委员会主办，中共长沙市委宣传部、长沙市文明办、长沙市教育局、岳麓山风景名胜区管理局、岳麓区文明委承办。

【中国志愿服务联合会调研座谈会在岳麓区召开】 4月14日,中国志愿服务联合会调研座谈会在岳麓区橘子洲景区召开。中国志愿服务联合会副秘书长段桂青，湖南省委宣传部副部长、省文明办主任刘进能,市委常委、宣传部长张湘涛,市委宣传部副部长、市文明办主任郑力虎,区委常委、宣传部长吴江出席会议。座谈会上，橘子洲景区管理处等7家单位介绍了志愿服务的经验。

【区文产协会理事会成立暨首期湘江文话论坛开讲】 4月15日，区文化旅游产业协会理事会成立大会暨首期湘江文话论坛活动在橘子洲举行。作为长沙第一家区县级跨界融合的产业协会组织，该协会积极整合全区文化旅游产业资源，实现文化旅游和金融经济跨界融合与抱团发展。市委常委、宣传部部长张湘涛出席并讲话。此次会议选举产生第一届协会理事会班子成员。区文化旅游产业协会理事会系全区文化旅游产业相关企业自愿结成的非营利性社会团体组织。入会的单位有28家,涉及文化投资、文化旅游、文化地产、文化艺术、文化创意、文化娱乐六大领域。作为文化生态大区,目前岳麓区拥有国家级、省市级文化保护单位92处,并加快推进后湖国际艺术园、梅溪湖国际文化艺术中心等重大文化旅游产业项目建设。

【湖南首家音乐主题博物馆向公

众开放】 4月26日,湖南首家音乐主题博物馆——橘子洲古董钢琴博物馆正式向公众开放。橘子洲古董钢琴博物馆位于橘子洲大桥以南约200米处，馆址系长沙近现代文物保护建筑，原为天主教神职人员5号寓所。2014年在遵循对文物建筑保护与开发的原则上,修缮成古董钢琴博物馆,填补了湖南音乐主题博物馆的空白。该馆的成立也是长沙“美丽橘子洲·世界音乐岛”建设的重要举措。博物馆内共展出56台古董钢琴，这些钢琴的年代主要集中于19世纪初至20世纪初的近百年间。部分藏品十分珍贵,来自欧洲艺术世家或皇宫典藏，再现了百年前的钢琴历史文化。所有古董钢琴至今都能发声，更有近六成藏品可以完美演奏乐曲。该馆每日安排4场音乐会，并开放部分古董钢琴给游客弹奏。

【为抗战英雄写照传神】 8月6日,由省委宣传部、省文联主办,省美协、省文艺评论家协会承办的“湖南抗日战争纪念馆美术作品创作专题研讨会”在岳麓区后湖国际艺术区举行。此次创作活动共完成作品16幅,其中,油画9幅、国画7幅,规格最大的一幅油画作品《中流砥柱》长8米,宽有3米,毛泽东、刘少奇、周恩来、朱德、任弼时等中国共产党人在画面中组成铜墙铁壁,气势恢宏。作品将送往湖南抗日战争纪念馆悬挂展览。

【“红色记忆·橘洲展望”大型音乐会在橘子洲举行】 8月16日，“红色记忆·橘洲展望”纪念中国人民抗日战争暨世界反法西斯战争胜利七十周年大型户外音乐会在橘洲沙滩乐园举行。省委常委、宣传部长许又声,省委常委、市委书记易炼红，省人大常委会原副主任肖雅瑜，省直有关部门负责人魏委、刘进能、孟庆善、高扬先,市领导胡衡华、徐宏源、袁观清、范小新、张湘涛、陈献春、李春艳、夏建平与长沙市各战线、各行业代表4000余人出席音乐会。音乐会由长沙市委、市人民政府主办,市委宣传部、市文明办、市文化广电新闻出版局、市旅游局、市文联、岳麓山风景名胜区管理局承办，岳麓区委宣传部、橘子洲景区管理处协办， 湖南麓山文化传播有限公司、湖南交响乐团策划执行。（陈建光）

【段江华被授予“时代楷模”称号】 10月15日,中宣部在中央电视台公开发布“时代楷模”先进事迹,岳麓区“最美画家”段江华获此殊荣。中宣部副部长王世明,湖南省委常委、宣传部部长张文雄,宣传部副部长宋智富、省教育厅党组成员陈飞跃,省文联党组成员、副厅级纪检员叶心予，湖南师大党委书记李民,长沙市委常委、市委宣传部部长张湘涛等出席发布活动。发布活动由央视主持人敬一丹主持，活动现场首先宣读中宣部表彰决定:“段江华同志从事美术教育25年来，乐于奉献社会,多次捐画义卖,捐赠灾区、资助学生。今年3月,他不顾个人安危,将一名不慎落水的女童救上岸,在当地引起热烈反响,被誉为‘最美画家’、‘最美老师’。”随后,北京老艺术家赵葆秀为段江华颁发“时代楷模”纪念章和荣誉证书。活动现场展示了中国楹联学会、中华诗词学会创作的反映其先进事迹的楹联:“岳麓水寒勇救女童诗画手，潇湘情热长凭艺德暖人心。”“时代楷模”是中宣部改进和规范全国重大典型宣传方式后首次命名确定的荣誉称号，从2014年3月开始授予，充分体现“爱国、敬业、诚信、友善”的价值准则,体现中华传统美德,具有很强先进性、代表性、时代性和典型性的先进人物。

【道德模范与500余博才师生共话家风迎中秋】 9月23日,岳麓区“礼赞模范,爱满中秋”主题活动在博才卓越小学举行,“全国道德模范”廖月娥、“中国好人”贺国辉、刘玉娟、杜贞、“长沙市十大孝星”徐国斌夫妇来到活动现场,与500余名小学生一起分享自家家风家训。活动中,温情的中秋主题经典诗歌联诵、优美的歌舞表演《望月》、扣人心弦的合唱《爷爷为我打月饼》等节目穿插其中,孩子们的童真表达让现场洋溢着温暖的节日气氛。 博才卓越小学的师生们精心编排诗歌朗诵，用三首原创诗歌分别讲述廖月娥、段江华、周美玲的感人事迹,表达对模范们的敬意。（叶斯佳）

统战工作

区委统战部

部　　长 彭利芝(女)

常务副部长

黄志伟

副部长、工商联党组书记

张　祥

副部长、台办主任

周　兰(女)

台办副主任

刘　成

区侨联主席

曾琼柳(女)

区侨联副主席

王小玲(女)

【概况】 中共长沙市岳麓区统一战线工作部是区委主管统一战线工作的职能部门，内设办公室。现有工作人员13人。主要工作领域是:民族工作、宗教工作、非公有制经济人士工作、党外知识分子工作、无党派人士工作、党外人士工作、调查研究和信息工作、民主党派、港澳同胞和海外经济统战工作。

凝心聚力、增进共识。一是加强思想政治引导。召开区委统战工作会议，深入学习贯彻习近平总书记系列重要讲话精神和《中国共产党统一战线工作条例（试行）》;开展书记“谈统战”征文活动,共有19篇文章被市委统战部采用；组织民主党派和党外知识分子学习考察，通过开展接受革命传统教育、谈心谈话活动等举措,加强与党外人士的联谊交友；结合党外知识分子联谊会成立和侨联换届契机，加强思想政治引导,进一步增强留学归国人员、党外知识分子认同感、归属感。二是广泛凝聚发展力量。充分发挥各民主党派参政议政、民主监督的作用,法院、检察院等部门聘请了14名特约监督员，逐步完善对口联系和特约人员制度建设；搭建“统战理论研究中心”平台,完善驻区高校统战部部长联席会议制度,完善建言献策“直通车”制度,定期与高校的党外人士商议统战理论和建言献策工作，推动理论成果上水平；深入挖掘民主党派优势资源,创建“同心合唱团”“同心艺术之家”;与企业创建“同心园区”,协调引进“迷迭香工程技术中心”落户该园区,持续深入实施“同心工程”。三是逐步夯实队伍建设。探索构建党外干部培训机制，着力提升党外干部队伍建设科学化水平。邀请民主党派人士和党外干部参加2015年长沙市非中共中青班学习；邀请省市委统战部和市台办、侨联领导为街道基层统战干部进行业务知识培训，精心组织全区统战业务培训班，调训统战系统干部215人次,收到良好成效;组织街道基层统战干部、民主党派人士赴开福区黑石渡、水风井社区参观学习，不断提高“同心社区”创建水平。

紧扣实际、突出特色。按照《关于做好2015年“同心工程”工作的通知》,对“四同创建”工作进行全面部署安排,要求各街(镇)明确区级创建点。召开全区“四同创建”工作推进会,组织各街镇观摩学习学士街道斑马塘社区“同心社区”创建经验，形成各街镇“四同创建”工作争先创优的浓厚氛围。年中，对各街镇申报的16个“同心社区”、5个“同心乡村”进行督查调研，并于年底评选出20个区级“同心工程”示范点,推动“四同创建”工作不断深入。“同心社区”创建活动日益丰富。阳明山庄社区建立“同心社区”共建理事会工作室,其成功经验在《人民日报》推广;咸嘉湖街道国际银谷社区开展楼宇统战试点工作，探索开展商务楼宇统战工作新途径；学士街道斑马塘社区联系辖区内高校,搭建“四点半课堂”、“微尘”义诊等平台,服务社区群众;望城坡街道长华社区与致公党共驻共建，组建太极拳队、宣讲健康知识、建立法律咨询服务中心,深受居民欢迎；橘子洲街道学堂坡社区与省民盟“共驻共建”、支持大同社会组织健康发展，成立全省首家社区侨联。全区创建省级“同心乡村”1个，市级“同心社区”4个,市级“同心项目”3个。成功引进台资企业森馨舒养生服务中心项目入驻“同心乡村”,已进入二期工程建设；对接侨资企业金轮集团援建官埠口村侨心卫生室；联合中南林业科技大学为桐木村推广蓝莓培育技术；促进中南林业科技大学与圣峰果业的合作，培育东魁杨梅、中秋酥脆枣等6例新品种；促成蓝海迷迭香生物有限公司联合湖南中医药大学、中南大学合作开发迷迭香植物精油、抗氧化剂等中药材系列产品。湖南新闻联播《统战物语》栏目，对“同心项目”森蓝蓝莓培育项目进行了专题报道，扩大了统战工作影响力。

坚持合作、持续发力。一是凝聚民主党派力量。为发挥各民主党派优势,全面持续推进“双联”活动，积极开展民主党派创先争优活动；引导民主党派参与社区建设和创新社会治理,共驻共建7个“同心社区”,制定《2015年岳麓区各民主党派“双联”活动安排表》,共申报“双联”社会实践帮扶活动54项,涉及扶贫帮困、法律咨询、医疗义诊等各领域;组织民革、民盟等7个民主党派在坪塘镇新塘村集中开展“送温暖、献爱心”活动,为当地群众提供法律维权、疾病防治等宣传咨询服务。组织驻区高校统战部支持“同心乡村”桐木村建设,多次组织高校专家学者考察莲花镇桐木村，结合生态旅游、休闲观光等特点,为其创建“慢谷莲花”旅游休闲品牌建言出力,积极引导乡村文化建设；联系湖南农业大学专家教授在雨敞坪开展农作物培育技术讲座，为当地农民做专题培训和技术指导,重点支持嵇家山韭黄基地“同心项目”建设。汇集统战各方资源,通过“双联”活动平台,促进统战代表人士企业后湖国际艺术区开展对外交流合作；以留学归国人员俱乐部为平台，多次开展联谊交友活动；台湾慈济慈善事业基金会100余名志愿工到莲花镇为307人发放冬令物资；动员高校力量，韩国庆熙大学药学博士、长沙博海生物科技有限公司董事长刘向前捐赠爱心资金10万元，用于海内外联谊、扩大对外交流。

发挥优势、创新品牌。联合高校理论研究中心不断完善议题会商选择、组织攻关等机制，促进统战理论研究成果转化。年初，协助高校理论研究中心邀请省委统战部研究室领导对新常态下统战理论研究的关注点进行深入解读，申报的《依法治国背景下建立新型政商关系研究》成功获得省委统战部2015年度重大委托项目；《非公经济人士价值追求与社会主义核心价值观引领问题研究》获得市委统战部2015年重大委托项目；联系市侨联共同开展《建国后长沙归国华侨口述史》编撰工作，采访省内知名侨界人士100余人，整理材料40万字。高校理论研究中心被授予长沙市2015年"同心项目"。高校理论研究中心承担和完成湖南省委统战部重大委托研究课题2项、长沙市委统战部重点研究课题4项目，承担和完成湖南省委统战部一般研究课题3项、市委统战部一般研究课题3项目，平均每年项目达到6项。特别是《重构政商关系打造政商关系新生态问题研究》荣获中央统战理论调研成果二等奖，《推进国家治理能力现代化视域下政治协商的有效性研究》等2篇理论文章获湖南省全省统战调研成果一等奖和长沙市全市统战理论研究优秀成果特等奖。坚持区校合作，组织各高校统战人士深入学堂坡、施家港等"同心社区"研究，为咸嘉新村社区和阳明山庄社区创新打造"网格统战"和"民族统战"特色品牌，作为全省"四同创建"典型，得到省委统战部主要领导的高度评价，同时在全省基层统战会上得到重点推介，并涌现出学堂坡、长华、斑马塘等一批各具特色的"同心社区"。

整合资源、彰显作为。一是整合党外知识分子资源。按照《岳麓区党外代表人士分级分类管理办法(试行)》要求，全面整合党外知识分子的智力资源与技术优势，成立岳麓区党外知识分子联谊会，推动党外知识分子对外交流，鼓励支持知识分子联谊会常务理事卿可均赴孟加拉国学术交流；接待新西兰画家区本在岳麓参观并展出；重点加强党外知识分子与中小企业联系对接，与企业负责人共同探讨存在的问题及解决措施，协助解决中小企业在融资、维权等方面的问题。二是整合非公经济人士资源。紧扣"两个健康"工作主题，注重非公经济代表人士的示范牵头作用，联合区团委、区工商联在全区范围内，广泛开展岳麓区"十佳同心创业青年"评选活动，进一步吸引和激励"创客"群体到岳麓创新创业。2015年，申报市级创业富民专项资金私营企业共301家，大学生经营场所租金补助企业共计72家，极大地推动创新就业；全区非公企业与"三老"结成帮扶对子90余对，资助金额达21万元，捐赠实物14万元。三是整合社会资源。联系中南大学无党派人士潘泽泉教授，鼓励创办湖南省大同社会工作服务中心，致力于发掘、孵化和培育有创新性的公益慈善类、社区服务类等社会组织。通过创建引导、社区联动的模式，基地已发展12家孕育期社会组织入驻孵化，4家初创期社会组织入驻培育。参与支持长沙扬帆旅游发展有限公司发起成立长沙市青年创业者商业商会，引导青年创业者在服务区域发展中成长成才、建功立业。

坚持服务、主动作为。组织开展"庆六一儿童、话祖国统一""两岸携手合作、共同振兴中华"、台海形势讲座等活动，不断增强涉台宣传教育；充分发挥"三胞眷属"亲缘优势，组织开展"亲情互动"活动，接待湖南抗战名城巡礼——第十二届海峡两岸媒体来湘联合采访团、台湾同胞孙立人将军后裔、台湾社团法人"中华妇女联合会"和基隆湖南同乡会及基层民众来湘参访；维护台商合法权益，为台胞台属台资企业释疑解惑、排忧解难。协助举办全国侨联系统信访维权工作会议，中国侨联及全体会议代表参观考察学堂坡社区侨联工作；召开岳麓区侨联第三次归侨侨眷代表大会，选举产生新的侨联班子，夯实侨联组织基础；学堂坡学区成立全省首家社区侨联并荣获2015年长沙市侨联示范社区称号；注重为侨服务、维护侨益，"五个一"活动彰显成效；侨资企业香港金轮集团捐资50万元援建含浦街道官埠口村侨心卫生站，侨界人士捐资捐物共100余万元。关注少数民族流动人口管理工作，筹备建设"少数民族流动人员服务站"，形成区、街、村三级联动模式；以民族知识进学校为契机，协助开展"传统知识进校园"活动；开展"和谐寺观教堂"创建评比活动，促进宗教场所建设，推进宝宁寺工程建设，为联系海内外佛教信众提供一个交流、合作的平台；开展区民族联谊分会帮扶金塘小学活动，为学校捐赠价值约2万余元的物资，深受当地群众欢迎。

（李世雷）

民族宗教和外事侨务工作

区民族宗教和外事侨务局
局　　长　罗　纯(女,1—8)
　　　　　　张　选(9—)
副 局 长　邓　薇(女)
　　　　　　裴国恩
纪检组长　骆红勇

【概况】 区民族宗教和外事侨务局成立于2010年,为区人民政府直属事业单位。核定全额拨款事业编制4人,有工作人员4人。主要职责:贯彻执行党和国家关于民族宗教和外事侨务的方针、政策和法律、法规、规章,当好区委、区政府在民族宗教和外事侨务工作方面的参谋助手。组织开展民族宗教和外事侨务理论、政策、现状及问题等重大课题的调查研究,掌握动态、预测发展趋势,提出政策性建议和意见;开展民族宗教和外事侨务政策、法规的宣传教育,并组织实施和监督检查;协调处理全区民族宗教和外事侨务关系中的重大事宜,维护社会稳定和国家统一。联系相关区级社会团体,进行业务指导;负责民族成分鉴别、更改和少数民族考生的民族成分审核工作;负责民族的有关统计工作。参与少数民族人才队伍建设规划的制定与实施工作,联系少数民族干部,协助有关部门做好少数民族干部的培养、教育、选拔和任用等工作;协助有关部门加强对区少数民族流动人口的管理。依法保护公民的宗教信仰自由和正常的宗教活动;维护少数民族和宗教界合法权益;引导宗教界人士和信教群众在促进经济社会发展中发挥积极作用,促进宗教关系和谐;协助有关部门防止和制止不法分子利用宗教进行非法、违法活动,会同有关部门做好抵御境外利用宗教进行的渗透活动。指导和帮助全区各宗教场所、宗教团体培养、教育宗教教职人员,搞好自身建设;办理全区宗教组织需由政府解决或协调的有关事务。向区人大、政协推荐民族、宗教界代表人士;负责组织接待少数民族、宗教界人士学习、参观、考察等事宜;指导各街道、乡(镇)民族宗教工作。在授权范围内审核区内企业人员因公出国、赴港澳的有关事宜。依法保护全区归侨、侨眷和华侨华人在区内的合法权益;协助做好华侨回国定居及其在内地眷属的工作;协助做好归侨、侨眷代表人士参政议政工作;协调处理侨务信访工作;协助开展华侨华人捐赠工作。协助做好海外高层次人才引进和侨务引资引智工作;协调做好华侨华人、港澳同胞在区内重点投资企业的权益保护工作。负责组织接待到区考察参观的国宾和其他重要外宾、华侨华人、港澳同胞;指导各街道、乡(镇)外事侨务工作开展。完成区委、区政府及上级业务主管部门交办的其他工作任务。

民族工作。以“六进”(进学校、进企业、进机关、进社区、进楼栋、进家庭)为主线,延伸民族“三进”的内涵,拓宽为民族同胞服务平台;年初提出争创全国“民族团结进步行”社区示范点目标,梅溪湖街道阳明山庄社区获推全国“民族团结进步行”社区示范点,2月受到省人民政府表彰,获评湖南省民族团结进步行先进社区,为湖南省第一个获此殊荣的城市社区;从娃娃抓起推动民族工作,把学校作为重点,以民族知识进学校为契机,结合教育局“传统知识进校园”,打造以“开设一堂民族团结教育课,搭建一个民族知识宣传平台,组织一次有特色的民族团结教育活动”为内容的“三个一”活动。发挥区民族联谊分会积极作用,搭建社会团体助学帮困平台,组织开展“民族团结进步行”系列活动,为莲花镇金塘小学捐赠价值两万多元的校服、文体用具、图书等物资,筹备建设“少数民族流动人员服务站”,梅溪湖街道阳明山庄社区、橘子洲街道学堂坡社区两个少数民族流动人员服务站投入运营;受理涉及少数民族群众信访4起,处理结果满意率100%。

宗教工作。以确保和谐稳定为重点,加大对场所指导管理的力度,着重在制度建设、安全管理、人员管理等几个方面进行督促;落实属地管理原则,加强基层队伍搭建、台账建立、活动审批的指导;在全区9个宗教活动场所继续开展“和谐寺观教堂”创建评比活动,细化考评要求和细则,贯彻“教风年”主题活动要求,围绕教风严谨、队伍纯洁、信念坚定三个方面,明确宗教场所职责,纯洁教职人员队伍。关注重点领域、重点对象、重点区域,查处取缔4起非法宗教活动,维护宗教和睦;6月12日召开区佛教协会第一届第三次全体理事会议。联合国土、规划、城管、街道、村组等单位,加强对民间信仰场所管理清理和整治私搭乱建现象,宣传宗教政策法规,6月,开展以“国法与教规”为主题的宗教政策法规宣传月活动。结合“一进二访”工作,将宗教慈善向乡村行延伸,为雨敞坪镇2户困难群众筹集6.5万元扶贫资金。

外事工作。注重资源涵养和培育,打造3条优质涉外参观线路,为经济建设牵线搭桥,引资引智。开展以公民海外旅行安全常识为主题的"5@12"应急宣传日活动,提高公民涉外应急事件处理能力。严格因公出国(境)审批,落实省、市相关政策规定。多次圆满完成省、市交办的重大外事接待活动,接待哈萨克斯坦、印度共产党团共15人参观区基层党建工作。协助长沙市外侨办承办"第六届波尔多及阿基坦大区葡萄酒节",多途径展示岳麓形象,获得一致赞誉。

侨务工作。在政策宣传、解决难题、对口帮扶等方面指导基层单位为侨务对象提供服务。以社区为基础,倡导社区与侨务对象"双向互动服务"。完善社区侨务工作网络,提升社区侨务工作水平。发放政策补贴金2万余元,慰问特困归侨侨眷30多户。指导望月湖街道岳龙社区成功申报"全国侨法宣传角",指导橘子洲街道学堂坡社区申报"全国侨务工作示范社区",指导咸嘉湖街道咸嘉新村社区获评"全国侨法宣传角",指导望城坡街道湘仪社区申报"全省侨法宣传角"。先后接待广西柳州市侨务系统60余人参观团参观区侨务建设工作。(曹娟)

区直机关党的工作

区直机关工委

书　　记　熊颖佳(女)

副书记、区纪委派驻机关工委

纪委书记　邓世东

副 书 记　黄放军(8—)

【概况】 区直属机关工作委员会(简称区直机关工委)于1997年成立,为区委派出工作机构,人员编制4人,其中,书记1名,副书记2名,办公室人员1名。管理服务54个党委、总支、支部,管理和服务党员1532名。主要职责:领导区直机关党的工作,保证党的路线、方针、政策及区委的指示、决定和部署在区直机关贯彻落实,指导机关基层党组织抓党的思想建设、组织建设、作风建设,负责机关党员理论学习与培训,协同有关部门做好机关干部队伍建设工作,负责区直机关基层党组织的建立、换届等组织工作,领导区直属机关纪律检查工作委员会工作,指导区直机关各部门加强党风廉政建设,组织机关干部开展文化、体育活动,丰富机关的文化生活,完成区委、区政府交办的其他工作。

开展思想政治教育。全年举办培训班、讲座、报告会等学习活动7次,培训党员干部和入党积极分子1100余人次。3月,举办为期三天的机关党务干部培训班,加强理论层面和操作层面的指导,着力提升党组织负责人的履职能力。6—7月,以庆祝建党94周年为契机,举办2015年区直机关党的知识竞赛活动,区直机关54个机关支部260多名党员参加,宣传普及党的知识和区情发展动态,为机关党员凝神聚力、提振精神注入动力。推进机关学习型组织建设,发动各支部开展思想建党系列活动,持续开展读书荐书活动,向区委宣传部推介优秀学习典型和学习成果。完成区直部门1375份党报刊征订缴等任务。

加强组织建设。规范支部换届选举程序,按照《中国共产党党和国家机关基层组织工作条例》规范换届选举程序和配备专职党务干部,指导11个党支部完成换届工作。统一编印《机关党委(总支)工作记录本》和《机关党支部工作记录本》,加强党建工作指导和痕迹化管理。编印《机关党支部工作手册》,进一步规范民主生活会、"三会一课"、党员领导干部参加双重组织生活会、民主评议党员、党员党性定期分析等组织生活制度。按照以述职报告不到位不过关、述职点评不到位不过关、民主测评人数不达标不过关的三条原则组织机关54名支部书记年终述职,实现机关党组织书记述职评议全覆盖,编印《2015年区直机关党支部书记述职汇编》。配合区组织部完成区直机关581名非领导干部年度考核工作。

开展服务群众活动。开展党员领导干部结对联系服务群众和"一进二访"工作。牵头组织区直部门355名机关党员干部结对联系1065名群众,统一建立联系台账,首创编印《惠民政策汇编》,印发机关干部人手一册,开展跟踪督查,逐一电话回访,及时通报情况,查漏补缺抓落实。督促开展机关在职党员进社区活动。统筹指导机关支部在职党员970余名到所居住地或服务网格参与各类特色服务活动4200余件次。推进城乡党组织结对共建。区直机关45个党支部和45个村(社区)党支部结成对子,围绕组织共建、党员共管、实事共办、资源共享开展党建活动100余次,发放慰问资金46万余元。机关工委重点抓好督促指导,深入开展调研走访,宣传推介先进典型,在全区推树2个先进支部,向省、市直机关工委推介3个先进支部。

严格作风纪律。强化廉政文化教育和警示提醒。在重要节日节点和特殊时期,运用宣传栏、短信平台、书面通知、走访提醒等方式,点醒机关广大党员干部职工自觉遵守作风建设各项规定。在机关党建微信平台上开设廉政知识问答解读栏目，举办读书交流会等廉政文化教育活动，营造机关转作风、求实干、促发展的清风正气。加强联合检查，形成高压态势。全年开展机关作风联合检查20次，坚持每月开展一次暗访督查，“双节”期间每周一次，对不遵规守纪的行为大胆拍照取证，共追查问责4次，完成区纪委查办案件1起。集中精力抓“群众办事难”专项整治。牵头组织协调相关部门开展系列工作，设置群众检举QQ邮箱，在机关大院设立检举意见箱13个，发放公告宣传单1000余份，畅通群众监督检举渠道；开展专项整治问卷调查活动，收回随访调查问卷400余份，收集整理有价值的意见建议66条，及时对接所涉及的单位，督促整改到位；聚焦区机关政务服务窗口部门，每周进行巡视督查，发现和纠正相关问题，查处整改问题12件。

组织群团活动。机关妇工委组织机关200余名女干部职工开展“内外兼修，做新时代魅力女性”知识讲座，组织全体机关女干部职工参加防癌体检，购买防癌健康保险。机关关工委从2013年开始，每年组织机关干部职工子女100余名与含浦街道干子小学的留守儿童和贫困学生携手互助，开展“牵手同行，放飞梦想”主题系列活动，为干子小学及学生捐款捐物，活动成果集结成册，得到长沙市关协高度评价。机关团工委在重阳节前夕，组织机关团员青年志愿者到廖月娥敬老院开展“金秋惠老·多彩夕阳”送温暖义诊慰问活动，联系区人大代表和市政协委员为敬老院送去万余元的医疗设备和生活物品，中国文明网对这项活动进行了报道。机关工会努力构建机关职工之家，不断丰富机关文化生活，牵头组织开展区直机关“两型岳麓·西湖健行”体育活动、“发展岳麓·人文同行”观影活动；走访慰问困难党员职工55人，发放慰问金额41000元。（陈瑶）

【首建“岳麓机关党建”微信平台】 开设微动态、微课堂、微观点、微生活四个栏目，每周更新一期，以文字、图片、视频等形式为机关1500余名党员提供学习教育、经验交流、沟通分享等方面的“微服务”，强化党建工作的互动性和生动性，将机关各支部的工作动态、机关党员关心关注的热点问题、机关党员风采等内容放在微信平台上共建共享，拓宽机关工委与支部之间、支部与支部之间、党员与党员之间的交流平台。

【机关基层党组织负责人谈心谈话制度】 在《支部工作记录本》中，作硬性设置和要求，以完善双向交流机制，进一步加强支部书记与党员的日常沟通，及时掌握机关党员的思想动态和个性需求。

【探索推进党员积分管理办法】 按照从严治党的要求，为规范党员组织生活，引导党员认真履行义务，充分发挥党员先锋模范作用，开展党员分类积分管理工作，积分由基本义务、日常表现、组织任务、民主测评、志愿奉献五项分数组成，要求每季度进行一次汇总，公开在公示栏，年中和年底两次在党员大会上公布，接受党员群众监督。党员分类积分结果即为党员年度民主评议结果，并作为党员评先评优的重要依据。全年区直机关党员积分管理共有1168名党员参加，其中评定出优秀党员129名，合格党员1039名。

【试行党员发展“三三制”办法】 按照“控制总量、优化结构、提高质量、发挥作用”总要求，根据区委组织部下发的有关文件要求，党员发展工作实行“三三制”办法（即三项积分、三次投票和三次考察），全年发展党员11名，及时全面公示，接受群众监督，提升发展党员工作公信度。（陈瑶）

机构编制工作

机构编制委员会办公室

主　　任　刘　波（女）
副 主 任　李昕彤（女）
事登局局长　何喜春

【概况】 区机构编制委员会办公室为区机构编制委员会的常设机构，既是区委的工作机构，又是区人民政府的工作机构。1987年7月设立区机构编制委员会办公室，归口区委组织部，由组织部副部长兼任主任。1989年12月设副主任1人。根据《中共长沙市委长沙市人民政府关于长沙市西区党政机构改革方案的通知》（长发[1995]16号）文件和《长沙市西区编制委员会关于区直党政机构、事业单位名称的通知》（西编发[1995]4号）文件，明确西区机构编制委员会办公室与区委组织部合署办公（人员编制、经费单列）。1997年区编委办不设内设机构，行政编制2名，其中副主任1名（主任由区委组织部兼）。2002年2月，区机构编制委员会办公室单列为区委议事协调机构的常设办事机构，核定行政编制4人。1997年2月成立长沙市岳麓区事业单位登记管理办公室，为副科级全额拨款的全民事业单位，定编3人，归口区编制委员会办公室管理。2000年11月,区事业单位登记管理办公室更名为区事业单位登记管理局。

区编制委员会办公室及区事业单位登记管理局的主要职责是：贯彻执行党和国家关于机构编制工作的政策和法规，研究制定全区机构编制管理的具体办法,并组织实施;统一管理区直党政机关,人大、政协、法院、检察院、人民团体机关,街道办事处、乡、镇机关,区属事业单位的机构编制工作；研究制定全区行政管理体制、事业单位管理体制与机构改革的方案，并协调解决实施过程中的具体问题;审核区委、区政府各部门,区人大、政协、法院、检察院、人民团体机关,街道办事处、乡、镇机关,区属事业单位的职能配置、机构设置、领导职数和人员编制；审核全区股级及以下机构设置，统一管理机构升格工作,负责科级机构设置的申报;归口管理事业单位登记管理工作，对事业单位法人资格进行认定、登记和年审。共有干部6人。

改革行政审批制度。2015年完成“三张清单”(权力清单、责任清单、流程清单)编制工作,并在五区率先向社会公布。牵头启动区本级行政职权清理精简规范工作,历时半年,经过自查上报、审核审查、专家评审、公开公示、政府审定等环节,形成《长沙市岳麓区人民政府部门权力清单》,计1970项,在岳麓区政府门户网站上向社会公布。区审改办牵头启动区政府部门责任清单的编制工作,经“三报三回三确认”的编制审核程序,形成《长沙市岳麓区人民政府部门责任清单》,总计事项1592条,6月底,在岳麓区政府门户网站上向社会公布。对照公布的区本级行政审批项目目录,建立行政审批项目流程清单制度,《长沙市岳麓区行政审批项目流程清单》在岳麓区政府门户网站上向社会公布。

加强经济社会管理。下放经济社会管理权限项目，做好新一轮市级下放管理权限的调研、摸底、申报、对接工作,制定《承接市级经济社会管理权限工作方案》(39项),12月底，下放的管理权限均制定权责清晰、程序合理、运转灵活的办事服务流程，并纳入网上政务和电子监察系统，实行网上办理。

调整非行政许可审批事项和权责清单。根据《国务院关于清理国务院部门非行政许可审批事项的通知》和省、市审改工作的要求,6月,正式下发《长沙市岳麓区人民政府办公室关于取消和调整非行政许可审批事项的通知》,完成非行政许可审批事项清理工作，规范行政管理行为。8月,印发《关于权力清单动态调整有关事项的通知》,明确权力清单动态调整机制的管理主体，分类规定各个类别行政职权调整的流程，根据法律法规立改废释情况、机构和职能调整情况等，对权力清单进行动态调整，保证清单的时效性、合法性。

机构改革转变职能。经省、市批准，全区设置政府工作部门20个，较其他内四区多设置了2个政府工作部门机构限额。在调研、论证的基础上，经区委常委会议审议通过,出台《关于印发〈长沙市岳麓区人民政府职能转变和机构改革方案的实施意见〉的通知》。制定下发《长沙市岳麓区人民政府职能转变和机构改革工作分工安排》《关于抓紧拟定区政府工作部门“三定”规定及有关职责和机构编制文件草案的通知》等文件。区食药监局、区卫计局等单位的“三定”规定按程序审议通过后,以区政府办名义正式发文。年内，全面完成其他涉改单位的领导职数配备、人员划转和资产划转工作，职能转变和政府机构改革工作。

分类改革事业单位。年初下发《岳麓区关于分类推进事业单位分类改革的实施意见》文件,按照事业单位分类标准和相关法律法规及文件依据，对分类预案提出书面建议和意见。11月,召开大编委会研究审议事业单位分类改革相关事项,同意《长沙市岳麓区事业单位分类归位方案》,已发文。

2015年是取消事业单位年检、实行年度报告书公示的第一年，事业单位登记管理局严格按照《事业单位法人年度报告公示办法(试行)》要求,在岳麓区政府门户网站对全区210家事业单位法人年度报告书进行了公示。

服务区域经济。配合区司法局完成公证体制改革工作。根据市政府、市编办有关文件,经区政府常务会议研究决定撤销区公证处,调整划转区政法专项编制,妥善安置原公证处在编在岗人员。配合市编办推进本区动物卫生监督体制改革，与区动物卫生监督所及其主管部门区农业林业畜牧局和区人社局、区财政局沟通,参与市编办组织召开的专题协调会议,对市编办草拟的《长沙市城区动物卫生监督体制调整方案（征求意见稿)》反复研究沟通。配合市编办理顺城市园林绿化管理体制和工商行政管理局食品药品监管人员编制划转和移交划转工作

的组织实施工作。根据《长沙市人民政府办公厅关于印发〈长沙市工商行政管理局食品监管职责和人员编制划转方案〉的通知》文件要求，配合市编办做好人员编制划转和移交划转工作的组织实施。

【规范中介服务】 2015年区审改办牵头制定全区清理规范政府部门行政审批中介服务实施方案，开展各单位行政审批中介服务事项的自查清理工作。经三轮自查上报，共收集中介服务事项34项，区审改办联合区法制办，集中力量逐项进行审核把关。11月，《长沙市岳麓区政府部门行政审批中介服务事项目录（征求意见稿）》在岳麓区政府门户网站公开向社会各界征求意见，清理规范中介服务工作。（何喜春）

【规范机构编制】 2015年8月，根据省市要求，规范机构编制管理，对全区机构编制实名制管理系统数据库进行了复核。按照中央编办的统一部署，从9月起启动党政群机关和事业单位中文域名注册和网站标识管理工作，下发《岳麓区机关事业单位中文域名注册和网站标识管理工作实施方案》，12底实现中文域名和网站挂标在党政机关和事业单位的两个全覆盖。 （何喜春）

党校工作

区委党校

常务副校长 邓　晖（女）
副　校　长 杨国春
副　校　长 黄林峰
办公室主任 吴漫红(女)
教研室主任 王　敏

【概况】 中共长沙市岳麓区委员会党校始建于1958年9月，原名中共长沙市西区委员会党校。1996年7月长沙市区划调整，更名为中共长沙市岳麓区委党校。1997年7月成立长沙市岳麓区行政学校，与党校两块牌子、一套人员。2005年，学校通过区县党校中专体制办学评估，2007年，机构升格为副县级，内设办公室、教研室两个副科级构；核定区委党校全额拨款事业编制15名，其中行政管理和党务工作人员编制5名、专业教研工作人员编制8名、后勤服务人员编制2名；设校级领导职数3名，其中常务副校长1名（副县级）、副校长2名（正科级）。有在职在编工作人员13人，其中行政管理和党务工作人员5名、专业教研工作人员7名、后勤服务人员1名；另有临聘人员1名。主要职责：为在职干部、机关工作人员提供高等教育服务；培训、轮训各类人员；承担成人学历教育；开展教研、调研和科研工作；对基层业余党校实施宏观管理和业务指导；建立岳麓区社区学院，统筹指导全区社区教育工作。在区委、区政府的领导下，区委党校创新思路，争创一流，努力提升科研咨政能力，深化社区教育品牌。课题成果分别在《人民日报》《湖南日报》等发表推广，获评全省党校科研先进单位、市党校系统理论研讨会优秀组织奖。

干部教育培训。落实《2013—2017年全国干部教育培训规划》《2014—2018全国党员教育培训规划》和省市有关精神，发挥党校干部教育培训主渠道作用，共举办各类培训班20期，送课进网格17期，道德讲堂12期，共计培训5800余人次，实现基层党组织书记全员轮训，干部脱产调训率40%以上。探索教学方式改革，改进讲授式，完善研讨式，推进案例式，发展模拟试题和体验式，增强培训的科学性和吸引力。65%以上的主体班安排了实地调研或拓展活动，增强了教学吸引力和实效性，城区区县党校中创先性地开展“三同”实践体验教学，组织团干班学员到雨敞坪镇瓦灰村村民家，与基层群众同吃、同住、同劳动，教学效果显著。

科研咨政。将科研工作作为提升党校核心竞争力的重要抓手，实施科研兴校战略，整合资源，创新方式，不断提升党校科研工作水平。课题成果《创新社区教育治理》在《人民日报》发表；调研成果《五星网格编织居民幸福网》在《湖南日报》理论版上整版推介。开展“岳麓区城中村城郊村党建工作的调研与思考”课题研究，深入社区（村）组织座谈、问卷调查等形式开展调研，为基层党建出谋划策。2个省级社会科学规划课题和2个市级课题顺利结项，3个省级社会科学规划课题和2个市级课题成功立项。共有15人次参加省、市党校系统理论研讨会获奖，获奖质量数量居全省区县党校前列。教师撰写10余篇理论文章在国家级、省级刊物公开发表。区党校连续获评两年一次的湖南省科研先进单位，连续三年获全市党校行政学（院）校系统理论研讨会优秀组织奖。

社区教育。社区教育工作继续保持走在全市、全省前列的优势。新增4个区级优秀社区学习中心，进一步完善覆盖全区“社区学院—社区学校—社区学习中心”三级联动社区教育网络平台。3所街道社区学校被评为长沙市示范社区学校，全区市级示范社区学校达12所，占17个街镇的70.6%；市区两级优秀社区学习中心9所。望月湖街道参评全国社区教育示范街镇。承办长沙市2015年全民终身学习活动周开幕式，宣传和展示了岳麓区社区教育工作。省市领导和嘉宾对岳麓区社区教育近年来取得的成绩给予高度评价。接待来自北京延庆县、山东德州市、浙江宁波海曙区等地社区教育考察团。

机关党建。深入学习习近平总书记系列重要讲话精神和党的十八届四中全会、五中全会精神及党员干部廉洁从政新要求，并迅速进课堂、进教材、进科研咨询。支部活动开展良好，组织全体党员职工去韶山、井冈山等红色革命基地开展活动，加强党性和理想信念教育。建设学习型党组织，坚持落实党员“三会一课”制度，开展“学习沙龙”活动，党支部书记带头讲党课三次。在全市开展的学习型机关建设“双争四推”活动中，区机关工委推荐校党支部申报“全市优秀学习成果”。利用“三服务一线”“一推行四公开”“一进二访”等平台，将群众工作常态化、制度化，建立党校网格化管理统一协调机制，党校班子成员的联点网格各增派一名教师，与网格长一起走村入户，为群众办实事、做好事。在全区“五星网格”创建活动中，创建五星网格1个，申报四星网格1个，网格群众代表对党校群众工作满意率100%。

教师队伍建设。实施人才强校战略，挖掘培训机会，加大教职工培训力度，全年选派14人次赴北京大学、国家行政学院、浙江大学、华东师范大学、湖南省委党校、长沙市委党校等高等院校进行专题培训。在加大交流、引进力度的同时，重视教师基层实践锻炼，选派3人次参加桐梓坡片区拆迁工作和湘江700项目信访维稳工作。开展集体备课，理论研讨、课题调研等形式的学习活动，全年组织四中全会和党的最新理论宣讲集体备课20余次，准备新教学专题10个。组织教师参加全市党校系统教学竞赛、市区“微理论微宣讲”活动、区机关党建知识竞赛，成绩均名列前茅。（彭彬）

党史地方志档案工作

区史志档案局

局　　长　喻剑平（9—）
　　　　　　吉文斌（1—2）
　　　　　　黄晓峰（3—8）
副 局 长　周义娟（女）

【概况】 区档案管理工作，先是由区委、区政府秘书室内勤兼管，党委办公室分派一名副主任主管。1966年，“文化大革命”开始，区机关档案封存，由专人看管，1969年，区档案工作由区党委会办事组管理，1973年，“文化大革命”开始，区机关档案封存，专人看管，1969年，区档案工作由区党委会办事组管理，1973年，区委恢复办公后，档案工作仍旧归区委办负责；1975年，档案分别由档案员负责管理，统一由区委办负责。1979年档案数量增多，指定专职档案员，并建立了机关档案室，1986年成立了区档案馆，行政上属政府的二级机构，工作上仍归口区委办；1996年7月，西区档案馆改名为岳麓区档案馆，级别与编制不变。1996年12月，岳麓区档案馆通过省级验收，评为省三级国家档案馆。2002年，根据岳办发[2002]6号文件精神，岳麓区档案馆增加统一管理规划全区党史工作和区志工作的职能，更名为长沙市岳麓区史志档案局，为区委直属事业单位。主要职责为：贯彻执行中央、省、市有关党史、区志以及档案工作的方针、政策及法律、法规；征集、整理中共岳麓地方史资料，编写岳麓地方党史、大事记等；开展党史宣传教育活动，负责区党史联络组的日常工作；组织编修《岳麓区志》，收集、整理、研究岳麓地方文献和区情资料，编辑《岳麓年鉴》；对所辖范围内档案工作进行管理和业务指导，维护档案的完整和安全。区史志档案局机关全额拨款事业编制为5名，其中局长1名、副局长1名，下设办公室、史志科、法制教育业务指导科。

区史志档案局现位于长沙市金星大道北一段517号区政府机关大院9栋，馆库五间，使用面积350平方米，各库房全部安装了档案密集架，配置温湿度自控系统，可容档案、资料十万余卷。区档案馆所藏档案以文书档案为主，兼有科技档案、公证档案、婚姻档案、退伍军人档案等，共89个全宗、476219761件。区档案馆珍贵的历史真迹和凭证包括江泽民、李鹏、姜春云等国家领导人视察龙王港防洪工程时用过的铲子、留下的亲笔题词和照片。

党史工作。一是将《中国共产党岳麓区史》缩编为17万字的简读本，便于读者阅读；二是为纪念中国共产党成立94周年和抗日战争胜利70周年，在6月份在全区党员中开展学习党史和党史知识竞赛活动，以《中国共产党长沙市岳麓区历史》（上、下册）为蓝本，由区委党史联络组出题制卷和阅卷，区史志档案局负责试卷的发放和答卷收集。7月份收到答卷三千余份，评出一、二、三等奖及组织奖并予以奖励；为了弘扬中华民族精神，推进爱国主义教育，凝聚民族力量，4月，在全区范围组织开展“纪念抗日战争胜利70周年征文”和“征集日军侵湘罪行历史图片”活动，并在3月、6月各组织党史联络组一起去坪塘街道、雨敞坪镇进行党史宣传活动，与当地老干部、有一定阅历的老村民进行党史交流活动；6月，启动“部门史”和“街道史”编修工作，率先在教育局、橘子洲街道、坪塘街道试点，以点带面，推动全区党史编修工作。

区志工作。按时完成并印刷《岳麓纪事》(2015年卷）此书共400多页近40万字，完整真实地记录区政治、经济、文化等方面成就，为以后编史修志留下翔实史料。5月，完成《湖南年鉴》《长沙年鉴》组稿任务和彩版采集。在市志办举办的“年度事件”“年度人物”评选工作过程中，推荐“西湖文化园开园”为年度事件，西湖建设集团周健为年度人物。宣传发动《长沙年鉴》编撰工作，在全区掀起争上“年度事件”、争当“年度人物”高潮。多方宣传《地方志工作条例》，建立健全修志工作责任制和督查制度，在5月18日《地方志工作条例》颁布9周年之际，在政务大厅电子显示屏上滚动播出地方志宣传标语，利用区短信平台给全区领导干部普及地方志基本知识，使地方志知识深入民心，取得良好的社会效果。二是在全区开展“读志用志”活动，营造“爱国始于爱乡，爱乡始于读志”的浓厚氛围。

档案工作。开展档案培训和执法检查，8月18日举办村、社区档案业务培训班，请省档案局业务处处长授课。发放《岳麓档案工作手册》《〈关于加强和改进新形势下档案工作的意见〉学习读本》、省委办和省政府办印发的《关于加强和改进新形势下档案工作的实施意见》的通知、《档案法律法规手册》《长沙市行政村档案工作手册》等学习资料，推动基层学习档案法律法规以及行政执法的各项法律制度，提高档案人员档案管理水平。11月，对区部分单位的档案工作进行检查，重点检查贯彻档案法的情况、档案工作管理制度和档案基础业务工作的规范管理，并将检查情况进行通报和点评，利用市局档案宣传的契机，在区内组织三次档案展览。分别是“老长沙·老照片·老记忆”“纪念抗日战争胜利70周年展”“档案法规宣传”，通过图片和文字相结合的方式，直观地展示长沙的历史，加强群众的档案意识；继续推进民生档案建设。给梅溪湖、西湖、望月湖等街道的社区、村配置档案柜和档案用品。实地指导村民生档案建档，现全区两保档案整理已基本规范，村级建档日趋完善，以点带面，推进全区民生档案工作；注重档案种类的齐全，不断收集各种类型的档案以丰富馆藏。加快到期档案进馆工作，全年接收宣传部、文体局、区财政局等单位档案1321卷（册），不仅为编史修志提供翔实的资料，亦在经济建设、排解纠纷等方面取得良好效益。如知青档案提供利用12人次，为广大老知青查找下乡时间证实工龄及调资分房提供了大量的材料。乡镇企业档案提供利用149人次，为相关人员解决办理退休及社保难题。提供文书档案利用644人次，为机关各部门提供了政策参考。婚姻档案查询2307人次，出示证明2073次。公证档案提供利用185人次，充分发挥了档案的原始记录作用。（周义娟）

老干部工作

区老干部局

局　　长　李利明（女，1—8）
　　　　　　齐坚真（8—）
副 局 长　邓星萍（女）
　　　　　　周娴静（女）

【概况】 1982年10月，中共长沙市西区委员会老干部工作办公室成立。1990年6月，更名为西区委员会老干部工作局。1996年7月，更名为岳麓区委员会老干部工作局。2002年2月，更名为岳麓区委员会老干部局。内设办公室、关工委，下设老干部（老年）大学（事业单位）。有在职干部职工11人（含聘任员工2人），局党委下设2个党总支、9个党支部，共有党员228人，直接管理离退休干部302人，宏观指导、协调管理区属离退休干部3650人。主要职责：宣传、贯彻、执行各级关于离退休干部工作的方针、政策和区委、区政府有关文件规定，负责全区离退休干部工作的宏观指导、协调督促和检查；负责全区离退休干部的宏观管理，做好老干部工作专（兼）干的业务培训，督促老干部政治待遇和生活待遇的落实，组织指导老干部开展活动和发挥作用；负责局直管离退休干部和易地安置离休干部的管理服务工作；负责局离退休干部党支部的建设和党员教育管理工作；指导协调老干部大学及老年教育工作；承担区关心下一代工作委员会办公室的日常工作。

组织思想建设。开展离退休

干部理论学习大课堂活动，坚持每月集中三天组织老干部分支部开展政治学习制度，组织6批近300人次老干部参加市级形势报告会、老干部网宣、离退休干部党组织建设、“五老”宣讲及志愿服务等方面培训。为老干部购买书籍1000余册，印发《全国离退休干部“双先”表彰会精神》宣传册300本，为离退休老同志及时了解国家形势政策提供便利；邀请湖南中医药大学教授凌锡森为老干部讲授《中老年常见危急重症居家自救》养老保健知识；开设离退休干部理论大课堂，邀请中南大学教授、市“五老”金牌讲师唐建华作“中国特色法治之路:法德结合”专题讲座。组织5名老党员参加全区党建知识竞赛，全部晋级决赛。完成离退休干部党支部换届改选工作，完成2014年度民主评议党员工作，评选表彰26名优秀党员、8位优秀党务工作者。4月，举办党组织建设学习交流活动，特邀长沙市委党校纪委书记刘国杰和市委老干部局副局长全晶莹分别讲解《深刻领会〈党章〉精神，加强党的基层组织建设》及老干部工作政策，请上年全市“五好”离退休支部天顶街道离退休党支部、局党委退休四支部分别作经验介绍，并赴全国离退休干部先进集体宁乡回龙铺镇离退休干部党支部实地学习考察党组织建设工作。指导望城坡街道长华社区离退休干部党支部、望月湖街道离退休干部党支部、银盆岭街道离退休干部党支部成功创建全市“五好”离退休干部党支部。组织130余名离退休女干部到市老干活动中心开展庆祝三八妇女节的活动；各支部开展“庆祝建党94周年”、座谈联谊等活动；区老年诗词书画协会多次深入街道、社区、网格开展为群众写春联、剪窗花、送祝福活动；组织局离退休党支部书记、委员、老干部协会会长30余人到怀化沅陵参观考察。全年组织门球友谊赛10场，钓鱼活动2次，诗词书画实地采风2次，健康知识讲座2次。获全市第三届老干部运动会优秀组织奖，广场舞比赛第二名，门球比赛第三名。市区拆违控违工作启动后，岳麓街道“五老”、中南大学教授吴献成在星辰在线论坛发帖《作拆违控违的促进派》，在社会上引起热烈反响，点击数达15万余人次，全市老干部网宣员跟帖近500条。望城坡街道箭弓山社区退休干部刘正军带动居民自拆违章建筑的事迹得到《长沙晚报》、长沙新闻频道等媒体宣传报道。橘子洲街道后湖新村老党员刘谷初率先拆除违章建筑，带动后湖景区拆违综合整治深受群众赞许。在全市离退休干部“双先”表彰会上，岳麓区6位退休干部、4个以“五老”为核心的基层组织受到表彰。区老干部局党委获评全省离退休干部先进集体，区老干部大学获评全市离退休干部先进集体并成功创建为省级老干部(老年)大学示范校，在市委老干部局工作目标考核中排名各区县前列，在区委区政府2015年度“六个走在前列”大竞赛暨领导班子和领导干部绩效考核中获“党群政务类”一等。

日常服务管理。1月，区委召开全区离退休干部区情通报会，与老同志共话区域发展。7月，区委、区政府召开离退休干部代表座谈会，充分听取老同志的意见和建议。重大传统节庆日区领导带头走访看望老干部、老党员，请老干部为岳麓发展建言献策。各街镇、相关战线全面落实老干部相关政策，利用春节、重阳等节日开展走访慰问活动，帮老同志解决实际困难，确保他们共享改革发展成果。春节期间集中走访慰问重病、困难对象近200名，送去慰问物资16万余元。调整移交政府安置执行军队待遇标准的离休干部遗孀生活补助，按相关文件对机关老工伤人员伤残保健金进行提标。组织300多位离退休干部体检。明确专人负责老干部生病住院慰问工作，全年看望生病住院老干部140余人次。对接区人社局，开辟为老干部报销医药费绿色通道。延续离休干部生日祝寿制度，对年满80、90周岁的退休干部登门祝寿。代表组织向2位参加过抗日的离休干部颁发“中国人民抗日战争胜利70周年”纪念章，向抗战老兵献花表达敬意和祝愿。为离休干部配备一键通手机，提供医疗、家政等个性化服务。

老年教育。区老年大学开设声乐、舞蹈、保健、摄影等14门课程，聘请专业教师20余人，开班62个，招收学员两千余人次。尝试老年教育向基层辐射延伸，因地制宜打造“主校+分校”模式，在橘子洲街道学堂坡社区建分校试点，受到校内外广泛好评。11月，区老干部大学成功创建为省级老干部(老年)大学示范校，并在全省老年教育工作会议上作典型发言。校艺术团舞蹈队、校合唱队在“欢乐潇湘　幸福长沙——精神新家园优秀群众文艺团队展演”、“激情岳麓　魅力西湖”社区文体节开幕式等市区大型活动中均有精彩亮相。进一步推进市老年教育网络直播课堂工作。全年有16个社区站点成功创建为市级示范站点，累计2万余人次参加了网络课堂学习。咸嘉新村社区代表全市基层收看点在全市网络课堂工作推进会上作经验发言。

关协工作。全区“五老”宣讲员通过品历史、讲故事、作报告、谈感悟等形式，开展宣讲400多场，受众5万余人次。范志明“法制教育从青少年抓起”、王石乔“掌握法律武器，保护合法权益”、彭德球“用法治思维推进社区建设”的讲座以及老同志徐正清、丁仕宗、吴献成深入街道、社区的生动宣讲，得到广大青少年和居民群众的欢迎。全区近200名“五老”宣讲员参加街镇“五老”“畅谈发展变化”微宣讲预赛，16名选手参加区级复赛，2名选手在全市决赛中荣获二等奖。老同志以独特视角，畅谈新中国成立以来，特别是党的十八大以来，岳麓区以及长沙的新变化、新成就、新期望。通过今昔对比，在看变化、谈发展中，既展现老同志良好的精神风貌，也教育引导社会群众纵比知足、横比知福、珍惜当下。围绕立德树人，关爱帮扶育人，开展“立德崇法，明史报国”主题教育活动。望城坡街道选手童江洪在全市纪念世界反法西斯战争胜利暨抗日战争胜利70周年故事会比赛中荣获一等奖。加大对留守、贫困、失足等困境青少年群体的关注、帮扶力度，区关工委主任尹定国多次走访看望留守、贫困儿童，并带头为戒毒所失足青少年讲课。莲花镇关工委积极推进关爱留守儿童“农家学舍”公益项目，雨敞坪镇关工委建立留守儿童帮扶长效机制，洋湖街道关工委大爱无疆俱乐部前往靖州苗族侗族自治县开展“走出长沙　牵手靖州　以梅为媒　爱心助学”活动，对该县150名贫困学生进行现场捐助，区直机关工委持续3年开展“牵手同行，放飞梦想”主题活动，让机关干部职工子女与干子小学的留守儿童、贫困学生携手相助。开展驻区高校关心下一代工作经验交流暨区校共建活动，总结推介片区与高校合作的成功经验，进一步推动区校共建大学生道德高地工作，引导大学生和辖区群众互相服务、共同提高，推动区校深度融合发展，实现互利多赢。召开全区关心下一代工作现场经验交流会，推介天顶街道关工委工作目标考核办法及阳明山庄社区仁和家庭教育模式，推进基层关工委工作，鼓励社会组织参与关心下一代工作。区关工委主任尹定国荣获全国关心下一代工作先进个人，莲花镇“五老”唐启汉荣获全省关心下一代工作突出贡献奖。推进“五老”作用示范阵地暨“五老”团队工作室创建工作，全区创建“五老”团队工作室30个，其中，市级示范阵地13个、区级示范阵地17个。为社区争取市级经费29.5万元，为老同志就近学习、就近活动、就近得到关心照顾、就近发挥作用提供精神动力和资金支持。继续引导基层“五老”在净化社会风气、化解社会矛盾、维护社区安全、协助社区建设等方面就近就便发挥余热。橘子洲街道学堂坡社区孙立明“五老”团队主动担任社区治安巡逻工作，保社区一方平安；银盆岭街道“家长里短”帮帮团主动对接所在网格支部、党小组，从单纯调解邻里纠纷，到主动帮扶群众生产生活，莲花镇成立李国明“五老”团队社区环卫基金，为社区环卫事业、文明创建献策出力。

（高育敏　罗迎军）

长沙市岳麓区人民代表大会

主　　任　胡杰夫
副 主 任　钟红剑
　　　　　杨利双(女)
　　　　　辜显旺(兼)
　　　　　王剑鸣
　　　　　曾跃平(女)

区人大常委会工作部门
办公室主任
　　　　　陈　斌(1—2)
　　　　　周　云(8—12)
办公室副主任
　　　　　刘时香(女,1—8)
　　　　　李　红(女)
　　　　　赵洪卫(2—12)
内务司法工委主任
　　　　　彭庆余
内务司法工委副主任
　　　　　吉秀珍(女)
农业财经工委主任
　　　　　李振元
教科文卫工委主任
　　　　　赵桂英(女,1—8)
　　　　　文树根(8—12)
教科文卫工委副主任
　　　　　周艳波(1—8)
城建环保工委主任
　　　　　唐洪海(1—8)
　　　　　黄建成(8—12)
城建环保工委副主任
　　　　　王菲菲(女)
选举任免联络工委主任
　　　　　彭德华
　　　　　叶　军(女,1—8)

【人民代表大会】 1月14—16日，长沙市岳麓区第四届人民代表大会第四次会议召开。会议期间，全体代表认真听取和审查了区人大常委会、区人民政府、区财政、区人民法院、区人民检察院的工作报告，作出了符合全区人民意愿的决议；依照法定程序选举了1名区人大常委会副主任。

【人大常委会会议】 2月28日，岳麓区第四届人大常委会第十九次会议召开。会议通过有关人事事项，审议通过《长沙市岳麓区第四届人民代表大会第四次会议至第五次会议期间常务委员会工作要点(草案)》。4月30日，岳麓区第四届人大常委会第二十次会议在区人大常委会议室召开。会议听取关于《中华人民共和国禁毒法》执法检查审议意见落实情况的报告，通过相关人事任免议案。6月25日上午，长沙市岳麓区第四届人大常委会第二十一次会议召开。会议听取关于长沙市岳麓区2014年决算草案和2015年1—5月份预算执行情况的报告，关于长沙市岳麓区2014年度区本级预算执行和其他财政收支的审计工作报告，关于长沙市岳麓区2014年决算草案的审查报告(草案)；听取长沙市岳麓区2014年政府性债务融资与偿还计划执行情况的报告；会议以无记名电子表决方式批准全区2014年决算草案，电子表决通过了有关人事事项。9月9日上午，长沙市岳麓区第四届人大常委会第二十二次会议召开。会议听取和审议了《长沙市岳麓区人民政府关于提请刘立同志免职的议案》《长沙市岳麓区人民政府关于提请刘汇等同志职务任免的议案》《长沙市岳麓区人民政府关于提请李鸿等同志职务任免的议案》《长沙市岳麓区人大常委会主任会议关于提请任免周云等同志职务的议案》，表决通过有关人事事项，其中，决定任命刘汇为长沙市岳麓区人民政府副区长，决定免去刘立、苏春光的长沙市岳麓区人民政府副区长职务。会议听取和审议《长沙市岳麓区行政审批工作情况的报告》。会议听取和审议《长沙市岳麓区古树名木保护情况的报告》，表决通过《长沙市岳麓区人大常委会关于加强长沙市岳麓区古树名木保护的决定(草案)》。会议听取和审议《关于提请接受刘立等同志辞去长沙市岳麓区第四届人民代表大会代表职务的议案》；听取和审议《关于提请依法补选长沙市岳麓区第四届人民代表大会代表的议案》的说明，表决通过《长沙市岳麓区人大常委会关于依法补选长沙市岳麓区第四届人民代表大会代表的决定(草案)》。10月27日上午，长沙市岳麓区第四届人大常委会第二十三次会议召开。会议首先听取和审议了《关于长沙市岳麓区2015年1—9月预算执行情况和2015年预算调整方案的报告》和《关于长沙市岳麓区2015年1—9月预算执行情况和2015年预算调整方案的初步审查结果的报告》，会议表决通过了《长沙市岳麓区人民代表大会常务委员会关于批准岳麓区2015年预算调整方案的决议(草案)》。随后，听取和审议《关于2014年度区本级预算执行和其他财政收支审计工作报告指出问题的纠正情况和处理情况的报告》，以及区财政局、区农林畜牧局、咸嘉湖街道关于整改情况的报告。会议还听取和审议了《长沙市岳麓区第四届人民代表大会常务委员会代表资格审查委员会关于补选代表的代表资格审查报告（草案)》，确认了王洪、苏文斌等15名同志的代表资格。最后，会议对《岳麓区流域治理调研报告》进行了审议。11月20日，长沙市岳麓区第四届人大常委会第二十四次会议召开。会议听取和审议《关于我区贯彻实施〈中华人民共和国义务教育法〉情况报告》及《关于我区贯彻实施〈中华人民共和国义务教育法〉执法检查情况报告》，并针对“城乡教育发展不均衡”“小升初入学考试培训阻碍教育公平”“校园周边环境整治”等问题展开专题询问。相关责任部门一一作出回复。会议听取了《长沙市岳麓区人民政府关于提请撤销东方红镇和麓谷街道合并设立新的麓谷街道的议案》。经审议，全票通过《长沙市岳麓区人大常委会关于同意撤销东方红镇和麓谷街道合并设立新的麓谷街道的决议》。12月8日上午，岳麓区第四届人大常委会第二十五次会议召开。会议听取和审议有关人事议案，表决通过免去陈定佳的长沙市岳麓区人民政府副区长职务，表决通过任命谭应林为长沙市岳麓区人民政府副区长，表决通过接受周志凯辞去长沙市岳麓区人民政府区长职务，表决通过决定刘汇为长沙市岳麓区人民政府代理区长。会议审议通过陈中等辞去长沙市第十四届人大代表职务的议案，审议通过李素洁等辞去长沙市岳麓区第四届人大代表职务的议案。会议通过补选人大代表议案决定。会议听取审议岳麓区第四届人大第四次会议以来代表建议、批评和意见办理与督办工作情况的报告。会议审议通过关于岳麓区第四届人大第五次会议的决定和相关工作筹备方案，决定于2016年1月13日至15日召开该会议。会议听取岳麓区贯彻实施《中华人民共和国人民调解法》工作情况的报告。12月30日上午，岳麓区第四届人大常委会第二十六次会议召开。会议听取和审议《岳麓区国民经济和社会发展第十三个五年规划纲要(草案)》。听取和审议《长沙市岳麓区2015年预算执行情况和2016年预算草案的报告》、区人大常委会工作报告(草案)、区人民政府工作报告、区人民法院工作报告、区人民检察院工作报告及《长沙市岳麓区第四届人民代表大会第五次会议选举办法（草案)》。表决通过《长沙市岳麓区第四届人大常委会代表资格审查委员会关于代表异动情况及代表资格的审查报告(草案)》《关于提请依法补选长沙市第十四届人民代表大会代表的议案》等，依法补选刘汇、李鸿为长沙市第十四届人大代表。

【依法行使重大事项决定权】 常委会坚持将行使重大事项决定权与贯彻区委决策部署相结合，紧紧围绕全区工作大局和群众切身利益，正确运用重大事项决定权，实现了依法行使职权与支持“一府两院”开展工作的有机统一。审议区域国民经济和社会发展规划。密切关注“十二五”规划执行和“十三五”编制情况，组织专门调研和考察学习，多次听取区政府及发改部门对“十二五”规划执行情况，以及“十三五”规划纲要编制情况的报告，要求政府紧扣中央、省、市、区委重大决策部署，抢抓战略发展机遇，高起点、高质量谋划未来，为岳麓今后五年发展提供科学设计和制度保障。决定本级财政全口径预决算。按照新《预算法》要求，深化对政府预算编制、调整、执行的全口径监督，推动政府预算更加全面、规范、透明。严格审查批准本级决算、年度预算、预算调整方案。加强对预算的预先审查和预算执行的监督，督促政府强化财政预算和收支管理，加大民生领域的投入。延伸审计监督，两次听取和审议审计工作报告，审计所查问题整改情况的报告，促进工作落实。强化债务监督，按照中央十八大和新《预算法》要求，依法对政府债务进行审查，推动政府清理债务存量，确定年度政府债务总额、政府负责债务额度和政府债务率，有效防范债务风险。鼓励支持政府重点项目建设和园区项目建设投融资体系创新，依法审查批准岳麓科技产业园玉江片区新型城镇化建设项目委托代建事项，缓解园区融资矛盾，支持园区发展。决定辖区乡镇区划调整。按照省、市、区委关于乡镇区划调整改革要求，依法决定撤销东方红镇和麓谷街道合并设立新的麓谷街道。决定加强古树名木保护。常委会根据区情，以加强古树名木保护为切入点，强化区域两型和生态文明建设监督，率先在全市出台《关于加强古树名木保护的决定》，区人民政府从2016年起设立200万专项基金加强对古树名木的保护。市人大城环委、法制委和市林业局、园林局等部门高度肯定，市林业局将该项《决定》

作为成果性意见转发，产生良好反响。

【依法行使监督权】 监督重点项目建设。深入开展“项目建设岳麓行”活动,紧盯重大项目建设,围绕创新发展，采取主任会议成员牵头督办、政府副区长领办、常委会委员协办和重点督办的方式，对棚改、城改、教育、路网、产业项目、重点设施加强监督，支持区委、区政府推进项目建设,取得明显成效。监督教育均衡发展。开展《义务教育法》执法检查,深入素质教育基地、师大附中博才实验中学(南校区)等学校实地调研，组织走访、座谈,征求意见,全面了解掌握《义务教育法》在本区的贯彻实施情况。开展专题询问,在听取政府贯彻落实《义务教育法》情况报告后，常委会委员和特邀代表，就如何确保城乡教育均衡发展、有效化解城区大班额、农村教育相对落后等 12 个问题进行专题询问，区政府分管副区长及教育、财政、发改、住建、人社、城管、工商、公安、交警、消防、食药监、文体等部门主要负责人认真回答询问，常委会结合审议和询问,提出具体审议意见,督促政府不断加强和推进城乡义务教育均衡发展。通过执法检查和专题询问，充分体现政府接受人大监督的精神和要求,《湖南日报》、湖南省教育电视台、《长沙晚报》、长沙电视台等多家媒体进行宣传报道。监督生态环境保护。以“守护碧水蓝天，建设美丽长沙”为主题，开展三湘环保世纪行、“保护母亲河,共建长沙文明城”活动，营造全社会共同关注、参与大气污染和水污染防治的良好氛围。现场督办加强湘江截污工程、排污口和地下管网建设，跟踪督办生态保护审议问题整改落实。以保护改善水资源环境为目的,到龙王港、靳江河、白泉河、八曲河等处深入视察、调研,形成《岳麓区流域治理调研报告》。在岳麓山、桃花岭等景区和相关街道,集中开展《岳麓山风景名胜区保护条例》宣传周活动。开展“农产品质量安全行”“三湘农民健康行”活动，监督改善农村卫生服务条件,加强农产品质量安全监管。监督城乡住房建设。开展对住建工作专项评议,深入区直相关单位、部分街镇、村(社区)和建安企业，走访居民群众，实地考察岳麓山建筑公司、梅溪湖新城运营管理有限公司等单位，赴温州市瓯海区考察学习建筑业和社区物业管理经验，要求加强建设领域法律法规宣传,优化行业监管服务,加大行政执法力度，关注和督促解决建安市场发展、小区物业管理、农安房办证问题，推动全区城乡住房建设和发展。监督安全生产工作。开展对安全生产监督工作专项评议,就安全生产责任体系、执法整治和基础工作，组织开展调研座谈、明察暗访,集中视察望岳燃气站、长宏乙炔有限公司、轨道交通 2 号线等重点场所，要求加强普法宣传、夯实安全基础工作、强化专业监管和巩固基层建设,推动安全生产隐患清单体系、安全责任体系和长效管理体系健全。监督法律法规实施。以公正司法、依法行政为重点,开展司法公正岳麓行活动，推进法治岳麓建设。开展庭审评议活动,组织市、区人大代表参加旁听区人民法院审理刘某容留他人吸毒案庭审，对合议庭、公诉人和辩护人的庭审表现进行满意度测评，组织专家对公安办案侦查、检察审查起诉、法院审判案卷进行计分评查，形成评议意见,及时反馈交办,督促整改落实。推进法治政府建设，组织政务公开情况视察，听取审议区政府《关于行政审批工作情况的报告》,对区政府规范性文件进行备案审查。监督法律实施,组织开展《人民调解法》《未成年人保护法》执法检查,重点跟踪监督《禁毒法》执法检查报告审议意见的整改落实,效果明显,全区查获贩卖毒品和登记吸毒人员均较去年大幅度下降。认真处理群众来信来访，办结群众信访 37 件,重点督办涉法信访案件 3 件，化解信访积案 1 件,维护了社会和谐，推进了平安岳麓建设。

【依法行使选举任免权】 选举任免权是宪法和法律赋予人大及其常委会的一项重要职权。常委会坚持党的领导与依法任免相统一,切实保证人民当家做主,推进区域民主建设。弘扬宪法精神。以国家宪法日为契机，弘扬宪法精神,率先实行向宪法宣誓制度,从人员范围、宣誓流程等方面,建立相对科学完整的制度体系，增强了人大任命国家机关工作人员的宪法意识。全年组织 6 批 49 人次向宪法宣誓活动。依法补选代表。依照《代表法》《选举法》规定,认真履行代表资格审查委员会工作职责,及时掌握市、区代表变动情况,指导街镇做好代表辞职、选举或补选代表工作,确认补选 17 名代表资格有效,补选市代表 2 名。规范人事任免。根据《选举法》、《地方组织法》和《长沙市岳麓区人民代表大会常务委员会人事任免办法》有关规定,正确处理好党管干部与人大及其常委会依法任免干部的关系，全面推行任前法律考试、会议陈词、颁发任命书和向宪法宣誓制度，不断推动人事任免规范化、民主化和制度化，共任免国家机关工作人员109人次，其中接受区长辞去职务1人次，免去副区长职务3人次，决定代理区长1人次，任命副区长2人次。

【坚持代表主体地位，提升履职水平】 督办代表建议。共收到代表建议71件，内容涉及文教卫、项目建设、产权办证等多个方面。常委会通过听取审查、集中交办、重点督办和主任会议成员牵头督办，已解决或正在解决62件，因受政策和条件限制暂不具备解决条件，已向代表作出解释说明9件，办复率、见面率和满意率均为100%。《关于请求解决学士路延长至含泰路建设的建议》《关于提请岳麓区专项财政支持基层医疗机构内涵建设，发挥湘雅三医院在区域卫生服务体系中龙头作用的建议》《关于加大对失地农民培训和就业的建议》等办理得力，发挥了良好建议作用。深化代表活动。以“双联”活动为平台，加强常委会委员与代表、代表与人民群众的联系。常委会领导集中走访代表100余人次，制定《长沙市岳麓区人大常委会代表述职评议办法》，安排71名区人大代表向选区选民述职。各代表小组闭会期间活动丰富多彩、生动活泼，各位人大代表忠实履职，备受选区和选民欢迎，涌现出大批优秀代表。余海燕、辜梁、王大益、王毅清、刘又阳、唐祖怡、殷宏祝、赵希求、胡学明、戴美霞、贺秋纯、李金海、夏学启、雷百鸣等代表，在带头创新创业、带领群众建设小康示范、百万大拆违、化解矛盾纠纷、帮助困难群体等履职服务中，发挥表率作用。优化代表服务。全年安排36名代表列席区人大常委会会议，组织89名代表参加履职能力培训，组织230人次代表参加执法检查、专题询问、工作评议。召开市、区“一府两院”向人大代表通报工作会，开展会前集中视察，为代表履职提供有效保障。巩固街镇代表活动室建设，延伸代表活动触角，建成19个村（社区）代表接待室，为代表联系选民、服务群众、接受评议，以及联系服务省、市代表，搭建更加直接有效的平台。常委会办公室、联工委及各街镇人大组织，正确引导、总结推介，形成正能量，协助在《湖南日报》、光明网等主流媒体上刊发专版，宣传代表风采。认真开展“三严三实”专题教育，深化“四风”整治，有效解决“不严不实”等突出问题。深入开展党员联系群众、“一进二访”、“三服务一线”活动，机关党员干部作风进一步转变、工作程序进一步规范，法治意识、纪律意识、规矩意识进一步增强。注重培训强素质。加大人大干部推荐使用力度，全年有8名人大干部得到重用提拔，4名干部解决副处级待遇。加大人大干部交流力度，交流2名人大机关干部到街道担任重要领导职务，吸收4名区直部门和街镇科职干部担任常委会委办负责人，调入法学专业干部1人，优化人大机关干部队伍结构。加大培训力度，分两批次组织常委会委员、人大代表、人大工作者，赴全国人大北京培训基地和延安干部学院参加履职能力培训，有效提升人大干部队伍素质。人大机关选送的《探索建立地方人大对司法机关有效监督新模式》论文，获全省人大系统理论研讨会论文一等奖。营造氛围聚合力。按照务实人大、学习人大、健康人大和快乐人大建设目标，不断深化人大机关文化建设。注重发挥各工作委员会和工作机构作用，围绕常委会议题，积极开展调查研究，工作评议和执法检查，注重与有关方面沟通协调，在开展专题研究、提高审议质量、增强监督实效、发挥代表作用等方面取得良好效果。加强对街镇人大工作指导，通过邀请列席常委会会议，召开专题座谈会、基层工作会等方式，在工作评议、执法检查、专题调研、代表活动中上下联动，协同配合，形成全区人大工作合力。密切交流合作，接待来自安徽、陕西、新疆、浙江、广东、江西等外省区县市旗12批次，以及省内5批次人大考察团的参观学习，开展友好交流，相互学习借鉴，展现岳麓人大形象。

（赵洪卫）

长沙市岳麓区人民政府

区委副书记、代区长
刘　汇(女)
区委常委、常务副区长
周　凡
区委常委、副区长
贾　鹏(挂职)
副　区　长　潘旺明
李　舜(女)
谭应林
刘雄辉
肖文辉
陈　艳(女,挂职)

区政府办公室
政府办主任
郑　平(女)
区政府督查室主任
邓浩宇
区政府办副主任
杨　懿(女)
彭　浩
顾　虎

【政府常务会议】 2月5日召开区第四届人民政府第十五次常务会议,讨论2015年区《政府工作报告》目标任务实施责任分解,审议《2015年岳麓区安全生产工作要点》《关于加强岳麓区安全生产监管能力建设的实施意见》,研究橘洲移民开发建设有限公司与长沙金信置业投资有限公司解除合作开发协议事宜,研究联丰苑保障性住房(一期)建设项目综合单价等有关问题。2月13日召开区第四届人民政府第十六次常务会议,研究《岳麓区2015年重点项目建设计划》编制、《岳麓区2015年征拆项目计划》编制、环境保护等工作。4月10日召开区第四届人民政府第十七次常务会议,审议《岳麓区"畅通城市"建设三年行动计划(2015—2017)》;审议《岳麓教育三年行动计划(2015—2017)》编制工作;研究区政府与湖南艺术职业学院签订《资产划转框架协议》事宜;研究全区拆违控违工作经费补助和奖励办法;研究2015年全区机关事业单位人才引进工作。4月24日召开区第四届人民政府第十八次常务会议,研究清理规范区本级行政职权、构建《权力清单》工作;研究区企业办社会职能分离移交工作;研究湘荣家园项目统征国有划拨建设用地挂牌事宜;研究桐梓坡大板房棚户区改造项目征收工作;研究区城建投资公司招聘专业人才工作。6月5日召开区第四届人民政府第十九次常务会议,研究《2015年岳麓区经济和社会发展目标任务》、《2015年度长沙市重大项目岳麓区目标责任分解体系》和《岳麓区政府投资项目投资估算、概算审核管理办法》编制工作;研究全区国有资产归集工作;研究桐梓坡大板房棚户区改造项目(二期)征收工作经费、政府购房补贴资金、购房优惠资金补助与支付等工作;研究全区棚户区改造工作;研究岳麓科技产业园融资工作。6月24日召开区第四届人民政府第二十次常务会议,审议《岳麓区人民政府部门责任清单》;研究全区非行政许可审批事项清理工作;研究区本级行政审批项目流程清单编制工作;研究区电子政务外网网络运行监控平台建设和区政府门户网站升级改版工作。7月29日召开区第四届人民政府第二十一次常务会议,研究全区安全生产工作;研究加强区内行政事业单位代扣代缴个人所得税征管工作;研究全区"围而未建"地块复绿复建工作;研究长沙市现代农业投资有限公司股东招募认缴等工作。9月8日召开区第四届人民政府第二十二次常务会议,研究后湖景区综合整治工程拆违工作;研究长沙生命文化公园项目前期工作;研究《岳麓山大学城片区项目安置方案》;研究《大学城片148亩安置项目建设方案》;研究市国资委轻纺行办3家企业非经营性资产移交问题。10月23日召开区第四届人民政府第二十三次常务会议,研究《岳麓区国民经济和社会发展"十三五"规划基本思路》;研究《岳麓区促进现代服务业发展的若干政策意见》;研究《岳麓区促进创客空间(社区)发展实施办法》。11月23日召开区第四届人民政府第二十四次常务会议,研究项目结算和超概算相关问题;研究审议《岳麓区政府投资建设项目管理实施细则》。

12月3日召开区第四届人民政府第二十五次常务会议,审议《长沙市岳麓区人民政府全体会议工作规范》《长沙市岳麓区人民政府常务会议工作规范》《长沙市岳麓区人民政府专题会议(区长办公会议)工作规范》;研究调整机关事业工作人员工资标准、公务员实行职务与职级并行制度以及启动机关事业单位养老保险制度改革工作；研究148亩安置地建设项目相关工作；审议《长沙市岳麓区环境保护中长期规划（2016—2020）》；研究原望开区170亩安置小区办证问题。12月11日召开区第四届人民政府第二十六次常务会议，研究《岳麓区2016年建设项目投资计划》编制工作；研究2016年区财政预算（草案）编制工作；研究全区棚改2015年中央财政城镇保障性安居工程、公租房建设专项资金分配问题；研究全区环卫合同工社保补建补缴工作。12月25日召开区第四届人民政府第二十七次常务会议，部署安全生产、党风廉政建设有关工作；审议2016年《政府工作报告》；审议《岳麓区国民经济和社会发展"十三五"规划纲要（草案）》；审议《岳麓区关于加快发展养老服务业的实施办法》；研究长沙银行申请落实优惠政策的有关问题。

附录

2015年区政府主要文件目录

1.岳政发〔2015〕8号　长沙市岳麓区人民政府关于印发《长沙市岳麓区促进创客空间（社区）发展实施办法》的通知

2.岳政办函〔2015〕6号　长沙市岳麓区人民政府办公室关于印发《岳麓区2015年春运工作实施方案》的通知

3.岳政办函〔2015〕10号　长沙市岳麓区人民政府办公室关于印发《长沙市岳麓区2015年度地质灾害防治方案》的通知

4.岳政办函〔2015〕17号　长沙市岳麓区人民政府办公室关于开展岳麓区第二次全国地名普查的通知

5.岳政办函〔2015〕18号　长沙市岳麓区人民政府办公室关于印发《长沙市岳麓区环境保护大检查工作方案》的通知

6.岳政办函〔2015〕19号　长沙市岳麓区人民政府办公室关于2014年度建议提案办理工作考核情况的通报

7.岳政办函〔2015〕20号　长沙市岳麓区人民政府办公室关于成立岳麓区教育督导委员会的通知

8.岳政办函〔2015〕27号　长沙市岳麓区人民政府办公室关于成立区防雷安全生产工作领导小组的通知

9.岳政办函〔2015〕28号　长沙市岳麓区人民政府办公室关于印发《岳麓区电梯安全监管大会战暨高层建筑电梯带病运行专项整治工作实施方案》的通知

10. 岳政办函〔2015〕80号　长沙市岳麓区人民政府办公室关于印发《岳麓区承接39项市级经济社会管理权限工作方案》的通知

11.岳政办发〔2015〕5号　长沙市岳麓区人民政府办公室关于印发《长沙市岳麓区突发性地质灾害应急预案》的通知

12.岳政办发〔2015〕6号　长沙市岳麓区人民政府办公室关于取消和调整非行政许可审批事项的通知

13.岳政办发〔2015〕8号　长沙市岳麓区人民政府办公室关于印发《长沙市岳麓区企业集群注册登记管理试行办法》的通知

【综合调研与统筹协调】　抓好文字综合服务。务实做好综合调研、文稿起草、信息报送等工作。高标准完成政府工作报告、经济形势分析报告等各类重要文字材料的起草撰写，及时准确上报工作信息。抓好决策决议落实。认真落实中央、省、市领导指示批示精神，切实承担起市政府常务会议、市长办公会议中所涉及的岳麓区任务，严格执行区政府常务会、区长办公会以及专题工作部署会等会议的决议议定，确保政令畅通。牵头办理省市领导批示件120余件次；承办区政府领导批示件800余件，办结率100%；市长信箱信件办理全部做到了按时回复。一是抓好建议提案办理。高效办理各级人大代表建议和政协提案210件。按时按质按程序完成文件的起草、核稿、呈签、校对、印制、分发、存档等工作。二是协调职能充分发挥。立足单位实际，牵头抓好实事工程，完成省市"为民办实事"指标任务25项；积极组织落实市对区绩效考核任务，协调推进"六个走在前列"大竞赛活动各项任务的落实等；全力做好文明创建、两型社会建设、计划生育、综合整治、安全生产、信访等工作。三是后勤保障务实到位。认真抓好日常财务管理，做到各项保障工作有序到位，确保工资发放、医疗保险金、住房公积金缴纳等工作按时到位，全力保障好干部职工权益。四是电子政务成效显著。不断优化和升级政务外网、内网办公平台，在政府门户网站发布各类政务信息20000余条次，确保全区电子政务办公稳定高效。健全和完善领导机构、预案体系和应急平台建设，严格实行领导干部24小时带班和工作人员24小时应急值守制度，确保及时有效处置突发事件，2015年以来，无因突发事件处置不及时或处置不力造成严重后果的情况发生。

四是爱国卫生运动深入开展。以城乡环境卫生整洁行动、病媒生物防治等工作为重点，带动和促进卫生创建等各项工作的深入开展，为全区经济社会协调发展创造良好的卫生环境。五是法制工作扎实有效。积极参与区审改办对全区行政审批事项的清理工作。由区法制办对全区各部门行政职权的合法性、合理性进行严格审查。　　（唐智勇、何冰）

政务公开与政务服务

区政务服务中心

党组书记、主任
齐坚真(8—)
谢立华(9—)

党组副书记、副主任
刘孙成

党组成员、副主任、党支部书记
陈　涛(女)

党组成员、副主任
吴　广

党组成员、纪检组长
李哲鹏

副 主 任　欧阳娟(女)

【概况】 区政务服务中心成立于2002年12月,与区政务公开政务服务领导小组办公室合署办公，是主管全区政务公开、政务服务、电子政务管理和市民服务热线工作的区人民政府直属事业单位。内设办公室(监察室)、业务科、热线办。中心于2004年9月迁入区政府大院九栋一楼,2010年1月，将政府大院七栋一楼改扩建成区政务西大厅,中心面积2000平方米。其职能是集信息与咨询、审批与收费、管理与协调、投诉与监察为一体的综合服务中心。采取“一门受理、窗口运作、统一收费、限时办结”运转模式。进驻中心的部门共20个,设置窗口62个,工作人员75名。

*推进行政审批制度改革,提高行政审批效率。*按照“能并则并、能减则减”原则,做好市级下放行政审批事项承接、清理精简规范区本级行政审批项目和非行政许可审批事项。形成《长沙市岳麓区人民政府权力清单》,计1970项，其中涉及行政许可63项,不再保留“非行政许可审批”类别。区政务服务中心牵头负责区行政审批项目流程清单编制工作,63项行政审批事项流程清单经政府6月25日常务会审议通过，并在区政府门户网对外公示，清理后的行政许可事项全部纳入在线审批系统。优化审批流程,精简审批项目,缩减办事时限,实现部门司职到厅、项目审批进窗、人员职权到位。通过电子监察系统对未按时办结事项实行“黄牌警告”“红灯问责”,切实提高中心便民服务效能。经统计,区全部行政审批项目办理时限从原法定的1240个总工作日减少到509个总工作日，承诺期限比法定期限压缩50%以上,提速59%。4月1日,推行营业执照、组织机构代码证和税务登记证“三证合一”登记制度改革。“三证合一”办理时限由原法定19个工作日缩短至4.5个工作日。9月,与长沙市政务中心同步实行商事登记“多证合一、一照一码”改革。申请开办公司,2.5个工作日内即可领取营业执照。全年区工商分局窗口“三证合一”办结发证1545张,“一照一码”办结发证1787张。全区新增商事主体8917户。

*建立服务热线工作平台,坚持信息公开制度。*成功开发区级热线工作平台，实现区级工单交办在平台操作。全年按时签收工单6204件，按时办结工单5925件,按时签收率、办结率100%,市级回访工单5837件，满意率86.57%。新录入信息库54条。年度热线工作取得全市月度排名2个第一、2个第二、1个第三的好成绩。

*推进基层标准化建设，提高政务服务水平。*根据《长沙市人民政府关于推进乡镇（街道）政务(便民)服务中心标准化建设工作的通知》要求,至年末,全区17个街道、镇政务中心经市级验收全部达到标准化建设。实现“五统一”(基本配置统一、窗口设置统一、规章制度统一、机构名称统一、事项名称统一)和“六好一高”(场地达标建设好、应进尽进功能好、制度规范管理好、工作热情态度好、代理代办服务好、企业群众评价好、办事快捷效率高)的建设目标。通过门户网站、LED滚动电子屏幕、大厅公示等形式,向社会公开九大重点领域内容，自觉接受各方监督，确保权力在阳光下运行。全年受理依申请公开政府信息38件并建立登记台账,受理的38件在法定期限采取合理答复形式免费进行妥善答复。因政府信息依申请公开答复引起的行政诉讼(复议)3件,无败诉情况。

（任颖）

人力资源和社会保障

区人力资源和社会保障局

党组书记、局长
江　南

党组副书记、副局长
吕　瑛(女)

党组副书记、副局长
张美兰(女)

党组成员、副局长
李 晔(女)
党组成员、纪检组长
朱能文
党组成员、副局长
崔 凯

【概况】 2015年末，岳麓区人力资源和社会保障局在编干部职工58人(其中局机关及二级机构56人,政府雇员2人),内设办公室、公务员综合管理科、教育培训科、仲裁科、社会保险科、就业管理科。下设区社会劳动保险管理所、区医疗保险管理服务中心、区就业服务中心、区城乡居民基本养老保险管理服务中心、区劳动监察大队、区新型农村合作医疗管理委员会办公室、区人才交流服务中心7个全额拨款二级事业单位，其中，区社会劳动保险管理所、区医疗保险管理服务中心、区就业服务中心为二级副科级事业单位。全区17个街道镇均设立人力资源和社会保障服务站。主要职责:贯彻执行国家、省、市人力资源和社会保障方针政策和法律法规，主管本行政区域内的人力资源和社会保障工作。编制全区人力资源和社会保障事业发展规划和年度工作计划，并组织实施和监督检查，办理有关人力资源和社会保障方面的人大代表建议和政协委员提案，指导基层人力资源和社会保障业务工作。拟订并组织实施全区人力资源市场发展规划,建立完善、规范的人力资源市场,并负责监督,促进人力资源合理流动、有效配置。拟定全区城乡就业发展规划并组织实施，完善公共就业服务体系，组织落实就业援助制度、职业资格制度；负责建立面向全区城乡劳动者的职业培训制度，贯彻落实高校毕业生就业政策，会同有关部门拟订高技能人才、农村实用人才培养和激励政策。负责建立覆盖全区城乡的社会保障体系。落实社会保险政策,完善基金内控制度，编制全区社会保险基金预决算草案，保持社会保险基金总体收支平衡。会同有关部门拟订全区机关、事业单位人员工资收入分配政策并组织实施，建立机关事业单位人员工资正常增长和支付保障机制，拟订机关企事业单位人员福利和离退休政策并组织实施;负责审批区级党政机关、事业单位及人员的工资、奖金、津补贴标准和离(职)退休费。会同有关部门指导全区事业单位人事制度改革，拟订事业单位人员和机关工勤人员管理政策，参与人才管理工作，拟订全区专业技术人员管理和继续教育的政策并组织实施。牵头推进深化职称制度改革，综合管理人才开发工作。会同有关部门落实全区军队转业干部安置计划，负责落实部分企业军队转业干部解困和稳定政策，协助开展自主择业军队转业干部管理服务工作。负责全区行政机关公务员和参照公务员法管理事业单位工作人员的综合管理，贯彻执行公务员考录、考核、培训、奖惩、辞职、辞退。组织实施有关人员调配安置政策，会同有关部门拟订并实施政府奖励制度。负责实施劳动、人事争议调解仲裁制度和劳动关系政策，完善劳动关系协调机制，监督落实消除非法使用童工政策和女工、未成年工的特殊劳动保障政策，组织实施劳动监察,协调劳动者维权工作。负责全区人力资源和社会保障会计、统计和信息工作，按时上报相关信息和统计报表。

创业就业工作全面提升。建立就业援助帮扶责任制，开展服务进门、“一对一”帮扶、“送岗位”上门、“送政策”上门等形式的援助行动和“春风行动”、“就业援助月”等就业服务专项活动。举办“流动招聘大巴车”“赶集超市”等形式招聘会30场,现场达成就业意向5533人。坚持以市场需求为导向,按照因地制宜、按需施教、注重实效的原则，举办计算机操作员、中式烹调师、钳工、电工等工种就业技能培训和SYB创业培训。就业技能培训（含企业培训）人数5789人，创业培训(SYB)人数3506人。落实全民创业带动就业五年行动计划，将高校毕业生创业作为工作重点来抓，全年共申报高校毕业生创业专项扶持项目52个，评估通过47个,补助金额159万元;市级创业孵化基地6家，补助金额160万元。

城乡社会保障体系不断完善。进一步规范数据库资料、规范业务流程、规范稽核办法、规范发放职责，对14370名退休人员的养老金待遇进行调待，平均增加175.15元，发放城乡居民养老保险养老金5547.93万元。规范医疗保险审核,优化业务经办流程,提高审核效率。全年为各类人员报销医疗费用1964人次、1145万余元。完成城居医疗补助130人次，补助金额130万余元。严格审核定点医疗机构，共审批门诊定点医疗机构48家,进一步方便群众就近就医。强化基金监管和内控制度建设,年初与医保中心、社保所等二级机构签订基金安全管理责任状，认真执行“一事两岗两审”制度。开展定点医疗机构专项检查，对审核不符合规定的一律拒付,拒付金额共计1.81万元,确保基金的安全规范运行。全面落实被征地农民社保新政策，按照“两转变一纳入三同步”原则,将被征地农民直接纳入统一的城镇社会保障体系，有267个项目中的3.93万名被征地农民纳入社会保险体系，其中2015年新增69个项目6036人。

人事人才工作有序推进。为21名公务员办理流动调配手续，完成全区公务员登记情况清查和13名公务员（含参公）的日常登记。落实公务员“四类培训”工作，共培训561人。开展全区事业单位岗位设置备案工作，全年办理事业单位人员异动600多人次，对全区机关事业单位6154名非领导职务工作人员进行绩效考核。完成2015年度43人的人才引进工作。2015年区获批引进国外智力项目7项，申报专项经费29.9万元，完成2014年10月起工资调标方案审批，全面开展职务与职级并行工作,已完成45个单位共232人的职务与职级并行审批和216人的职务与职级并行待遇核批。接收33名军转干部报到安置及4名随军家属安置工作，落实自主择业军队转业干部有关政策,组织慰问军转干部460人次,发放慰问金29.1万元。

劳动关系持续和谐稳定。强化监察执法，采取日常巡查与专项执法检查相结合的形式,对90家用人单位进行巡查，涉及劳动者2578人，处理案件165起,追回劳动者工资7126万元，押金1.47万元。开展“两节”期间农民工工资清欠工作，已摸排项目44个，涉及农民工1.21万人。回复和处理12345市民热线及各类信访件182件，加强相关部门动态联动,完善案件程序管理,提高办案效率和质量，全年受理劳动人事争议案件140起,结案129起,结案率92%以上。（文成、周海宁、叶婉玉、李晔、陶冠宇）

信访工作

区信访局

党组书记、局长 晏应龙

党组副书记 周国界

副 局 长 鲁爱华(女)
刘 忠
张文联
林长茂
谭水清

党组成员 黎 明

【概况】 区信访办公室为区委部门管理机构,2002年更名为区信访局,属全额拨款行政单位,内设办公室、群众来访接待中心、督查督办室、群众来信网络信访办公室、驻京劝访办公室,有干部职工21人。2011年成立区群众来信来访接待中心,归区信访局管理,属全额拨款公益一类事业单位。主要职责:接待和处理到区委、区人民政府的群众来访，做好区级领导接待上访群众的组织服务工作,协调处理群众赴京、省、市集体上访；承办上级领导机关和区委、区人民政府领导转办、批办的信访事项。负责对重大信访问题处理的协同有关部门处理来信来访中跨区域、跨部门的重大纠纷问题;了解、掌握全区信访工作动态,征集人民群众的合理化建议;负责区委、区人民政府信访工作领导小组的日常工作。

全年接待到区上访群众714批1452人次，办理群众来信203件,网上信访103件,上级部门及领导批示件38件,信访复查案件24件。

开展业务培训，提高履职能力。全年举行全区性信访业务知识培训4次。4月14日、6月16日和12月10日分别对全区各街(镇)、区直部门分管信访工作领导及专干开展依法逐级走访、网上信访信息系统操作及全国信访信息系统录入等业务培训活动。7至8月,安排全区各街(镇)信访专干轮流到区信访局跟班培训5天,共培训信访干部346人次。结合《信访条例》颁布实施10周年契机,5月在全区17个街镇、166个社区(村)开展《信访条例》宣传活动。

化解信访积案，推进息访息诉。把工作着力点放在解决信访人的合理诉求和实际困难上,以息访息诉为目标，分类处理信访积案，做到群众诉求合理的解决到位，诉求不合理的思想教育到位,生活困难的帮扶救助到位。全年对47个家庭存在生活困难的上访对象进行救助,成功办结135个信访积案，信访人均签订了息访息诉承诺书，信访问题均得到圆满解决。

调处矛盾纠纷，促进社会稳定。先后成功调处湘麓山庄某会计跳楼死亡、学士云顶翠峰小区灭门惨案、阳光100小区刘某自焚、观沙岭某女因情感纠纷跳楼自杀、莲花摩托车交通事故死亡纠纷等引发的信访问题20余起,全力维护岳麓区和谐稳定。（蒋娟）

信息中心工作

区信息中心

主 任 舒 平

【概况】 区信息中心成立于1998

年，归口区委办公室管理。2004年，归口区政府办公室管理，为副科级实职全额拨款事业单位。内设主任室、综合科、网站科、网络科。有工作人员15人（在岗12人），其中在编人员7人（在岗4人），政府雇员1人，临聘高级技术人员6人(1名常驻政务中心)，司机1人。主要职责：负责统筹、协调、推进全区电子政务相关工作；负责统一规划全区电子政务网络建设，协调、监督全区电子政务网络运行管理和信息安全；负责区政府门户网站建设及区属各单位网站建设、运行和安全管理；负责区数据中心机房建设与管理；负责全区电子政务工程项目方案论证、技术评审及工程建设的监督、验收等；负责统筹全区电子政务资源的开发、应用及资源共享；负责国家、省、市电视电话会议系统终端及区政府1、2栋会议系统运维；负责指导全区电子政务工作及区治机关终端运维；负责配合上级业务主管部门开展的电子政务相关工作。

政务网络建设。一是政务外网。2015年底，区政务外网已覆盖至全区100个区直单位、17个街道办(镇政府)、112个社区居委会(村部)、101所学校及教育二级机构等，共计340余个单位。建成上连省市、下通街镇部门、横接党政机关各单位的全覆盖立体体系。二是政务专网。已覆盖至全区71个区直单位、17个街道（镇）、105所学校及9个教育二级机构等，共计200余个单位，形成与电子政务外网完全物理隔离的封闭式网络线路，主要用于运行国库支付、非税等财政业务系统。三是政务内网。有10个单位接入政务内网。根据省、市文件要求，区县级政务内网建设主要作为政务内网终端汇聚点，配合省、市完成政务内网建设，并实现与省、市政务内网的互联互通。至年底，区信息中心已做好前期准备工作。

政务网站建设。一是信息公开。按照上级相关文件要求，进一步加强政府信息公开，推进政务信息共享，提升政务服务水平。全年区政府门户网站累计发布各类政务信息20000条次。二是政民互动。进一步完善“领导信箱”等互动子栏目建设。全年“领导信箱”收到有效信件600余封，回复满意率100%。“投诉举报”收到有效信件近100封。调查征集6次，参加市政府门户网站新闻访谈节目1次。三是网站普查。对全区各单位子网站进行了地毯式排查。完成政府网站+50个子站的自评自查，填报，整改，维护等工作。

业务系统建设。一是资源整合。区网格化指挥平台已与市级国土地理信息系统、“天网工程”、应急联动指挥系统、12345市民热线等平台实现信息资源对接。区级层面已整合公安、人防、计生等多部门基础数据信息，实现一定程度上的系统整合及数据共享。二是系统建设。完成市商事登记平台相关工作，协助各相关单位做好市商事登记平台网络支撑工作，配合完成《许可证存量信息的单位及存量信息》填报等工作。开展基层工作平台建设工作，2015年，岳麓区被确定为市基层工作平台建设首个试点区。区政府决定，将橘子洲街道、咸嘉湖街道，橘子洲街道学堂坡社区、咸嘉湖街道咸嘉新村社区4家单位列为市基层工作平台试点单位。三是业务培训。全年开展全区性电子政务业务技能培训两次，学员150人。开展专业业务系统技能操作培训两次，学员50人。有效增强了全区信息专干网络诊断及电脑维护等业务技能，提升了技术能力和服务水平，为各类应用系统正常运转打下了坚实基础。

政务项目建设。一是项目审核。根据国家、省、市电子政务相关文件精神，探索制定《岳麓区电子政务工程项目建设管理办法》，对全区电子政务工程建设项目实施统筹规划、协调指导和归口管理。完成全区电子政务工程项目技术审查、评审，竣工验收和运行后评价工作。二是项目建设。重点参与区直机关大院门禁监控系统项目、网格化指挥系统、人大常委会议室智能多媒体会议系统及会议中心无线表决系统等项目建设。三是运维保障。2014—2015年度，运维工程师共受理终端系统运维491件，网络运维360件，会议运维151件，现场会议保障114次，服务器存储28件；应用系统22件；机房基础设施14件；其他事件46件；开展中心机房巡检484次。

安全体系建设。一是搭建数据机房。1月，新机房完成验收并正式运行。至年底，共托管全区各类数据业务服务器50余台，运行各类业务系统30余套，为全区200多家单位(含学校)提供信息化运行支撑，可以满足未来5—8年全区电子政务业务系统硬件环境支持的应用与发展需求。二是实施安全监控。续签电子政务外网安全监控平台服务协议，对全区重要服务器和网络系统进行7×24小时安全监控，确保各类信息安全。对全区各汇聚机房外网、内网设备(线路)的运行、强电接入、防火防盗防尘等进行全面、细致的巡检。三是实施运维外包。对电子政务基础设施（中心机房设备、网络运行线路、会议系统、会务支持、PC终端、打印设备及其他附属办公设备)、信息资源、业务系统、信息安全实施专业运维外包管理，提升全区电子政务资源的运行效率和效益。(梁子君)

机关事务管理

区机关后勤服务中心

主　　任　彭国宏
副 主 任　黄维浩
　　　　　　刘定见
　　　　　　邓志勇
　　　　　　刘俊霞(女)
　　　　　　欧阳均
纪检组长　肖　虎

【概况】 区机关后勤服务中心是区政府直属事业单位，内设5个职能科室:办公室、综合科、后勤保障科、安全保卫科、膳食科。有工作人员27人,中共党员13人。主要职责：为机关办公与干部职工生活提供后勤服务,完成区委、区政府交办的其他各项工作。

物业监管。按照区委、区政府工作部署，落实机关大院和湘麓金座物业管理工作,4月,与珠江物业续签机关大院物业管理合同,10月,完成湘麓金座东西两栋合并招标,新签物业管理合同。切实加强对物业公司的监管，严格执行《机关物业服务考核管理办法》,使机关物业管理和监督工作更加精细、科学和规范。全年除协助办好“人大、政协”两会外,共完成大小会议服务2560场次,对47个部门发放服务意见满意调查表4次，物业服务满意率平均达98.8%以上。收发室协助征订各类报刊115种,杂志365种,收发准确率99%以上。全年2次组织后勤人员、物业公司全体员工进行消防演习，每个季度定期检查消防设施；处理办公室未关门窗2400次、未关电源2723次,并粘贴温馨小提示，配合相关部门处理20人以上大型上访事件50次，处理各类应急事情20次,参与各项接待工作25场次。全年房屋和公用设施完好率97%，设备完好率97.5%以上，维修合格率99%。机关大院内实现无刑事案件、无食品安全事故、无重大交通事故、无重大火灾事故、无重大破坏案件、无重大盗窃案件的目标,保证了机关大院良好的办公环境。8月,湘麓金座西栋装修通过验收,10月入住办公。对机关大院及湘麓金座中央空调、电梯进行维修，完成区人大新增办公用房建设,维修多功能厅音响设备,对机关大院7-12栋楼道、金星小区屋顶楼面、武装部办公楼进行改造维修,更新升级监控设施。

食堂管理。启用9月湘麓金座食堂,通过公开对社会招聘,选聘29名食堂专业人员,配齐配优工作班组。继续开展“文明餐桌”创建活动,在选料、用料、配料上下功夫，加工菜品尽可能体现本色、本味。随着就餐人数不断增加(现机关食堂就餐人数达1100余人，湘麓金座食堂就餐人数450余人),不断优化就餐环境,提升服务质量，定期培训食堂工作人员、实施全员竞争上岗。加强蔬菜农药残留检测管理，继续执行日常食品24小时留样制度，设台账,专人负责记录,让安全事故可以追溯到源头。

公共机构节能。完成2014年能源统计并向市机关事务局上报2014年度节能消耗统计报表。印发《公共机构节能条例》共900余册,在全区开展《节能有道,节俭有德》节能宣传活动,对全区公共机构发出《节能倡议书》,倡导机关人员率先垂范。对望岳街道办事处食堂进行节能改造，全部购买节能达标炊具，对银盆岭街道办事处办公楼进行水电照明线路节能改造。对2015年公共机构节能工作优秀单位进行专项补贴奖励,以奖代补对莲花镇云友村、天顶街道、望岳街道藕塘村等单位拨付共资金5万元，有效推进公共机构节能工作。

其他工作。根据市委、市政府关于全市机关大院拆围透绿要求，完成区机关大院拆围透绿工作，实现区委区政府关于把机关大院改造成集行政办公和市民休闲娱乐于一体岳麓市民广场的目标。湖南经视台、湖南电视台、湖南都市频道、《长沙晚报》、红网先后进行了报道。二是做好机关国有资产管理。摸底调查全区五十多个行政、事业单位办公用房,全面掌握机关大院办公房、驻外单位办公房、自有产权办公房信息,调查显示，全区各部门办公用房总体满足办公需求，未超过党政机关办公用房国家标准。完成湘麓金座西栋办公家具采购和分配、搬迁。将区农畜、区食药等八个部门迁入湘麓金座西栋办公,同时对机关大院22个部门办公用房进行微调，使全区办公用房布局更加合理规范。三是提供优质计生服务。在不断夯实各项日常管理工作基础上，组织召开“5·29计生协会活动日及计生工作推进大会”,举办“计生培训和健康知识讲座”“世界艾滋病日的防治宣传”等活动。为机关女同志代买计划生育保险240人次,节育工具、药具发放到位率100%,随访服务到位率100%,有效提升计生优质服务水平。四是做好交通、机要通讯工作。11月,组织全区驾驶员安全培训，强化教育管理，交通车能正点安全接送机关干部上下班，机要通讯没有出现错报误报和泄密事件。五是选派出6人参加滨江新城、坪塘片区、桐梓坡棚户区改造项目拆迁工作。六是做好发文、办会、综合调研、信息报送、机要保密、史志档案等工作。继续推进“三服务一线”“一推行四公开”“一进二访”群众工作。除落实每月28日群众接待日外，另委派一名干部进驻联络点藕塘村，到村民家里，与村民交谈，了解情况，全年在藕塘村累计工作时间104天，在群众工作站接待群众共200人次，提供政策法律咨询、拆迁安置、户籍管理、社会保险、就医、就业、就学等服务信息40条。驻村期间，走访村民114户，登记民情台账人数480人，在“一进二访”活动中每位班子成员自愿捐助800元及部分物资，超额完成区群工办规定的任务。（康利民）

政协长沙市岳麓区委员会

政协长沙市岳麓区第四届委员会

主　　席　袁精华

副 主 席　曾高杰
林俐俐(女)
喻英姿(女)(兼)
刘　平
卜茂荣

秘 书 长　王永平

常务委员　马涌奇
文志斌
苏宏彬
李万安
李跃飞(女)
杨春平
吴小宁
吴松祥
吴静波
张　浪(女)
邹南其
汪卫东
张双武
陈匡周
罗　纯(女)
金长清
郑明方
赵忠科
胡桂林
饶　艳(女)
宁联芳(女)
刘红艳(女)
杨俊辉(女)
杨嘉娜(女)
桂　双(女)
徐　平(女)
唐湘辉(女)
黄　鹏(女)
谢　芳(女)
释演法
曹春辉
林延光
黄志伟

区政协工作部门

办公室主任
陈　念(女)

副 主 任　成应时

经济科技委员会主任
苏　杰

副 主 任　张蓉晖(女)

文教卫体委员会主任
王　敏

群团联络委员会主任
徐　平(女)

副 主 任　陈正文

提案法制委员会主任
刘红艳(女)

人口资源环境委员会主任
杨正龙

【政协全体会议】 1月11—14日，区政协召开四届四次全体会议，主席袁精华代表区政协四届常委会作工作报告，副主席刘平代表区政协四届常委会作关于四届三次会议以来提案工作情况的报告；政协委员分组讨论审议常委会工作报告和提案工作报告，协商讨论区人民政府工作报告、区人民法院工作报告、区人民检察院工作报告和关于区2014年财政预算执行情况及2015年财政预算草案的报告；召开区政协四届十一次常委会议；审议通过《政协长沙市岳麓区第四届委员会第四次会议政治决议》。

【政协常委会会议】 3月31日，区政协召开四届十二次常委会会议暨集中学习。区委常委、区纪委书记贺赤兴作关于党风廉政建设和反腐败斗争的专题报告。会议审议通过《政协长沙市岳麓区委员会2015年工作要点》《岳麓区政协2015年度协商工作计划》《区政协关于进一步加强和改进界别工作的实施意见》;协商决定有关人事任免事项。7月24日，区政协召开四届十三次常委会议暨(扩大)集中学习。区政协常委会议组成人员、各街(镇)政协联络处主任(或副主任)和区政协机关全体干部参加集中学习。岳麓书院院长、湖南大学教授朱汉民作关于“岳麓书院与中国文化”的专题辅导报告。常委会会议协商决定有关人事任免事项；协商讨论《岳麓区政协委员“下基层、进网格、听民声、解民忧”活动实施方案(草案)》。9月29日,区政协召开四届十四次常委会会议,区政协常委会组成人员、区政协机关列席人员参加会议。会议协商讨论《关于城乡一体化发展的调研报告(讨论稿)》《关于文化产业发展工作的民主评议报告（讨论稿)》《关于旅游产业发展工作的民主评议报告(讨论稿)》,并形成协商讨论意见。

11月13日,区政协召开四届十五次常委会会议，全体区政协常务委员会组成人员参加会议。区政府副区长李舜、区民政局负责同志参加会议。会上,李舜通报了行政区划调整有关情况，区政协常务委员会组成人员就撤销东方红镇和麓谷街道合并成立新的麓谷街道有关情况进行协商讨论。

【推进协商民主】 一是政治协商。围绕全区经济社会改革发展和事关群众切身利益的重要问题,在广泛听取各方面意见、建议的基础上,精心筛选议题,及时向区委汇报、与区政府充分沟通,制定年度协商计划,由区委办、区政府办、区政协办联合发文。主席会议先后对招商引资与产业发展工作、半年度财政预算执行情况、重点提案督办工作和健康养老工作开展专题协商,及时将协商意见向区委、区政府和相关职能部门反馈。区政协常委会议对乡镇行政区划调整工作进行重点协商。各专委会、界别和政协委员就提案办理等相关工作开展协商。二是民主评议。重点就文化产业、旅游产业的发展工作开展民主评议,成立领导机构,制定工作方案,召开动员部署会,通过实地调研、现场视察、学习参观及协商座谈等方式开展评议,召开民主评议大会,及时向区委、区政府提交民主评议报告。同时,区政协对2014年民主评议的岳麓科技产业园发展工作组织“回头看”,开展专项视察,促进工作落实。三是参政议政。以推进城乡规划一体化、基础设施一体化、生态环境一体化和公共服务一体化为重点,深入了解岳麓区在推进城乡一体化建设进程中的热点难点问题,分析原因、寻求对策。重点对建设新农村、发展新农业、致富新农民3个方面提出10条对策建议。坚持每季度组织一次专题视察,年内先后对宝宁寺建设工作、区公安局打击侵权性犯罪工作和部分街(镇)工作开展专题视察,对相关工作提出建设性的建议。创新推进提案办理。开展“提案工作创新年”活动,推进提案办理机制创新。抓好提案审查立案、重点提案遴选和提案办理协商工作,建立健全相关工作机制,发挥重点提案办理的示范带动作用。全年共收到委员提案130件,立案并交办111件。探索建立重点提案政府领导领衔主办,政协相关主席领衔协办制度,增强提案办理工作实效。确定由副区长领衔主办、区政协副主席领衔协办的重点提案5件。坚持主席、副主席领衔督办提案工作,按照联系分工,主席们对委员提交的提案进行面上全面督办,对重点提案和承办提案数量较多的单位进行指导和督促。反映社情民意。通过优化骨干信息员队伍、组织信息线索征集、加强业务培训指导、完善考证激励机制,社情民意信息工作得到加强。委员共反映社情民意信息160多条,一些社情民意信息分别得到省、市、区领导的批示,引起相关部门高度重视,较好地促进了有关发展、民生和稳定等方面问题的解决。

【深化主题活动】 一是创新工作举措。为深化“争当‘六好’委员、建设美丽岳麓”主题活动,结合全区“三服务一线工作”组织开展政协委员“下基层、进网格、听民声、解民忧”活动,组织广大委员深入一线、深入实际,服务基层、服务群众、服务项目、服务发展。组织召开以“争当‘六好’委员、建设美丽岳麓”为主题的委员风采报告会,宣扬先进典型,展现委员风采,收集汇编24名委员履职事迹。会上,8名委员结合自己的履职实践,展现广大政协委员在全区经济和社会发展中的突出成效,激发全区广大政协委员履职尽责的热情。各街(镇)联络处和各界别,结合自身实际,开展形式多样、富有成效的履职活动。全体政协委员热忱参与主题活动,充分发挥各自特长优势,立足本职作贡献,参政议政建净言,服务中心促发展,扶贫帮困促和谐,委员作用得到充分发挥,委员价值得到集中展现。开展政协委员“下基层、进网格、听民声、解民忧”活动,组织委员深入基层,服务人民群众、服务项目企业、服务基层发展。二是党员干部带头示范。区政协主席、副主席深入基层抓项目、促发展,分别参与多项重点项目建设和中心工作,推动和促进所联街(镇)、所联项目相关工作的落实到位。主席袁精华联点岳麓街道,先后担任省美术馆项目拆迁指挥长和湖大支路一、二、三及水系项目拆迁指挥长以及后湖国际艺术园综合整治项目指挥部政委,他深入街道和项目现场,听取情况汇报,协商解决问题,推进项目建设。副主席刘平担任湖大支路一、二、三及水系项目、岳麓街道西片区拆迁项目常务副指挥长,为推动全区拆迁重点项目建设和发展做出贡献。区政协机关先后抽调5名同志参与桐梓坡大板房拆迁改造项目及岳麓街道西片区项目拆迁工作,及时完成工作任务。区政协主席会议成员和区政协机关干部深入7个联点村和20多户困难户调研走访慰问,结合村情户情,指导联点贫困村和贫困户制定脱贫工作规划计划,建立帮扶工作台账,有序推进扶贫工作。三是主题活动成效显著。全年区政协组织和广大政协委员围绕党政中心开展服务活动97次,联系服务重点工程项目60

个,帮促企业42个,为企业解决实际问题48个;开展对外交流合作16次;为招商引资引智提供服务和联络25次,组织视察调研45次,开展专题协商33次,结对帮扶困难对象238个,推动解决人民群众最关心、最直接、最现实的利益问题141个;举办公益慈善活动65次,捐款捐物共计538万元;开展法律援助44次,提供法律咨询72次,协助党委、政府协调维稳工作74次,化解矛盾64起。省、市新闻媒体先后30多次报道岳麓区政协组织和政协委员开展主题活动的情况,宣传委员事迹,扩大政协影响。

【提升履职能力】 一是组织学习培训。组织区政协县(处)级领导干部专题学习教育,通过举办专题党课、组织专题研讨、召开专题民主生活会等多种形式,组织区政协县(处)级领导干部认真对照检查、找准问题、剖析原因、明确方向,区政协县(处)级领导干部努力在本职岗位上创实绩、在推动发展上建实功、在改革创新上求实效。坚持常委会议集中学习制度,区政协四届第十二次和第十三次常委会议先后邀请区委常委、区纪委书记贺赤兴作《反腐倡廉专题报告》,邀请湖南大学岳麓书院院长朱汉民教授作《岳麓书院与湖湘文化》专题辅导。坚持区政协机关干部集中学习制度,通过召开机关干部大会、机关干部列席主席扩大会议和党组扩大会议等,组织机关干部学习中共十八届三中、四中、五中全会精神和习近平总书记系列重要讲话精神,及时传达全国、省、市政协有关会议和文件精神。组织50多名政协委员赴浙江大学开展政协委员履职能力提升学习培训,进一步提高委员的综合素质和履职能力。组织委员加强对岳麓抗战历史的学习和研究,编撰《岳麓文史(第三辑)·抗战实录》。二是加强联络处工作指导。坚持主席会议成员、各专委会联系街(镇)联络处工作制度,统一印发各联络处年度主要工作安排,修改完善联络处年度工作考评细则,定期召开联络处主任季度工作例会,及时组织业务培训,进一步加强对街(镇)联络处工作的指导和督促,街(镇)政协联络处工作的整体水平进一步提升,工作的制度化、规范化不断增强。三是发挥政协界别作用。坚持和落实界别联系机制、目标任务机制、考评激励机制、经费保障机制、平台搭建机制,有效调动界别履职的积极性和主动性,在区政协专题协商、民主评议、重点调研、专题视察、提案办理协商等各项履职活动中,充分发挥界别委员作用,界别工作活跃有序、务实有效。四是加强委员服务管理。落实主席联常委、常委联委员、委员联群众制度,开展经常性的联系走访;在区政协组织调研视察、民主评议等履职活动中,根据特点扩大委员参与面;鼓励政协参加单位建立“民情工作站”,支持有条件的委员设立“委员工作室”;依照《委员履职管理办法》,加强委员履职考评,增强委员荣誉感,当前正在组织“六好”委员评选。五是加强制度建设。深化党的群众路线教育实践活动成果,抓好问题清单的整改落实,将本届以来区政协重新修订和完善的25项制度,编印《政协长沙市岳麓区委员会机关工作制度汇编》下发,形成覆盖较全面、运行较完备、管理更科学的制度体系,政协工作的科学化、制度化和程序化水平明显提升。坚持“有利于发挥政治保障作用、先锋模范作用、团结凝聚作用、骨干表率作用”的原则,结合区政协机关干部调整,加强机关党支部建设,区政协党建工作进一步制度化、规范化。

【岳麓文史(第三辑)·抗战实录出版】 2015年是中国人民抗日战争暨世界反法西斯战争胜利七十周年,政协长沙市岳麓区委员会动员社会力量收集整理了岳麓区(西区)抗战时期的一些珍贵史料。全书分为抗日救亡、战地记述、日寇暴行、热血传奇和抗战遗址五篇,并附录有关文献和诗文联语,配置了部分图片,共计约30万字。书中有些历史资料和图片,系第一次面世,堪称宝贵。该书史料真实,用以警示后人,激励后人,意义重大。该书编委会主任袁精华、副主任曾高杰、林俐俐、喻英姿、刘平、卜茂荣、王永平,主编林俐俐。 (陈念、郭强华)

中共长沙市岳麓区纪律检查委员会

区纪委、区监察局
区委常委、纪委书记
贺赤兴
区纪委副书记、监察局局长
万　千
区纪委副书记
吴　卫
盛文硕
区纪委常委、监察局副局长
陈　忠（女）
区纪委常委
邓小娟（女）
文仲坤
许文杰
黄继承
区监察局副局长
冯　熙（女）

【概况】 岳麓区第一届纪律检查委员会成立于1996年，与区监察局合署办公，接受区委、区人民政府和市纪委、市监察局双重领导，履行党的纪律检查和政府行政监察两项工作职能。内设：办公室（加挂调研法规室）、党风廉政建设室、执法监察室、行政效能监察室（加挂纠正行业不正之风室）、纪检监察室、案件审理室（加挂宣传教育室）、干部室（加挂监督检查室）、信访室。2015年12月，根据中央、省、市纪委相关要求，经市纪委批准调整设立办公室、党风政风监督室（区政府纠正行业不正之风办公室）、信访室、第一纪检监察室、第二纪检监察室、第三纪检监察室、第四纪检监察室、案件审理室。核定编制26人，其中行政编25人，工勤编1名。现有干部职工24人，其中党员23人。全区共有基层纪检监察组织53个，其中街镇纪（工）委17个，区直单位及景区、园区纪委（纪检组）36个。全区共有纪检监察工作人员177人，其中专职人员77人。

落实“两个责任”。印发《岳麓区党风廉政建设责任制工作领导小组主要职责、组成人员、任务分工的通知》和《2015年度市对区落实党风廉政建设责任制考核工作目标责任分解表》，对“两个责任”进行分解。区四大家21名班子成员签订《2015年领导班子成员党风廉政建设责任书》，对党风廉政建设和反腐败工作各项责任“签字背书”。召开主体责任讲评会议，组织开展监督责任履职集体签名活动，层层传导责任压力。制定落实“两个责任”评价标准考核体系，建立“日常检查、专项巡查、年中督导、年度考核”的党风廉政建设责任制考核常态化机制，开展责任制落实情况专项检查6次。严格落实“四项谈话”制度，对落实党风廉政建设责任制和作风建设工作方面存在不足的16个单位25名党委负责人和纪委负责人进行约谈。办理“两个责任”履行不力的追责案件13件，其中，责令书面检查4件，党纪处分1人，诫勉谈话7人，通报批评1人。办理行政问责案件16件。

严格纪律审查。坚持把纪律和规矩挺在前面，准确把握运用“四种形态”，突出抓早抓小，不断强化纪律约束。完善反腐败协调领导小组工作机制。公安、审计、司法等单位移送党员重大违纪违规线索30余条。完善纪律检查工作双重领导机制，制定《线索处置和案件查办在向同级党委报告的同时必须向上级纪委报告的操作办法（试行）》。全年受理信访举报203件，办理省委巡视六组交办件11件，开展信访监督谈话4人次。立案查处各类违纪案件122件，同比增长74%，结案率100%，涉及科级干部5人，未采取“两规”“两指”措施移送司法机关处理8人，为国家挽回直接经济损失200余万元。改造建成标准化谈话室2间，强化依纪依法安全文明办案意识，确保纪律审查人员“零违纪”、工作“零事故”、结果“零举报”。

加强作风建设。抓中央“八项规定”、省委“九项规定”和市委“两规定一办法”精神贯彻落实，紧盯春节、清明、端午、中秋、国庆等不正之风易抬头和反弹的特殊时期，开展早提醒、常教育，全年全区各级领导干部向区“5910”廉政账户上交推辞不掉的红包礼金计134人次、172.2万元。7月17日，召开全区践行“三严三实”推进作风建设大会，对全区党员干部作风情况进行讲评，进一步浓厚转作风、求实干、促发展的清风正气。采取多种方式加大常规检查和明察暗访力度，委托第三方制作作风暗访片《警醒》，发布典

型案例通报5期。全年全区共查处作风建设案件228件253人次,同比增长5倍,其中党纪政纪处分53人,开除(辞退)24人,诫勉谈话13人次,通报批评120人次,批评教育43人次,查处发生在群众身边的“四风”和腐败问题65件。

开展预防腐败教育。坚持“清风岳麓、你我同行”廉政宣传教育主题,利用元旦、春节等关键时间节点在全区开展印制一份廉政手册、编发一组廉政短信、发放一本廉政日志、营造一种廉洁氛围的“四个一”活动。重点开展新《廉洁自律准则》《纪律处分条例》宣传教育,组织区委中心组理论学习暨“3·23”廉政教育日活动,邀请中纪委原纪检监察报社社长、宣教室主任李本刚作《讲规矩,守纪律》专题授课。积极培育廉政文化,指导建成洋湖街道山塘村“山塘新莲”、橘子洲街道学堂坡社区“书香廉韵、幸福学堂”等廉政文化示范点。牵头创作小品《走访》、京剧表演《清风正气谱新篇》、弹词歌舞《执纪为民铸忠诚》等廉政文艺作品,获全市一等奖。创新推行加强村级组织权力监督“四全两零”工程,出台《关于加强村级组织权力监督工作的实施意见》,在全区村级组织中实现组帐村代管、村务公开进农户、村民质询、村级集体经济审计制度全覆盖,坚持村干部违纪零容忍、村级公务零接待,实现“微权力”进制度“笼子”。

强化队伍自身建设。加快推进“三转”(转职能、转方式、转作风),严格按照省市要求完成委局内设机构调整,设立办公室、党风政风监督室(区政府纠正行业不正之风办公室)、信访室、第1–4纪检监察室以及案件审理室,调整后履行监督执纪问责主业的人员超过60%。进一步聚焦主责,区纪委参与议事协调机构精简至4个。下发《关于纪检监察机关进一步深化“三转”聚焦主责主业的通知》,督促各街镇调整清理纪(工)委书记分工,确保精力集中到监督执纪问责的主业。落实基层纪委副书记、监察室主任提名考察以区纪委会同组织部门为主的规定,全年按流程调整任免基层纪委副书记、监察室主任7名。针对“三转”后履职需要,推进纪检监察干部培训常态化和专业化,全年参与上级和组织本级培训130余人次。开展“孝文化进机关”主题活动,实现能力建设与道德建设“两促进”。制定《岳麓区纪检监察干部行为规范》《关于加强纪检监察干部日常管理及时报告个人重大事项的规定》《关于认真做好纪检监察干部外出报备的通知》等文件,强化纪检监察干部内部监督,打造忠诚、干净、担当的纪检“铁军”。 (谭一冰)

【中共长沙市岳麓区第四届纪委第七次全会暨全区反腐败工作会议】 2月9日上午,区第四届纪委第七次全会暨全区反腐败工作会议在区机关13栋会议中心召开。区委书记陈中出席并讲话,区委副书记、区长周志凯主持会议,区领导刘汇、胡杰夫、袁精华、贺赤兴、周凡、彭利芝、蔡锋、吴江、张铁炎等出席。会上区委常委、纪委书记贺赤兴作《坚持从严依规治党、强化执纪监督问责、构建岳麓党风廉政建设和反腐败工作新常态》工作报告,对全区党风廉政建设和反腐败工作进行总结部署。区委副书记刘汇通报2014年度全区党风廉政建设工作优秀单位和个人。区委书记陈中作重要讲话,提出党风廉政建设和反腐败工作必须保持高压态势,做到牵住“牛鼻子”,打准“蛇七寸”,坚持“零容忍”,确保区内风清气正。

【岳麓区践行“三严三实”推进作风建设大会】 7月17日,区践行“三严三实”推进作风建设大会召开。会上播放作风建设暗访片《警醒》,对全区上半年以来暗访发现的典型作风问题予以曝光。区委常委、纪委书记贺赤兴通报区纪委近期查处的5起违反作风建设规定典型案例,警示全区各级干部切实引以为戒,时刻敲响警钟,严格自我要求。区委书记陈中围绕“践行三严三实、推进作风建设”强调三点要求:一是改进作风必须树立问题导向,着力除病根、治顽疾;二是改进作风必须强化政治责任,着力鼓士气、提状态;三是改进作风必须聚焦区域发展,着力抓落实、求实效。

【全区落实党风廉政建设主体责任讲评会议】 9月24日,召集全区各单位“一把手”召开全区落实党风廉政建设主体责任讲评会议。区委常委、纪委书记贺赤兴对全区落实党风廉政建设主体责任情况作讲评报告。学士街道工委书记等基层单位党委(组)书记结合本单位特色工作就如何抓好主体责任落实作交流发言,区委书记陈中就全区各单位党组织如何履行党风廉政建设主体责任作重要讲话。

【创新推行加强村级组织权力监督“四全两零”工程】 出台《关于加强村级组织权力监督工作的实

施意见》,在全区全面实施村级组织权力监督“四全两零”工程,即组账村代管制度全覆盖、村务公开进农户制度全覆盖、村民质询制度全覆盖、村级集体经济审计制度全覆盖,坚持村级公务零接待、村干部违纪零容忍。“四全两零”工程用纪律和规矩“看住”基层“小微权力”,促进基层组织的监督管理,群众普遍反映良好,以山塘村为代表的村级组织权力监督成功经验被广泛推介,《中国纪检监察报》《湖南日报》《长沙晚报》、长沙廉政网、岳麓新闻网都曾予以报道。

【省委巡视第一组进驻岳麓区开展巡视监督】 省委巡视第一组于12月11日进驻岳麓区开展为期一个月的巡视工作。全区上下坚持以高度的政治觉悟、强烈的责任担当和严肃认真的态度,主动接受巡视,全力配合工作,确保省委巡视第一组在岳麓区的巡视工作顺利进行。

人民团体

岳麓区总工会

区政府副调研员、区总工会主席
华　良
副 主 席　刘　凯
雷飞燕(女)
办公室主任
张超群(女)

【概况】 区总工会，前身为长沙市西区工会，成立于1973年，1996年更名为岳麓区工会，是群团组织机构。2006年7月更名为岳麓区总工会，区总工会有工作人员5人。至年末，全区有工会组织2727家，会员47779，其中农民工会员13329人。主要职责：负责指导全区工会工作；依照法律和章程，组织和指导全区各级工会履行“维护、建设、参与、教育”等社会职能，贯彻执行区工会代表大会的决议，组织开展工会各项工作；对有关职工利益的重大问题进行调查研究，对侵犯职工权益的重大事件进行调查并提出处理意见，参与重大工伤事故的调查处理；指导基层工会组织职工开展以职工代表大会为基本制度的民主选举、民主决策、民主管理和民主监督工作；负责全国劳模、省劳模、市劳模、全国五一劳动奖章奖状获得者的推荐管理工作；负责工会经费的管理、审查、审计工作。共有干部职工5人。2015年，咸嘉湖街道、梅溪湖街道工会联合会被评选为“省级六好乡镇(街道)工会”。银盆岭街道机关工会委员会、长沙生殖医学医院、岳麓区实验小学被评选为“市级模范职工之家”，岳麓幼儿教育集团第八幼儿园工会小组被评选为“市级模范职工小家”。区滨江小学工会和岳麓街道枇杷糖社区联合工会被评为“市级职工书屋示范点”。

推进和谐劳动关系创建。开展“进社区、联企业、访职工”活动，全年区总工会班子成员、区各级工会干部、社会化工会工作者走访企业3000多家次。落实企业社会责任体系建设工作，成立推进企业社会责任建设工作领导小组，培育湖南西城实业集团、湖南新雅置业有限公司等社会责任体系建设先进单位。开展企业工资集体协商和厂务公开民主管理工作，全年指导699家企业签订工资集体协议，涉及职工26216人，其中单独签订协议的企业57家，涉及职工3759人；签订区域性工资集体协议47份，涉及企业554家，职工4623人；签订行业性工资集体协议3份，涉及企业88家，职工17834人。以50人以上规模企业为重点，在企业事业单位推动职代会制度，全区单独建立职代会制度企事业单位51家，覆盖职工5321人。

开展帮扶送温暖活动。组织开展“冬送温暖、春送岗位、夏送清凉、金秋助学”活动，全区各级工会组织共帮助职工实现就业、再就业岗位5000多个。安排经费20万元，为1000多名一线职工送清凉。中秋节、国庆节期间，筹资35.2万元救济困难职工265人次。筹资12.4万元实施金秋助学行动。实施职工医疗(住院)互助，全区9869名会员职工参与互助，796人次申请补助金60.55万元，成为职工在享受国家医疗保险后的重要补充。麓山景区为53人次申报医疗互助，获补助金40335.8元。3月9日，银盆岭街道工会联合会、妇联、团委在奥克斯广场举办以“就业春风拂星城，幸福银盆在行动”为主题的“春风行动”大型招聘会。有60余家企业参与，提供部门主管、文员、会计等工作岗位1300多个。8月，坪塘街道开展“关爱马路天使，共建大美坪塘”慰问活动，向全街85名环卫工人送去绿豆、白糖等价值1万多元的防暑降温物品。开展向困难农民工子女上大学助学行动，帮扶助学农民工子女8人。10月，联合建筑行业工会为岳围九年制学校、八方小区二期B区第五标段等建筑项目工会的100名农民工提供免费体检。为湖南永通望城汽车精品城员工宿舍、岳围九年制学校等10个项目工会赠送了乒乓球台、图书、棋类、扑克等。加强对农民工职业安全培训，规定用工单位对上岗人员须经三级安全教育，对起重、架子工等危险性较大的特殊工种须经职业安全技能培训，考试合格后持证上岗。督促用工单位为农民提供符合基本条件的居住场所，把农民工职业安全培训和集中居住场所、饮食、卫生等纳入“安康杯”竞赛活动范围。

加强基层组织建设。以“建设

农民工之家”为理念，首创湖南省建筑行业工会联合会。辖区内单项工程建筑面积在1万平方米以上的工程项目，或者未达到1万平方米但建设周期超过6个月且用工量在50人以上的建筑工地都成立项目工会。7月28日，中华全国总工会党组纪检组组长、书记处书记王瑞生一行到岳麓区调研建筑行业项目工会建设工作。湖南省人大常委会副主任、湖南省总工会主席刘莲玉，长沙市委副书记徐宏源，长沙市总工会党组书记、副主席郑耀频等领导陪同调研。4月21日，中华全国总工会副主席、书记处书记范继英一行到湖南调研，区总工会代表长沙市区县工会作工作汇报。范继英充分肯定岳麓区建筑行业项目工会工作。8月27日，区总工会召开建筑项目工会规范化建设暨农民工集中入会行动推进会。与会人员到湖南永通望城汽车精品城员工宿舍、岳围九年制学校项目工会进行观摩学习，并观看《岳麓区建筑行业项目工地工会建设规范化标准》和《一定要让农民工也有家》专题纪录片。建筑企业工会主席和项目工会主席作了典型发言。全年新建工会组织788个，发展会员14470人，其中农民工会员13329人。

开展各项活动。全年组织制造业、餐饮业、教育系统等10多个行业工会开展专项劳动竞赛20场次。麓山景区管理处园林班组成功申报长沙市“工人先锋号”。举行“迎国庆”岳麓区总工会“劳动最美丽”职工摄影大赛。大赛共收到长沙市105名摄影家和摄影爱好者的参赛作品800余幅。作品题材丰富，风格多样，具有强烈的视觉冲击力，反映了岳麓区各行各业劳模、先进人物、普通一线工人、工会工作者在经济社会建设中做出的贡献。对全区43名历届劳动模范进行慰问。4月，区总工会创立的长沙市内五区首家工会组织建设微信平台“岳麓区总工会公众微信号”正式投入运营。内容涉及职工心理健康、职工法律维权、岳麓建设发展、岳麓劳模、工会政策文件等6个版块，单条信息最高阅读量为2083人次。11月，组织53名工会干部到区委党校进行培训。（周磊）

【举行“三工服务职工”（工会、社会工作者、义工）志愿服务在行动活动授旗仪式】 4月29日，确定金星村20户困难家庭为服务对象，服务期一年，服务项目包括为困难家庭提供辅助康复、矛盾调处、心理咨询、个案服务、小组活动、社区活动等。对困难对象的基本需求进行评估和分类，建立服务对象档案表，制定针对不同需求个性化服务方案，根据方案开展上门服务。在志愿服务活动中，梅溪湖街道工会联合会承办中国梦·健康家“家庭药箱进万家”长沙市社区宣教活动，通过免费发放宣教资料、赠送爱心药箱、开展趣味游戏和专家咨询义诊等形式，普及职工家庭养生健康保健知识。

共青团岳麓区委员会

书　　记　谈玉璜（女）
副 书 记　魏镇男（女）

【概况】 共青团岳麓区委员会是中共岳麓区委员会领导下先进青年群众组织。核定行政编制2人，现有工作人员4人，其中临聘2人。全区有直属基层团组织31个，其中区直部门团委7个、街道、镇团工委17个，两新组织团委（团总支）7个。

青年社会组织。准确把握共青团在整合资源，承接青少年事务管理和服务职能方面拥有的优势，将青年社会组织工作与社会治理工作相融合。一是通过平台融入，与区大同社会组织孵化中心、益呼百应公益平台开展交流研讨活动，掌握和解青年社会组织的困惑和想法，加深互信。二是通过项目融洽，将成熟项目复制到多个社区村，帮助农家学舍项目、麓枫少年生命成长计划项目、憨儿要工作项目复制和扩张，促进项目发展壮大，提升服务水平。在团中央第二届中国青年志愿服务项目大赛上，由团区委推荐的“45分钟的未来”——农村儿童综合素质教育课堂、憨儿要工作——爱心糕点坊项目等4个项目获银奖，“新伊甸园——城乡流动少年陪伴成长计划”获铜奖。提早介入青年社会组织发展，缓解和弥补政府职能转变过程中的制度摩擦和制度空白。

青年突击队。为配合做好长沙史上最大规模拆违控违、做好全区184个年度征拆项目，团区委在各街镇、项目指挥部广泛成立青年突击队，通过竞赛活动、安全示范岗创建等，鼓励和发动全区青年发挥热情、挥洒汗水，凝聚建设岳麓新城的团青力量，积极服务重点项目和重点工作，受到党政领导的一致好评。以创“青年文明号”为契机，鼓励和发动重点项目中的青员青年创先争优，带动中建五局长沙中建嘉和投资有限公司承建“湘江欢乐城”等一批重点项目建设，激活团队能量，助力生产经营。全年共有茉莉花酒店、长沙雅智教育

咨询有限公司等4家单位获评市级青年文明号。

区校共建。为打造金星路先进服务业国际街区形象，联合区总经办开展“金星路LOGO及吉祥物设计大赛”,发动驻区高校学生参与投稿90余幅,增强高校学生参与区经济社会建设的热情。搭建大学生实习锻炼平台，全年共引进200余名湖南大学等驻区高校学生来区机关、街道、企事业单位参加见习，并在微信公众平台上推出“我在岳麓区政府见习的日子”系列文章,扩大见习活动影响力,提升政府形象和公信力,获得良好的社会反响。联合区文明办，制定区校共建大学生道德高地评选表彰方案，评选志愿服务示范基地、优秀高校志愿服务组织单位、优秀志愿服务团队、优秀大学生志愿者,激励大学生参与志愿活动,推动公民道德建设和社会主义核心价值观体系建设。

青少年思想引领。通过纪念抗日战争胜利60周年演讲比赛、“培育和践行社会主义核心价值观”主题教育系列实践活动、“我的一次志愿者经历”主题团队日活动等团队活动，加强未成年人思想道德建设。紧扣青年脉搏,做大做强“岳麓共青团”微信公众号，拓宽共青团与青年思想沟通的途径。开展“我的微信我做主”、最美号鼓队小指挥评选、感恩节活动、写给志愿者的小诗等宣传活动，将教育性和趣味性有机结合,吸引广大青少年的自觉关注。12月,《湖南首家保税店19日开业,你再也不用代购!》一文,创造单篇19万的阅读量,成为长沙区县级共青团微信产生的第一篇10万+的文章，率先开启区县新媒体10万+时代。团区委微信公众号在湖南省区县级共青团微信影响力排名中2次排名第一、2次排名第二,多次进入前十,位入前列基本稳定，得到上级团委的高度肯定。

选树团青典型。坚持做好“好青年就在我身边”工程,把一批优秀的团员青年树立成标杆，引领广大青年比学赶超。五四青年节，开展“奋斗的青春最美丽——创新创业创优分享会”,树立“创业带头人”徐飞跃、“突击队先锋”黄海、“基层杜鹃花”陈帅等7位优秀典型，感动和影响一批广大青年。选树咸嘉湖街道团工委书记张瑞颖为“湖南省最美基层团干”,在省内巡回分享。开展“我是好青年、请为我点赞”、“争做向上向善好青年”主题活动,多措并举，树立积极向上的鲜明导向，引导广大青少年见贤思齐、崇德向善。

帮扶困难青少年。不仅在区内持续开展“红红火火过大年”、端午节、中秋节等常规走访慰问，还走出长沙，联合社会爱心企业开展“城乡少年手拉手”,为湖南省凤凰县禾库镇补丁村九龙小学送去慰问金和学习用品，活动内容在《湖南日报》主要版面刊登。重点关注品学兼优的高考寒门学子,开展“圆梦行动”,通过汇聚区直各部门、街镇、社区村、驻区单位、市区青联委员、市青企协会员的爱心，募集爱心款12万余元，帮助29人顺利走进校园,筹款金额和帮扶学生人数都创历史新高。2015年,团区委共计慰问115名困难青少年，送去爱心物资及爱心款14.8万元。

维护青少年合法权益。预防青少年违法犯罪工作纳入全区综治工作九个专项工作组之一,形成全区一盘棋权益工作推进机制，提高共青团在综治维稳工作中的地位。区预防青少年工作领导小组办公室设团区委。团区委建立法律援助制度、推行刑事和解制度,健全司法帮扶机制,加快失足青少年“康复速度”。指导区人民检察院公诉科在探索中建立一整套适合未成年人犯罪特点的审查起诉办案制度,争创全国“青少年维权岗”。关注五类重点青少年群体，针对岳麓区留守儿童多的现状,通过“青年社会组织+志愿者+项目+阵地”的形式开展游戏陪伴、心灵慰藉。深化“共青团与人大代表、政协委员面对面”活动,坚持常态倾听、有力发声和积极落实,答复人大代表、政协委员提案2件，提出建议、提案2件。2015年未成年人犯罪比例值为3.09%，低于前三年平均值3.29%,预青工作成效较明显。

团组织建设。新建13家直属团组织，推荐咸嘉湖街道咸嘉新村社区为“全国五四红旗团支部”，引导团组织在党政机关、企事业单位中开展创先争优。开展“走进青年、转变作风、改进工作”大宣传大调研活动、“团干部如何健康成长”大讨论等活动,查摆自身问题。首开岳麓区团员干部“三同”实践锻炼培训班,33名青年团干在雨敞坪镇瓦灰村与村民同吃、同住、同劳动,使团干真正做到在实践中锻炼身心、锤炼信念、磨炼意志,达到转作风、受教育的目的。深化城市街道区域化团建示范创建，推荐洋湖街道为乡镇街道团建榜样示范单位，推荐橘子洲街道为全国城市街道区域化团建示范创建单位；推荐学士街道、莲花镇、雨敞坪镇等6个街道、镇为全市区域化团建标准化建设工程。继续开辟社区青少年参与社会实践阵地，推荐咸嘉新村社区建成省级示范性青少年服

务平台，并申报全国平台；推荐阳明山庄社区为市级青少年综合服务平台。 （赵方程）

岳麓区妇女联合会

主　　席　黄　鹏（女，1—8）
易云希（女，9—）
副 主 席　刘　娜（女）

【概况】 1996年7月，长沙市区划调整，原长沙市西区妇女联合会更名为长沙市岳麓区妇女联合会。2015年，区妇女联合会机关有在职干部4人，下辖17个街道(镇)妇联，5个机关妇委会，84个村妇代会，84个社区妇联。

*开展创建活动。*在原创建5个区级示范“妇女儿童之家”的基础上，2015年新创建1个省级示范“妇女儿童之家”、4个市级“妇女儿童之家”、1个市级“反家暴”示范点，咸嘉湖街道荷叶塘社区被授予省级“妇女儿童之家”示范点，橘子洲街道学堂坡社区、梅溪湖街道阳明山庄社区、坪塘街道新合村、雨敞坪镇福胜村被授予市级“妇女儿童之家”示范点，岳麓街道麓山南路社区被授予市级“反家暴”示范点。6月，举办以“提升妇女综合素质，争做时代魅力女性”为主题的妇女干部能力建设培训班，提高全区妇联干部队伍的整体素质，增强妇联服务履职能力。组织各街道、镇妇联开展“妇女儿童之家”优秀品牌案例竞赛，择优推荐10个社区“妇女儿童之家”参加市妇联组织的优秀品牌案例竞赛。阳明山庄社区参加全市“妇女儿童之家”优秀品牌案例竞赛决赛获二等奖。8月，省妇联主席杜亚玲率领由市州妇联主席参加的省妇联考察团、考察梅溪湖街道阳明山庄社区“妇女儿童之家”，对岳麓区妇联及阳明山庄社区妇联工作给予充分肯定。

*创新宣教方式。*依托“妇女儿童之家”，在全区组织开展寻找“最美家庭”、“平安家庭”“两型家庭”“文明和谐示范家庭”创建活动，组织“最美家庭”“艺术家庭”展演，推介先进典型，弘扬社会正气。在省第五届湖南省“书香家庭”评选活动中，岳麓区郭步升、刘清平两户家庭获“书香家庭”称号。3月，举办“拥抱健康　幸福久美”巾帼风采展示交流论坛，15名分别荣获2014年度国家、省、市荣誉的区优秀女性代表登台亮相，以良好形象和生动感人的故事展示美的风采，传递正的能量。三八妇女节活动期间，各街道、镇妇联组织开展各具特色、喜闻乐见、生动活泼的群众性活动。如：观沙岭街道组织开展三八妇女节爬山比赛；莲花镇举行隆重的庆祝表彰大会等，活动精彩纷呈、有声有色。

*落实帮扶措施。*重点抓妇女创业小额担保贷款工作，促进创业就业，全年共发放妇女创业小额担保贷款25笔共计264万元，带动34名妇女就业。创建1个市级以上巾帼现代农业科技示范基地。开办创业女性、巾帼家政培训班4期，417名妇女参加培训。联合举办“春风行动”招聘会17场，为企业和当地妇女、拆迁失地人员、务工人员牵线搭桥，为968名妇女落实就业岗位。联合湖南创业赢品牌管理有限公司，创建岳麓区大学生创业培训基地。联合中南大学“布离布弃”创业项目组在望城坡街道长华社区“妇女儿童之家”举办“巧媳妇”手工艺品制作技能及创业培训班，40多名妇女手工艺品爱好者参加培训，部分下岗妇女、家庭妇女解决了就业问题。2月，走访慰问20余名特困单亲母亲和特困妇女代表，送去慰问金1.6万余元。为莲花镇华宝村“妇女儿童之家”书屋捐赠有关妇女健康、儿童成长等书籍，丰富妇女儿童业余文化生活。落实妇女病普查普治和农村妇女“两癌”检查项目，共救助贫困“两癌”妇女25名。组织巾帼志愿者开展城乡环境卫生整洁行动，整治卫生死角，营造洁净舒适、美丽宜人的公共环境。

*强化儿童工作。*针对辖区居民的特点和需求创办各类家长学校162个，社区、村家长学校创办率96.43%。有讲师团成员17名，建立校外辅导站17个，开通家庭教育咨询热线5条，实行个性化教育，拓展家庭教育渠道。继续开展家庭教育示范基地的创建。加强对省级留守流动儿童示范家长学校银盆岭小学、市级留守流动儿童示范家长学校咸嘉湖小学的指导和管理。莲花镇桐木村被推荐为市级留守儿童家庭教育示范基地。实施“春蕾助学”计划，六一儿童节前后，组织慰问35名小学至初中阶段的贫困女童。7月，协助市妇联举办2015年“温暖微力量·孤残儿童关爱行动”活动。组织开展特殊困难信访人员子女、服刑人员子女关爱行动。组织巾帼志愿者开展义务网吧巡逻，倡导少年儿童文明健康上网。

*保障妇儿权益。*开展以“学法守法依法，建设平安之家”为主题的“三八”妇女维权周活动，共摆放宣传板报60余张，发放法律宣传资料2万余份，覆盖人数6000余人。会同区综治办，制定《关于开展“平安家庭”创建活动的通知》，将预防制止家庭暴力工作纳

入全区综合治理考评。11月,在西城龙庭小区东门广场组织开展2015年国际反家暴宣传活动。邀请市妇联援助律师胡莹在岳麓街道麓枫社区举办反家庭暴力讲座,向社区妇女介绍遭遇家庭暴力维护自身合法权益的方法和途径。协同区禁毒办,开展"禁毒妈妈志愿者进家庭"活动,制定《关于在全区深入开展"禁毒妈妈志愿者进家庭"活动的通知》,成立"岳麓区妈妈禁毒联盟",招募1700名"妈妈禁毒联盟"志愿者,并在网上进行注册登记,坚持以妈妈为主体、以母爱拦截毒害,用爱心、智慧和母性魅力唤醒毒品受害者良知,使之重新回归社会。信访维权工作。全年区妇联受理来电、来访及上级交办案件共计36件,其中3起为家庭暴力事件,32起为家庭婚姻咨询,1起为人身权益事件。信访接待处理率100%。 (余祥)

岳麓区残疾人联合会

理事长 苏 杰(1—8)
吴建明(9—)
副理事长 曹建年(女)

【概况】 区残疾人联合会成立于1991年12月,2002年2月从区民政局单列升格,内设组宣文体、维权、康复、教就4个部室,有工作人员7人,其中正式干部5人,临聘人员2人。主要职责:协助政府研究、拟定和实施残疾人政策与计划,开展残疾人康复、教育、劳动就业、扶贫、文体宣传、社会服务、残疾预防及维权等工作。

组织建设。全区17个街(镇)建有残疾人联合会,166个社区(村)成立残疾人协会,有各类残疾人3.5万人。1月至3月6日,在全区范围内组织开展"全国残疾人基本服务状况和需求"专项调查,对系统编制底册上登记的5530名持证残疾人和7名0~15周岁非持证残疾儿童进行专项调查,其中入户调查4711人,电话调查499人,经调查查无此人20人,住地搬迁43人,空挂户51人,外出30人,死亡183人。组织340名基层残疾人工作者开展业务培训班6次,组织残疾人专干、专(兼)职委员、残联代表、康复服务机构代表270人在第25次全国助残日赴杨开慧故居、开慧纪念馆参观学习,组织街(镇)肢残代表80人在第6次全国肢残人日到洋湖公共服务中心参加以"走出家门,感受快乐"为主题肢残人日活动,组织街(镇)盲协主席及家属代表30人在第32次国际盲人节到望城坡街道箭弓山社区参加以"走进盲人世界,沟通从爱开始"为主题盲人节活动。新增重残补助人员300人,新增重残护理补贴人员700人,新增盲人按摩机构2家,年审机构2家,争取扶持资金51600元。受理残疾证办理申请,为670人办理残疾证。

组宣文体活动。街(镇)、社区(村)以板报、横幅形式宣传政府对残疾人各项优惠政策。参加市残联组织开展的"善行四十佳"评选活动,评选出扶残助残爱心团队1个(爱盟助残公益服务中心),爱心社区1个(望月湖街道滦湾镇社区),爱心企业1家(茂林驾校),爱心个人1人(上善助残服务中心主任谢向前)。利用社区宣传橱窗、学校宣传栏、社区卫生院知识栏开设康复知识专栏,并举办健康知识讲座。组织"我自强我向上"残疾人风采展示活动,向社区大众展示残疾人摄影、书法、手工艺制作、歌唱、舞蹈等才艺,倡导扶残助残精神。配合市残联在本区选拔体育运动员苗子1人,组织残疾人运动员参加在四川成都主办的第九届全国残疾人运动会暨第六届特奥会,取得1金1银3铜的好成绩。

康复服务。开展0~14岁困难残疾儿童抢救性康复治疗,有97名0~14岁肢体、脑瘫、孤独症、听力残疾儿童分别进入国家、省、市康复训练项目。为21名符合装配条件的贫困截肢残疾人(其中大腿残疾7例,小腿残疾14例)进行义肢装配及行走训练。推荐1名耳聋儿童通过"七彩梦计划"人工耳蜗初筛工作,10名残疾儿童享受"七彩梦计划"儿童轮椅、坐姿椅、站立架等辅助器具适配。开展"光明·关爱"项目,为100名低弱视力患者配发助视器,实施白内障手术救助200例。组织100名残疾人到市康复中心进行免费康复筛查,向残疾人及家属提供康复信息,为残疾人申请轮椅、拐杖、闪光门铃、助听器、助视器等辅助器具20种,适配发放辅助器具183件。

扶贫帮困。加大对残疾人培训监管力度,建立残疾人指纹打卡签到、定时或不定时抽查、培训后回访等工作机制,使残疾人培训工作落到实处。有26名残疾人参加长沙成才职业培训学校职业技能培训,与长沙金欧农业科技有限公司、益阳桃江县佳宏农场等单位合作,开展黑山羊喂养,蜜蜂、龙虾、绿壳蛋鸡养殖等农业技术培训,在莲花镇分别挑选黑山羊喂养点10户、蜜蜂养殖点5户、龙虾养殖点1户、绿壳蛋鸡30户,作为残疾人养殖业示范点,向残疾人提供技术指导。为50户贫

困残疾人家庭和1个社区进行无障碍改造，其中为15户残疾人家庭改造防滑砖、无障碍坡道、安装坐便器及室外安全扶手。为30户残疾人家庭配发厕椅、浴凳、防滑垫、振动闹钟、闪光水壶等辅助器具。在望麓社区内铺设盲道460米，安装室外不锈钢扶手102米。春节期间走访慰问困难残疾人及残疾人运动员、教练员、残疾人工作者、残疾人党员221人，发放慰问金87400元，米、油120套。为180名残疾人开展托养服务，为112名残疾学生和残疾人家庭子女申请助学补助，为12户残疾人家庭申请危房改造补助48000元，为1名残疾人个体工商户申请养老保险补贴。发放上年度残疾人机动轮椅车燃油补贴112人。

（何韬）

岳麓区工商业联合会（商会）

主席（会长）、区政协副主席

卜茂荣

党组书记、第一副主席、（副会长）

张　祥

副主席（副会长）

刘有源

赵　俊（女）

【概况】 区工商联（商会）前身为长沙市西区工商业联合会（简称工商联）。第一届工商联执委会于1993年4月20日由会员代表大会产生，1997年4月8日，召开第二次会员代表大会，选举第二届执委会，更名为岳麓区工商联执委员。2011年10月召开第五届会员代表大会，选举产生第五届执委会，常委会设专职主席（会长）1名、副主席（副会长）2名、兼职副主席（副会长）11名、执委79名，其中常委39名。内设办公室，有在职干部5人，其中改非干部1人（8月份正式退休），聘用政府雇员1名。各基层分会和行业商会共有会员1059名。下设街道、镇分会17个，行业商会、协会4家。区工商联是区委统战部主管面向工商界、以非公有制企业和非公有制经济人士为主体的群团组织。

宣传教育。一是学习党的十八届四中、五中全会精神和推进中央16号文件精神的贯彻落实。学习贯彻中央统战工作会议精神，全面推进工商联各项工作发展。二是加强培训，提高会员综合素质。5月，组织会员参加市工商联举办的“解放思想——创业富民”大讲坛讲座。参加由湖南省工商联、甘肃省工商联联合举办湘甘企业家合作交流洽谈会活动。8月，参加省工商联举办的“民营企业法商风险管理高级培训班”，了解民营企业在风险防控及危机应对中的具体需求，加强企业抵抗风险、处理危机的能力。参加市工商联举办的“互联网+营销创新”助力中小企业发展创业富民大讲坛活动。10月，参加市工商联举办的“长沙企业利用香港设计及科技创新商贸平台转型升级”研讨会。

参政议政。参与全区政治、经济、社会生活中的主要问题的政治协商，发挥民主监督作用。做好思想政治工作，鼓励会员积极建言献策。在1月召开的区两会上，非公经济人士人大代表、政协委员共提议案、提案19件，对岳麓区的经济和社会发展提出很好的建议和意见。答复提案议案一件。召开主席（会长）扩大会议，及时传达相关文件精神，听取企业界的意见和建议，为非公有制企业提供服务。加强全区非公有制经济代表人士队伍建设，发现培养、选拔推荐、考察使用非公有制经济代表人士，工作进一步科学化、制度化、规范化。

组织建设。一是加强基层商会建设。加强对基层商会的指导和培训，加大宣传、走访、服务力度，按照“五个有”的建设要求，对全区17个街镇基层商会进行“达标”建设。二是切实发挥商会作用。结合工作实际，主动融入全区中心工作，改进工作作风，深入调查研究，做好协调服务，为广大商会会员和工商户解决实际困难，引领全区非公经济做实、做大、做强，保持商会建设良好发展态势。三是发展会员。扩充会员队伍，为区工商联、商会增添新鲜血液。走访会员和企业，全面了解企业生产经营情况、存在的问题及解决措施，了解企业在融资、维权等方面遇到的困难及需要解决的问题。对企业反映的情况主动与有关部门协调、沟通，切实帮助企业解决问题。

对外联络。开展会员活动，加强会员凝聚力。4月，区商会组织兼职副会长及部分会员代表前往湘军将领左宗棠纪念馆参观学习。6月3日，组织部分执常委赴浏阳市张坊镇考察生态文化旅游产业开发，探索城市互动发展合作项目和合作方式。6月13日，区政协工商联界别组织企业家举行座谈会，创造优势互补平台。12月，区政协工商联界别组织部分企业家前往南京市玄武区、无锡市南长区学习考察，并与无锡市长沙商会友好交流学习。年内，分别与江西省奉新县、南昌市雨湖区缔交友好工商联。

服务经济。一是政策宣讲，信息共享。召开第五届五次执常委大会,分析经济形势,激励企业发展。二是打造交流平台。开展各类有针对性的服务活动，为民营企业开展法律咨询、人才交流等系列活动，协调解决企业生产经营中的实际困难和问题。4月,组织30余家民营企业参加人社部、全国工商联举行的“民营企业招聘周”活动,帮助求职者提供就业机会。10月,参加市工商联联合举办的云南大理(云龙)长沙推介及项目合作仪式。三是打造“同心工程”。创建“同心园区”“同心乡村”、“同心社区”，涌现出一批如蓝莓基地、天泉草业、迷迭香等同心项目,为岳麓区跨越赶超、和谐发展做贡献。四是开展“雷锋家乡学雷锋,民营企业当先锋”活动,把学习活动与企业文化结合起来,引导民营企业踊跃参与“感恩行动”,扶贫帮困,回报社会。开展“百企联百村”活动,鼓励企业参加新农村建设。五是落实创业富民、创新创业政策。对咨询申报大学生创业场地租金补贴及市创业富民专项资金项目的企业，发放申报流程一览图，会同区财政部门进行初审和联合行文，提高申报工作效率。（张康）

军 事

岳麓区人民武装部

部　　长　罗春来
政　　委　龙　斌
副部长兼军事科长　王世杰
政工科长　许　靖
后勤科长　卢瑞钦

【概况】 2015年，区人武部在长沙警备区党委和区委、区政府领导下，坚持以中央十八大和十八届四中、五中全会精神为指导，深入开展党的群众路线教育实践活动，以改革、发展、稳定、创新为主线，锐意进取、进中求变，推动人武部全面建设创新发展。

思想教育。贯彻全军政治工作会议精神，扎实开展"学习践行强军目标、做新一代革命军人"主题教育活动和"三严三实"专题教育整顿，激励武装干部和广大民兵预备役人员热爱武装、忠于使命、报效祖国的政治热情。广泛宣传十八届四中、五中全会精神，提高广大民兵预备役人员法治观念，依法参加民兵预备役活动和投身小康社会建设自觉性。结合纪念抗日战争胜利70周年，开展我军历史使命、理想信念、战斗精神和社会主义核心价值观教育，弘扬我军听党指挥、能打胜仗、作风优良的光荣传统。加强战斗精神培育，强化武装干部和民兵预备役人员真打实备思想和参战支前意识，培育英勇顽强、敢打必胜的战斗意志和作风。配合相关部门做好维稳工作，企业军转干部和复退军人没有发生群体性上访事件。重视做好双拥工作，军政军民关系协调和谐。

练兵备战。把战备训练作为人武部的中心工作，紧贴上级赋予的重要目标警戒防卫、动员支前、人民防空、保交护路、战场管制、防空作战、支援地方建设7项使命任务，抓战备训练落实。着眼"战时应战、急时应急、平时服务"，抓好战备教育，落实战备值班，修订和完善7类应急预案。坚持以使命课题为重点，持续抓好军事训练。民兵训练以形成大规模作战能力骨干队伍为重点，突出抓好应急、应战和应用等基础性、针对性训练，完成民兵应急分队与教练员、民兵舟桥分队、民兵干部和民兵森林防火分队等7期共570人的训练，民兵舟桥骨干在"湘江-2015国际帆船赛"上展示良好形象。注重抓好专武干部训练，连续3年分批次组织12名武装部长参加省委组织部、省军区司令部、省军区政治部组织的轮训，专武干部队伍组织指挥能力和军事业务素质得到提高，5名武装部长被评为"优秀学员"。结合"湘江-2015"演习，突出指挥协调谋略训练，按要求开设防卫责任、国防动员、人民防空三个指挥所，要素齐全、设施规范、席位准确。完成240人的人防疏散和120人的湘江航电枢纽保卫演练任务，得到上级好评。在长沙警备区的军事训练考核和绩效考核中区人武部被评为全面建设先进单位、安全工作先进单位和新闻报导先进单位。学士街道武装部被评为民兵工作先进单位；人武部政委龙斌被评为优秀团级单位主官，坪塘街道武装部副部长何灿明被评为民兵工作先进个人。

创新发展。贯彻国家主席习近平军民融合战略思路，坚持以作战任务为牵引，以提高应急动员和遂行任务能力为目标，推进国防动员和民兵预备役工作。进一步健全全区国防动员机构，修订完善人民防空、交通战备、政治动员、经济动员和科技动员预案。抓国防动员潜力调查，重点对全区预编广空专业技术兵进行调整、登记和点验，为战时动员打下基础。强化"编为战"观念，开展民兵整组工作，全区应急队伍、支援保障队伍和储备队伍数量和布局与基层政权稳固相匹配，17个街道(镇)均组建民兵应急独立排，民兵编组和结构更趋合理。认真履行兵役机关职能，严把兵员质量关，严守各项征兵纪律，组织发动专武干部和民兵预备役人员参加地方的"五个文明"建设。围绕区委、区政府工作大局，积极做好涉军维权工作，积极化解涉军信访案件5件次。

党管武装。区委、区政府把武装工作摆上重要议事日程，注重把方向、抓大事、解难题、谋发展，四项工作特色明确：一是在绩效考核中提高并落实党管武装分值，推动党管武装工作制度化、规范化和在基层延伸，中联重科党管武装抓建工作被湖南省军区明确为武装工作典型抓建单位。二是召开街道(镇)党管武装述职暨民兵预备役工作会议。以推动国防动员建设和经济建设协调发展为主题，促进大规模作战准备和“十二五”规划贯彻落实。三是围绕区委提出的“跨越赶超、创新发展”目标，组织民兵预备役人员积极参加“五个文明”建设，在抢险救灾、完成急难险重任务中发挥突击作用，在维护社会稳定中发挥卫士作用，在形成良好社会风气和生态环境建设中发挥带头作用，在密切党群干群关系、增进军政军民团结和民族团结中发挥纽带作用。四是加强军政军民团结。认真履行牵头协调驻区部队的职责，开展军民共建活动，推动军政军民团结深入发展，2015年岳麓区被评为“省级双拥模范区”。

（刘铁庚）

岳麓区公安消防大队

党委书记、教导员

唐德尚

党委副书记、大队长

喻伟锋

党委成员、副大队长

周　炜

邓　震

党委成员、副教导员

陈　悦

党委成员、工程师

唐艳梅(女)

党委成员、麓山门中队指导员

金丽青

党委成员、石岭塘中队指导员

徐效陵

【概况】 区公安消防大队组建于1995年，为副团级单位，下辖麓山门、石岭塘、五星3个执勤中队，有警力145人（现役消防官兵70名，政府专职消防员及消防文员75名），配备消防登高平台车、举高喷射车、抢险救援车、水罐消防车、水罐泡沫联用车12台，各类灭火和抢险救援器材300余件套。主要职责：开展消防安全检查，督促整改火险隐患；依法办理行政许可和备案抽查；督促相关部门建设、改善和维护公共消防设施；组织灭火救援准备工作，及时有效扑灭各种火灾，减少火灾损失，做好火灾统计，调查火灾原因，处理火灾事故；参加灭火以外的各种抢险救灾；开展消防知识宣传，提高人民群众消防安全意识和自防自救能力；指导专职消防队和义务消防队开展工作。

着眼实战，提升部队战斗力。一是规范部队管理。强化现役和专职队伍管理，探索实施政府专职队员“单编”执勤模式，落实正规化建设管理要求，士兵职业鉴定通过率100%。二是打牢实战基础。以“实战化”比武为契机，坚持从难、从严、从实战出发全面强化执勤训练。全年完善灭火救援预案190余份，举办战训讲座、火灾战评会等20余次。三是提升打赢能力。创新操法编成和作战模式。联合开展加油加气站、商场市场、高层建筑、文物古建筑场所的模拟消防实战演习240余次，联合开展南湖路隧道、地铁站、车辆事故救援等实战救援演习30余次，圆满完成春节、两会、橘子洲焰火燃放、纪念抗战胜利70周年等重大节日和活动的保卫任务50余个。全年接警982起，出警1298次(含增援)，出动消防车1827台次，消防人员12708人次，抢救被困人员147人，疏散人员339人，抢救财产价值近亿元。未发生一起违法违纪案件。

政治建警，推动创先争优。建立“三位一体”思想政治教育模式，开展“学习践行强军目标，做新一代革命军人”和“坚定信念、筑牢警魂”、廉政教育、“三严三实”、纠治“三松”“三清”等8个主题教育和清查活动。开展基层党组织规范化达标创建、“三帮”、“学雷锋活动月”等活动，加强班子自身建设和官兵队伍管理，完成石岭塘中队党建规范化试点工作。大队先后被省总队、市支队授予“全面建设先进大队”“先进基层党组织”“政治工作先进单位”“安全工作先进单位”“执法质量考评先进单位”等称号。有70余人次受到上级表彰、奖励。

规范管理，提升综合保障能力。一是加强消防车辆装备建设。投入269万元购置多功能抢险救援车和各类消防器材。规范灭火救援车辆装备使用、维护管理。二是提高经费保障效能。按照上级财务管理规定落实报账、资金和固定资产等管理工作。全年消防业务经费预算702.5万元，专项经费450万元。

从严执法，提升火灾防控水平。一是深入开展劳动密集型企业暨居民小区消防安全专项整治。召开全区劳动密集型企业暨居民小区消防安全专项治理会议，下发《全区劳动密集型企业暨居民小区消防安全专项整治实施方案》，联合相关职能部门、街道和派出所分别对全区6家劳动密集型企业和270余个居民小区开展专项检查，对发现的消防安全隐患责令立即整改，定期对劳动密集型企业进行消防安全检查。二是集中开展区域性火灾隐患集中整治。重点针对望城坡商贸城片区、火炬城社区开展区域性火灾隐患整治，依法查处长沙市湘浙小商品批发市场有限公司、湖南天罡郁金香装饰建材有限公司等商场市场消防违法行为；强力整治洞塘建材市场、金盛园建材市场、望城坡君士市场等开放性市场消防车通道不畅通和各经营门店消防安全隐患。在街道(镇)推行以政府购买消防服务模式，加大消防宣传培训力度，做到人人受训，不留死角，提高人民群众消防安全意识。三是政府挂牌督办重大火灾隐患整改。报请区人民政府对汉庭星空(上海)酒店管理有限公司长沙枫林路分公司、长沙市湘浙小商品批发市场有限公司等7家重大火灾隐患单位实行挂牌督办整改。四是深入开展全区夏季消防安全大检查。6月3日，分管副区长、公安分局局长陈定佳组织召开全区夏季消防检查动员部署会，成立全区夏季消防检查工作领导小组，制定下发《岳麓区夏季消防检查工作方案》，开展夏季消防安全大检查。望城坡、银盆岭街道开展商贸城片区和火炬城社区区域性火灾隐患整治；观沙岭、橘子洲、天顶、含浦、坪塘等街道深入辖区加工企业、建筑工地开展“网格化”排查。7月，消防、安监联合对辖区汽车加油站、加气站等易燃易爆场所进行消防安全专项检查，对检查发现的火灾隐患进行集中整治。8月，区委书记陈中、区长周志凯先后多次带队对辖区人员密集型场所和望城坡商贸城片区开展消防安全隐患督导检查。旅游、消防、民宗联合对麓山寺、岳麓书院、云麓宫等文物古建筑进行消防安全检查。9月，区人民政府组织召开全区住宅小区消防安全专项整治工作动员部署会，下发《岳麓区住宅小区消防安全专项整治工作方案》，部署开展住宅小区消防安全专项整治工作。夏防期间，安监、民政、教育、文体新、交通、消防、交警等相关行业部门围绕“三类重点场所”开展行业系统消防安全专项整治，公安、消防共出动检查人数7145人次，检查单位2723家，发现并督促整改火灾隐患3172处，下发《责令改正通知书》1504份，《处罚决定书》81份，警告31人，依法对44家单位和个人实施行政处罚，罚款39.74万元，拘留2人。五是利用平安夜、圣诞、元旦、五一、国庆等重大节假日，对消防安全重点单位和重点区域开展“零点夜查”行动，确保节假日消防安全。全年，大队本级共出动检查人数4836人次，检查单位2369家，发现并督促整改火灾隐患2202处，下发《责令改正通知书》1447份、《行政处罚决定书》100份、《临时查封决定书》153份、《重大火灾隐患整改通知书》7份，责令“三停”22家，处理举报投诉217个，依法对92家单位和个人实施行政处罚，罚款118.65万元，拘留3人。全区年内没有发生社会影响较大的火灾。

*创新宣传模式，提高市民消防安全意识。*推进消防宣传工作，制定下发《岳麓区夏季消防安全检查专项行动宣传工作方案》《岳麓区消防宣传“七进”工作方案》《消防宣传“七进”任务进度分解表》，督促各相关部门、街道(镇)、社区，各大中小学校、幼儿园、养老院等人员密集单位开展消防宣传“进社区、进学校、进企业、进农村、进家庭、进机关、进网站”工作。建立“岳麓消防”微信公众号，定期开展提示性、警示性消防宣传；采取政府购买消防服务模式，在望城坡、咸嘉湖和学士等街道开展分阶段、分系统消防安全培训，举办消防培训400余场，灭火演练216场、逃生疏散演练101场，反复上门培训三小门店超过4900家，居民入户宣传超过3.6万余户，受训人员12.6万人次。以重大节假日、“119宣传月”“5·12”抗震救灾纪念、“开学第一课”、“消防进军训”等活动为契机，深入开展消防宣传活动。先后与学校、幼儿园、公众聚集场所、辖区重点单位等联合开展消防演习近200次，发放宣传资料18000余份，居民消防安全意识大幅提升，受到省市充分肯定，11月初，全省“119宣传周”活动大型启动仪式在学士街道白鹤社区召开。

(王瑞军)

人民防空工作

区人民防空办公室

党组书记、主任
卞劲松

党组副书记、副主任
谢月良(女)

党组成员 曾向阳

纪检组长 邓子忠

【概况】 区人民防空办公室为长沙市国防动员委员会的常设办事机构，区人民政府人民防空工作管理部门，实行军地双层领导。1976年，按上级要求从建设局人防科脱离，组建长沙市西区人民防空办公室。1996年，市行政区划调整，更名为长沙市岳麓区人民防空办公室，为区政府直属正科级事业单位，行政编制6人。内设办公室、工程管理、指挥通信与人防教育3个科室。主要职责：贯彻执行国家、省、市关于人民防空的方针、政策和法律法规；组织拟订区城市防空袭预案，组建群众防空组织（人民防空专业队伍）体系；负责全区人民防空通信警报网和信息化建设；负责区辖人民防空工程的维护管理和平时开发利用；组织开展人民防空宣传教育,普及人民防空知识和技能。

人防工程建设与维护管理。受国家控制房地产发展的影响，全区人防工程建设步伐与速度逐步放缓,全年新建人防工程46万平方米,工程良好率95.6%。完成区人防地面指挥中心建设。

指挥通信与人防教育。8月，指派2人参加全市人防通信指挥系统的长途拉练;10月,区人防办代表长沙市人防系统参加由省政府、省军区导演的“湘江 -2015”战时人员紧急疏散演习。该科目由银盆岭街道火炬城社区具体承办,参演人数200人,受到省军区黄司令员的高度评价，被评为优秀参演科目。

（胡玉良）

法 治

政法委及综治

区委常委、政法委书记
张铁炎
常务副书记、维稳办主任
符宇星
副书记、综治办主任、创新办主任
浣中骥
副 书 记 张耀祥

【概况】 区委政法委、综治办、维稳办一个机构，三块牌子，合署办公，为区委领导政法工作的职能部门。内设办公室、执法监督室、政工室，有干部职工24人，其中机关14人。主要职责：领导全区政法工作，对一定时期内政法综治工作作出全局性部署，督促落实；组织、协调、指导维护全区社会稳定工作；检查政法各部门执行法律法规和党的方针政策情况，研究制定执行法律法规和党的方针政策具体措施；支持监督政法各部门依法行使职权，指导协调政法各部门依法相互制约、督促，推动大案要案查处工作，研究协调有争议的重大疑难案件；研究加强政法队伍建设和领导班子建设的措施，组织、协调和检查社会治安综合治理各项工作，指导基层政法综治工作。办理区委和上级政法委交办的其他事项。

*维稳工作卓有成效。*收集掌握各类不稳定、不安全、不安定隐患信息230余条，并视紧急程度进行反馈、调度、化解、处置。开展涉疆、海外利益、孔子学院等5项国安专项工作调研，把握对敌斗争主动性。重点处置涉楼盘、涉项目、涉军、涉拆事件及劳保医患纠纷，对54个方面突出问题，明确包案领导及责任部门，定期督办。优化经济发展环境，确保桐梓坡棚改项目、蜂巢化工等重大项目实施，做好浦洋科技、望新景园等楼盘不稳定因素化解工作；依法打击强揽工程、敲诈勒索等违法犯罪2件11人。分类处理信访积案，对47个家庭存在生活困难的上访对象救助203万元，成功化解135个信访积案，全区进京上访人数由上年的156人下降到56人，同比下降64%。

*综合治理成果丰硕。*加强矛盾纠纷排查调处，建立健全“公调对接”机制。成立区矛调中心、南片、北片分中心及区交警大队交通事故矛盾分中心，提高职能部门办案效率。开展打击多发性侵财犯罪及“百日会战”、“飓风行动”和“打击盗骗毒，全力保民安”等专项行动，接报警、破案率同比分别上升0.76%、48.8%，立刑事案件、受理治安案件同比分别下降6.8%、3.7%。实现治安形势“两升两降”，区公安分局办理各类涉黄、涉赌案件165起，抓获嫌疑人员644人，破获各类涉毒案件682起，抓获涉毒人员1090人；区检察院受理提请批准逮捕1087人，同比下降20%，其中批准逮捕762人，同比下降26.9%，受理移送审查起诉1345人，同比下降17.1%，其中提起公诉1326人，同比上升17.5%；区法院受理刑事案件905件(含旧存76件)，同比上升22.63%，结案806件，同比上升21.75%。推进重点地区综合治理、护路护线、交通整治、法治宣传教育、预防青少年违法犯罪、社区矫正等各项工作；开展平安街镇、平安社区(村)、平安行业等平安创建活动，涌现咸嘉湖街道“天地人和网”、学士街道“小安大爱”、坪塘街道“治安大防控保平安”等先进典型。执法监督，全面深入。组织开展案件集中评查工作两次，评查案件40件，评定优秀等次12件，合格案件28件。推进涉法涉诉信访改革和刑事速裁试点。制定《岳麓区涉法涉诉信访案件终结办法》，畅通信访渠道，健全“信、访、网、电”一体化接访系统，预防和堵塞涉法涉诉信访工作中的不足和漏洞，政法系统共适用速裁程序审结刑事案件159件，判处被告183人。加强涉法涉诉信访接待工作，执法监督室接待群众来访443件504人次，办理省、市委政法委交办案件3件，区委督办案件2起，本委督办案件1件。加强司法救助，办理国家司法救助申请17案20人61.55万元。

*队伍建设常抓不懈。*强化执法执纪问责制度，严禁干预司法机关办案，对造成冤假错案或者其他严重后果的，依法追究法律责任，把干部监督管理贯穿于干部教育培训、考核评价、选拔任用的全过程。落实自纠自查责任，成

立联合督查组，深入一线对政法系统纪律作风情况进行明察暗访，对发现的问题进行通报，限期整改。强化执法规范建设，要求政法干警要有雷厉风行、谦虚谨慎、吃苦耐劳和清正廉洁的作风，维护政法机关的良好形象。开展执法检查、专项治理、信访处理等工作，及时发现违法违规办案线索，严肃查处执法办案中不规范现象。（史愿）

防范和处理邪教

岳麓区委防范和处理邪教问题领导小组办公室

主　　任　朱若平

副 主 任　胡继军(1—11)

【概况】 区防范和处理邪教问题领导小组办公室成立于2000年1月，为区委防范和处理邪教问题的职能部门，核定行政编制6人，现有工作人员6人、临聘人员1人。

组织领导。区委、区政府多次听取区防范办工作汇报，研究部署全区反邪教工作，并列入区委、区政府常务会会议议程，对阶段性反邪防邪工作，主要领导亲自过问、亲自批示、亲自调度、亲临一线、亲手督办，形成齐抓共管工作格局。将反邪教工作纳入年度管理考核、平安岳麓文明创建管理考核测评体系。创新社会管理、网格化管理、"三服务"一线工作法及"三联三访"工作机制，贯彻落实省委、省政府办公厅35号文件精神，确保防邪教"三个零"管理目标的落实。

教育转化。针对实名制内"法轮功"转化对象及"全能神"重点人员，明确转化对象责任单位及责任人，制定教育转化个案，有计划、有步骤地开展教育转化工作。通过社会力量帮教，转化"全能神"重点人员等。街道、镇及社区、单位干部利用节假日、敏感日及特护期间上门走访，逐人逐户开展回访，全年回访700余次。

超前防控。加强特防期工作督查，各街道、镇严格落实防控措施，加强社会面防控，确保重要时段、重要地段、重要节点社会和谐稳定。1月，西湖街道成功预防由益阳南县"法轮功"人员在岳麓区预谋组织的一起规模性上访突发事件。加强重点地段、重点部位及重点人员的防控，防范发生书写、喷涂、张贴、悬挂反动标语、散发反宣品等反宣案件。防范邪教组织公开宣扬歪理邪说、非法聚会等事件。防范邪教组织插播电视、集中拨打骚扰电话等反宣案件。对邪教组织成员企图滋事的信息和苗头，快速反应，果断处置。

警示教育。继续推进以"十个一"活动为载体的反邪教警示教育活动，开展"反邪知识进家庭"活动及基层宣传阵地建设。各街道、村、社区均建立一面警示教育墙或一个警示教育橱窗，将反邪教知识培训纳入区委党校（行政学校）教学计划，纳入党内主题教育及基层党组织干部的日常学习培训中，纳入居民群众日常文化娱乐活动中，纳入校园无邪创建活动中，产生良好的社会效果。联合区委宣传部、湖南师范大学等单位共同推进网宣工作，发动院校师生向反邪教网站踊跃投稿。在中国反邪教协会网站"凯风网湖南频道"及湖南省委组织部主办的红星网上稿48篇。

（林娟）

公　安

长沙市公安局岳麓分局

党委书记、局长

谭应林(11—)

陈定佳(1—10)

副 局 长　师建伟(11—)

刘一斌

罗　晖

龙　江

佘朝晖

副局长、政工室主任

佘朝晖(1—10)

万　蓓(11—)

纪委书记、副政委

吴向明(11—)

党委副书记、政委

彭　亮

纪委书记、副政委

易　捷(12—)

副 局 长　鲁　力(1—5)

蒋　博(1—1)

【概况】 1996年6月，长沙市区划调整，西区公安分局更名为岳麓区分局，2002年，岳麓区分局改由长沙市公安局直管，更名为长沙市公安局岳麓分局，内设：指挥中心、政治工作办公室、监察室、法制科、后勤保障科、警卫科、国内安全保卫大队、单位内部安全保卫大队、经济犯罪侦查大队、网络安全保卫大队、人口与出入境管理大队、禁毒大队、第一治安管理大队、第二治安管理大队、第三治安管理大队、刑事侦查大队、巡警大队、岳麓派出所、橘子洲派出所、望月湖派出所、银盆岭派出所、观沙岭派出所、西湖派出所、望岳派出所、望城坡派出所、天顶派出所、金星派出所、咸嘉湖派出所、梅溪湖派出所、坪塘派出所、含浦派出所、莲花派出所、雨敞坪派出所，有警务区90个。在职总人数645人，派出所警力占总警力61.27%，基层一线实战单位警力占分局总警力90.44%，社区民警占派出所警力26.9%；辅警361人。

维护稳定。开展情报信息搜集、不安定因素排查，化解影响社会稳定的苗头和倾向，建立快速、专业应急处突机制，金星处突队、武装巡逻车组、巡警大队实行24小时备战备勤。加强社会面治安防控，依法妥善处置各类突发事件、群体性纠纷事件95次，办理影响重点工程施工案件17起，抓获违法犯罪嫌疑人31人，完成“2015中国长沙湘江国际帆船赛”、“中国人民抗日战争暨世界反法西斯战争胜利70周年”纪念活动、“2015长沙国际马拉松赛”等大型活动安全保卫工作322场次。完成一级警卫3次、二级警卫7次、三级警卫4次。对重点地区和治安复杂地段、危爆物品厂家、物资仓库严格安全检查监管；对流散街头仿真枪、管制刀具实施收缴；对旅馆业进行“开业必联、住宿必登、登记必传、违规必罚”常态管控；对娱乐场所、印章业、典当行、旧货市场采取“谁主管谁负责”原则，逐一签订安全责任书，落实防火、防盗、防事故措施，在检查中发现隐患，在整改中杜绝事故。

刑事侦察。树立侦破打击、破大打多理念，抓命案侦破，按照市局“四项建设”要求，率先在全市开展警务改革试点，刑侦大队设重案、打黑、打多、打“两抢一盗”专业中队，成立合成作战室、网技工作站、刑事技术室。按区域设岳麓、西湖、望城坡三个受案分中心，实行警力互动、信息互通、资源共享、情报会商。转型刑侦警务模式，深入开展“百日会战”、“飓风行动”打击网络电信诈骗犯罪等专项行动，刑事案件现勘率100%（公安部标准90%）；现场痕迹物证提取率13%（公安部标准20%）；足迹提取率48%（公安部标准45%）；工具痕迹提取率21%（公安部标准5%）；生物检测率14%（公安部标准7%）；串并案率21%（市局标准5%），刑事案件破案率14.6%，比上年同期上升4.1%。全年立刑事案件8003起，破获2004起，同比上升48.8%，破现行命案20起，侦破率100%，网上追逃185名。受理治安案件9723起，查处2730起，打击处理3648人，办理各类涉黄、涉赌案件165起，抓获嫌疑人员644人；破获各类涉毒案件682起，抓获涉毒人员1090人，收缴毒品35622.09克；摧毁犯罪团伙74个、瓦解团伙成员235人。

改革创新。率先探索警务机制改革，优化警力，转型升级。3月20日，启动“大巡防”“大刑侦”“大矛调”“大法制”新型警务工作模式，建立专业处警队，把派出所分散处警模式集中起来，警力随着警情走、部署随着警情变，刑侦、禁毒、情报中心、基层所队多警同步上案、合成侦查、多轨联控，组织多警种联勤联动和武装查缉，构筑“守点、巡线、管面”相结合无缝隙巡逻防控网。更快破现案、更多破小案、更深挖积案，提高专业警种核心战斗力和攻坚克难水平；构建“大矛调”联调模式，运用法律途径调解群众矛盾纠纷破解群众难题，全区社会治安，呈现出“发案数下降、破案率上升、矛盾纠纷调解率上升、群众安全感满意度提高”的“一降三升”良好局面。5月22日，公安部改革专项调研督导组于东琳督察专员一行4人，来分局调研警务改革工作。在区社会矛盾调处中心南片分中心和刑侦岳麓片区受案分中心，听取相关汇报，对基层工作和警务改革给予充分肯定。

规范执法。以“系统训练、科学管理、信息引领、制度保障”为引领，创新理念，树立“以人为本，执法为民”思想，加强执法主体、案件评查、执法办案场所规范化建设，使用统一、标准网上办案系统，建立从接处警、办案审批、管理监督、执法考评、巡查互联、互通信息平台，分局执法系统网上证据上传率、执法场所关联率、涉案财物流转率均达100%，在省厅、市局年度执法考评中，被评为执法优秀单位、先进典型，成功做法向全市公安系统推广。

队伍建设。贯彻落实全市公安机关“九项改革”“三型警队”建设指导思想，围绕队伍正规化建设，坚持政治建警、科学用警、科技强警、人才兴警，开展“三严三实”和“心中有党、心中有民、心中有责、心中有戒”专题教育活动，打牢民警为民、务实、清廉思想根基，组织开展“领导联基层、支部联社区、民警联群众，领导接访、案件回访、民警走访”为主要内容的“三联三访”活动，深化基础信息化、警务实战化、执法规范化、队伍正规划建设。做到服务基础和服务民生相统一。全局走访群众10万余户，20余万人，帮助群众解决各种实际问题1100余件。分局被省厅授予全省公安警卫基层基础建设先进单位；国保大队获侦破“2013·10·24”特大组织、

领导传销案集体三等功，国保大队长何应生获个人二等功；西湖派出所教导员文增强被省厅授予“全省公安政治工作成绩突出个人”。政工部门围绕健康警队建设，组织开展演讲比赛、拔河比赛、马拉松训练等各种健身活动，各单位逐渐形成工作之余崇尚健康、锻炼身体的良好习惯。

（彭波静）

【侦破利用“P2P”网络借贷平台非法吸收公众存款案】 12月14日，按照市局“11·20”专案指挥部统一部署，在英途世纪（北京）商务咨询有限公司（以下简称英途公司）长沙分公司抓获利用“P2P”网络借贷平台进行非法吸收公众存款案涉案人员35人，成功破获该案。“月月添利、三月优享、六月丰盈、年安丰裕”“1元人民币起投”等超低门槛、诱人的收益，让这个曾在全国各地风生水起的英途世纪公司所谓“芝麻金融”系列“理财产品”吸引许多不知情的投资者，非法吸存人民币1300余万元。英途公司长沙分公司采用P2P网络借贷平台，通过发传单、打电话吸引公众下载名为“芝麻金融”APP应用软件，以虚假标的诱导客户投资，非法吸收公众存款。截至案发，该公司在长沙运营短短5个月，非法吸款高达1300多万元、涉及1200余人，严重扰乱了刚刚起步发展互联网金融市场，引起政府部门的高度关注。市局、分局分别成立专案组，集中打击该类金融犯罪，分局专案组由局长谭应林任组长、副局长师建伟负责该案侦破工作。根据专案组部署，调集分局经侦、内保、国保、网保等部门精干警力，制定行动方案，进行现场踩点，法制科制定取证提纲，理清案件审查思路，12月14日，分局专案组对位于岳麓大道英途公司长沙分公司进行依法查封、扣押，将涉案人员带回审查。从接受指令、案件调查到成功收网，历时十二小时。涉案人员中有该分公司主要负责人员彭某（兼第一营业部部长）、王某（第三营业部部长）、陈某（原长沙分公司负责人）、韩某（第二营业部部长），主要犯罪嫌疑人均被依法刑事拘留。

【快速破获“1·10”恶性命案】 1月10日上午，含浦派出所接报警：云顶翠峰小区33栋有人打架。民警迅速出警，现场位于小区33栋3305房，房门紧闭且室外有血迹，门内冒出浓烟。处警民警即拨打火警电话119报警。相关人员打开房门，控制火情后，发现案发现场有四男一女倒在地上，其中三男一女（一名成年男性、一名成年女性和两名儿童）已无气息，另一男子尚有生命迹象。民警随即通知120将该男子送至长沙市第四医院抢救，并将相关情况逐级上报。接报后，省厅刑侦总队副总队长敖平洋，市局党委委员、副局长欧益科、刑侦支队支队长史尚篪等省、市领导纷纷作出指示，副区长、分局局长陈定佳赶赴现场指导现场勘查、调查走访等侦破工作。经查，四名死者系康某林（男，37岁，住岳麓区含浦镇云顶翠峰小区）夫妻及其两个孩子。嫌疑人黎某文（男，45岁，岳麓区坪塘镇新合村人因犯案受伤，送医院抢救）曾在死者康某林手下做木工，双方存在劳资纠纷。1月10日上午9时50分许，黎在多次讨要工钱未果的情况下，持凶器窜至被害人康某林在含浦云顶翠峰小区家中，将其一家四口全部杀害后纵火自杀。

检　察

区人民检察院

党组书记、检察长
盛　智

党组副书记、副检察长
唐悦喜

党组成员、副检察长
黄向武

副检察长　卜雪凡（女）

党组成员、副检察长
陈春光

副检察长　周叶芝（挂职，女）

党组成员、纪检组长
夏　忠

党组成员、政工室主任
陈晓东

党组成员、反贪污贿赂局局长
皮广林

党组成员、反渎职侵权局局长
谢力兵

检察委员会专职委员
彭　君
廖剑聪

【概况】 区人民检察院成立于1956年7月，前身为长沙市城西区人民检察院。1959年6月，根据长沙市编委批复，长沙市城西区人民检察院撤销。1979年11月，长沙市城西区人民检察院正式恢复办公，行使检察权。同年11月，更名为长沙市西区人民检察院。1995年11月，长沙市行政区划调整，更名为长沙市岳麓区人民检察院。2015年内设办公室、政工室、纪检组（监察室）、侦查监督科、公诉科、反贪污贿赂局、反渎职侵权局、监所检察科、民事行政检察科、控告申诉检察科（举报中心）、职务犯罪预防科、司法警察大队、案件管理科。现有工作人员

81人(其中行政编80人、事业编1人),市院挂职人员1名。另有聘用制书记员31人。

区人民检察院是国家法律监督机关,接受岳麓区委和上级检察机关的领导,对岳麓区人民代表大会及其常委会负责并报告工作,主要职责:依法行使检察权;依法对职务犯罪进行侦查;依法决定是否对犯罪嫌疑人实行逮捕和提起公诉;代表国家出庭公诉;对刑事诉讼、民事诉讼和行政诉讼实行法律监督;对执行机关执行刑罚的活动是否合法实行监督;受理单位和个人的检举、控告和申诉;负责预防职务犯罪的法制宣传等。区人民检察院现辖范围包括岳麓区、长沙国家高新技术开发区。

惩治刑事犯罪。共受理提请批准逮捕1087人,批准逮捕762人;受理移送审查起诉1345人,提起公诉1326人。其中,批捕故意杀人、强奸、绑架等严重暴力犯罪嫌疑人104人,起诉134人;批捕合同诈骗、金融诈骗、组织领导传销等破坏社会主义市场经济秩序犯罪嫌疑人38人,起诉195人;批捕涉枪涉爆、交通肇事等危害公共安全犯罪嫌疑人20人,起诉48人;批捕"两抢一盗"、非法拘禁等侵害人民群众人身权利、财产权利犯罪嫌疑人518人,起诉747人。对涉嫌犯罪但无逮捕必要的,不批准逮捕147人;对犯罪情节轻微,依法不需要判处刑罚或者免予刑事处罚的,不起诉89人。对29名已逮捕的犯罪嫌疑人改变强制措施。运用刑事和解机制办理案件159件。向5名刑事被害人及其家属发放救助资金10.6万元。重视涉检信访工作,健全执法办案风险评估预警、法律文书释法说理、涉检网络舆处置等工作机制,从源头上预防和化解矛盾,全年受理来信来访55件,接待来访群众150余人。

惩治和预防职务犯罪。立案侦查职务犯罪案件8件16人,其中贪污贿赂案件6件13人,渎职侵权案件2件3人。如长沙航天学校办公室原副主任袁某某伙同出纳、会计等3人涉嫌挪用公款案,望月湖街道城建办临聘人员杨某与区城市建设开发公司原工作人员冯某某相互勾结、涉嫌滥用职权、受贿、贪污案。按照侦查一体化工作机制要求,配合市纪委、市检察院成功查处长沙市委宣传部原副部长、长沙晚报报业集团原党委书记张某某、市文广新局原副调研员胡某某涉嫌共同受贿案、长沙市明德中学原校长范某某涉嫌受贿案、浏阳经开区党工委原委员、管委会原副主任刘某某涉嫌滥用职权、受贿案。查办重点领域重要行业渎职、贪腐案件。查办司法工作人员利用职权实施侵犯公民人身权利、民主权利犯罪案件,立案1件1人。查办发生在群众身边、群众反映强烈的征地拆迁领域职务犯罪案件,立案2件8人,涉案金额600余万元。构建职务犯罪惩防一体化机制。开展"进机关、进企业、进乡村、进学校、进社区"专题预防活动,组织预防职务犯罪宣传教育讲座5场,受教育者700余人次。与省肿瘤医院、湖南师范大学、市城乡规划局岳麓区分局等单位完善预防联络机制,加强行业预防和重点预防。针对发案单位在教育、制度、监督等方面存在的问题,发出检察建议7份,均被采纳,其中1份被评为全省优秀预防职务犯罪检察建议。提供行贿犯罪档案查询2781次,促进社会诚信体系建设。提交《关于专项资金领域职务犯罪案件年度综合分析报告》作为领导决策参考。

诉讼监督。一是刑事诉讼监督。依法监督立案7件、撤案4件,追捕8人、追诉9人,追诉漏罪和遗漏犯罪事实28起;对侦查活动中的违法行为和不规范现象,提出书面纠正意见68份。强化刑事审判活动监督,向法院发出量刑建议书590份,采纳率96.2%;书面纠正刑事审判活动违法行为8件。对认为确有错误的刑事判决,提出抗诉4件,改判4件。二是民事行政诉讼监督。受理民行检察监督案件40件,审结38件。探索开展行政检察监督工作,向省科技厅、市林业局、市工商局等行政机关发出5份督促履职检察建议,对7件行政执行案件提出检察建议。加强对虚假诉讼的监督,发出再审检察建议1份。支持弱势群体通过法律途径维护自身合法权益,就拖欠农民工工资、侵犯业主投资权益等事项支持起诉16件。上述检察建议及支持起诉意见均被行政机关和法院采纳。三是刑罚执行监督。定期核对社区服刑人员基础数据,对辖区311名社区服刑人员分类逐人建立检察台账,做到底数清、情况明。对检察发现的社区矫正交付执行、社会调查评估程序等方面的问题,向法院、监狱等部门共发出检察建议书和纠正违法通知书43份,其中,对不再符合监外执行条件的罪犯提出撤销裁定检察建议,监督收监执行9人。向人民法院发出财产刑执行监督书面检察建议4份。

队伍建设。一是自觉接受区人大、区政协的监督,坚持向区人大及其常委会报告重大工作事项,认真办理人大代表、政协委员的建议、批评和意见。通过上门走访、邀请视察工作、赠送检察刊物等形式,密切与人大代表、政协委员的联系。参加区人大组织的庭审评议活动和以"行政检察监督"为主题的"司法公正岳麓行"活动,建立和完善接受人大监督评议案件的常态化机制。依法接受人民法院、公安机关和司法行政机关的制约,共同维护司法公正。开展人民监督员工作,邀请人民监督员参与评议案件。依法保障律师的知情权、会见权、阅卷权、调查取证权。公开案件流程信息、法律文书、重要案件信息2524份。二是开展规范司法行为专项整治活动。坚持问题导向,围绕重点环节、重点问题和重点岗位,对照重点整治八个方面内容进行排查摸底,查找出赃款上缴程序不完善、部分未羁押案件超审查期限等问题15个。通过认真分析,深挖根源,逐一整改,进一步明确工作职责、工作流程、工作标准,完善检务督查、案件评查、流程监控等监督制度。三是加强党风廉政建设和纪律作风建设。扎实开展"三严三实"专题教育活动,利用"三服务一线工作法"工作平台,开展"联系群众、司法为民"、"三走访、两查找、一确保、一促进"和"三联三访"等活动,引导干警养成为民务实、忠诚担当的良好作风,确保检察权依法正确行使。严格落实两个责任,自觉将党风廉政建设与业务工作、队伍建设同部署、同落实、同考核。全院层层递交党风廉政建设责任状,签订"遵纪守法、廉洁从检"承诺书。完善干警廉政档案和执法档案,严肃错案责任追究,建立健全教育、监督和制度并重的内部监督管理机制。四是加大对干警的业务培训力度。提升司法改革新常态下检察业务能力和执法办案水平,7人次在上级业务竞赛活动中获奖,9人次荣立全省、全市检察机关二等功和三等功,25名干警分别获得"优秀公务员""优秀党员"等荣誉称号,2件案件被评为全省优秀案件。五是加强检察信息化建设。按照现代化办案要求,改造执法办案区设施,进一步完善检察机关涉密网络、统一业务应用系统,建立远程接访中心、侦查指挥及案件研讨中心、高清视频会议中心,实现办案过程中上下之间的安全互联互通,提高执法办案效率。 (李莉)

法　院

区人民法院

党组书记、院长
袁　征
党组副书记、副院长
胡　忠
副 院 长　谌晓宇
党组成员、纪检组长
李宏松
党组成员、政工室主任
熊开岁(女)
党组成员、副院长
罗中东
党组成员、办公室主任
罗开颜(女)
党组成员、非诉执行局局长
张卫东
党组成员、执行局局长
熊　瑛(女)
专职委员　傅建生
黄　斌

【概况】 2015年,区人民法院内设刑事审判庭、行政审判庭、民事审判一庭、民事审判二庭、知识产权审判庭、执行局、非诉行政案件执行局、审判监督庭、立案庭、坪塘法庭、莲花法庭、司法警察大队、政治工作室、办公室、研究室、纪检监察室和审判管理办公室、未成年人案件综合审判庭等18个职能部门。人员编制133个,现在编人员121人,另有聘任制书记员和法警175人。区人民法院牢牢把握司法为民、公正司法工作主线,忠实履行宪法和法律赋予的职责,为区经济发展和社会稳定提供司法保障,各项工作取得了新进步。全年共受理各类案件17857件(含旧存2786件),较上年同期增长27.9%,审执结13944件,较上年同期增长24.77%,审限内结案率为96.96%。多元化纠纷解决机制改革经验在全国推广;司法公开平台在全省率先建成运行;与中南大学法学院联合申报的《〈专利法〉第四次修改关于专利纠纷调解救济机制的研究》课题成功中标最高人民法院2015年度司法调研重大课题,系全省唯一;民一庭获得"全国巾帼文明岗"荣誉称号。

*严格依法履职,发挥法院职能,服务发展大局。*一是强化刑事审判,维护安全稳定。共受理各类刑事案件905件(含旧存76件),较去年同期上升22.63%,结案806件,较上年同期上升21.75%。依法严惩故意伤害、抢劫等暴力犯罪,打击盗窃、诈骗等多发性侵财犯罪,助推平安岳麓建设。其中,审结危害食品药品安全犯罪案件10件16人,审结贪污贿赂和渎职等职务犯罪案件11件13人,审结毒品犯罪案件74件91人,审结聚众扰乱公共秩序、寻衅滋事犯罪案件15件25人。审结敲诈勒索犯罪案件2件11人。坚持宽严相济,实施未成年人轻罪记录封存制度,做好教育感化挽

救工作。对于初犯、偶犯或因生产生活、邻里纠纷、婚姻家庭等民间矛盾引发的犯罪案件中的被告人，被害人予以谅解的，依法从宽处理，最大限度分化瓦解犯罪分子，减少社会对立因素。二是调节民事关系，促进民生保障。共受理各类民商事案件11107件（含旧存2005件），较上年同期上升15.66%，审结8727件，较上年同期上升14.86%。贯彻实施修正后的《民事诉讼法》及其司法解释，妥善审结婚姻家庭、劳动争议、人身损害等案件1694件，积极化解人民内部纷争。审结建筑工程和房地产纠纷案件1861件，规范房地产市场健康发展。妥善审理教育、医疗、消费、社会保险等领域案件2296件，促进民生保障。依法审理城镇化建设进程中出现的各类纠纷，解决好涉及房地产开发、农村土地承包经营权、农民工工资等方面的矛盾，保障农民群众合法权益。应对经济转型发展，强化商事审判工作，依法调节经济社会关系，采取分片送达、集约审理等方式，狠抓案件质量，提高商事案件办理实效，平等保护各类市场主体的合法权益。发挥知识产权司法保护的主导作用，受理知识产权案件155件（含旧存10件），审结135件。受理涉外、涉港澳台案件26件（含旧存5件），审结16件，平等保护涉外当事人合法权益。司法确认7件专利纠纷行政调解协议，有机衔接知识产权行政调解与司法保护。夯实基层基础，发挥派出法庭职能，妥处当地民商事纠纷，维护一方和谐。三是解决行政争议，促进依法行政。共受理各类行政诉讼案件379件（含旧存21件），较上年同期上升36.82%，审结342件，较上年同期上升33.59%。贯彻修正后的《行政诉讼法》及其司法解释，对符合起诉条件的行政案件及时立案，充分保障当事人诉权。高度重视行政机关不作为案件的审理工作，依法监督行政机关履行职责，促进公权力规范行使。注重行政争议实质性解决，加强协调化解，维护行政相对人合法权益，化解“官民”矛盾。妥善审理社会广泛关注的湘潭大学师生诉长沙市住建委、财政局涉及路桥费收费的系列行政诉讼案件，促成3件案件的原告撤诉。延伸行政审判职能，适时发出司法建议，为依法行政提供有益参考。加强行政非诉案件的审查与执行，受理非诉执行审查案件107件，办结102件，既依法支持行政机关的行政决定，又切实维护群众合法权益。四是落实案件执行，维护合法权益。共受理各类执行案件5448件（含旧存683件），较上年同期上升63.8%，执结4052件，较上年同期上升53.31%。强化执行联动，充分运用公布失信被执行人名单、罚款、拘留、限制高消费等措施，形成强大的执行威慑力，敦促被执行人履行义务。加强与公安、检察机关的协调配合，深入开展集中打击拒不执行判决、裁定等犯罪行为的专项行动，向区公安分局移送需要协查的案件线索74件82人。成功协办全国16家高级人民法院异地执行协作机制签字会议，打造异地执行的“岳麓联盟”，强化跨区域执行协作协助。妥善执行烂尾楼盘引发的系列民事案件，化解矛盾，平息纠纷。改革刑事案件财产刑执行机制，由本院执行局集中执行刑事案件财产刑，成功执结2件，标的金额70万余元，强化了刑罚威慑。五是推进和谐拆迁，促进项目建设。共受理各类涉征迁案件232件（含旧存28件），办结178件，其中促使当事人和解撤诉130件，和解率为76.97%，有力地支持了全区的征迁扫尾和重点项目建设。对拒绝理性协商，刻意阻挠项目建设的征拆户，制订周密的行动方案，依法强制执行。同时加大调解力度，耐心释法，协调解决被征迁人的具体困难，促成当事人主动签约腾地，化解征迁矛盾，切实保障重点工程顺利推进。

锐意创新改革，优化司法机制，打造特色亮点。一是深化多元解纷改革，整合各方资源。扩建院“诉调对接中心”，将非诉调解工作纳入院司法绩效考核。对部分适宜进行诉前调解的简易纠纷先予登记，引导当事人自愿先进行非诉调解，过滤和化解部分纠纷。在湖南航天医院设立医疗纠纷专项调解室，在高新区、岳麓区的交警大队开设多元解纷窗口，促进医疗、交通事故类纠纷多元调解。面向社会遴选82名特邀调解员及32家特邀调解组织，举办多元解纷业务培训班，提升特邀调解员工作技能。自2015年5月实施立案登记制至年末，通过诉前调解分流各类民事纠纷1841件，占同期全院民事案件受理总数的16.58%，非诉调解成功1194件纠纷，司法确认143份非诉调解协议，民一庭受理案件数不升反降。多元解纷改革经验在全省法院立案登记制和多元化纠纷解决机制改革工作推进会上作专题介绍。二是打造司法公开平台，提升公信权威。率先建成全省首个基层法院司法公开平台，利用现代网络技术，实现“审判流程、裁判文书、执行信息”全程公开，与法院网站、手机短信等有机整合，加大司法公开的广度和深度，提供“诉讼指南、网上立案预约、案件在线查询”等9项便民服务,增进公众对司法的了解和监督，增强司法责任,优化便民利民。扩大人民陪审员参审范围，引入人民陪审员参与大案要案审理，提升司法公信。三是探索轻刑速裁改革,落实繁简分流。对危险驾驶等依法可能判处一年以下有期徒刑、拘役、管制或者依法单处罚金的刑事案件,试用速裁程序审理,在立案后七日内审结并当庭宣判。优化司法资源配置，为主审法官配备法官助理和书记员,打造专业团队。适用格式裁判文书，由独任审判员直接签发,减少内部审批流程,大幅提高审判效率。全年适用速裁程序办理刑事案件167件193人，占全院刑事案件的18.45%,案件平均审理期限仅为6天。

强化司法管理，践行便民司法,维护司法形象。一是强化精细管理,提高司法质量。健全审判运行态势分析机制，动态掌握收结案变化情况，将存案较多庭室的案件进行调整，平衡各庭室工作量。落实院长、庭长直接办案制度,强化示范指导。严格案件评查和分析通报,落实归档报结,构建案件质量防控体系，消除司法瑕疵。继续推行ISO9001质量认证,实施精细管理，强化过程控制与结果监测，提高工作的规范化水平。二是强化信息建设,提高司法效率。完成全院14个审判法庭的数字化改造,整合数字法院、审判辅助、互联网庭审直播点播等信息系统,提高司法科技含量;建立审限提示、审限预警、公示通报等制度,督促法官及时审结案件,实现法定审限内均衡结案。在互联网第三方交易平台对29件案件执行标的物进行网上公开拍卖,实行零佣金制度，最大限度维护当事人合法权益。三是强化司法为民,落实司法救助。积极回应群众关切和期待，践行司法为民宗旨,落实立案登记制,切实保障当事人诉权。加强诉讼服务中心建设,密切联系和服务人民群众。创新司法便民利民举措，依法为当事人缓、减、免交诉讼费69.14万元，为确有困难的当事人发放救助款13.41万元,让人民群众切实感受司法的便利和温暖。四是强化对外宣传,扩大司法影响。在全国法院多元解纷工作推进会上播放专题宣传片，推介区法院改革经验。创新庭审公开方式，对12件案件进行庭审网络视频直播,提高司法透明度。结合审判执行工作,加强法治宣传,讲好法治故事,增强群众法律意识。开展“法院公众开放日活动”,邀请民众走进法院参观,旁听案件庭审,参与互动交流等，增进人民群众对法院工作的了解与支持。与长沙政法频道合作拍摄庭审纪实节目《一号法庭》7期,以案普法,营造守法用法的良好氛围。办好院刊《麓山法苑》和《案例集萃》,总结司法经验,适时对外推广。

自觉接受监督，强化司法民主,提升司法公信。开展《司法公正长沙(岳麓)行》活动,自觉接受人大监督，贯彻执行区人大及其常委会决议,认真办理人大督办、交办案件6件，办结人大代表建议1件并及时回复。利用手机短信平台及时向代表、委员发送重要工作信息19条,加强与人大代表和政协委员的经常性沟通。邀请人大代表观摩庭审、见证执行和参与调研。接受23名人大代表和6名专家对一件容留他人吸毒案庭审评议，根据反馈意见及时整改,提高法官庭审驾驭能力。认真报告行政审判工作，提高办案质量。自觉接受政协民主监督、检察监督和社会监督，切实提高工作水平。

坚持从严治院，注重务实担当,强化队伍建设。一是践行“三严三实”,转变司法作风。扎实开展“三严三实”专题教育,落实中央“八项规定”、省委“九项规定”,巩固党的群众路线教育实践活动成果,坚决防止“四风”问题反弹回潮。强化党性修养和党性锻炼,增强队伍凝聚力。完善院《综合目标管理考核办法》《个人目标管理考核办法》,实行对“个人和部门”双重考核机制,抓细抓实,考核兑现，增强全院法官和工作人员责任心。二是抓业务建设,提高司法能力。遴选3名优秀法官充实到中层干部队伍；结合干警自身特点和岗位需要,对15名同志进行岗位调整;公开招录10名工作人员,优化队伍结构。与10名优秀临聘书记员、法警签订长期合同,稳定司法辅助人员队伍。组织干警参加各类业务培训10余次,举办“法官讲坛”,提升整体司法水平。组织“学习邹碧华同志先进事迹青年论坛”,激发青年干警干事创业热情。与辖区高校合作,开展案例研讨,培养高端人才。承办全省部分法院信息工作片会，提高信息专干工作能力和技能水平。三是深化廉政建设，增进司法权威。建设廉政文化,把党风廉政建设纳入目标管理体系,签订“党风廉政建设责任状”，强化廉政督查和重点敏感案件跟踪。坚持用制度管人管案管事,对司法办案的每个环节进行监督,落实重大事项报告、廉政谈话、民主评议等制度。针对容易发生司法不严、司法不公问题的重点领域和关键环节,健全案件评查和信访反馈制度。（黄旭）

【在全国法院多元化纠纷解决机制改革工作推进会上作工作汇报】 4月9日，全国法院多元化纠纷解决机制改革工作推进会在四川省眉山市召开。区法院推进多元化纠纷解决机制改革的经验在大会上进行了专题的视频汇报。9日晚,院长袁征受邀参加最高人民法院组织召开的新闻采访会,接受《法制日报》《光明日报》《人民法院报》等多家媒体的集中采访,介绍了岳麓区在两型社会建设中作为湘江新区核心区的重要地理优势和多元化解决工作经验,受到了媒体的高度关注和好评。

【首次向中国法院庭审直播网和省法院网视频直播案件审理】 4月7日,区法院开庭审理原告贵州茅台酒厂(集团)习酒有限责任公司诉莫正安(被告一)、贵州省仁怀市茅台镇仁和酒业有限公司(被告二)商标侵权纠纷一案。向中国法院庭审直播网、湖南法院网直播栏目全程网络视频直播。省内多家媒体的记者现场旁听并报道该案审理的情况。

【全国部分高级人民法院异地执行相互协助工作机制备忘录签字会议在岳麓区召开】 4月17日,来自北京、内蒙古、辽宁、山东等16个省、自治区、直辖市、高院分管执行工作的领导汇聚岳麓区,召开全国部分高级人民法院异地执行相互协作协助工作机制备忘录签字会议，该会议由湖南省高级人民法院主办、长沙市中级人民法院协办、岳麓区人民法院承办。参会单位代表联合签署《关于建立异地执行相互协作协助工作机制备忘录》。

【区法院刑庭荣记集体二等功】 2月,区法院审理的陈永洲损害商业信誉案得到中央、湖南省委及省高院充分肯定。省高院对审理该起刑事大要案的先进集体和先进个人予以表彰奖励。区法院刑事审判庭荣立集体二等功。副庭长彭林霞荣记个人二等功、庭长郭曙及研究室主任舒秋膂均荣记个人三等功。

司法行政

区司法局

党组书记、局长
肖　健(9—)

副书记、副局长
谢觉敏

党组成员、副局长
魏铁强
鲁　革

党组成员、纪检组长
周友良

党组成员　张文阁

【概况】 区司法局是区人民政府主管全区司法行政工作的工作部门,成立于1985年,原名长沙市西区司法局,1996年更名为长沙市岳麓区司法局。内设办公室、法制宣教科、法律服务科、基层工作科、社区矫正工作科,下设法律援助中心1个二级机构。有基层司法所17个,属司法局在街道(镇)派出机构,司法局与各街道(镇)共同管理,以司法局管理为主。1月，市机构编制委员会决定岳麓区天顶、莲花、岳麓、观沙岭、雨敞坪、西湖6个司法所为副科级机构，核定所长各1名（乡科级副职)。5月,岳麓公证处撤销。原公证处3个政法专项编制调整至司法局用于基层司法所工作。全区司法行政系统有在编在职干部45人。主要职责:贯彻执行国家有关司法行政工作的方针、政策、法规，编制全区司法行政工作发展规划和年度计划,并监督实施。制定全区法制宣传教育和依法治理规划并组织实施，指导全区开展依法治理工作。指导监督全区律师工作，协助上级主管部门管理法律服务机构和市场；协助主管部门组织国家司法考试。负责指导管理基层司法所、人民调解和社区矫正工作；指导协调全区社会联动调解工作；参与社会治安综合治理。组织做好刑满释放和期满解教人员的安置帮教工作。管理指导和监督全区法律援助工作。管理司法行政系统行政、财务、物资、服装和车辆管理工作。管理指导全区司法行政系统队伍建设和思想政治工作；负责全区司法行政系统的教育培训工作。承办区委、区政府交办的其他工作任务。

法制宣传。完善法制宣传教育工作保障和考评机制,印发《关于建立“谁执法谁普法”的普法责任制实施意见》、《2015年全区法治宣传教育工作提纲》和《2015年全区法治宣传教育工作目标管理考核细则》。开展农村法制宣传月、青少年法制宣传周、“6·26”禁毒日、“12·4” 宪法宣传日等大型主题宣传活动。在观沙岭街道、银盆岭街道建造法制公园，以《宪法》《民法通则》《婚姻法》等法律为主要内容,建设法制文化长廊。落实“六五”普法检查验收。

重点对象学法。开展“法律六进”活动。聘请6名法律专家,定期对区级领导、科级干部和一般干部进行法制培训，全年组织举办法制讲座19场。抓青少年法制宣传教育工作，将普法教育纳入

学校教学计划，全年受到法制教育的学生有12000余人次。

调解组织建设。落实“以案定补”政策，基础设施建设全面加强，全区166个村(社区)人民调解委员会严格落实“五有”要求，即有机构、有人员、有场地、有经费、有制度。全年各类人民调解组织化解矛盾纠纷1998件，调解成功1988件，成功率99.5%，涉及当事人6294人次。及时调解因云顶翠峰小区凶杀案和邓某涉嫌故意伤害致死案引起的重大矛盾纠纷。

社区矫正。成立区社区矫正和刑满释放人员安置帮教工作领导小组。11月，社区矫正中心投入使用。社区矫正科每月定期清查比对社区服刑人员信息，核实率100%。全区在册社区服刑人员259名，其中管制22名，缓刑215名，暂予监外执行7名，假释15名，全年接受法院和监狱委托开展审前社会调查评估220起，无一例社区服刑人员因脱管、漏管而重新犯罪。对163名特困社区服刑人员提供社会救助，对符合条件的农村籍社区服刑人员协助落实好责任田，解决社区服刑人员生活困难。

安置帮教。开展“走访排查结对帮扶”主题活动，4次组织“帮帮团”对辖区60名在不同地点省监狱服刑的服刑人员开展帮教工作。每季度开展一次“情暖高墙·关爱孩子”活动，解决18名服刑人员子女就学就医问题。把符合最低生活保障条件的322名刑满释放人员纳入“低保”。

法律服务。在全区17个街镇建立规范化法律援助工作站，在辖区内的3家律师事务所设立法律援助联络点。推行法律服务进园区、进项目、进企业“三进”活动，每月定期到相关单位宣讲法律法规政策，解答创业法律问题，参与项目立项、招投标、合同签订等法律事务。有52家企事业单位、社会团体聘请律师担任法律顾问。律师代理刑事案件23件，民事案件222件，非诉讼法律事务15件，办结法律援助案件100余件，义务代写法律文书45余份，义务接待法律咨询200余人次，全区律师事务所年业务收入400余万元。

队伍建设。局党组每月召开一次全局党员干部会议，加强干部的理论学习，开展职业道德和执业纪律教育，开展以党纪政纪和廉洁从政为主要内容的党纪法规教育，全年党员干部无违法违纪违规现象发生。开展以“公平正义为核心价值，全面加强队伍建设”为主题的司法不公、司法腐败和侵害群众利益行为专项整治工作，树立勤政高效、严谨务实的司法干部形象。（谢思）

【全国模范司法所长】 天顶司法所长张治国获评全国模范司法所长。张治国曾多次被岳麓区政府嘉奖，被长沙市司法局聘请为重大矛盾纠纷人民调解专家库专家。天顶司法所也被评为全国模范司法所、全省模范司法所、区十佳政法基层单位。几年来，经张治国调处的民事纠纷300余起，调处重大矛盾纠纷60余起，制止群体性上访和民转刑案件30多起，调解成功率98%。（谢思）

交通警察

岳麓交警大队

大 队 长 李 泉
教 导 员 刘湘林
副大队长 黄红社
冯勇奇
张 佳
周建文

【概况】 岳麓交警大队内设十二个路面勤务中队，还有突击一中队、突击二中队、综管中队、机动中队、处罚中队、安宣中队、法制中队、122事故中队、分控中心等共计21个中队。有民警158人，其中借调3人。辅警51人，协警(临聘)125人。劝导员（临聘）150人。

交警管理。以网格化勤务为依托，提升对辖区交通的管控能力。拓展网格化勤务外延，推行“见警最大化、管理精细化、效果公认化”的网格化勤务管理机制，将民警、辅警值守路口由原来24个增至58个，交通高峰岗增至49个，手势岗4个，民警执勤岗点和巡逻管控范围增加，严格实行人岗对应、人车定位、定岗定责的交通管理责任制度，民警履职效率和辖区路面管控能力得到提高。开展辖区交通优化组织，最大限度挖掘道路通行潜能，打通困扰市民出行的交通节点、瓶颈，如银盆南路、潇湘大道黄泥河路口交通优化，金星路全线交通信号灯优化配时及路口渠化。改善望城坡杜英路、金桂路、青山片区俊峰岭路等社区支路微循环8处。

事故预防与处理。制定《岳麓区交警大队2015年事故预防方案》。创新工作模式，加强专项工作力度。改善隐患排查治理工作组织架构，加强人员配置。各路面勤务中队均确立专干，与大队专干形成网络，强化联系，深化隐患排查治理的力度，缩短排查治理周期。建立隐患路段数据库和长效更新机制。以中队为单位，建立表格、图片对照电子数据库，做到辖区隐患路段一目了然。每月更新路段数据、治理状态等内容。按照轻重缓急工作原则，对多个隐患路段进行治理，如枫林路指南针路段、后湖路等，通过治理提高行车安全度。全年，大队辖区共发生交通事故5206起，其中死亡事故59起，伤人数2603人，其中简易上报4958起，一般程序处理171起，直接财损520.6万元，辖区未发生一起重特大事故。全年辖区内共发生交通逃逸事故16起（死亡逃逸8起，伤人逃逸6起，财损逃逸2起），16起交通肇事逃逸案件全部侦破，交通肇事逃逸案破案率100%。

交通秩序整治。相继开展春季攻势、夏季行动、疏堵保畅百日攻坚、文明出行、畅安长沙等多个专项交通秩序整治行动。保持对交通违法行为常态化高压态势。全年共纠处各类机动车交通违法行为18万余起，扣留违法机动车7028辆、非机动车13119辆。

交通警保卫。全年为政治、经济、文化、体育及外事等活动担负道路警卫任务78批263趟次。其中，一级警卫3批4趟次，二级警卫5批24趟次，三级警卫2批7趟次，其他综合性保卫活动68批201趟次，出动警车1327辆次，出动警力7784人次，警卫线路总长1916公里，未发生一起警卫责任事故。

安全宣传。全年开展集中宣传活动25场次，发放和张贴宣传挂图1000余张，发放宣传资料2万余份，发放读物1000余册。派出小教员完成授课180场次，10000多人受到教育；对专业运输单位有针对性地开展交通安全宣传教育12场次，其中长沙客运公司长西分公司2场次、区教育系统校车驾驶人4场次、危爆物品运输单位6场次。发送交通安全提示短信8000余条。自主组织或配合支队进行媒体宣传报道38场次，完成新闻发稿140篇。

队伍建设。按照市局、支队党委“三严三实”专项工作要求，开展三严三实专项思想教育整顿活动，加强队伍党风廉政建设和反腐倡廉工作，增强警廉洁执法、规范执法意识，筑牢防腐拒变的思想道德防线。开展大走访活动，深入人民群众，倾听群众意见，解决群众困难，增进互信，凝聚警心。

文娱活动，丰富民警业余文化生活。“畅安杯”岳麓交警篮球赛，五四青年节“民警座谈会”、登山比赛，乒乓球比赛等文化活动，让民警在紧张工作之余，身心得到放松，队伍活力得到提升。打造公正、廉洁，规范、高效的人民满意警队。（刘波）

经济管理

发展和改革

发展改革局
党组书记、局长
肖　波
党组成员、副局长
周华平
周　明
李　莉(女)
党组成员、纪检组长
虢习全
局党组成员、区能源管理办公室主　任　肖谷秋

【概况】 2006年区计划统计物价局改组为区发展和改革局,加挂区物价局牌子,为区政府的工作机构。内设办公室、规划发展科、投资管理科、价格管理科(加挂价格认证中心牌子),下设区招标投标监督管理办公室(2010年4月成立)、区能源管理办公室(2011年8月由原区工业经济局划入区发展和改革局)2个二级机构。有干部职工19名。主要职责:承担全区发展规划编制、宏观经济分析、经济体制改革、投资审批、项目建设与管理、能源监管、价格管理、招标投标监管、国民经济动员等职责。

宏观经济管理。一是编制规划。牵头全区"十三五"规划纲要编制,统筹各专项规划衔接,对接湖南师范大学专家团队,广泛征求意见,编制《岳麓区国民经济和社会发展第十三个五年规划纲要》(草案)。二是研判经济运行态势。按期完成季度经济形势分析报告,供区委、区政府领导及相关部门参考;收集整理国内外、省市重点经济讯息,编印《经济要闻》3期;提出2015年度全区经济和社会发展主要指标的计划目标和工作目标,印发《关于下达2015年经济和社会发展目标任务的通知》,促进主要目标任务落实。三是谋划来年项目计划。9月起着手编制2016年全区建设项目投资计划,加强与省、市、湘江新区以及区直部门、街、镇对接以修改完善,2016年计划铺排443个建设项目,年度计划投资690亿元。

投资管理。一是精简项目审批。简化项目审批、核准、备案程序,及时全面公开项目信息,接受社会监督。办理建设项目立项168个,备案16个,项目请示4个。配合区城投和岳麓科技产业园做好融资前期工作,积极处理1起行政复议案件、2起行政诉讼案件,回复市民政府信息公开申请5件。二是抓好项目调度。全面收集、反映项目建设中的困难和问题,加强项目统筹、调度和协调,完成固定资产投资753.8亿元,同比增长24.1%,总量及增幅均居内五区第一。三是强化公共资源交易监管。办理工程项目招标备案80个,应招标工程招标率100%,未发生一起招标投标纠纷事件。四是探索政府投资管理新办法。牵头出台《岳麓区关于政府性投资项目投资估算、概算审核的管理办法》,合理确定工程投资估算及概算,提高政府投资效益;配合区政府办研究制定《岳麓区政府投资项目管理实施细则》。五是争取上级资金支持。海普信息技术服务有限公司获2015年度湖南省服务业发展专项资金50万元支持;组织海普声域公共租赁住房小区、湖南第一师范学院青年教师周转宿舍、湖南商务职业技术学院教职工公共租赁住房小区等6个项目,申报保障性安居工程配套基础设施专项资金800万元;老咸嘉湖路两厢棚户区改造项目获第四批专项建设基金3000万元支持。

价格管理。一是规范价格收费。对全区38所公立中小学、幼儿园、3家私立医院和3家公立医院进行收费检查,进行进一步规范午休住宿费、伙食费等收费工作。新办理服务价格登记证6本,换发新服务价格登记证9本,备案4件,核准中小学伙食费7件、公办幼儿园收费2件,核准开放式社区停车收费4件。二是办理价格案件。处理价格举报、投诉、咨询案件184件,其中,市物价局价格举报中心转(交)办"12358"案件62件,"12345"案件36件,区属各部门交办的价格举报投诉件30件,本级接收价格举报投诉59件。三是加强价格监测预警。做好30种居民生活必需品、20种主要涉农产品价格监测周报和176种重要商品价格监测月报,对全区粮、油、肉、蛋、菜、奶等民生商品价格进行重点监测,建立价格监测台账,加强重大节假日重要商品价格监测。全年进行价格预测和监测218次,涉及

行业13个,品种83种(类),并对13家"菜篮子"工程基地进行考察。拓展价格服务。四是强化价格认定。办理各类价格鉴证业务341件,鉴定总金额逾1亿元,案件办结率为100%。

能源监管。一是推动节能项目实施:推动湖南师范大学、湖南中医药大学节能监管平台建设;湖南省肿瘤医院老院区空气源热水系统项目建设;白鸽咀、咸嘉新村低碳示范社区建设等。莲花绿色生态镇建设项目获长沙市节能减排国家财政政策资金支持900余万元。二是开展节能评估审查:对长沙比扬医疗器械有限公司比扬科技园项目、海普信息技术服务有限公司"海普声域"呼叫中心项目进行固定资产项目节能审查登记。三是开展节能宣传活动:组织全区各街道、镇、区直部门、企事业单位开展以"节能有道、节俭有德"为主题的节能宣传周活动;联合岳麓街道、橘子洲街道在阳光社区、湖大社区开展节能宣传进社区活动,发放2500多份《节能知识手册》、1000只LED节能灯和环保购物袋。四是开展能源执法监察:配合省节能监察中心,对坪塘南方水泥有限公司、湖南大学长沙众望公交公园进行节能综合执法监察。五是强化油气输送管道安全监管:印发《岳麓区油气输送管道领域"打非治违"工作方案》和《岳麓区能源办安全生产集中执法专项行动实施方案》等文件,组织召开全区油气输送管道安全生产工作会议;开展输油管道安全生产检查行动,重点排查含浦、坪塘、莲花三个街镇中石化成品油输送管道沿线安全生产隐患,督促整改。

助推体制改革。按照区委全面深化改革领导小组的统一部署,牵头统筹经济体制改革工作,推动全区深化商事制度、深化国企国资、推进公共资源交易体制等9个方面的改革取得突破性进展。贯彻《党政机关厉行节约反对浪费条例》,规范公务用车,从严控制党政机关办公用房建设项目,节约资源能源,出台《岳麓区公务用车制度改革工作方案》。配合编办、政务中心整理责任清单、权力清单和行政审批流程清单。

(周建平)

【节能减排培训】 9月18日,由国家发展改革委和财政部指导,长沙市发展和改革委员会主办,区发展和改革局承办,湖南大学、财政部财政科学研究所、长沙市瑞得网轩文化传播有限公司执行承办"长沙市节能减排培训班"第1期岳麓区培训班在时代帝景大酒店二楼多功能厅开班,区发改局、两型办、交通局、教育局、后勤服务中心、岳麓科技产业园及下属行业管理企业100名单位负责人参加培训。培训邀请长沙市两型办副主任谢湘明、湖南科技大学郝小礼教授、湖南大学汤琳教授、周晋副教授就节能减排领域的宏观政策、节能与新能源、环境保护、建筑节能与绿色建筑四个主题的政策及知识体系作详细解读,并与参训人员座谈,分享经验。

(周建平)

统 计

统计局

党组书记、副局长
刘宏宇

局　　长 邓爱武(女)

纪检组长 黎志明

副 局 长 吴晓东(女)
李　耀(女)

区统计普查中心主任
曾　敬(女)

【概况】 区统计局成立于2006年4月,归口区人民政府办公室管理,2010年,由行政类单位变更为区政府直属事业单位。主管全区区域统计和国民经济核算工作,内设办公室(加挂法规科)、综合业务科,下设经济调查队和统计普查中心(副科级)。核定编制20个,现有在职干部17人。

统计调查。按国家统计调查制度要求,组织一、二、三产业的常规调查,完成工业、建筑业、商贸业、房地产业、服务业等专业月、季、年报表工作。根据国家、省、市布置,组织文化产业调查、外国专家调查、旅游产业调查、月度劳动力调查、城镇住户调查、规模以下工业调查、工业生产者调查、采购经理人调查、小微企业调查、劳动力调查等20余项专项调查。安排专职人员赴省局学习经济普查数据处理平台后期资料开发应用与处理,组织普查汇总表的编制及普查资料开发利用工作,收集汇总上报第三次全国经济普查公报数据。组织全区1%人口抽样调查工作,成立机构、配备人员、明确职责、安排专项经费。在各调查点内共张贴宣传横幅标语84条、海报73张、展板26块,发放3000多份"一封信"等,营造调查氛围。从登记日开始,区局"一天两通报,两天一调度",协调解决调查工作中遇到的困难和问题,对"两员"力量配备偏弱或调查难度较大的区域进行重点指导,全区1%人口抽样调查工作准备充分,入户登记、数据审核、上报及工作总结圆满完成。

统计服务。通过打造《经济运

行月度快报》《年度统计提要》《年度统计公报》《月度简析》《统计分析》《专题预警》等统计产品,及时反映经济运行状况及各行业苗头性、趋势性问题,为区委、区政府预判经济形势并提前谋划决策提供重要参考和支持。围绕全面小康建设、绩效考核、重点民生实事、节能降耗、“十强十快”街镇考评等各项考核工作，做好指标监测及预警，为全区及街镇在各类考核中争先进位发挥积极作用。严把区对街道(镇)绩效考核、“双强双快”考核中统计数据的认定、评估、审核关,助力区委区政府引导、推动街镇竞相发展。助推小康工作,拟定工作推进方案,收集小康指标信息,及时监测分析,查找短板。建立重点企业统计联系服务制度,组织辖区“四上”重点企业进行座谈,实行个性化“VIP”服务,“四上” 企业对统计工作的配合程度明显提高。利用岳麓统计信息网及新上线的岳麓区政府门户网信息公开栏目及时发布区域经济数据,开辟网上互动栏目,加大统计数据的发布解读力度,让公众更快读懂统计,运用统计。

基层基础建设。对照全市基层统计工作考评体系，结合本区实际,细化、量化考核内容,出台《岳麓区乡镇街道统计站目标管理综合考评办法》对街镇统计工作实施台账式和痕迹化管理。选派骨干参加国家、省、市组织的业务培训，主要领导参加市局组织的创新与思维素质提升综合培训,班子成员分批参加省、市、区业务培训,有三名骨干分赴成都、郑州、郴州等地参加国家组织的业务培训。更新干部知识结构,提升综合素质,推行“两坛两会”学习机制,每季分析点评、每月定期轮训、每周专题研讨,以会代训、专题培训街道(镇)相关人员等，全年累计培训街道（镇)、社区(村)人员1000余人次。以年报会形式培训辖区“四上”企业及房地产企业统计员2000余人次,有效促进企事业单位统计队伍专业化,提升统计队伍业务素能。面向社会，组织推动各类人员报考统计“三证”,全年报名人数创历史新高达到341人，促进基层统计人员执证上岗。利用各类现场培训、业务讲评促进街镇统计站开展互动交流学习,提升水平。组织观摩全市工作突出、成效明显、示范效应强的优秀统计站，使基层统计人员学有标杆,追有目标,营造“比学赶超”氛围。围绕市局提出的“基层统计员能干什么、想干什么”主题,发放45份问卷开展调查，了解基层统计员的真实想法,找准职责定位。年内两次组织全局干部、街道(镇)统计站长、综合统计员展开座谈讨论，培养职业自豪感，结合各自岗位实际畅谈工作体会,剖析工作短板,助推全区统计工作发展。

确保数据质量。建立网格、明确责任,制定下发《岳麓区数据质量网格化工作制度》，建立以17个街道(镇)为网格单元,以班子成员为网格长，业务骨干和各街道(镇)综合统计员为网格责任人的区级网格体系。各街道(镇)参照区级格式细化村(社区)一级的网格。建立全区的无缝覆盖到位、到点、到人的数据质量网格化管理体系,按照“网格清、任务明、责任实”的原则,明确各级责任,确保监管不留“死角”,提高源头统计数据的及时性、完整性和准确性。优化管理、层层审核,抓好“入口”关,按照国家统计制度规定的时间、范围、要求组织报表单位认真做好联网直报，对上报单位进行清理,保证统计调查单位不重、不漏。通过点对点远程、会议培训、上门辅导方式加强与直报企业的联系和指导，严防因企业统计人员业务不熟造成的瞒、错、漏报数现象。严格执行数据质量“二级三层”、重大数据“二级四层”审核关，确保数据上报各环节都有专人负责,对于数据波动过大,或明显不符实际的指标，逐条进行核实,并详细填写情况说明,对IP地址重复情况定期通报，实地进行查核。保障数据报送流程过程中的质量。加强与区财政、工商、税务、发改、商贸等部门的联系沟通,定期召开相关部门联席会议，共同对主要统计指标、重点领域数据开展评估论证，及时研究交流区域经济运行情况，加强信息的及时沟通和有效共享。

（黄松杰）

审　计

区审计局

党组书记、局长

陈志红(女)

副 局 长　吴　文

纪检组长　喻亿平

副 局 长　刘玉林(女)

李　盼

政府投资审计中心主任

邓仁平(女)

【概况】 区审计局成立于1990年,是区人民政府的工作部门,内设办公室、查证一科(经济责任审计室)、查证二科、查证三科、审理科,下设内部审计指导站、政府投资审计中心2个二级机构。局领导班子成员5人，副科职领导干部1人（政府投资审计中心主任),工作人员13人(含改非领导

1人、工勤人员1人)。主要职责:贯彻执行国家关于审计工作的方针、政策和审计法规,制定全区审计工作发展规划、年度计划和规章制度,组织实施全区审计工作。向区人民政府报告和向区政府有关部门通报审计情况,揭示审计中发现的财政经济活动中带有倾向性的问题,提出制定和完善有关政策法规、宏观调控措施的建议或做出审计决定。根据《中华人民共和国审计法》规定,直接进行审计事项,出具审计报告,在法定职权范围内做出审计决定或向有关主管机关提出处理建议。向区人民政府和上一级审计机关提交区本级预算执行情况的审计结果报告,受区人民政府委托向区人大常委会提出区本级预算执行情况和其他财政收支审计工作报告、审计发现问题的纠正和处理结果报告。向区人民政府报告对其他事项的审计和专项审计调查情况及结果。依法向社会公布审计结果。组织行业审计、专项审计或审计调查,并向上级审计机关、区政府和有关部门反映情况,提出建议。负责区领导干部经济责任审计领导小组办公室日常工作,依法对行政事业单位、国有企业领导干部和社会团体负责人进行任期经济责任审计,协调各成员单位运用经济责任审计成果。组织村干部任期经济责任审计。指导、监督全区的内部审计工作,核查社会审计机构对依法属于审计监督对象的单位出具的相关审计报告。组织审计业务培训。承办区委、区政府交办的其他事项。全年完成审计项目44个,查处违规金额207万元,管理不规范金额19.37亿元,促进上缴财政和减少财政拨款1605万元,核减工程造价1437万元,提出审计建议44条,移送案件线索9起。分别获湖南省文明单位、长沙市审计机关2014年度工作目标考核“先进单位”,区“反腐倡廉建设先进单位”称号。

预算执行审计。对2014年区本级财政预算执行和其他财政收支情况进行审计。对区财政落实稳增长、促改革、调结构、惠民生、防风险等政策落实情况进行审计;对财政存量资金、政府采购、“三公”经费和会议费,以及教育、医疗、社保和“三农”等民生事业支出情况进行审计;在同级审报告中反映全区政府性债务情况。6月,受区政府委托,向区人大常委会汇报区本级财政预算执行和其他财政收支审计情况。区人大常委会针对同级审揭示的问题和提出的建议,责成相关职能部门整改到位,于10月专题听取整改情况汇报。

领导干部任期经济责任审计。全年对7个单位、10名领导干部实施经济责任审计,任中审计比例为60%,对三个单位党政领导干部实行同步审计。注重审查领导干部贯彻执行党和国家方针政策和决策部署情况,落实中央“八项规定”和厉行节约相关要求情况;将生态环境治理、环境影响评估和资金投入使用情况纳入街镇领导干部必审范围;开展领导干部离任事项交接,涉及37个单位、79名领导干部。

民生专项资金审计。对农林畜牧、水利建设、卫生防疫、残疾人保障等专项资金进行审计;开展财政“同级审”时,对民生资金投入情况进行调查,经审计,2014年区财政本级对教育、城乡居民社会保障体系、公共卫生服务体系等民生事业投入28.28亿元,占财政总支出的70.45%。

政府投资项目审计。全年完成工程投资审计项目30个(均为复审项目),其中复审区财评项目17个、保障性住房和农民安置房项目13个,累计核减金额1437万元。

交办审计及交办工作。配合长沙市审计局完成政府性债务、城镇保障性安居工程项目审计,“稳增长、促改革、调结构、惠民生、防风险”政策措施落实情况跟踪审计,以及省审计厅对区委书记陈中、区长周志凯任期经济责任审计项目的联络衔接、资料收集和相关服务工作。根据区主要领导批示,区审计局带队组成审计组,对岳麓街道黄鹤村财务收支情况进行审计调查;联合区纪委(监察局)、区农林畜牧局、岳麓街道办事处等单位对靳江村审计项目进行整改情况检查;配合区纪委、区财政局开展厉行节约情况和党风廉政建设情况检查,对全区17个街道、镇和13个区直部门进行厉行节约反对浪费专项检查。 (陈新喆)

工商行政管理

区工商行政管理局
党委书记、局长
李　季
副书记、副局长
谭建军
党委委员、副局长
黄　文
李　伟
文国良
谭德明
纪委书记　杨辉宇(1—10)

【概况】 长沙市工商行政管理局岳麓分局,前身为西区工商行政管理局，成立于1988年,1989年8月,收归市工商行政管理局直接领导，更名为长沙市工商行政管理局西区分局,1996年,更名为长沙市工商行政管理局岳麓区分局,2001年，根据国务院规定,省以下工商行政管理部门垂直于省工商局领导，更名为长沙市工商行政管理局岳麓分局。是监督管理辖区范围内各类企业、农民专业合作社、个体工商户和从事经营活动单位的市场主体资格和经营行为、流通领域商品质量和食品安全(2015年10月此职能已划出）的政府职能部门。内设办公室、人事教育科、监察室、财务科、信息中心、老干办、政策法规科、注册登记科、个体和企业监管科、网络监管科、市场监管科、食品安全科、公平交易科、经济检查大队、商标广告科、12315投诉中心、消费者权益保护科。挂靠区局的社团组织有区个体劳动者私营企业协会、消费者委员会。下设望城坡工商所、望月工商所、银盆岭工商所、麓山工商所、左家垅工商所、坪塘工商所、莲花工商所。核定人员编制128人，其中公务员和参照公务员编制114人，事业编制14人。在职干部128人。主要职责:贯彻执行国家、省有关工商行政管理的方针、政策和法律、法规，负责市场监督管理和行政执法的有关工作。负责区域范围内各类企业(外资企业除外,需取得受权后登记)、农民专业合作社、个体工商户和从事经营活动的单位、个人等市场主体的登记注册和监督管理,依法查处、取缔无照经营行为。依法规范和维护区域范围内各类市场经营秩序,监督管理市场交易行为和网络商品交易及有关服务行为。依法承担区域范围内流通领域商品质量的监督管理，流通环节食品安全的监督管理(此职能已于2015年10月随机构改革划出到区食品药品监督管理局)。组织开展有关服务领域消费维权工作，按照分工查处假冒伪劣等违法行为，指导消费者咨询、申诉、举报受理、处理工作,保护经营者、消费者合法权益。依法查处区域范围内传销案件，负责辖区内直销企业服务网点和直销员的日常监管，协助市工商局查处辖区内直销企业的违法违规行为。依法组织监督区域范围内市场竞争行为，查处不正当竞争等经济违法行为。负责依法监督管理区域范围内经纪人、经纪机构及经纪活动。依法实施区域范围内合同行政监管,负责管理股权出质登记，负责依法查处合同欺诈等违法行为。负责区域范围内广告监督管理工作,依法查处广告违法行为,指导、规范广告业发展。负责区域范围内商标监督管理工作，依法保护商标专用权和查处商标侵权行为。负责推进工商行政管理信息化建设。组织开展区域范围内企业信息公示工作，组织指导企业信用信息系统建设、管理和维护,对企业公示信息进行监督检查和管理。负责指导区域范围内企业、个体工商户、商品交易市场信用分类管理，研究分析并依法发布市场主体登记注册基础信息，为政府决策和社会公众提供相关信息服务。负责区域范围内各类企业、个体工商户、农民专业合作社准入行为、退出行为的全程监督管理。承办市工商局和区委、区政府交办的其他事项。

服务商事登记改革。1月,推行商事登记咨询窗口轮岗制度，分局科、所正、副职轮换到区政务服务大厅工商咨询服务台值班(每日一人)，发放排队号和开展咨询服务。6月1日起所有商事登记窗口安装“服务评价仪”,由群众对每一次登记业务按键选择评价,2015年群众评价“满意”率98%,长沙政法频道“廉政长沙栏目”予以报道。商事登记窗口由上年的16个增加至22个,各窗口均可办理企业和个体工商户营业执照、“三证合一”营业执照。为岳麓山大学科技园、岳麓科技产业园、区重点招商引资企业开设绿色专用窗口。在实行咨询服务、发放资料“一口清”的基础上,5月4日起实行商事登记受理人员“一人受理核准办结”制度,除部分设立和变更中涉及39项前置许可、股东股权、法定代表人变更及企业改制仍实行“一审一核登记”(窗口受理,科室负责人审核)外,其余改为窗口“实名制取号”。由区政务中心每天上班前15分钟派工作人员发排队号，办事群众凭排队号和身份证或登记材料到咨询服务台核发商事登记业务号,工作人员负责材料审核、录入和核准。该制度实行后,每天受理号由原来的400多个下降到260个,杜绝中介机构代办取号牟利、部分企业乱取号造成的空号多、排队难现象，每件办结从受理到出照为4.5个工作日。

社会信用体系建设。落实《国务院关于促进市场公平竞争维护市场正常秩序的若干意见》和国家工商总局《关于完善消费环节经营者首问和赔偿先付制度切实保护消费者合法权益的意见》,营造公平竞争的市场环境和安全放心的消费环境,根据省、市局、省非公有制经济指导小组、岳麓区委、区政府的整体部署,8月28日，在湖南湘浙小商品市场举行“诚信经营,不制假、不售假”暨落实经营者首问和赔偿先付制度启动仪式;9月30日在湖南佳兴世尊酒店举行岳麓区工商企业诚信联盟暨“诚信经营示范店”活动启动仪式。与区消费者委员会联合下发《关于创建“诚信经营示范店”,推行“消费环节经营者首问和赔偿先付制度”的决定》。联合区政府总部经济发展办公室、区商务局共同组织长沙市王府井购物广场等8家商场发起成立岳麓区工商企业诚信联盟筹备会,制订联盟章程,立足移动互联网创建由区政府主导的岳麓区诚信消费促进平台,线上线下高度融合,为消费者放心消费提供贴心服务。打造“互联网+”“微信公众号”等移动政务终端,将“岳麓工商微信政府服务平台”制作成KT板粘贴到岳麓区各大商场、各大楼宇的楼梯口、各街道政务中心、各社区,为社会公众提供更加多样、简易的商事登记咨询、企业信用信息咨询和服务。

企业年报工作。企业年报工作是2015年新增的一项业务工作,采取设立流动年报工作站、宣传车上路宣传、上门发放处理资料、现场受理备案与街道、协税办、企业办联系、电话、微信、短信通知、组织企业进行集中培训、区政府政务平台宣传、电子屏幕滚动播放等措施,落实年报工作。至2015年6月30日年报截止日,共审理上年度企业年报10061户,应报11825户,年报率85.08%,审理个体工商户年报19316户,应报25343户,年报率76.22%;审理2013年度企年报6501户,应报7845户,年报率82.87%;审理个体工商户年报14868户,应报19485户,年报率76.3%。完成市局下达的年报率80%以上任务目标。从7月起将未年报的3276户企业和6224户个体工商户列入经营异常录。2015年年报工作在长沙市城五区工商系统内综合排名第一,区县排名第二。

企业信息公示。按照所有涉企处罚案件依法主动向社会公示的原则,对重大违法经营行为、典型案例通过企业信用网向社会公示。2015年度应录入并公示案件214起,已录入171起,录入率79.91%。对881户企业自行公示信息情况进行抽查,公示抽查结果868户。其中正常629户,未按规定公示信息25户,公示隐瞒真实信息、弄虚作假2户,无法联系住所(经营场)112户,不予配合,情节严重1户,列入经营异常名录96户。

市场监管。一是食品流通监管。加强食品流通准入许可,全年办理食品经营户1723户。加大食品安全整治力度,开展“两节两会”、进口食品及肉类制品、校园及校园周边食品安全、散装白酒市场、小食品经营店食品安全监管巡查专项行动。每周由局领导带队下工商所督查。全年检查食品经营户4859户次,查获不合格食品68公斤,规范经营23户次,受理消费者食品投诉265件,为消费者挽回经济损失3.23万元。对休闲食品、熟食、调味料、乳品等抽样检测294批次,立案查处不合格食品45批次,立案查处食品安全违法46起,结案38起,罚没金额38.36万元,比上年增长36%。二是网络交易监管。举办培训4期,培训160人次,清理网络交易监管户口6500户,新建网络交易监管户口3158户,网络巡查5100户次,实地检查165户次,办结网络交易监管案件27起,罚没86.3万元,处理消费者网络交易申诉举报63起,为消费者挽回经济损失26.5万元。三是流通领域商品质量监管。选取消费者申诉举报反映集中、与群众生活密切相关的热点商品,对辖区内的经营服装、皮革、油漆、家居类商品的经营户进行抽样检测共28批次。对抽检不合格的服装、皮革、皮箱等商品立案查处,罚没入库3.6万元。分局同时指导帮助经销企业建立健全进货检查验收等规章制度,督促履行商品质量保证义务。四是清理整治无照经营。在推进监管方式由巡查制向抽查制转变的同时,清理整治无照经营,出动执法人员485人次,检查各类市场主体5154户次,引导办照1700户,限期整改1056户,依法取缔56户,立案查处22户,罚款104545.61元,基本实现年度内无证无照经营综合治理工作目标,辖区内无证无照经营比例低于上年,亮照率超过95%,无证无照经营比例控制在3%,确保“三个不发生”(不发生因无证无照经营造成重大安全事故和重大环境污染事故;不发生无证无照经营人员暴力抗法事件;不发生无证无照经营行为被群众举报到省以上政府相关部门或者被省级以上新闻媒体曝光)。五是农贸市场安全生产检查。依照《长沙市农贸市场管理办法》,会同区消防大队、区安监局、区住建局、区商务局,以及各街道(镇)等部门,每季度对辖区内所有农贸市场排查1次安全隐患。发现安全隐患由消防部门下达整改通知书,限期整改。

行政执法。一是打击各类经济违法行为。以“人民群众满意不满意”为工作衡量标准,查处公用企业限制竞争行为、商业贿赂行为、仿冒行为。重点查处包括4S店在内的汽车销售维修领域、物业公司、房地产中介机构、医药行业、建筑行业、公用事业单位等存在的消费欺诈、虚假宣传、“霸王条款”等不正当竞争行为,推进市场主体违法行为公开,维护公平竞争、公开公正的市场环境。2015年立案304起,结案214起,均为一般程序案件,罚没入库261.44万元。二是打击传销。2015年召开打击传销工作会议5次,组织打击整治传销集中清查行动25次,捣毁取缔传销窝点157个,教育遣返传销人员1560人次。区公安分局立案侦查组织、领导传销活动案件2起,刑拘14人,移送审查起诉8人;区人民法院受理组织、领导传销活动犯罪案件14起162人,已审结5件57人。区工商分局办结传销案件40起,罚没入库126.07万元。8月查处一起利用微信网络平台,以团队计酬方式销售产品的新型传销,对涉事单位湖南省一手易卖商贸有限公司处罚款50万元,此案是湖南省首例利用微信网络平台从事传销的案子。三是办理消费者投诉、举报1622件,其中投诉1185件,举报437件,办结率97.24%。办理“三服务一线”民情交办问题6件,政府网交办函3件,市长信息转办件5年,问政湖南1件。办理“诉转案”35件,为消费者挽回经济损失513万元,投诉举报数比2014年减少250件。

队伍建设。一是党风廉政建设。开展“三严三实”活动,按照上级部署,参加“一进二访”、党员领导干部结对联系服务群众、一推行四公开、三服务一线工作。排查干部不作为、乱作为等损害群众利益问题6个,提出整改方式及整改期限。开展“机关党建规范年”建设。2015年开展志愿者活动10次,并结合春节、“七一”开展学雷锋志愿服务活动,走访慰问困难群众30户次,慰问困难党员、干部27人。培训3名入党积极分子,发展1名新党员。开展“三会一课”、党员进社区、支部结对共建工作,创建“优秀党支部”,麓山工商所支部在市直机关工委检查中受到表扬。设立党支部、党风廉政监督员,坚持周一科务会、所务会、周五下午科、所政治业务学习、党支部集中学习制度,全年开展党风廉政、政治业务学习27次。二是开展文明创建。把文明指数测评和工商本职工作紧密结合,对重点地段、重点窗口、重点行业实行重点监管。二、三季度农贸市场文明指数测评,岳麓工商分局排长沙市工商系统第一名。8月27日,联合区文明办、区税务局、区个体劳动者私营企业协会、望城坡街道等部门,在湘浙小商品批发市场开展创建“诚信示范市场”和“诚信经营示范店”创建活动。9月30日,长沙市文明办、岳麓区人民政府、《长沙晚报》联合主办,岳麓工商分局与区文明办、区商务局联合承办岳麓区工商企业诚信联盟暨“诚信经营示范店”创建启动仪式在湖南佳兴世尊酒店前坪广场举行,有麦德龙长沙岳麓商场、平和堂长沙奥克斯分店、华润万家超市银盆岭店、红星美凯龙长沙岳麓商场、人人乐时代广场店、通程商业广场麓山店、步步高金星路店、湖南佳兴世尊酒店等商家参加。11月18日,湘浙小商品批发市场被湖南省工商行政管理局评为“湖南省2014—2015年度诚信示范市场”并向社会公示。三是完成职能变更人员调整工作。根据国务院调整工商系统职能的要求,10月,采取组织安排个人自愿原则,确定局纪委书记杨辉宇等23名同志调区食品药品监督管理局。与区人社局、区直机关工委协调,确保划转人员的档案、工资、党组织关系顺利交接。 (张晟荣)

安全生产监督管理

区安全生产监督管理局

党组书记、局长
谢立华(1—8月)
徐 勋(9—)

党组书记、副局长
杨育才

副 局 长 徐 纹(女)
熊伏辉

纪检组长 邹永忠

党组成员 邓德辉
臧金冠(2—)

【概况】 区安全生产监督管理局现有工作人员23人,内设办公室、综合监管科、矿山危化烟花监管科、工贸职业健康监管科。下设区安全生产执法大队。主要职责:指导协调全区安全生产工作,分析和预测全区安全生产形势,发布全区安全生产信息,承担全区安全生产综合监督管理责任,依法行使综合监督管理职权。拟订安全生产目标管理考核标准和控制指标分解方案,监督考核并通报安全生产控制指标执行情况,监督事故查处和责任追究落实情况。承担职责范围内工矿商贸生产经营单位安全生产监督管理责任,按照分级、属地原则,依法监督检查工矿商贸生产经营单位贯彻执行安全生产法律法规规定,开展安全生产标准化建设、重大危险源监控、重大事故隐患排查治理工作;依法查处工矿商贸生产经营单位安全生产违法违规行为和不具备安全生产条件的工矿商贸生产经营单位。承担职责范围内非煤矿山、危险化学品和烟花爆竹经营企业有关安全生产行政许可职责，依法组织并指导监督实施安全生产准入制度，负责危险化学品安全监督管理综合工作和烟花爆竹生产经营的安全生产生产监督管理工作。监督全区非煤矿山企业安全隐患的整改并组织复查；依法依规提出关闭不具备安全生产条件的矿井，监督落实不具备安全生产条件矿井的关闭工作。承担用人单位职业卫生监督检查责任，依法监督用人单位贯彻执行国家有关职业病防治法律法规和标准情况，负责监督管理用人单位职业病危害申报工作，组织查处职业危害事故和违法违规行为。负责组织全区安全生产大检查和专项督查，根据区人民政府授权，依法组织职责范围内的一般事故的调查处理和办理结案工作，监督事故查处和责任追究落实情况。负责组织指挥和协调安全生产应急救援工作，会同有关部门加强生产安全事故应急能力建设，综合管理全区生产安全伤亡事故、安全生产行政执法和作业场所职业危害统计分析工作。负责监督检查职责范围内新建、改建、扩建工程项目的安全设施和职业卫生与主体工程同时设计、同时施工、同时投产使用。组织指导并监督非煤矿山、危险化学品、烟花爆竹等生产经营单位主要负责人、安全生产管理人员的安全生产知识和管理能力考核工作，监督检查工矿商贸生产经营单位安全生产培训和用人单位职业卫生培训工作。组织指导协调和监督全区安全生产行政执法工作。承担区安全生产委员会的日常工作，承办区委、区人民政府交办的其他安全生产事项。安监局直接监管企业 213 家，其中非煤矿山 8 家，危险化学品生产经营储存企业 57 家，烟花爆竹销售门店 148 家（无烟花爆竹生产企业）。2015 年共发生安全生产事故 17 起，较上年下降 5.7%。各类安全生产事故死亡 6 人（其中工矿商贸事故死亡 2 人，经营性道路交通事故死亡 4 人），较上年下降 68.4%。亿元 GDP 生产安全事故死亡率为 0.0075 人，工矿商贸企业从业人员十万人生产事故死亡率为 0.5 人。

安全生产。一是健全“党政同责、一岗双责”责任体系。出台了《关于进一步加强安全生产工作的决定》《关于进一步明确区委区政府领导班子成员安全生产岗位职责的通知》《关于加强安全生产监管能力建设的实施意见》，初步形成“横向到边、纵向到底”“管行业必须管安全、管业务必须管安全、管生产经营必须管安全”的安全生产责任体系。二是开展领导带队安全检查。区委、区人大、区政府、区政协主要领导在春节、五一、国庆、全国两会等重要时段、重大活动期间，分片区、分行业对安全生产工作进行督查检查，全年四大家领导带队检查已开展 4 次，检查生产经营单位 183 家。各街道（镇）、相关部门按照“四不两直”要求，各司其职、上下联动，检查过程中严格执行领导干部带队检查督查“六有”规定。三是完善目标管理考评机制制定考评实施细则，组织考评并向区绩效办提供考评结果，作为领导班子和领导干部绩效考核、干部考察、评优评先、经济社会发展考核的重要内容。以日常考核为主，加强日常工作调度，健全日常考核台账，严格落实工作制度。采取警示通报、督导约谈、挂牌督办等形式强化了目标管理考评工作。四是落实省委、省政府“八条断然措施”。区委中心组将安全生产专题学习纳入每年中心组学习计划，区政府调整由区委常委、副区长周凡同志分管安全生产工作。5 月安排区委党校举办了科职干部培训班，并组织党政领导参加了市委党校举办的安全生产专题培训班。区委书记陈中、区长周志凯、副区长周凡，分别于 5 月 22 日、8 月 25 日、9 月 7 日召集企业法人代表、街道（镇）及区直相关部门党组书记、各街道（镇）和区直相关部门党政主要负责人，开展安全生产谈心对话。加大对街道（镇）、区直相关部门落实“八条断然措施”情况的跟踪督促，确保了“八条断然措施”落到实处。

安全执法。一是专项整治不停顿。区安监、交通、交警、消防、住建、国土、质监、发改等部门相继开展多项涉及多个行业领域的专项整治。共排查发现事故隐患 4684 处，已整改 4513 处，对 6 家重大火灾隐患单位实行挂牌督办整改，将事故隐患遏制在萌芽状态。二是“打非治违”不手软。按照“全覆盖、零容忍、严执法、重实效”总要求，全面开展“打非治违”工作。全年组织集中执法行动 2160 次，出动执法人员 14985 人次，检查生产经营单位 8651 家，责令停产整顿企业 50 家，取缔非法生产经营建设单位 30 个，抓捕涉嫌犯罪人员 1 人，行政拘留 5 人，经济处罚 320 万元。三是片区整治不松懈。将天顶青山片、望城坡商贸城、银盆岭火炬城等片区整治工作与全区“九打九治”四大集中行动相结合，多部门联合执法，协同作战，打治结合，成效明显。四是行政执法不走样。制定《2015 年安全生产行政执法检查工作计划》,受检企业159家,检查内容涉及19个方面,同时对街道办事处、镇人民政府进行执法委托,做到有计划、全覆盖、规范化。

安全教育。一是开展创建活动。开展安全生产示范街道(镇)、安全文化示范社区(村)、安全生产标准化企业和标准化安监站、平安工地、平安校园、平安农机创建活动。4个街道(镇)获省级安全生产示范街道(镇)称号,11个街道(镇)获市级安全生产示范街道(镇)称号,18个社区(村)获市级安全生产社区(村)创建工作先进单位,127家企业评为三级安全生产标准化企业。3所学校(幼儿园)推荐参评市级安全文明校园,1所学校推荐参评省级安全文明校园。区监建筑工地有5个被评为平安工地。二是开展宣传活动。以“安全生产月”宣传活动为重点,开展“学好新法、用好新法”、生产安全事故“四个一”警示教育、领导谈心对话、“安康杯”安全知识竞赛、《职业病防治法》宣传周、“5·12”防灾减灾日、“11·9”消防日、“12·1”新《安全生产法》宣传咨询、道路交通安全宣传、全国中小学生安全教育日、燃气常识宣传等主题的系列宣传活动。组织“平安幸福进万家”“筑牢安全防线·建设和谐家园”安全生产文艺节目巡回演出已连续组织2年,6月16日,承办省安委办组织的安全生产月咨询日活动。被省安委办评为优秀活动组织奖。全年发放宣传资料5万余份,辅导资料5000余册,发送安全短信2万余条,组织观看安全生产教育片30多场,开展消防安全专场讲座320余场,区消防大队三个消防站全面开放30次,接待参观群众1600余人。三是开展教育培训。组织开展安全生产“三个一课”活动。特别是对新任干部入校新生和新进员工的安全培训。全年培训安监员96人次,31人取得行政执法资格。开展“千人送训进万企”安全生产大培训,组织优秀师资,面向企业员工,紧贴企业实际,免费讲授安全生产知识,深入企业978家,有25000人接受培训。全区三大高危企业负责人、安全管理人员和特种作业人员执证上岗率达100%。10月,培训普通类企业负责人和安全管理人员193人;培训校车所有单位负责人、校车驾驶员、校车照看员共300多人;组织消防安全重点单位责任人、物业管理人员、街道(镇)和社区(村)负责人消防安全专题培训8期,共培训800余人。对2家未开展安全生产教育培训的单位进行了立案处罚。

安全监管。一是扎实推进“八大工程”,市政府部署为“十大工程”(岳麓区只涉及其中八项)。成立区推进“八大工程”工作领导小组,制定实施方案,召开工作布置会,对责任进行分解,组织排查“三自”系统建设工程隐患,已录入企业478家,填报率、核查率、整改率、维护率达到100%。完成新评25家企业安全生产标准化创建达标工程任务,对59家复评任务已完成49家(15家已倒闭或搬家)。完成非煤矿山企业电子监控监测系统安装及地下矿山六大避险系统提质升级改造。普及推广职业健康监护信息卡,进行排查摸底并建立了台账。对望城坡片区、青山片区临建违建市场涉危涉粉用人单位物流仓储火灾事故隐患,全区三大高危行业企业安责险参保率为100%。二是推进“四大三基”“三三重点工作”。制定《岳麓区“四大三基”三年行动计划实施方案》《岳麓区安全生产“三三”重点工作推进方案和责任分工》,明确实施内容和每年的工作任务,并结合“八大工程”和日常工作组织实施。三是推进“五级五覆盖”和“五落实五到位”工作:制定工作方案,区、街道(镇)、社区(村)三级安全生产“五覆盖”工作落实到位。非煤矿山企业、烟花爆竹批发企业、危险化学品企业及规模以上八大行业企业《安全生产责任体系“五落实五到位”规定》挂图张贴和安全生产责任体系制度建设工作已到位,其他行业(领域)规模以上企业挂图张贴及制度建设也都落实到位。四是在非煤矿山、交通运输、危险化学品、烟花爆竹、民用爆炸物品、特种设备、冶金等重点行业(领域)建立了安全生产承诺和诚信报告制度、安全生产不良信用记录制度、安全生产诚信“黑名单”制度、安全生产诚信评价和管理制度。以自然人、法人和其他组织统一社会信用代码为基础,建立安全生产诚信信息台账,完备企业安全生产诚信数据。将各单位推进安全生产诚信体系建设的情况纳入安全生产工作考核。

(龙西刚)

食品药品监督管理

区食品药品监督管理局

局党组书记、局长

胡 斌

局党组副书记、副局长

沈建明

副 局 长 谭 葵(女)

戴世文

局纪检组长

颜铁坚

区食品安全委员会专职副主任
杨辉宇
局党组成员
袁　蕾

【概况】 区食品药品监督管理局(加挂区食品安全委员会办公室牌子)成立于2015年10月,为区人民政府工作部门。核定编制77人,有在编干部职工52人,临聘4人。内设办公室(加挂电子政务科牌子)、综合科(加挂监察室、应急管理科牌子)、政策法规科(加挂行政审批科牌子)、监管一科、监管二科、监管三科(加挂不良反应监管科牌子)。下设区食品药品稽查大队二级机构,核定全额拨款事业编制10名。外设17个街道(镇)食品药品监管所派出机构,核定行政编制18名,全额拨款事业编制33名。主要职责:负责区食品生产、流通、餐饮服务环节和化妆品、药品、医疗器械的监管职责,包括行政许可、检验检测、案件查办、事故防控、监管整治和社会共治。2015年,按照"三到位三实现三确保"(全面对接到位、综合协调到位、齐抓共管到位,实现监管对象全覆盖、实现监管能力大提升、实现监管责任大落实,确保改革稳定过渡、确保市对区考核任务完成、确保辖区不发生食品药品安全事故事件)的工作要求,全区未发生食品安全事故,确保人民群众饮食用药安全。

专项整治与市场监管。一是针对城乡接合部、食品集散地、校园及周边、农村及农家乐四大重点区域,对无证无照生产经营、违禁超限、假冒伪劣三大类重点违法犯罪行为依法予以打击,组织开展以食品生产加工小作坊、大型食品交易市场、肉及肉制品加工企业为重点的食品安全专项整治行动20余项,完成"两节"、"两会"、"梅溪湖国际灯光节暨元宵灯会"、中高考、"湖南省第一届中学生运动会"、"长沙国际马拉松赛"等重大活动的食品安全保障任务;全年共出动执法人员417人次,对84家保健食品经营企业及139家实施安全检查化妆品经营企业检查。二是开展食品药品"四小"整规专项行动,成立区食品药品"四小"整规工作领导小组,召开全区"四小"整规动员部署会,统一印发"四小"整规专用表格46000份,开展摸底排查和建档工作,现场检查食品经营门店6300余家、食品生产加工小作坊70家、药店和基层医疗机构、医疗器械经营门店232家,同步建立纸质台账和电子台账;以拆违、取缔、关停为主要手段,集中整治中南大学周边、湘雅医学院周边、汽车西站周边、桐梓坡路沿线等重点区域"四小"对象230余家;开展"四小"整规专项督查5轮,发布督查通报3期;与星城在线、政法频道、湖南经视、都市频道、岳麓新闻网、红网等媒体协作,开展"四小"整规工作宣传报道,共发稿20余篇次。三是开展"四查"行动,按照"条块结合,以块为主"的工作思路,全面铺排"四查"任务。成立区食品药品"四查"行动领导小组,下设"一办五组",明确17名工作人员分片联街道(镇),对17个街道(镇)"四查"工作,一对一指导、督查。11月4日、5日分别组织全区食安专干、食安协管员、信息员200余人及辖区内单体药店、基层医疗机构、医疗器械经营门店负责人300余人进行"四查"业务培训,印发"四查"业务资料45000余份,制作、下发"四查"行动普查工作证和食品药品监管工作证280个。至年末,全区食品药品"四查"行动全口径普查上报3424户(其中食品生产加工小作坊35户、食品流通门店1556户、餐饮店1538户、保健食品门店136户、化妆品经营门店159户),通过"四查",简易软件系统录入上报食品药品全口径对象2107户(其中食品生产加工小作坊22户、食品流通门店860户、餐饮店824户、保健食品门店126户、化妆品经营门店124户、食品市场开办主体4家、单体药店65户、小诊所3户、医疗器械零售门店79户)。四是参与全国文明城市公共文明指数测评和市级各类指数测评的迎检工作。按照"前期分线分段督查抓整改,中期网格包片守点抓现场,后期加强日常监管防反弹"的思路,将五小门店、校园周边、集贸市场、单体药店及医疗器械经营门店等作为监管检查的重点目标,定期组织召开调度会、协调会、通报会,调动职能部门和街道(镇)积极性和主动性,营造"文明创建,食安先行"良好氛围。加强易制毒药品含特殊药品成分复方制剂管理,针对单体药店处方药是否凭医生处方销售的情况等进行重点稽查,向辖区内128家单体药店发放《关于药店加强自身管理迎接文明指数测评的通知》《关于进一步加强含特殊药品成分复方制剂管理的通知》。五是开展中药饮片经营使用环节,避孕套及装饰性彩色平光隐形眼镜经营环节,体外诊断试剂质量安全和终止妊娠药品及其他特殊药品营销状况专项整治。对辖区内的单体药店、基层医疗机构、单体医疗器械零售企业及经营单位开展日常监管,全年检查医疗机构495家,单体药店128家,医疗器械经营门店94家,现场监督检查1795

人次。监管覆盖率100%,初步构建药械监管街道社区网格化监管模式。对11家单体药店违规行为责令改正,并复查整改情况。受理单体药店行政许可事项申请10份,办结两项变更申请。协助市局对本辖区内药店开展新版GSP认证工作,组织对辖区内86家药店进行GSP认证的现场检查,并向市局提交现场检查报告。推进单体药店药品电子监管码系统建设,针对发现的药品购进方面存在的问题,重点约谈31家药品医疗器械经营单位负责人。采取日常监管和专项整治相结合,行政处罚和约谈教育并重的监管手段,维护人民群众用药用械安全。

检验检测。全年配合市局完成食品评价性抽检及抽样,总合格率在85%以上;区本级委托第三方检测机构华测检测技术股份有限公司完成食品评价性抽检40批次,总体合格率为92.5%;区本级共完成食品检验检测6741批次(任务指标6500批次),占年度任务103.7%,累计合格率95.3%;其中定性检测5124批次(任务指标5316批次),占年度任务102.5%;定量检测1617批次(任务指标1500批次),占年度任务107.8%。完成中药饮片专项抽检3批次,完成保健食品抽检20批次。检验检测结果按月在岳麓食安网公布。药械不良反应监测网络已覆盖305家药品医疗器械经营使用单位(较去年新增63%),并在航天医院、长沙市第四医院皮肤科建立化妆品不良事件监测哨点,收到药品不良反应报告426例(完成年度任务的178%),医疗器械不良事件报告101例(完成年度任务的126%),化妆品不良事件报告11例(完成年度任务的55%)。

投诉举报办理和案件查办。全年接受食品药品安全举报投诉交办事项83起,全部依法办结。查处食品安全一般行政案件共立案90起,罚款金额约63万元;药品器械方面立案7起,罚没约4.5万元。

宣传工作。相继开展"3·15"消费者权益日、"3·31"食品药品安全宣传日、"5·12"防灾减灾日、食品安全宣传周及安全用药月等大型宣传活动。联合区教育局、星辰在线,开展"2015年全国食品安全宣传周启动仪式",组织"食品安全尚德守法大家谈""食品行业食品安全诚信宣誓""我的食安故事演讲比赛",搭建"岳麓食安"微信宣传平台,人民群众食药品安全意识不断提高。

队伍建设。加强政策和业务培训,提高监管素质水平。组织参加省市局组织的多项业务培训。不断强化内部业务培训,培训内容涵盖投诉举报、行政许可、日常监管、快速检验、稽查办案、文书书写、农村集体聚餐管理等多方面,全年组织集中培训100余个学时。组织观看《重大活动餐饮服务食品安全监督管理规范》教学片、《餐饮服务食品安全操作规范》教学片、《学校食堂食品安全管理与操作规范》教学片、《2014年湖南省食品安全事故应急演练》宣教片等,提升监管能力和水平。开展市级"依法办事示范窗口单位"创建活动,加强法制宣传教育,建立健全规章制度,规范执法行为。不断夯实基层工作。会同区有关职能部门对各街道、镇食品药品监管属地责任落实情况完成首轮督查。与各街镇负责人逐一交换食品药品安全工作意见,督促街镇落实属地监管责任,在全区村、社区事权清理中明确食品药品安全工作为村、社区直接承办事项,加强食品药品村(居)民自治。 (李丹)

商务管理

区商务局

党组书记 刘 湘(女,8—)
局　　长 谢 芳(女)
党组副书记、副局长
周定友
副 局 长 冯江霞(女)
陈松林
刘建新
纪检组长 申利荣(女)

【概况】 区商务局是主管全区商务和招商合作工作的区政府组成部门,内设办公室、投资促进中心、外资科、项目科、商贸流通科、外经外贸科、现代服务业科。有工作人员15人。主要职责:负责全区国内外贸易、现代服务业、境内外经济合作、招商引资、商贸流通等行政管理工作。

商贸流通。举办"风尚西岸·乐购岳麓"第四届嘉年华活动,推出"鲜尚生活,食惠万家""奥克斯金牛街美食节""岳麓精品汇"等主题。12月19日,牵头举办2016年度第五届"诚信风行·乐购岳麓"嘉年华启动式暨"金星券"上线仪式,打造"金星券"区域性诚信消费促进平台,为广大消费者建立一扇诚信、放心、公开的消费窗口,预览岳麓区商场的所有商品信息,引导消费转型升级。调研走访街镇、重点限上商贸企业,了解企业经营状况,沟通消费促进工作。加大促进消费政策的宣传和落实力度,提高消费者对宏观经济形势良好预期,增强消费信心,挖掘消费潜力。起草《关于做好限额以上商贸企业培育工作的通知》(代拟稿),系统指导全区各街镇培育和壮大限上企业。推进肉菜追溯体系建设，按照市民生实事重点工程肉菜追溯体系建设的统一要求,联合区教育局、区食药监局、相关街道等单位对区农贸市场、超市、肉菜直营店、学校食堂等节点进行多轮摸底调查，确定英才园农贸市场、步步高超市达美店、高新博才小学等7个节点作为区2015年工作试点单位。12月,完成所有区级节点建设,待市追溯办系统联通、培训完成后，可正式并入全市肉菜追溯体系系统运行。通过2年的跟踪协调,将学士、雨敞坪2个农贸市场建设项目从商务部现代服务业试点预备项目转为正式项目。

现代服务业。编制现代服务业发展专项规划:编制完成《岳麓区现代服务业“十三五”发展规划纲要》。与《岳麓区国民经济和社会发展“十三五”规划编制基本思路》进行融合修改,为区现代服务业“十三五”科学发展提供理论指导和决策支撑。建立全区仓储物流项目库,结合“百万大拆违”行动，对全区物流仓储进行摸底梳理,全面掌握已建仓储设施、在建拟建仓储项目、闲置厂房仓储面积等情况。建立闲置厂房台账,为闲置厂房盘活及标准化仓储改造对接推介。获批全国电子商务示范基地。年初,区商务局将梅溪湖片区、岳麓科技产业园、银盆岭火炬城作为引导电子商务企业聚集、规模化的重要发展区域,向省商务厅申报国家级电子商务示范基地,6月2日获正式批复，将岳麓区纳入长沙市国家电子商务示范基地。至年末,梅溪湖电子商务园已引进10余家电子商务、文化创意类企业。梅溪湖“弘德·创新创业中心”已引进9个创业项目，常驻创业团队150人。火炬城湘速孵化平台入驻电子商务及外贸企业20余家。引进的“58同城众创空间”“浩方跨境电子商务”“郡城跨境商品线下体验中心”项目成功签约落地，正在办理工商注册等相关手续。

外经外贸。全区现有进出口实绩企业55家,18家实现同比增长。联合市局相关处室走访全区有实绩的外贸企业，宣传国家外贸进出口最新政策和形势。外贸进出口总额完成进度暂居全市首位。

招商引资。赴北京、深圳、苏州等地开展小分队招商共6次。促成全球排名第一的检验检测企业——瑞士SGS通标技术服务有限公司湖南公司、苏试试验仪器、北京博奥生物暨生物芯片北京国家工程研究中心湖南项目——湖南博奥医学检验中心3个项目成功签约落户园区。6月,为主动承接首都产业转移，分别与北京市投资促进局、北京外资企业工会联合会、北京市东城区对接,成功举办“长沙市岳麓区(北京)产业投资说明会”。9月19日,招商小分队赴东莞，参加东莞市长沙商会成立庆典暨长沙市招商引资推介会和东莞长商投资有限公司启动仪式。10月，协助举办区域价值推广的重头戏“湘江新区岳麓区现代服务业发展高峰论坛暨招商推介会”。

项目建设。协助香港良希公司办理梅溪湖片区CBD地块(F-13地块)购地注册审批事宜，3月,香港良希公司设立外商独资公司,第一批3000万美元资金到位。省、市重点项目考核的履约率连续三年100%,排名全市内五区第一。农工商(长沙)大厦项目除E1栋写字楼外，其他栋均已封顶。渔人码头已有1家豪车展厅和4家餐饮、酒吧试营业，将于2016年底整体开业；湘江玖号主体已竣工,启动精品酒店建设。王府井购物中心于12月27日试营业。绿地湖湘中心项目一期已围档施工,部分楼栋已建至8层。麦德龙、红星美凯龙岳麓商场、红星井湾子家居MALL梅溪湖店、全家园酒店均已正式开张迎客。与北京博奥生物集团和湖南时代阳光集团就国家基因检测技术应用示范中心项目多次洽谈。与沃尔玛山姆会员店拓展部和泰国正大集团对接，向其推荐岳麓街道大学城、梅溪湖左岸中心(区城建投天顶街道）及桐梓坡片区等多个地块,初步形成合作意向。(罗峰)

服务总部经济发展工作

区服务总部经济发展办公室

主　　任　谢英姿(女)

副 主 任　余劲松

　　　　　　钟宏亮

【概况】 区服务总部经济发展办公室有工作人员5人，内设综合管理科、对外联络科、政务服务科。主要职责:负责全区总部经济发展和楼宇经济管理工作，制定总部经济和楼宇经济发展中长期规划和年度计划并组织实施;负责指导全区商务楼宇的规划布局,组织协调总部企业、楼宇入驻企业的引进，研究制定并组织实施总部经济、楼宇经济发展的相关政策及措施；负责全区总部企业资格认定和相关扶植政策兑现的受理；负责全区总部经济和楼宇经济发展情况的信息综合和数据统计,建立工作台账,实行动态管理;负责督促、指导商务楼宇的招商项目库建设、招商信息发布及进驻企业接洽服务等工作。

区域经济价值推介。6月,按区委政府要求,由区政府办牵头,统筹协调开展第二次区域经济价值推介,以达到助推二次招商和拉动实体商业消费的目的。与《长沙晚报》、省级电台、腾讯大湘网、地铁媒体等多家媒体合作,在《长沙晚报》刊登8个专版宣传推介区域经济,通过新闻媒体进行立体传播,同时协调开展一系列落地宣传活动,其中直接举办活动两个:一是湘江新区岳麓新城现代服务业高峰论坛暨招商推介会,邀请著名经济学家赵晓教授作主讲嘉宾,推介重点特色片区的商务楼宇;二是协助举办诚信风行·乐购岳麓嘉年华暨“金星券”上线启动仪式,充分发挥岳麓区引领新时尚潮流消费的天然优势。与区商务局合作创建覆盖全区的电子商务消费平台,协助商家自助建立微商城及电商平台,协助餐饮企业进行智能餐厅管理,积极推动消费金融服务。12月19号上午,“诚信风行,乐购岳麓”第五届乐购嘉年华及“金星卷”消费促进平台上线活动在步步高广场成功举行。

金星街区品牌建设。为实现金星街区形象整体化和个性化和谐统一,通过招投标程序确定第三方公司负责街区品牌形象和Logo建设,为进一步提升街区知名度和影响力持续宣传造势,在2014年金星路商务投资说明会成功举行的基础上,开通特色彩铃、电台投放广告、街区Logo及吉祥物设计大赛及开通金星街区官方微信等方式开展全方位、不间断的宣传造势。2月14日,联合中南大学商学院金融系、湖南大学产业金融研究院、湖南商学院等省内几大知名金融学院举办“金星财富大讲坛第一季——2015产业+金融跨界发展高峰论坛”。

打造功能性产业平台。一是打造金融创新平台。与区金融办共同会商,建立金星路街区科技金融创新试点。聘请湖大金融统计学院院长杨胜刚教授团队编制《湘江新区(岳麓区)金融创新试验区发展规划研究(实施方案)》初案。二是建设创意设计综合体。综合体拟以湖南省相关专业一流设计师团队及行业内知名民营企业为主体,集设计咨询、创意设计、项目实施、新材料新工艺应用研究、设计教学实习培训、学术交流品牌推广、创客空间等于一体,通过建筑环境设计类优秀资源整合,以现代设计产业园方式,形成“一体化”“一站式”高端设计产业专业服务平台,使之成为技术创新活动开展和交流场所、技术积累场所、创意产生和实现及交易场所。与湖南商学院设计艺术学院和洋湖公司对接,帮助其选址落户和项目申报。9月17日,促成省设计艺术家协会牵头与洋湖公司、省建设设计院合作举办中部地区澳门设计联展,形成共同将洋湖打造成“中部设计之都”的共识。

创新产业服务专业化新思路。加速商务楼宇功能性转型升级,助推弘德好莱城项目部拿出该项目新建商务用房4000余平方米用于大学生创新创业,已入驻创业企业十多家。5月,会同区科技局、区工商联、区工商分局开展项目调研,就创新创业基地授牌、政策扶持、大学生创业政策落实、企业注册集中办证等问题进行专业指导和贴心服务,为创业中心提供绿色通道。

楼宇信息服务。筹备楼宇工作站和建设信息化服务平台,零距离服务楼宇企业,实施楼宇精细化管理。确立建设规范化楼宇工作网络思路,以街道为单位设立商务楼宇工作站,以项目为单位设立楼宇工作分站,其中金星路楼宇工作站为区级示范站。工作站采用信息化流程管理模式开展工作,在全国率先创建商务楼宇信息化管理一站式综合服务平台(涉及地块、楼宇、企业、行业、服务、评价监督等六大主体详细工作流信息),建成企业电子台账报表管理、楼宇招商信息分享、政务服务在线互动的多功能平台。已完成平台招投标工作,进入开发阶段,预计2016年10月完成上线。

企业流程服务。一是企业入驻手续全程协办。安排专人协助锦江麦德龙湖南分公司、长沙交通投、湖南信隆行等约15家企业办理注册登记手续,提供“一站式”和“保姆式”服务,提高办事效率,增强企业认同感和归宿感。二是支持培育总部型企业。在服务总部企业的同时尤其加强对创新型企业服务力度,如对发展势头良好,从事道路检测的湖南理大科技公司,从企业注册、地名登记协调、企业集团型架构调整和总公司、子公司注册等,都实施全程服务和协调,公司由原注册资金500万元成长为注册资金1亿元的集团型总部企业。 (谢英姿)

工业·园区·交通

经济和信息化

经济和信息化局
党组书记、局长 丁贵才
党组副书记、副局长 殷智勇
副 局 长 何四清
曹耀明
纪检组长 文 武

【**概况**】 原区工业和信息化局，于2015年更名为区经济和信息化局，现有干部职工12人。内设办公室、工业发展科、信息化科。主要职责：宣传、贯彻、执行国家的有关法律法规及方针、政策，拟定并组织实施全区工业经济和信息化发展的中长期规划、年度计划及产业结构调整和发展、负责协调全区的用电管理，指导推动节约用电等工作。在全市经济和信息化工作考核中获"2015年度长沙市加速推进新型工业化工作优秀单位"，"岳麓区人民政府2015年度加速推进新型工业化工作"列内五区第一名。

规模工业平稳回升。全年全区完成规模工业总产值1187.33亿元，比上年同期增长5.1%；实现规模工业增加值286.72亿元，同比增长6.0%。其中岳麓科技产业园完成规模工业总产值4.03亿元，比上年同期增长22.1%；实现规模工业增加值0.92亿元，同比增长18.3%。

园区发展稳步推进。一是产业内涵进一步丰富。按照市委、市政府建设引领转型创新发展的高科技现代园区要求，加强与省市经信、科技、园区管理等部门的对接协调工作，围绕建筑工程、机械设备、汽车产品、食品药品、环境质量等检验检测认证产业，打造检验检测认证专业园区。初步形成检验检测、医药科技、文化创意和服务外包等产业集群和联东U谷·长沙国际企业港、中南大学科技园两大综合性园区。二是创新驱动能力增强。按照"5511"工程计划，定期参与区校合作对接会议，协调解决区校合作发展问题，稳步有序推进中南大学科技园建设。北京联东U·谷建设顺利，完成标准厂房建设10万平方米，工业地产建设取得突破；完善《长沙市检验检测和认证产业发展三年行动方案》，引进中大检测、宏尚监测等国内国际知名检验检测企业10余家。四海通达、海普科技呼叫中心服务外包基地主体封顶，文化创意产业开始起航。形成孵化器、加速器、工业地产、专业园区多元互补、梯次推进发展格局。三是承载能力明显提升。全面构筑"园区形象"，精心塑造"园区品牌"。全年园区共融资到位20亿元，拆迁腾地648亩，储备土地1291亩。完成医专路、张家村路等6条道路竣工通车和含浦大道提质改造工程，完成莲坪大道、莲含大道等道路节点方案设计工作。园区规划展示馆、高压线入地项目顺利推进，改造学士门户广场景观并开放，市政设施配套日渐完善。

项目建设加快实施。一是促进在建项目建设。建立健全重大项目建设跟踪服务体系，以优质服务加快促进项目尽快投产达效。联东U谷、达嘉维康医药物流园、爱威医疗器械科技产业园建设顺利；赛恩斯等工业项目正抓紧主体工程建设；比扬医疗器械有限公司新建厂房竣工投入使用，10月31日举行投产仪式。列入2015年全区八大新型工业化项目的联东U谷·长沙国际企业港、"海普声域"、达嘉维康等项目年度投资计划10.1亿元，实际完成12.16亿元，全区工业经济新增长点逐步涌现。二是培育新兴特色产业。抢抓国家和省市实施"移动互联网+"行动计划的机遇，推动移动互联网集聚区和移动互联网特色园区建设，移动互联网企业总数超过1300家，从业人员逾2万人。指导协办2015湖南省第二届移动互联网创新创业大会。出台《长沙市岳麓区促进创客空间(社区)发展实施办法》，构建低成本、便利化、全要素、开放式的新型创业服务基地，"弘德·创智空间"、库可咖啡文创空间基本建成；"五八众创""麓客众创" 两个创客空间抓紧装修建设。大学科技园创业服务中心获批省中小微企业创业创新基地，创新创业氛围日益浓厚。

企业服务措施得力。一是抓融资服务。组织企业参加省、市"银企对接会"，进一步拓宽企业融资渠道。组织10家工业企业参加市"上市成长导航"、区小微企业新三板上市培训活动，晚安家纺、山水节能等已成功在新三板挂牌。二是抓人才服务。解决企业高级技术人才紧缺难题，组织企业参加市政府、省市经信部门开展的工程机械、汽车零部件、新材料等专场招聘会，引进高级技术人才。组织企业中层以上管理者参加“管理升级大讲堂”“创业沙龙”等培训,企业经营管理理念现代化水平进一步提升。三是抓能源通信服务。强化企业能耗监测和运行调度，在切实加大高耗能设备淘汰的基础上，进一步加强与能源、电力、电信、水务部门对接,提前摸排申报企业用电计划,确保在夏季用电、用水高峰期间工业企业的能源保障，切实减少非正常减产情况。四是抓法律服务。依托长沙市中小企业法律援助中心，为区内中小企业提供免费法律服务,为重大商务合同、劳动合同把好关，减少不必要的法律纠纷和经济损失。四是争取扶持资金。发挥产业扶持资金对工业项目的促进引导作用。先后组织国宇建材、斯德尔泵业、海普科技、天穹电子等30余家工业企业申报省市各类工业发展资金,全年共争取到位资金1100余万元。指导企业做好2016年省技改节能创新专项项目申报工作。

安全生产大局稳定。一是狠抓工业领域安全生产整治。开展隐患排查治理，严格落实安全生产“一岗双责”,严守安全红线,深入开展工业领域安全生产隐患排查治理工作和“大排查大整治大督查集中行动”“冬春火灾防控”等专项行动，全区工业系统安全生产形势稳定向好。有效提升企业本质安全水平。扎实推进安全生产“四大三基”战略和“三项创建”活动,开展工业企业安全生产标准化建设，对工业企业开展生产工艺流程安全标准化改造的，优先推荐申报工发资金。建立工业企业安全监管单位名册。二是妥善化解改制企业遗留问题。耐心、细致接待原区属改制企业下岗职工来信来访，妥善解决他们在工龄认定、医保、社保费用缴纳方面的问题。全年区属原改制企业没有发生一起到省、市闹访缠访事件。

专项工作按时完成。一是电力协调服务工作。对全区已建成居民住宅小区使用专用变压器供电情况进行全面摸底调查，制定2016年“专改公”工作计划,拟定“专改公”三年行动计划,报区政府审批。根据《岳麓区全域城乡融合发展推进精准扶贫率先实现全面小康实施方案》,落实“精准扶贫”。对全区7个供电所的供电设施、供电范围,电力需求等情况进行调查摸底,撰写《岳麓区农村电网升级工程三年行动调研报告》。为学士街道白鹤社区、梅溪湖协调增设变压器2台，保障居民正常用电；处置龙王港变压器护栏缺失等电力实施安全隐患10多处,恢复西湖街道西北二环线等3处10余盏路灯照明;做好重大活动电力保障工作4次；协助环保局关停重污染企业1家。确保企业生产、居民生活用电有序。二是通信协调服务工作。协调望城移动公司在坪塘街道鹅洲村设置移动通信基站1座,12月开通信号,解决村民无手机信号问题；协调岳麓电信、移动安排通信保障车辆，完成全省第二届移动互联网创新创业大会等重大活动通信保障工作2次;协助移动、电信等单位做好望月湖、洋湖、天顶等8处居民对通信基站辐射担忧的宣传解释工作；协助完成望城移动迁移危险通信基站1座。三是望城坡商贸城通信线缆整治工作。向有关单位送达整改通知;制定《望城坡商贸城片区通信线缆整治工作实施方案》;协助望城坡街道开展商贸城片区通信线缆整治工作,及时解决整改过程中的问题。四是企业办社会职能分离移交工作。全年共完成47个小区的移交协议签订，协议涉及9个街道,9个企业主管部门，年度完成量达市属企业小区总数(68个小区)的69%。根据签订的协议内容,完成市属企业社会职能分离移交补贴资金申报工作。央企七一六社区指导中心在全市率先完成移交协议的签订。

团结干事氛围浓厚。一是党建工作凝心聚力。进一步探索党建机制创新工作,抓班子建设,实行党员领导干部“一岗双责”制度,加强经常性党务管理工作。抓干部队伍建设,开展党员进社区、党组织结对共建工作,10名党员主动参与社区建设工作。深化反腐倡廉建设,坚持标本兼治、惩防并举,加强防范教育。二是其他工作圆满完成。按时完成“12345”“三服务一线”及区委、区政府交办的其他工作,确保政令畅通。其中按时、按质完成区委督办及书记批示件6次。（陈雯）

岳麓科技产业园

岳麓科技产业园
党工委书记
屈志峰
党工委副书记、管委会主任
张永久
党工委副书记、管委会副主任
刘正文

党工委委员、管委会副主任
张俊雄
纪工委书记、管委会副主任
单旭红
管委会副主任
张双武
黄　颖(女)
方胜昔(女)

【概况】 长沙岳麓科技产业园(原长沙含浦科技产业园),2002年4月经省人民政府批准成立,以教育产业为主、其他高科技产业为辅的综合性开发园区。2004年5月,经国家发改委等国家部委审核,确定为湖南省保留的99个开发园区之一。2008年6月,市委、市政府对长沙市进行区划调整,园区成建制由原望城县划归长沙市岳麓区管辖,将原长沙含浦科技产业园更名为长沙岳麓科技产业园。2012年,区人民政府根据《长沙市含浦镇土地利用总体规划(2006—2020年)》、《长沙市城市总体规划(2003—2020)(2014年修订)》和省设立工业集中区的规定,编制园区产业发展、土地利用等资料报请省人民政府。同年,省人民政府出台《关于设立安仁工业集中区等29家省级工业集中区的通知》,园区获批设立省级工业集中区,升格为副县级机构。现有干部职工71人,在编人员21人,招聘人员50人,内设办公室、经济发展局、招商合作局、工程建设局、社会事务局、财政分局和国土规划处。园区范围为靳江河以西,望江路以北,莲浦大道以南,含浦街道边界以东,辖学士街道及所属的联丰村、学泰村、学华村3个行政村和白鹤社区、斑马塘社区、学安社区、学联社区4个社区,总规划面积46平方公里,规划总人口25万人,建成区面积20平方公里,常住人口12万余人。全年技工贸总收入82亿元,完成规模工业总产值4亿元,规模工业增加值1.2亿元,同比增长35%;完成固定资产投资62亿元,同比增长40%;完成高新技术产值2.85亿,同比增长50%;完成区级财政全口径税收5亿元,同比增长40%。主要职责:负责编制园区科技、产业发展规划并组织实施,制定园区产业优惠政策;负责申报国家、省、市重大项目招商、经贸洽谈活动,策划区招商项目推介,负责项目入园的咨询、洽谈、合同(文本)起草、签约工作;设计、编制园区土地控制性详细规划和专项规划;承担园区建设工程的项目计划、项目申报、评估论证、招标投标工作;编制项目用地征地拆迁、安置补偿方案;负责园区规划范围内土地储备、划拨、出让、闲置土地清查收回工作;组织落实区财政预算,监管园区及所属平台公司投融资及资本运营工作等。

招商引资和产业发展。全年引进10亿元以上重大项目3个,科技、服务类中小型企业142家,其中检验检测企业15家。国际知名检验检测机构SGS、清华大学博奥基因检测中心、苏州苏试等签约入驻园区,专业生产汽车锂电子电池包的新能源企业文泰能源入驻并投产达效。引进英国天翔集团、赛奥维干细胞研究中心、长湘环保科技公司。围绕检验检测、医药健康、新能源等战略性新兴产业,加快产业发展。中大检测年产值1亿元,继善高科完成年产值5900万元,宏尚检测完成年产值2800万元,爱威科技完成年产值9000万元,比扬医疗完成年产值2200万元,晚安家纺产值7400万元,企业年产值增幅20%。湖南文泰能源建成并投产达效,完成产值2000万元,赛恩斯、达嘉维康投入运营,分别实现产值2亿元和20亿元。组织申报高新技术企业3家,科技行业从业人员占比30%以上,高新技术产值较上年同比增长25%,实现科技成果转化产值20亿元。园区已建成科技成果转化孵化基地5个,拥有国家级工程技术中心2家,省级重点实验室1家、省级工程技术中心、工程研究中心2个、院士工作站2家,新增获批专利18个。完成文化创意产业引导资金、两型园区与两型企业、省服务外包示范集聚区申报,获批湖南省电子商务示范基地。

区校合作。搭建中南大学科技园孵化器平台,完成创智天地、天聿金领汇、萃程大厦3栋3万平方米孵化器建设。组织科技成果孵化企业、项目的入驻遴选,筛选入驻企业60家,黄伯云院士团队的金属铝燃料电池项目、高分子材料项目、清华大学程京院士的博奥医学检验项目落户园区。完成孵化器大楼装修,实现部分孵化企业入驻。中南大学科技园(研发)总部进行一期59亩拆迁腾地,争取湘江新区拆迁专项扶持资金2亿元。区校合作经中央改革办推介,获“中国改革(2015)年度案例单位”(全国共10家)。中南大学科技园孵化器非接触性智能手术室项目获“第四届中国创新创业大赛(湖南赛区)暨第二届湖南省创新创业大赛”一等奖。出台《关于中南大学科技成果孵化基地企业入驻扶持的暂行办法》,编制完善《加快科技创新促进产业倍增发展的实施办法》,全年申报省“135”创新创业资金等各类扶持资金789万元,提供免费办公用地15000平方米,减免

租金400万元。(省"135"工程:支持100个创新创业园区、新建3000万平方米以上标准厂房、引进5000家以上创新创业企业。)

项目建设。全年铺排新建、续建项目41个,完成计划投资45亿元。莲坪大道、左栗线道路土路基成形,含浦大道(三段)、大塘路等续建道路竣工,完成学士路、含浦大道部分路段提质改造,"三横三纵"交通网络基本形成;完成联丰苑保障性住房3栋18层建设,完成靳江河堤岸综合整治土方工程,年底竣工。联东U谷(一期)10万平方米厂房全线推进,比扬医疗完成整体搬迁并投入运营,达嘉维康15000平方米仓库投入使用,爱威科技、捷西橱艺、海普声域加快主体建设,中铁城建、赛恩斯陆续启动建设。汽车4S城西片加快拆迁,东片路虎、克莱斯勒等2家单店开业,上城国际城市综合体商业设施投入运营。园区控制性详细规划在市规划局入库,智谷科技广场启动立项,玉润公园、紫苑园已完成立项批复并启动设计招标,玉赤河景观廊道(一期)完成方案设计,靳江河堤岸综合整治工程完成立项及规划要点、选址及蓝线图。

专业园区建设。与苏州苏试、宏尚检测等企业达成入驻协议,进行拆迁、立项、设计等前期工作,完成腾地100亩。继善高科、中大检测、宏尚检测、赛恩斯环保等28家规模以上企业集聚园区。编制《第三方检测认证及认证产业发展意见》并提交市经信委。协调省市相关部门开展检测企业检测资质认证评估,在项目入园征地拆迁、报批报建、挂牌出让等手续办理上开辟绿色通道,组织入园企业开展新三板上市、服务外包等培训,协助晚安家纺在京上市。协调市政、城管等相关部门,为检测认证企业开展户外品牌宣传创造条件,全年《湖南日报》《长沙晚报》等省级纸媒围绕检测认证产业园专题报道4次,新闻频道、长沙广播等市级电视媒体专题报道2次,中新网、红网等知名网媒各类新闻报道8次。获批"市级检验检测产业公共服务平台示范区"。

服务保障。全年完成融资总额22.61亿元,其中银行融资16.15亿元、土地融资3.16亿元、社会融资3.3亿元。签约农发行27亿元新型城镇化建设融资项目,首批10亿元资金放款;东莞银行2亿元、渤海银行2.7亿元资金授信;玉赤河生态公园PPP模式项目纳入省财政厅第二批PPP项目名单,与安徽路网、金诚集团签订玉赤河流域综合整治项目PPP合作框架协议。全年拆迁腾地1207亩,完成12个新拆项目1100亩拆迁手续办理,完成左栗线、中铁城建、斯德尔重工等项目拆迁,腾地400亩。加快汽车4S城、莲坪大道拆迁扫尾,启动检验检测专业园区、栗山学校等项目拆迁,启动环城绿带项目拆迁前期工作。完成联丰苑安置分房800套,安置面积约80353平方米,安置居民132户。园街共同拆除违法违章建筑共计6万平方米。通过盘活存量和集中安置等措施,增加建设用地指标的蓄积量。全年出让3宗土地181亩,划拨7条道路用地180亩,批回土地703亩,完成1500亩用地市级审批,协调永久基本农田划定规避举证、土规优化调整工作。

队伍和作风建设。开展"三严三实"专题教育活动,执行党风廉政建设责任制,推进"三服务一线"工作法,指导街道处理执行"60"号令遗留问题,解决一批久拖未决的历史遗留问题。完善接访制度,化解园区梁正坤等老上访户上访问题,处理浦洋节能农民工集体上访问题。制定并实施《2015年全员干部竞聘上岗方案》,完成中层干部竞聘和工作人员双向选择、园区雇员考录工作,选聘中层干部19名、调整岗位10个、考聘雇员4名。加强全员目标绩效管理,完善《绩效考核办法与实施细则》,制定《园区薪酬福利制度改革方案》。 (徐玢、龙铨)

【国际著名检验检测机构SGS湖南区总部落户园区】 3月20日,国际著名检验检测机构SGS集团与岳麓科技产业园签订入驻协议,其湖南区总部正式落地园区。SGS集团创建于1878年,总部位于瑞士日内瓦。是全球排名第一的检验、鉴定、测试和认证机构。1991年,SGS进驻中国,SGS是中国第一家加入国际检验机构联盟(IFIA)的检验、测试和认证机构,是中国境内首家获得中国合格评定国家认可委员会(CNAS)ISO17020认可的第三方合资检验机构。 (罗信)

岳麓山大学科技园岳麓分园创业服务中心

主　任 周建华
书　记 王友长
信息金融部部长
乌东凯
区校合作部部长
朱晓平
企业发展部部长
肖银波(女)
企业发展部副部长
滕晓荃

基地建设部部长
王国军
办公室副主任
翟荣军
严小平(女)
信息金融部副部长
柳新华(女)

【概况】 岳麓山大学科技园成立于1999年12月。科技园管委会、科技园岳麓分园创业服务中心，两块牌子、一套班子，内设办公室、企业发展部、区校合作部、信息金融部、创业服务中心。有干部职工29人,领导干部11人(副处2人、正科实职2人、副科实职7人)，副主任科员1人，科员11人,工人5人,政府雇员1人。科技园主要功能为技术创新基地，高新技术企业孵化基地，创新创业人才聚集和培育基地，产学研结合示范基地。通过整合资源,使大学科技园与高新区其他科技孵化园一起形成校内研究、校园周边孵化、大学园产业化、高新区规模化发展的高新技术产业链。园区共有孵化面积45000平方米。

经济规模新增长。全年共引进新入园企业66家,其中大学生创业企业13家，引进注册资本19504万元(其中注册资本千万元以上企业5家)，园区企业总数154家。全年实现技工贸总收入38041.16万元，与上年同比增长18%；实现销售收入45145.32万元,增长22%;上缴税金2846.85万元,增长26%;实现利润3371.9万元,增长9%。园区新增高新技术企业2家,规模企业1家,规模工业增加值达11%以上。完成固定资产投资总额1.22亿元。收集、发布项目信息，组织指导园区49家企业申报科技部创新基金、省科技项目、省财政厅技改资金和市科技计划项目69个；指导66家大学生创业企业申报大学生创业资金,申报成功53个;全年共落实资金2563万元。转化科技成果12项,实现专利申报10个。

服务企业更优质。严格实行ISO9000标准化服务体系,实现科学化、标准化管理。引进专业服务团队,进一步加大与高校对接、项目引进、孵化服务及创新创业工作力度。加强对园区重点企业的扶持与辅导，园区内三家企业被列入新三板上市入围企业。组织园区优秀企业进行中小企业新三板上市培训。与岳麓科技产业园协同配合，在科技招商、产业服务、区校合作等领域实现无缝对接、合作联动。与工商管理部门联合设立园区办证窗口。加强基础管理工作,重新规范企业入园程序，完善入园企业档案材料,将入园企业档案材料进行电子数据录入。

平台建设再加强。与湖南枫树创业孵化有限公司联手合作共建“麓客众创空间”项目,投资100万元对创业大厦二楼大厅、多功能报告厅及部分办公房计2000平方米进行改造装修，作为众创空间项目运营及办公用房。众创空间已开展各类活动10场,对接项目20余个。引进专业团队共同打造“岳麓创业学院”,签约20名驻区高校创业导师,遴选学员,组建创业导师团队和创业精英团队，开展有针对性的创业培训活动(如:创业讲坛、创业项目拍砖会、创业专业技能培训会、创新创业科技知识抢答赛、创业1帮1结对帮扶等),营造驻区高校创新创业氛围，增强广大高校师生科技创新创业的热情。投资20万元搭建并开通“岳麓创新创业资源网”。争取上级项目建设资金55万元，支持长沙市低碳节能技术推广中心做大做强，开展专业化招商引企和专业化服务，全年新增会员企业10家。筹建“国家专利技术成果转化孵化平台”。按照省、市主管部门加大高校周边地区产业园区知识产权工作的要求,成立专门工作小组,开展知识产权申报辅导、知识产权评估咨询、知识产权投资孵化、知识产权展示交易和知识产权中介服务，推进知识产权申报、评估、培训、展示交易、专利投融资、企业专利信息平台建设等工作。

基地建设有发展。岳麓山大学科技园联东U谷创新创业园在联东U谷基地挂牌，双方合作组建科技招商、企业服务班子,走访发展状况较好的企业100多家，签订购房意向协议企业30家,预定孵化面积3万平方米。与锦绣潇湘产业园合作,建设“岳麓山大学城创新创业基地”。基地总孵化面积8000多平方米,其中,大学生创业孵化器——库可咖啡于5月18日开业,为大学生创客们打造拎包入驻平台——创客街。已有25家企业入驻基地。

(王小宇)

【区校合作工作获得2015年度“中国改革年度十大案例”荣誉】 加大区校合作的工作力度、明确工作职责。安排专人定期对驻区高校重点院系、重点实验室、工程中心、技术中心、高校科技处、高校科技企业进行走访对接，搭建高校面向园区和社会对接综合服务平台。制定驻区高校相关部门项目信息沟通的会议机制,(每年3月、6月、9月、12月举行),加强与高校的信息对接，打造区校合作信息平台。为驻区高校大学生创业、教授创业、院士创业提供包括公司注册登记、办公场地租赁、政府资金申报、社会风险投资、专利代理申报等一揽子全程免费代理服务。参与和协助办理中南大学研发总部建设相关手续，已完成规划调整，启动项目拆迁，签约42户。（王小宇）

交通运输

区交通运输局

局　　长　程继华
副 局 长　凌长庚
　　　　　　陈　萍(女)
　　　　　　佘一夫
纪检组长　朱继忠
党组成员　魏拥军

【概况】 区交通运输局原名西区交通运输管理所，于1985年12月成立，1996年7月更名为岳麓区交通运输管理所，2002年2月更名为长沙市岳麓区交通运输管理局。是主管全区交通运输工作的行政类事业单位。有工作人员101人，其中在职干部36人。主要职责：贯彻实施国家、省、市有关交通运输的方针、政策和法规，执行上级交通运输主管部门制定的有关法规和政策；拟订全区交通运输行业中长期规划和年度交通基础设施建设计划，组织全区干线公路、农村公路、桥梁、站场、渡口、码头及其配套设施的建设、养护和管理；负责全区公路、水路运政及路政的管理和监督，维护公路、水路及设施，确保公路、水路畅通；监管交通运输行业安全；组织管理全区公路、水路交通运输行业和交通运输，做好防汛、救灾、抢险等物资的运输组织协调工作；负责全区国防动员交通运输战备工作；审核或呈报辖区道路客货运输、搬运装卸、运输服务和汽车专项维修业户的资质条件、开业、停业及年度审验申请，核发经营许可证、道路运输证；负责全区农村客运市场的监管工作；负责全区道路运输市场的调查研究工作，做好交通运输行业统计和有关数据的收集、整理和上报工作；对道路运输市场的运输质量、经营行为及使用的证、照、牌等进行日常性监督管理，负责交通运输执法检查和监督，依法查处运输违法行为；整治公路、水路“三乱”；承办区委、区人民政府和上级主管部门交办的其他工作。

农村公路、桥梁建养迈上新台阶。2013年起，区政府启动农村公路建设三年行动计划。2015年区政府投入3700万元，新建农村公路100公里；投入700万元，完成Y831玉江段2公里、官埠口村段6公里的白改黑提质改造建设。按“先急后缓、先重点后一般、先县道后乡村道”原则，投入约1300万元，完成X160、X161在内共12条县乡道的公路安全生命防护工程建设，总里程达85公里。在保持坪塘街道为管养示范乡镇的基础上新增莲花镇，同时新增文明示范路项目8个：X163线6.628公里、C030线0.633公里、C567线1.417公里、C459线1.893公里、C091线1.277公里、C537线1.763公里、C056线1.301公里、C034线0.715公里，共计里程15.627公里。投入约180万元，并完成部分线路的提质改造及全线公路安全生命防护工程建设。全年区农村公路日常养护任务为：县道管养里程162.5公里（含纳入县道管养的乡道85.6公里），乡道管养里程54.1公里，村道管养里程438.526公里(其中重点管养村道232.06公里)，共计655.126公里，列养率100%，其中经常养护率县道100%，乡道92%，村道73%，农村公路路况年末综合优良率为84.9%，路面(PQI)中等路以上比例为91.4%，绿化率82.6%。完成金凤桥、桃公岭桥、蔡家湾桥、珍珠山桥和转湾桥五座危桥改造。

公路建设实施新规划。S327岳宁公路（原长沙梅溪湖至宁乡公路）项目按照省发改委的批复分三期实施，其中岳麓区段所在为项目第二期和第三期。二期为岳临高速往东至高新区界，三期为岳临高速往西至宁乡界，分两期办理用地等前期手续。已完成全段的可行性研究报告编制、工可评审、行业意见、用地预审、工可批复等工作及项目二期的用地手续报批资料筹备，项目资料已交省国土厅审核通过，配合完成初步设计施工图编制、初步设计批复、拆迁摸底调查等工作。项目已完成施工、监理招投标等手续。完成湘潭鹤岭至南谷公路项目可行性研究报告编制、工可评审、行业意见、用地预审、工可批复和前期设计，初步设计已批复。总投资5000万元的莲花至宁乡花明楼公路项目于2014年11月启动施工。2015年年底，完成投资约500万元，两座桥梁已竣工，全线清表换填、路基填筑已基本完成，完成征地拆迁和青苗补偿。

道路运输综合整治创新业。简化和规范道路运输业行政审批、年度审验、行业统计管理，推行网上在线审批。开展档案整理和数据库清理，安排专员专管，确保省道路台账系统的数字准确。清查整治三类机动车维修业户，严把三类维修企业准入关，维护三类维修市场秩序。创文明先进政务服务窗口，强化服务意识，树立行业形象。在门户网站上公开办事流程，道路运输经营许可审批项目在线审批率达100%。开展打击非法营运和货运车辆超限超载专项整治。全年累计查扣非法营运车辆496台，查扣超限超载货运车辆554台，卸载或转运货物4800余吨，路面货运车辆超限超载率下降至1%以下，改型货车栏板切除率达100%。

安全生产、法制建设取得新成效。开展辖区内交通运输领域安全生产打非治违集中执法行动620次，出动执法人员10775人次。累计检查辖区内交通运输企业20家；检查道路运输车辆2347台次；检查渡口渡船18处；排查并整改农村公路及桥梁安全隐患28处，整改在建工地安全隐患9处；检查三类汽修企业18家；联合检查校车线路24条。聘请湖南星城律师事务所贺志伟律师作为常年法律顾问，全权代理岳麓区交通运输局行政诉讼案件。清理并公开区交通运输局部门权力清单和部门责任清单。累计应答行政复议案4件，经长沙市交通运输局法规处和区人民政府法制办复议后作出全部维持岳麓区交通运输局的处理决定；累计应诉行政诉讼案5件，经区人民法院和长沙市中级人民法院审理后全部判决岳麓区交通运输局胜诉。

（胡蕾、周跃进、王灿、徐江方、魏拥军）

农业·林业·畜牧·水务

农业林业畜牧

农业林业畜牧局

党组书记、局长

张献文(9—12)

党组副书记、副局长

陶石岩

党组成员、副局长

郭双献(女)

周　辅

彭海军

区纪委派驻纪检组长

聂其来

农业综合技术管理服务中心主任

王钟元

农业综合技术管理服务中心副主任

赵国亮

赵　宾(女)

钟　凯(6—12)

【概况】 区农业林业畜牧局和区农业综合技术管理服务中心两块牌子、一套班子,合署办公,有在职在岗工作人员42人,其中班子成员10人,改任非领导职务3人,干部16人,森林消防队员6人,临聘5人,借调2人。内设办公室、农业科、林业科、畜牧水产科、综合科、计财科。有归口管理的涉农二级事业单位10个,即区动物卫生监督所,区农机监督管理站,坪塘、含浦、莲花、雨敞坪四个动物防疫站,坪塘、含浦、莲花、雨敞坪四个林业站。有在职在岗工作人员112人。主要职责:贯彻执行农、林、牧、水产行政工作法律、法规和方针政策,研究拟定全区农、林、牧、水产工作方针政策、发展战略、中长期规划和年度计划,拟定有关规范性文件并对实施情况进行监督检查;指导和服务全区农、林、牧、水产、经济作物生产。管理和协调全区农机、能源、农村经营管理及其他有关涉农事项。综合开发、利用和保护农业资源、森林资源,改善农业环境,开展招商引资,加强农产品标准化生产开发和林业基地、农村能源建设;组织和参与农、林、牧、水产主要科研课题的实施、转化和科研成果推广。负责农作物病虫害防治指导,动植物防疫检疫监督。做好森林防火和动物防疫工作;开展调查研究,掌握国家有关农业、农村和农民工作法律、法规、规章和方针、政策的贯彻执行情况,反映城乡一体化发展和新农村建设及“三农”工作动态和信息。提出落实建议,推广典型经验,扶持农产品龙头加工企业和农产品流通体系的建设;加强减轻农民负担的监督,维护农民合法利益和权益。指导农村经济和农、林、牧、水产业的管理,确保农业增效、农民增收和农村稳定;负责全区农、林、牧、水产行业的科技教育和农村抗灾救灾,农业、林业、畜牧、水产技术职称评审呈报等工作,指导全区农业、林业、畜牧、水产队伍建设与管理;承担全区乡镇企业统计工作,拟定全区乡镇企业、农村第三产业发展战略、中长期发展规划和年度计划并组织实施。指导乡镇企业、财务会计、内部审计、资产评估工作。组织乡镇企业开展招商引资、对外经济技术以及地区间、企业间的交流与合作,负责组织出口企业产品展销工作。会同有关部门加强对乡镇企业质量和标准化工作进行管理、指导、监督。负责拟制全区乡镇企业目标管理考核办法和实施意见;承办区委、区政府及有关部门和上级业务主管部门交办的其他事项。区动物疫病防预控制指挥部办公室设在区农业林业畜牧局,其人员编制在区农业林业畜牧局内部调剂。主要职能:贯彻执行省防指、市防指有关规定及调度命令;制订全区动物疫病防制预案;负责组织全区动物免疫、检疫和扑疫工作;承办区动物疫病控制指挥部的日常工作;组织实施全区动物疫病防预控制调度。区森林防火指挥部办公室设在区农业林业畜牧局,其人员编制在区农业林业畜牧局内部调剂。主要职能:贯彻执行省防指、市防指的有关规定及调度命令;制定全区森林火灾防治方案;负责组织全区森林火灾防预、扑救工作,打击纵火犯罪;承办区森林防火指挥部的日常工作;组织实施全区森林火灾扑救调度。

按照中央和省、市确定“农业要强、农村要美、农民要富”的“三农”工作目标,完善带动机制,突出城乡融合发展。全年全区完成农林牧渔业总产值(按现价结算)19.55亿元,同比增长4.5%;全区农村居民人均现金收入达22400元,同比增长15%。

*城乡融合亮点分呈。*在全市率先试点编制社会发展总体规

划、土地利用规划、城乡建设规划、产业发展规划等“多规合一”的《岳麓区城乡融合发展规划》，作为引领全区新农村建设的行动纲领，规划用五年时间，将岳麓区打造成全省城乡融合发展示范区。完成雨敞坪田园风情小镇和莲花新型城镇化试点建制镇的规划编制和修编工作，城镇发展定位更加清晰、科学。莲花镇、雨敞坪镇铺排基础设施、社会事业及产业项目试点全面完成。莲花镇现代农业园、森馨舒农业园、爱格农艺园、含浦街道沃之园农业园、雨敞坪生态嵇山农业科技园等一批奠定城镇格局、彰显城镇特色、提升城镇品质现代农业园项目已经建成和正在建设。靳江河都市农业景观带、体验型都市农庄“沃之园”正式开园，建立天泉草业绿色生态产业链；蓝莓节水高效栽培示范区、蓝莓酒庄区正在建设中；已启动四季田园柠檬基地建设；坪塘“千户农庄”示范园项目，已完成首批示范农庄60户。采取“基地＋农户”模式，种植韭黄1000亩以上，将韭黄打造成地标产品。坚持走“政府引导、市场运作、社会参与、滚动开发”发展之路，参与筹建长沙市现代农业投资有限公司，区政府认缴股东资金1亿元，首期实缴0.1亿元。6月《长沙晚报》以《现代农业接二连三激活第六产业》为题对岳麓区发展农业产业，促进城乡融合发展进行专题报道；7月《经济日报》以《千年古镇莲花美》为题对岳麓莲花镇建设美丽乡村进行专题报道。

现代农业特色鲜明。全区铺排市级重大现代农业项目2个，实现投资0.618亿元，完成年度计划103%。开展招商引资，引进农业项目15个，实际到位11.42亿元，完成年度计划的103.8%。全区生态园、农家乐、农趣谷等休闲农业基地42处，现代农庄增至24家。新型农业经营主体增至52家，农民专业合作社和家庭农场分别为49家、3家，其中粮食生产专业化合作组织已注册5个，国家级农民专业合作示范社1家。农副产品加工业增加值和利润增长率分别3%、2%。全年各项财政支农惠农政策全面落实到位，全区完成农机具购置补贴95台件，计60.84万元，水稻耕种收综合机械化率70%以上；全区粮食播种面积22.095万亩，其中优质稻面积15万亩，实现粮食总产95100吨，已杜绝连片抛荒现象；受政策鼓励和引导，农村土地流转步伐不断加快，全区现有各类种粮大户60户，其中种植面积100亩以上的12户。蔬菜生产设施化、标准化水平提高，从事蔬菜生产、经营和服务的企业增至12家，蔬菜面积8.3万亩，年产量15亿公斤；提质改造茶叶、水果、中药材等经济作物，新扩良种茶园100亩，改良水果基地300亩。全区全年存栏生猪18.75万头，存笼家禽68.66万羽，出栏肉猪42.58万头，出笼家禽97.22万羽。全区养殖水面2.61万亩，年起水鲜鱼5200吨，与上年同期基本持平。全区共有生态休闲渔业基地68家，其中获评农业部水产健康养殖示范场2家，获评市级水产健康养殖场24家。观赏鱼、娃娃鱼、黑山羊、藏獒等特种养殖企业9家，尤其是长沙湘实观赏鱼基地养殖面积70亩，自繁自养，定点销售，效益可观。全年完成迹地更新造林及宜林荒山荒地滩涂造林1200亩，“三边”造林、“四旁”植树10000亩。发展林下经济，扶持中药材金银花、迷迭香、葛根种植近800亩，林下养殖家畜禽实体两家。全区森林覆盖率37.62%、林木绿化率43.19%，全区活立木蓄积量121.57万立方米。

民生事业全面发展。一是生态林业建设。全区完成城市林业生态圈环城林带、绿色通道、水系绿带建设28.6公里，启动800米环城绿带生态圈标准段建设，完成学士路与西三环交界处至运通轨道东侧600米土方和200米绿带建设。坪塘街道、含浦街道、学士街道、莲花镇、雨敞坪镇各完成一条公路的两厢绿化提质（全区共完成25公里）；莲花河、八曲河水系两岸绿化提质完成6.8公里。2个绿色示范村庄、60个绿色示范庭院通过市级验收。林业有害生物普查与防治到位高效，全面启动生物天敌赤眼蜂针对林业害虫和松材线虫防治，在坪塘街道、莲花镇、雨敞坪镇、麓山景区、望岳街道开展释放赤眼蜂防治林业有害生物，完成1.5万亩任务，大大降低虫口密度。松材线虫病、竹蝗等林业有害生物普查和防治，为预防林业有害生物集中爆发奠定了基础。二是美丽乡村建设。开展农村环境卫生整治，坚持以点带面，建设美丽乡村。莲花镇五丰村作为创建省级新农村示范村，农业产业发展较快、基础设施建设力度加大。其中爱格花卉项目土地流转831亩，建成花卉温室、展示温室、生产温室。确定太平、官埠口、玉江、五丰、麻田为美丽乡村示范点创建单位。三是农村环境建设。抓住重金属污染耕地修复治理这个关键，采取撒施生石灰、施有机肥、喷施叶面阻控剂、种植绿肥、深翻耕、优化水分管理等综合技术措施完成对全区86922亩（含扩面区）重金属污染耕地区域修复治理。治理畜禽养殖污染，处理各类举报电话27起，查处无检疫证明案件2起，查获和无害化处理病害死猪2184头，家禽4560羽。完成年度区域内规模养殖场14户退出任务。

农业改革创新成效显著。把农村综合改革作为农业农村发展的重要引擎。一是率先在全省开展农村土地确权颁证。按照“三三三”工作模式推进农村土地承包经营权确权颁证试点，试点村瓦灰村667户、1510亩农田确权颁证工作全面完成，得到群众一致认可和广泛支持，并在全区17个村推行(雨敞坪镇福胜村、嵇家山村、潘家山村、雨敞坪社区、红叶村、麻田村、泉水湖村、泉宏村、新卯村、西湖村、莲花镇新桥村、中长村、含浦街道官埠口村、九江村、学士街道学士村、坪塘街道太平村、新塘村)，17个村承包地面积3.56万亩。资金申报、技术招标等任务基本完成。二是率先在全国创建农业部农村土地经营权流转试点县(区)。出台《岳麓区关于进一步规范农村土地经营权流转管理的实施意见(试行)》，全区全面实施农村土地流转分级备案制度，采取部门联席会议方式，对10个农村集体土地经营权流转项目进行风险评估和审批，审批面积3200亩。3月，农业部在长沙召开全国农村土地流转工作调研会，岳麓区在会上作典型经验介绍。9月，农业部在山东聊城召开全国土地流转调研会，岳麓区获邀作先进经验介绍。三是稳步推进农村综合改革。创新统筹城乡融合发展体制机制，推进莲花镇建设都市休闲、现代农业的生态新镇三年计划。推进农村公共资源交易体制改革，建立统一、透明、规范公共资源产权交易市场。规范村级集体“三资”管理，对街道(镇)范围内村民小组全面实行“组账村代管”制度。实施《村务公开进农户制度》和《村民质询制度》，探索村民质询基本模式。2015年《长沙改革简报》第11期专题报道《岳麓区扎实推进农村土地确权颁证试点工作》，是全区稳步推进农村综合改革的点睛之笔。

农村大局平安稳定。一是森林防火工作全面到位。认真谋划，严格落实森林防火责任制，开展森林防火宣传，完善森林火灾应急预案，落实森林防火经费，添置并检修物资器材，开设防火隔离带和营造生物防火林带。突出抓森林防火体系建设，尤其是森林防火专业队伍、半专业队伍及护林队伍建设。平稳度过清明节等森林防火特护期，实现市政府下达的森林防火目标。二是动物防疫工作全面到位。通过采取及早动员部署、严格落实责任、加强检疫监管、规范免疫档案、强化监督检查等措施，全区重大动物疫病免疫密度97%以上。建立并实施动物养殖强制免疫、检疫申报、消毒灭源、病害动物及产品无害化处理、疫情报告等制度。三是农产品质量安全工作全面到位。农产品质量安全工作是市对区绩效考核任务之一，各街道(镇)、各农业标准化生产基地、各农贸市场均建立自检农产品农残检测站(室)，明确检测专干，形成标准化生产、田头监测、农贸市场、生鲜超市监督抽查四道安全防线。共完成蔬菜农残省市抽检720批次，完成比例为120%，区自检蔬菜农残合格率100%，检测合格率100%。完成瘦肉精药残检测2711批次，完成比例为112.9%，瘦肉精阳性检出率为0，畜禽产品药残检出率为0，水产品药残检出率为0，强制免疫病种畜禽群体常年免疫密度为97%，确保农产品质量安全。四是农村综合服务全面到位。定期编印发放水稻、蔬菜、花卉苗木、森林病虫害预测预报信息资料。开展“农村法制宣传月”“农产品质量安全宣传月”“涉农安全应急宣传”等主题宣传活动，提高涉农法律意识。行政权力清单、行政责任清单、部门行政审批中介服务事项自查等均按时按质按量完成。全年共办理行政审批事项228件，其中，拖拉机联合收割机及驾驶员牌证核发102件，国家规划确定用于养殖业的全民所有水域、滩涂养殖证核发126件。基本农田保护、森林资源保护工作得到加强，及时查处乱砍滥伐森林、侵占基本农田等违法行为。全年共处理“12345”工单44起，信访件、投诉件以及舆情交办件10起，办理率、满意率均为100%。 （罗千平）

【推进农村土地确权登记颁证试点】 建立归属清晰、保护严格、流转顺畅农村产权制度，稳定和完善农村土地承包关系，其工作措施是：落实“三个到位”，严把“三个关口”，坚持“三个标准”。

“三个到位”：一是责任到位。制订《岳麓区确权登记颁证试点工作方案》，明确改革任务书、施工图；建立试点工作联席会议制度，多部门协同，统筹推进；在试点镇和村配套成立相应组织领导机构和具体工作班子，层层分解目标任务和责任。二是培训到位。区、镇、村采取参加专题讲座、以会代训等多种方式，层层开展土地确权登记相关业务培训。重点抓好试点镇、村业务骨干培训，将确权登记颁证的政策性问题讲清，技术性问题讲透，敏感性问题讲明白，打造一支政策法规熟、技术业务精的工作队伍，为确权登记颁证试点工作全面提供队伍保障。广泛宣传，做到家喻户晓、共同参与、共同关注的良好工作范围。三是协同到位。相关部门分工明确，密切配合，形成工作合力。

“三个关口”：一是基础资料关。统筹协调试点镇、村、国土、公安等部门，对“二调”成果、农户承包土地现状、原承包面积及人口户籍等情况进行登记造册，作为工作开展的基础性资料，确保土地数据真实、历史情况清晰，最大化减少矛盾纠纷。二是信息核实关。依据农户户籍和二轮承包数据信息，走村入户进行逐户、逐人，逐项、逐地块核实，并由村委、村民组长、地块户主三方现场签字确认，做到村不漏户、户不漏人、人不漏地块。三是流程规范关。外业测量按照先核对无争议地块，再调处有争议地块原则操作；内业处理按照入户核实表册和外业测量成果进行鱼鳞图绘制，并由户主核对按手印确认，确认后公示，确保无异议。

“三个标准”：一是程序到位标准。既要按计划进度完成试点工作，又不能图省事简化程序、减少环节，确保全程公开透明、阳光操作。二是客观准确标准。严格技术操作，聘请专业团队进行科学勘测、精确编绘，确保测绘结果真实、准确、无误。对于争议地块或变动异常情况等问题，镇、村严格按照“有政策依据政策，无政策村民议决”的原则妥善处理，确保确权登记工作不出偏差。三是群众满意认可标准。确权颁证工作是中央部署的一项民生工程，最终检验标准是群众满不满意、认不认可。由于前期宣传到位，事中政策解释到位，确权工作得到人民群众的一致认可和广泛支持。

（徐佳）

水　务

区水务局

党组书记、局长

谭定诚(1)

罗国良(2—)

副　书　记、副局长

谭　敏

党组成员、副局长

谢茂华

宾建光

党组成员、纪检组长

孙荣来

党组成员　陈志良

防办主任　黄炼钢

【概况】 区水务局成立于2010年12月，为区政府主管水利工作的工作部门，内设办公室、水政水资源科、水建水管科、供排水管理科、人事财务科，区防汛抗旱指挥部办公室（区政府设立归口水务局管理、副科级事业单位）、区河道堤防管理站（加挂水政执法大队和砂石经营管理有限公司牌子）。下设区丰顺垸堤委会、区麓山垸堤委会(含岳北境、岳华垸、梅溪垸电排站)、白菜垸堤委会、区泉水冲水库管理所5个二级机构。局机关核定编制20人，其中，行政编9人、事业编11人，有工作人员16人。主要职责：贯彻执行国家有关水行政工作法律、法规和方针、政策、规划、管理、组织、指导水利建设和水文工作；组织、协调、监督、指导区防汛抗旱工作；规划、管理区水资源(含空中水、地表水、地下水)开发利用和保护，监督城镇给水排水；组织、指导水利设施、水域及岸线管理和保护；组织、指导江河、水库、河口滩头的治理和开发；规划、组织水土保持综合防治和监测；组织、指导水政监察和水政执法，协调并处理水事纠纷；宏观调节和监管水利资金，监管水利行业国有资产的使用；指导水利行业经济发展；组织、指导水利行业的科技、教育工作；规范水利水电的技术规程、规章，推广新技术；完成区委、区政府及有关部门和上级主管部门交办的其他工作任务。

水利工程。全年区冬修水利建设总投资3.5亿元，开工430处。按照项目管理“三制”要求，按期保质完成三角塘、木塘等13座病险水库除险加固及西二环以下龙王港流域全截污和湘江枢纽库区配套项目扫尾。小农水项目建设。10月，预标投资7560万元的全区小农水建设工程全面启动，计划2016年初完工。其中，山塘清淤（含骨干山塘治理)3000亩，渠道整修112.8千米，小河坝改造12处，机埠改造440千瓦，农业产业基地配套扶持项目12个。

防汛抗旱减灾。年中汛期多次发生强降雨和洪峰过境，多次召开会商会，统筹部署区防汛抗旱工作。区防汛抗旱指挥部办公室及早动员、科学铺排，及时调度、严格督查，为安全度汛保驾护航。区各级各部门积极响应，干部群众责任上肩，确保汛期大局稳定、平安。

水资源管理。全面实行国家最严格水资源管理制度，完善水资源管理机制。区水务局网站、微信等平台利用“世界水日”“中国水周”组织水资源节约保护宣传，发放宣传资料1.2万份。开展水生态保护活动，对龙王港水污染现象进行专项治理；对8个商品混凝土搅拌厂开展取水专项执法检查,督促其完善取水许可手续。完成用水总量、用水效率、水功能区限制纳污管理检查任务。

砂石基地与河道管理整治。配齐配强管理队伍,足额收取年度管理费用,加强内部管理,完善规章制度,美化场内环境。年供应砂石总量超过500万吨,年产能过亿,年税收约1500万元。加强日常河道巡查,对各类水事违法行为依法打击,清理道内砂石尾堆及杂物、垃圾,整治河滩种菜。整顿清理傅家洲、炭塘子等地摊砂场6处。

气象灾害防御。针对岳麓区没有气象局的现状,成立区防雷安全生产工作领导小组,形成由区水务局牵头、区直相关部门配合、街道(镇)属地管理负责的联合工作机制,组织协调相关工作。全年区防雷办公室联合市气象局开展防雷检查5次,区气象防御安全生产逐步走向正轨。

户表工程改造。2015年长沙市户表改造指挥部下达岳麓区城区户表改造工作任务1万户,区户表改造指挥部办公室明确人员配置、工作要求、责任分解。区户改项目累计完成10258户,超额完成全年工作任务。与市水务局、市自来水供水公司对接协调,多次组织召开市、区、街道协调会议,专题研究辖区内农民安置小区因历史原因欠缴水费及供水设施设备老化问题。对岳麓、咸嘉湖、望城坡、梅溪湖、观沙岭、天顶、望岳等街道范围内农安小区自来水欠费进行挂账处置,共处置4500万元。加强农民安置小区规范管理,确保居民生活用水质量及安全,市自来水供水公司对上述街道农民安置小区及洋湖老集镇供水设备设施进行提质改造,投入资金1亿余元。

安全饮水。2015年度,湖南省为民办实事办公室下达岳麓区解决农村1万人安全饮水实事工程任务,考核项目为含浦街道集镇管网延伸工程,该项目已全面完工。莲花镇管网延伸、坪塘花扎街管网延伸项目列入中央投资计划,至年底,该项目已全面完工。

安全生产。采取安全生产督查、各项工作检查,明察暗访,全程跟踪问效等方式,推进安全生产工作,确保水工程设施正常运行,全年未发生安全事故。

队伍建设。开展“三严三实”教育活动,参观刘少奇故居、唱红歌等学习教育和文体活动6次,全年新闻报道62篇次(其中市级12次),向市区主管部门报送信息50条,在区政府门户网站、区委办发布动态信息42条,制订网络舆情应对措施,及时回复相关的网络投诉、咨询和求助92条。有针对性地开展水生态保护、水资源管理、水利建设项目管理、防汛抗旱救灾等专业知识学习。选送一批业务骨干参加各级水务部门组织的培训。完善党员干部学分制度,制订翔实的年度政治理论学习培训计划并严格执行到位。开展统战、工会、保密、信访、老龄等工作;以文明科室、文明职工、文明家庭创建活动为载体,强化队伍建设。（韩娟娟）

城乡建设管理

规划管理

区规划分局

书记、副部长

高泽民(1—8)

张志伶(8—)

局　　长　卢泽洪

副 局 长　黄　腾

规划监察执法大队长

李江华(1—8)

规划监察执法大队长

刘朝晖(8—)

规划监察执法副大队长

李　丹(女,1—8)

李炜路(8—)

【概况】 区规划分局前身为西区规划管理办公室,成立于1989年6月,1992年3月更名为西区规划管理局,隶属西区建委领导,1996年更名为岳麓区规划管理局,1997年4月更名为长沙市规划管理局岳麓区分局,是长沙市城乡规划局派驻岳麓区的正科级规划行政管理机构。内设办公室、审批室和执法大队。有工作人员17人(其中行政编7人,事业编2人),政府雇员2人,临聘5人,借调1人。主要职责:协助组织辖区规划编制工作;核发辖区农房、私房和临时建设《建设项目选址意见书》、建设用地规划许可证、建设工程规划许可证;负责辖区乡、镇、村建设规划管理,核发乡村建设规划许可证;负责辖区建设工程批后管理;协助区政府做好在建工程规划管理协调工作,配合做好鉴违、拆违、控违工作。

规划服务。树立服务理念,围绕区情实际,服务重点项目。参与市、区两级组织的拆违控违行动,全区共拆除违法建筑9200处,违法建筑面积206.6万平方米。牵头负责国有土地违法建筑拆除面积的认定复核工作,累计复核已拆除的国有土地违法建筑面积约6.1万平方米。对城管部门来函申请鉴定的违法建(构)筑物作出专业鉴定,累计出具违法建(构)筑物鉴定函581份,鉴定违法面积约10万平方米(含国有土地、集体土地)。针对辖区城中村面积大、数量多、布点散的实际情况,拟定2015年岳麓区试点改造计划。配合区政府与湘江新区组织调度七里营、望岳、茶子山、川塘四村城中村改造的整治规划与城市设计编制工作。全程参与桐梓坡大板房棚改、岳麓山后湖地区综合整治等市、区两级重点项目,负责房屋确权、合法面积认定等工作,参加现场踏勘、方案讨论会议近百次,累计合法确权约1400户,认定合法面积约30万平方米。

规划编制。一是配合市局的控规提升与城市设计编制工作,辖区内控规编制项目已形成正式成果3片(望城坡、桐梓坡片控规、观沙岭、望岳、市府周边片控规、白鹤片、洋湖西片、望江路北片、长潭西线以西片控规),初步成果4片(岳麓山以北、岳麓山以南、岳麓山以东以及九江望江路以南片)。其他涉及湘江新区控规中的梅溪湖、滨江新城、洋湖垸已完成初步成果审查,大王山旅游度假区片控规完成审批。二是加强市级专项规划编制工作与区直部门规划计划的衔接。配合市规划局完成《长沙市中小学专项规划》《快速路与立交系统规划》《文化设施专项规划》《医疗卫生设施专项规划》《绿地系统规划》《排水防涝规划》《环城林带生态圈规划》《渣土弃场选址》《湘江新区中运量公共交通系统规划》《湘江新区空间战略规划及2050远景规划》等10余项专项规划编制工作,就岳麓区发展部署与实际建设需求提出建议。对《岳麓区"十三五"规划思路》《区道路交通及"畅通城市"建设工作方案》《区教育新三年行动计划》《区环境保护中长期规划》《区生态文明体制改革工作制度与考核实施方案》《岳麓区国家公共文化服务标准化试点工作方案》等提出规划意见,保障专项规划实施与区部门工作的对接。三是继续推进《岳麓区城乡融合发展规划》的编制。率先在全市启动编制《岳麓区城乡融合发展规划》,试点探索岳麓区"三规合一"和农村全域规划,加快城乡统筹步伐。提出"三区四线"刚性控制、"六大农业产业项目"弹性引导以及建立城乡融合的基础设施标准化指标体系的规划战略方案。四是服务岳麓山保护,打造城市名片。配合开展《岳麓山风景名胜区的总体规划修改》及《风景名胜区综合整治前期研究》工作,对岳麓、桔洲、梅溪湖等涉及景区的街道开展资料收集与调研,就居民集中安置点选址及道路建设等多次配合调研,并提出规划意见。配合推进后湖地区建设，指导编制《后湖国际艺术园概念方案》,提供领导决策，明确后湖区域有机改造及可持续性建设的定位思路。衔接区政府、风景区名胜区管理局、湘江新区组织《后湖区域综合整治规划》的国内招标,配合拟定招标计划、设计任务书及组织设计单位调研等前期规划工作。五是服务项目落地，优化规划布局。配合组织编制《岳麓区公共停车设施规划》,2015 年开工建设公共停车场 6 处，规划选址并立项公共停车场共 15 处。规划拟定全区混凝土搅拌站选址方案 10 处。均得到市建委认可。配合湘江新区对《西二环交通改善工程》《湘府路洋湖大道工程》《麓景路南延工程设计方案》等项目提出规划建议。

规划审批。坚持周例会集体决策制度，所有案卷严格按程序审批,依时限办结。对城市私房、乡村农房、农民安置房、临时建筑等几类建设工程强化规划审批管理，并协助先导区进行非重点片区项目审批， 确保城乡规划有序实施。全年共核发建设工程规划许可证 17 份，批准建筑面积 9591.91 平方米;核发乡村建设规划许可证 625 份，批准建筑面积 111720 平方米；核发临时建设工程规划许可证 7 份，面积为 4129.68 平方米,核发建设工程规划竣工验收合格证 112 份。

依法行政。一是认真落实建设工程项目全程监控和批后管理制度。全年完成巡查 228 次。把关工程放线、建设位置复验及规划竣工条件核实三个关键节点,全年共受理批后管理卷 28 个,参与放线 31 次,实施建设位置复验 32 次,实施竣工检查 52 次,三个环节到位率均 100%。依法查处违法建设行为，加大对违法建设行为管控力度，维护城市建设正常秩序。全年下达《整改通知书》8 份,下达《停工通知书》15 份,下达行政处罚决定书 3 份，处罚违法建筑面积 1827.52 平方米,处罚金额 2.48 万元,到位金额 2.48 万元。立案上报市局违法建设案件 3 件，违法建设立案面积 36602.82 平方米。落实市局“三严三实”要求,对 23 件历史遗留违法建设案件进行现场调查核实和资料清查，提出初步处理建议上报支队审定,已销案 15 件,书面督促 8 个违法建设单位限期到规划部门完善规划手续。向城管部门移送违法建设案件 23 件,向湘江新区综合执法支队移送违法建设案件 12 件。二是组织统筹确保图斑核查到位。按照住建部、省住建厅的要求,组织各街道核查住建部 2015 年第一期卫星遥感异常图斑,从 26 处图斑中核实未取得建设工程规划许可证擅自建设的 7 处建(构)筑物,均移送城管处置。协调区政府以区拆控违办名义向各街道下达全市卫星遥感异常图斑处置任务,安排专人与各街道一对多、点对点衔接图斑核查工作，协商处置方法。2015 年交办 9 至 11 期卫星遥感异常图斑 380 处，经核实上报属违法建设图斑 181 处,均交办到各街道处置。

(李炜路)

国土资源管理

国土资源管理局岳麓区分局

党组书记、局长

魏金辉(1—8)

龙征兵(9—)

党组副书记、执法监察大队大队长

曹　晖

党组成员、副局长

龙跃林(女,8—)

党组成员、副局长、机关党支部书记

夏小兰(女)

党组成员、副局长、纪检组长

骆　欢

【概况】 岳麓区国土分局前身为长沙市西区国土管理局，成立于 1989 年 10 月,1996 年 7 月,长沙市区划调整，更名为长沙市岳麓区国土管理局,2005 年 10 月,更名为长沙市国土资源局岳麓区分局。内设办公室、人事科、监察室、财务科、用地规划科、地籍地产科、地矿科、拆迁科、信访科、信息科、后勤中心。下设长沙市国土资源执法监察支队岳麓区大队、长沙市国土资源局岳麓区分局征地拆迁事务所 2 个二级机构，另有中心管理所、坪塘管理所、含浦管理所、莲花所、雨敞坪管理所 5 个派出机构。核定编制 53 人,其中行政编 8 人，参照公务员编制 8 人,全额拨款事业编 30 人,自收自支事业编 7 人，现有工作人员 53 人。主要职责:贯彻执行国家、省、市有关土地、矿产、测绘管理的法律、法规、规章和政策;负责辖区内土地、矿产资源开发利用和维护工作；在区人民政府组织下,参与编制(修改)辖区国土规划、土地利用总体规划、矿产资源保护与合理利用规划、地质灾害防治和地质遗迹保护规划；编报区域内土地利用年度计划；负责基本农田保护区划定和基本农田保护管理工作；负责土地资源调查、农村日常地籍调查和土地利用动态监测工作；负责历史用地确权和土地权属变更前期工作；负责土地权属纠纷调处；负责土地证书年审工作；负责土地资源统计和日常统计工作；负责信息化工作；承办农用地转用、征收、征用、使用的前期工作；承办国有土地划拨、使用的前期工作；承办农民建房和居民房原宅基地的改、扩建及临时用地报批工作；负责农村集体土地流转工作；组织辖区内征地拆迁补偿工作，负责征地拆迁补偿听证组织工作；开展国土资源动态巡查，做好国土资源跟踪管理；负责辖区内土地、矿产、测绘违法案件的查处；负责按《城镇国有土地有偿使用规定》代征出租和改变土地用途的收益金、代征土地使用费(金)；按《矿产资源法》代征矿产资源补偿费等有关规费；负责辖区内来信来访的接待和处理；负责国土资源基层管理所和征地拆迁事务所的管理工作；承办市国土资源局和上级机关交办的其他事项。

用地服务。一是建设用地报批。为52个基本建设项目进行立项审查，为27个项目36宗用地办理预征土地方案公告，为25个项目用地报批编制一书四方案，举办规划调整和预征地听证会3次。二是临时用地审批。为湖南长韶娄高速公路有限公司审批一宗共6公顷临时用地手续。三是村民建房用地审批。办理村(居)民建房审批588户，协调湘江新区解决34户村民新建住房占用耕地涉及农用地转用问题。四是土地确权发证。完成全区村集体土地所有权、村宅基地使用权调查建库工作。省试点乡镇坪塘镇的土地所有权调查全部到组。推动历史性建设用地确权工作，完善历史性建设用地手续，累计上报湘江新区国土规划部历史性用地确权27宗，涉及面积2157.01亩。参与并助推市局驻市政府二办窗口办理土地登记发证业务。办理个人土地登记发证业务3050宗。配合做好各单位发证权属审核、界址确认等工作。对省厅下达岳麓区2014年度563个地籍变更调查图斑，逐一调查核实，确定违法图斑12个，按要求及时上报。参与市国土局，湘江新区、岳麓区委区政府组织的各类调研会、协调会、调度会、工作咨询会，共提建议30余件，90%被采纳或部分采纳。

征地拆迁。一是扫尾续拆项目。对上年遗留“103号令”的116个扫尾项目，通过沟通协调，已完成拆迁腾地项目59个，累计腾地面积约7216亩，13个项目已完成结算。二是推进新拆项目。全年新启动拆迁项目51个，涉拆面积11964亩，通过公告办理、入户调查、资料审核、面积认定、补偿概算、信息公示、资金拨付等工作，推动中南大学科技园总部、长沙市含浦大道建设用地、S327长沙梅溪湖至宁乡公路二期、三期(岳宁大道段)等重点项目的拆迁。

资源管理。一是耕地保护。优化建设用地项目选址，力促建设项目用地少占甚至不占耕地尤其是水田，确保区耕地保有量9668公顷、基本农田保护面积7637公顷基数不减少。为玉江蔬菜基本土地整治项目选址和规划用途提供专业业务指导。结合土地日常动态巡查、卫片执法检查、新开工项目清理等工作，从严打击违法占用耕地和基本农田建房、挖砂、采石、采矿、取土等行为。二是地矿管理。对全区6家合法矿山依法办理年检年审，及时征缴规费。加大对矿山储量、安全生产、环境保护、地质灾害防范的检查和整顿力度，对证照到期的7家非煤矿山企业进行调查走访和实地踏勘，依赖作出处理。对原2010年规范化整治合格后证照陆续到期的19家非煤矿山企业，拟订关闭整顿方案及补偿意见，并争取湘江新区政策和资金支持。对地质灾害易发区和危险区、大型矿山周边、重要工程设施、旅游景区及其他工程、人为活动集中区等地段进行排查，共排查出地质灾害隐患点30余处，加大地质灾害动态巡查和应急处置力度。二是执法监察。落实日常动态巡查。全年组织动态巡查482次，发现、制止违法用地行为230宗；巡查新开工项目114宗，对其中31宗违法用地项目，上报湘江新区管委会和区政府进行查处与整改。落实“及时发现、及时制止、及时汇报、及时查处”工作机制，共立案查处土地违法案件11宗，涉及土地面积157.3亩，含耕地118.9亩，已全部结案。清理闲置土地39宗，涉及土地面积7083.16亩，逐宗分析闲置原因，提出处置建议，协调区政府、市国土局及湘江新区依规处置。

日常工作。一是政务服务。认真做好驻区政务窗口和市局驻市政府二办窗口政务服务工作，及时为群众办理村(居)民建房审批和个人土地登记发证业务；承办市、区“12345”便民热线市民反映的问题80余件，按时办结率100%，群众满意率100%。二是信访文件处理。参与区级领导接访会议50余次，处理省、市、区交办及直接受理信访件23件，同比减少60%。按时回复和办理人大建议和政协提案4件。三是落实信息公开。办理群众依法申请政府信息公开91件，在市局网站及区政府网站公开相关政策法规、征地拆迁公告、工作动态等主动公开事项。四是规范内部管理。落实财务管理制度，严格执行国土资源规费征管政策，及时足额征缴罚没款、土地收益金、矿产资源补偿费、信息服务费等规费，并按规定上缴财政。设立信息科和后勤服务中心，新建档案室，提升政务管理水平，提高办事效率。完善新办公楼和基层国土所基础设施建设。

队伍建设。一是落实一岗双责责任制，明确党政班子成员“一岗双责”的职责，党组主要负责人为“第一责任人”，部门负责人为部门第一责任人的职责。开展“三严三实”专题活动，加强理论学习，结合典型案例，开展警示教育，增强干部反腐倡廉意识。二是开展结对共建活动。与雨敞坪镇瓦灰村党支部结对共建，慰问帮扶该支部6名困难老党员。与宁乡县喻家坳乡神武村6户困难家庭结对开展帮扶活动。（刘艳）

重点工程管理

区工务局

局　　长　杨桂华(女)
副 局 长　张立清
　　　　　　唐宏源
　　　　　　王芝萍(女)
　　　　　　熊安平
纪检组长　王　颖
党组成员　伍国裕

【概况】 区工务局成立于2010年12月，是由2001年4月设立的重点工程建设管理办公室（简称重点办）更名而来，属区政府直属事业单位，内设办公室、计划财务科、项目筹备科、工程管理科、技术安全科。核定全额拨款事业编制15名，现有正式在编干部14名、政府雇员2名、临聘人员2名。主要职责：负责全区各级重点工程项目的管理、协调、服务、监督工作，及区级财政投资的公共工程和公益性社会事业项目的实施和代建管理等工作。

项目建设。一是重点项目。按照《岳麓区2015年度重点项目建设计划》文件精神，全年全区共铺排“六个走在前列”重点项目150项，其中，续建项目113项、新建项目27项、招商项目10项，年度预计投资543.91亿元。至12月31日，有147个启动建设，启动率97.9%，完成投资525.96亿元，完成年度计划的96.7%。二是项目征拆。全年共实施征拆项目128个，完成签约4469户，拆除4520户，38个扫尾项目实现签约清零，共计腾地8000余亩，新启动征拆项目69个，新拆面积15478亩，实现签约清零26个。

计划编制。牵头完成编制岳麓区2015年项目征拆计划和重点项目建设计划，配合完成编制2015年全区“瓶颈路、断头路”项目建设计划。10月，启动全区2016年城市基础设施项目计划编制工作、2016年–2018年全市区级建设城市基础设施项目计划编制申报工作、2016年度全区“瓶颈路、断头路”改造项目建设计划编制申报工作以及2016年建设项目投资计划和2016年征拆计划的编制工作。

区财政投资道路建设。一是天马路：天马路东至潇湘大道，西至麻园路，全长691米，宽26米，设计车速40千米/小时，为城市次干道。工程投资3600万元，该项目2013年9月启动报建手续办理，2013年12月进行招投标，2014年5月27日取得施工许可证，5月30日正式进场施工，2015年10月实现通车。二是科技厅支路K–6：K–6南起银双路，北至岳麓大道，全长338米，宽20米，设计车速30千米/小时，为城市支路，总投资2800万元。10月启动项目前期手续办理工作，至年末，已完成项目立项、可研编制、可研批复及初步设计批复、环评、环评批复、现场测量、地质勘查规划依据图、规划设计要点、规划蓝图编制工作。三是“断头路、瓶颈路”改造。按照市、区城市交通管理工作小组要求，牵头开展2015年“断头路、瓶颈路”改造工作，全年完成“断头路、瓶颈路”8个改造项目中的长望路、茶子山路、谷丰路北段、银桐路、咸嘉湖西路、天马路、麻园路改造，桐梓坡东路改造已完成前期筹备工作并报请市、区同意顺延至2016年实施。四是湘江新区片区外路网建设。争取湘江新区持续加大对岳麓区主城区市政道路建设投入力度。年度内顺利实现长望路中段、谷山庭院配套道路、许家洲路建成通车；加快推进大学城东片排水改造工程、莲坪大道学士段、含浦大道以西段、含浦大道第一段、左栗路、谷岳路、坦山路、农工商配套道路等项目征拆和建设；完成谷丰路南段、望岳路中段、黄桥大道第四段等预备项目前期准备工作。

综合管理。一是项目统计、台账管理工作。坚持对全区重点项目征拆和建设进度统一归口统计，实行周信息平台发布和月书面督查通报制度，全年共发布拆迁周统计信息数据通报47期、月督查通报10期。通过健全完善信息数据制度，使全区重点项目更新更加及时准确。根据工作需求，分项目、分类别、分层次、分问题建立管理台账，加强台账管理，为区委、区政府全面了解项目征拆、建设进度提供第一手资料。二是项目督查预警工作。通过全区重点项目征拆建设通报对年度各重点项目征拆建设项目进行预警，联合区委督查室共同对全区项目征拆建设工作开展专项督查10次,就全区重点项目、重点街道、重点问题开展有针对性的督查、预警，将上级交办工作的落实作为督查重点，并将督查过程和效果及时形成书面材料，作为年终考评的依据。三是项目建设保障工作。充分发挥全区“四项机制”办公室日常管理职能，牵头协调对接,完善项目维护保障机制、征拆联合会审机制、全区拆违工作机制,及时发现和处置重点项目在征拆建设工作中出现的各种问题,全年共处置地铁2号线、城际铁路等省市重点项目建设中产生的突发事件8起，配合组织维护性施工行动6次，为项目建设提供全方位工作保障。

项目协调服务。一是项目调度。全年参加全区重点项目调度会议300余次，特别是对于省市重点项目、湘江新区项目和相关对接会议交办项目，认真做好调查摸底、信息收集和分析研究,拟定切实可行的工作建议和解决方案,及时反馈给上级有关部门。推动省、市、湘江新区重点项目建设,化解项目实施中的困难。二是项目服务。全年牵头组织召开项目协调会议80余次,为项目单位办理用地手续、规划方案、管线协调、施工组织、竣工验收等一系列复杂程序问题。如完成地铁3号线、4号线各站点征拆腾地工作，配合完成交通疏解、方案优化、应急处置、用地协调等前期工作,确保地铁3号线、4号线各站点建设顺利启动；组织开展城际铁路西延线征拆工作，为项目先行解决约40亩施工临时用地、三个控制性工程施工点先期用地及配套设施用地等问题，配合开展城际铁路两延线项目77亩用地手续及征拆手续办理，配合开展征拆估算资金1.52亿元的审核与拨付工作。牵头协调城铁岳麓区段与三个单位签订拆迁协议，确保2个车站出入口的拆迁腾地，及时处置受项目施工影响的周边居民320户业主生产、生活、出入问题，解决白鹭湖建筑公司用地手续办理等一系列历史遗留问题；协助富兴集团将生命文化园项目纳入省、市重点工程,并做好项目前期的对接、服务工作;配合开展地铁2号线西延线二期、6号线、8号线、9号线的前期线形走向和建设方案研究工作；牵头做好长沙城区受湘江水利枢纽库区工程影响的城区排水管网改造项目10个、“一江两河”截污口改造项目28个及42千米截污管网建设工作，协助湘江新区做好望城坡泵站、截污工程二期等截污工程项目协调工作，确保省绩效评估项目和市绩效考核项目全面完成建设任务；牵头做好长韶娄高速公路项目综合管线建设协调工作；配合湘江新区和后湖景区指挥部。开展后湖路用地手续办理、后湖新村安置用地置换、后湖景区规划编制等工作，确保后湖路项目征拆建设和后湖片区建设工作顺利推进。三是项目协调。牵头组织桐梓坡棚户区改造项目的电力、燃气、自来水管网迁移改造工作,确保被征收房屋顺利安全拆除;妥善处理望岳街道反映的岳麓大道征拆资金欠付问题；牵头开展红星美凯龙周边道路建设协调工作，成功争取湘江新区投资建设有关道路，为红星美凯龙项目顺利开张营业提供支持；牵头做好观沙岭街道石岭塘村生产安置用地高压杆线下地、坪九线、楚沩线、迎天线等高压杆线迁改等电力建设协调工作；牵头妥善处置长沙锌厂、雄海花园、西子湖畔等小区因欠付电费引发的群体事件；为农业产业项目艾格斯项目的电力燃气接入、天顶街道八家湾燃气改造、江泰家园自来水管网改造、西山汇景、阳光丽城、寓民安置小区城网改造等项目提供协调服务；配合做好观沙岭街道茶子山村、天顶街道川塘村、银盆岭街道傅家洲村等城中村改造项目服务工作；开展全区建成道路路灯问题的收集整理和上报工作；开展全区范围市级市政道路建设清理结算工作。

安全生产和城市环境综合整治。依据安全生产法律法规,对全区重点工程项目开展专项督查，全年牵头组织对重点项目开展督查7次,“打非治违”专项督查5次，对存在安全隐患问题的项目单位下达整改通知书6份，且全部整改到位；切实做好自身实施项目即天马路建设现场的安全质量、文明施工管理工作。牵头协调长沙供电公司、市路灯所、市电信局等单位，做好管线梳理整治工作。包括协调市路灯管理所、先导城投公司对华润路路灯不亮问题整改到位；牵头组织市路灯管理所、区财政局、岳麓街道、望月湖街道、望城坡街道对荣左路、桃花路、月亮街、月华街、月桂街、荣龙社区、湖东社区、湖中社区、荣湾镇社区、望新社区的路灯安装,解决周边居民出行不便问题；对全区范围内未移交的58条道路路灯进行摸底并上报市路灯管理所,争取纳入其维护管理范围,建立长效管理机制。

其他交办工作。一是批示件办理。全年共接到涉重点项目建设类领导批示件112件,“12345”市民热线、网络舆情和“区长信箱”交办问题25件。涉及农民安置、道路建设、用地报批、公共交通、违法用地、住房保障、电力建设、信访工作、拆迁工作及历史遗留问题等诸多方面,通过现场踏勘、沟通会商,拟定解决问题方案上报,所有批示件均及时处理到位。二是人大建议和政协提案办理。全年共办理人大建议8件,政协提案3件,协助区政府答复市政协提案1件。通过实地调查、走访座谈、多方汇报等方式,了解人大建议和政协提案基本情况,及时提出工作意见,协调解决有关问题。年度承办的人大建议和政协提案见面率、答复率、满意率均为100%。三是解决信访遗留问题。全年办理省、市、区政府工作报告交办件6项及区委常委会议、政府常务会议交办件26项,均属“急难险阻久”的信访维稳问题、民生实事问题、历史遗留问题。主要包括:完成指南针项目1061户栋证办理,枫树园二期、麓山里、靳江700等“楼跑跑”项目电力安装,市截污管网建设资金620万元拨付岳麓区等重大问题。

队伍建设。深入开展“三严三实”及中共十八届三中、四中全会和习近平总书记系列讲话学习教育活动,采取集中宣讲、精神传达、专题辅导形式,开展日常学习。建立健全联系群众常态化、调查研究常态化、厉行节约常态化、管理监督常态化、问责惩处常态化等制度。维护制度的严肃性、权威性,以制度的刚性约束“行为之垢”、“作风之弊”。倡导“讲大局、讲付出、讲实干、讲纪律”的奉献精神,整治“庸懒散”现象。推动机关作风。创建共建机制,丰富党建内涵,以机关党建带动桐木村基层党建,签订结对共建目标任务书,通过组织共建,开展思想帮扶、理念帮扶、物质帮扶。组织“送温暖、献爱心”活动,全年组织参加走访慰问困难群众、节日送温暖、深入一线了解问题57次,结对联系服务群众39人/次,帮助基层村居民解决了28个停车、用电、环境提质、垃圾处理等方面的问题。 (葛昊)

住房保障

区住房保障局

党组书记、副局长 郭忠祥

党组副书记、局长 何红兵

副 局 长 周富强
梁运平(女)

纪检组长 熊文学

党组成员 文伟林
周 庆(2—)

【概况】 区住房保障局组建于2010年12月,为区人民政府全额拨款直属事业单位。内设办公室、项目管理科、登记管理科、保障性住房管理科、棚改管理科(加挂安居办的牌子)。下设保障住房服务中心1个二级机构。核定全额拨款事业编制25名(其中保障住房服务中心编制10名)。现有工作人员44人(含保障住房服务中心),其中,正式干部职工32人、临聘人员12人。主要职责:负责全区保障性住房建设管理、保障性住房申请对象登记管理、保障性住房分配管理、保障性住房后续管理、安居工程和棚户区改造、重点工程征收保障对象安置等职能。区保障住房服务中心负责全区保障性住房配租入住后的租金核算、收缴、统计以及物业及公共设施设备的维护修缮工作;配合社区和物业公司处理保障对象的投诉,及时化解矛盾纠纷,并加强保障性住房日常检查和动态管理工作。2008年至2015年,全区建成公共租赁住房项目9个,市分配岳麓区公租房3887套、135499.38平方米,已办理入住2894套,空置493套,入住率85.44%,解决4212名困难群众的住房问题。

棚改项目。启动实施桐梓坡大板房、三汊矶和坪塘片区3个棚改项目。桐梓坡大板房项目完成签约住户2551户、产权单位15家;坪塘片区项目,完成603户;三汊矶项目已发布项目范围公告,老咸嘉湖两厢片区和白沙液街两厢片区两个新增棚改项目已批复立项。

项目建设。完成山水新城127套公租房的装修工程立项、设计、造价咨询、招投标等工作。续建的中南大学150套公租房项目已封顶。谷山庭院项目建至26层。金溪湾一期水、电、消防等配套设施问题已解决。办理各类住房保障对象资格2614户,发放廉租房租赁补贴85户、经适房货币补贴46户、棚改安置补贴1995户,安排廉租房实物配租316户、经适房实物93户、公租房79户,认定特殊困难急需救助对象335户。

公租房管理。全年公租房实物配租新增635户,累计发放廉租住房租赁补贴394户、131.088万元,办理经适房解控对象121户,对223户“半边户”进行资格审核。收缴租金144.2493万元,完成年度收缴目标任务的113.37%,同比增长52%。对所有公租房小区进行安全隐患排查并整改,更换锈蚀护栏,补充消防器材,新建电摩棚。组织应急救援演练。出台《全区公租房小区社区物业公司安全管理办法》,采取"以奖代补"方式、加强公租房安全管理,促进公租房小区长治久安。

棚改项目工作。全局共抽调19人,参与桐梓坡大板房、坪塘、三汊矶等棚改项目工作,促进项目顺利进行。在桐梓坡大板房棚改项目建设中,向国开行和市政府汇报,落实16.05亿元国开行贷款和9亿元市城市发展基金;协调市住保局,调配山水新城127套房源,作为该项目的安置房源。

(曹海燕)

征地拆迁管理

区征地办公室

主　　任　李　江(1—7)
　　　　　黄　硕(8—)
纪检组长　李　志
副 主 任　何鑫华
　　　　　楚未平
　　　　　佘利辉(女)
　　　　　李　伟(女)

【概况】 区征地办公室成立于2009年4月,为区人民政府主管征地补偿工作的职能部门,内设拆迁科、安置科、财务科、信访科和综合科,有干部职工26人。主要职责:负责拟定征地方案,发布征地公告并报市人民政府征地办公室备案,审批征地补偿安置方案,协调处理征地补偿安置争议,组织有关部门对补偿安置认定有意义的进行审查确定,审批拆迁人员的安置资格,发放货币安置资金,对保障住房建设与分配进行指导监督等。

上年度拆迁项目。2014年启动但未完成的集体土地拆迁项目共47个,涉及签约431户,腾房597户。2015年牵头组织区国土局、区规划局、区住建局等部门召开拆迁专题会30次,协商解决疑难问题。配合区国土局、区城管局和有关街道对22户实施司法强拆,协同区委、区政府督查室对47户未签约户和6户已签未腾房户进行专项调度和督查,按照"一户一拆"方式制作工作台账和工作措施上报区委、区政府。至12月底累计完成签约379户,腾房521户。八方山公园、岳华新苑、北津城路等29个扫尾项目实现清零腾地。

新启动项目。全年新启动集体土地征拆项目52个。完成项目签约941户,腾房702户,坪塘大道南延线等18个重点项目实现当年启动,当年清零腾地。

拆迁安置。2015年审批货币安置人员668人,发放货币安置补贴1.1亿余元,审批保障性房源安置6433人。通过区政府自建、团购保障房、用地单位共建模式落实安置,至12月底,建设保障房屋199万平方米,可满足2.3万人的安置需求,其中,洋湖景园一、二期,骑龙安置小区嘉华苑,联丰苑等大型农民安置小区已建设完成,并全部分房到位。针对岳麓、望岳、西湖等中心城区街道拆迁项目因土地、规划因素限制无法建设安置房屋的情况。通过指标回购、购买村集体60号令多余安置房屋、将经济适用房调整为农民保障房等方式解决拆迁安置,其中,对岳麓街道新项目实行指标回购,将山水新城两栋经济适用房调整为农民保障房,将望岳街道岳鞍阁60号令安置小区两栋房屋调整为103号令农民保障房,上述街道拆迁项目安置获妥善解决。

社会保障。做好被征地农民的社会保障和转户工作,加强对街道、村委会的业务指导,快速办理手续审批,配合有关街道、区人社局做好被征地农民社保待遇发放。2015年审批纳入社会保障体系6626人,解决了失地农民后顾之忧。针对部分街道征地未征房人员要求纳入社会保障问题,开展调查研究,提出解决建议,全年协调公安等相关部门审批转户人数5571人,涉及13个街道,确保拆迁安置人员及时享受社保待遇。杜绝通过假离婚迁入户口,全年审批户口迁入740余人。

审核服务。一是资金拨付审核。2015年,涉及资金拨付拆迁项目共200多个,涉及资金15亿元。为确保项目资金及时、足额、规范使用,与各大片区的用地单位、街道进行项目资金、资料核对,完善财务手续,对拨付到征地办的拆迁安置资金,明确拨付和支出流程,严格审核,加大对安置缺口资金和项目其他补偿费用的审批力度,督查资金及时到位,保障省市财政投资项目顺利拆迁腾地。办理103号令安置和社保融资用地指标214.6亩。二是两安用地结算。完成60号令两安用地指标结算291.02亩,其中,学士街道学士村的87.1亩,西湖街道渔场管委会203.92亩。完成6宗地的成本核算工作,其中,含浦工业园企业用地4宗317.605亩,观沙岭街道观沙岭村两安用地15.4亩,岳麓街道五星村5.5819亩。

信访工作。制定信访管理制度,成立信访工作领导小组,共接待信访34批50余人次,其中,长沙市重点信访问题交办件1件,区政府领导交办件7件，区信访局转办1件，群众上访16件，书面答复14件，参加对话会8件，其余均为调查核实后当面答复。

（罗俊）

城市房屋征收和补偿管理

城市房屋征收和补偿管理办公室

主　　任　李　磊

副 主 任　黄雅玲(女)

　　　　　黄　浩

【概况】 区城市房屋征收和补偿管理办公室成立于2011年5月，为区人民政府房屋征收部门，正科级全额拨款事业单位，内设办公室、审查科、财务科、业务科和拆除科。核定全额拨款事业编制6名（实际到位5人）。现有工作人员20人，其中另聘人员15人。主要职责：负责启动征收程序，发布征收公告，统筹管理征收补偿资金，规范征收补偿政策，启动司法强征，培训征收人员，考核全区17个街(镇)国有土地房屋征收工作，协助业主单位进行拆除安全生产管理等。

征收项目工作。2015年，岳麓区新启动国有土地征收项目2个，征收私房2608户，单位24家，涉及征收房屋面积20.03万平方米，完成补偿资金18.49亿元。

棚户区项目改造。桐梓坡棚户区改造项目(二期)分5个地块发布征收公告，应征楼栋私房2573户。5月29日正式启动签约，坚持阳光透明的操作原则，规范操作流程，严守政策底线，采取“以货币补偿方式为主、异地提供产权调换房屋补偿方式为辅”原则开展征收与补偿工作，至年末，共签约私房2551户，完成总签约量的99.2%，完成腾房2494户，腾房率达98%。该项目创造年度内全市国有土地拆迁最快速度。

征收业务培训。10月24日召开区国有土地上征收工作人员业务培训会，各街道、镇、城市建设开发公司等单位289人参加培训。由长沙城市房屋征收和补偿管理办公室组织业务知识考试，核发长沙市国有土地上房屋征收与补偿工作上岗证254个。

（符浩、范燕、任娇）

城建开发

区城市建设开发公司

经理、党委副书

　　　　刘悦阳

党委书记、副经理

　　　　彭晔凯

副 经 理

　　　　龙立新

　　　　李喜明(女)

　　　　章　谦(女)

经理助理　肖　宇

【概况】 区城市建设开发公司成立于1985年，为区政府管理的全民事业单位，现注册资金为2000万，公司拥有二级开发资质及一级拆迁资质，内设党政办、财务部、滨江物业公司、岳华新苑项目工作组、金麓小区产权办理工作组、金麓2-1栋项目工作组、洋湖征拆项目工作组、滨江项目工作组、公司资产管理及河东遗留问题处理工作组。下辖三湘保障房开发建设有限公司和欣湘贸易公司。有干部职工34人，临聘人员46人。高级职称2人，中级职称27人，高级技工7人，研究生3人。

项目开发。一是完成位于观沙岭银杉路金麓西岸·和苑小区2-1商住一体限价商品房项目主体地下停车场建设。二是完成三湘保障房开发建设有限公司承建的区岳华新苑农民安置房项目6个栋位中的两个栋位主体1至2层建设。该项目位于岳麓区观沙岭街道岳华村，总用地面积46.6亩，规划总建筑面积153163.77平方米，规划总投资6.2亿元，引进投资单位为中铝国际工程股份有限公司，属市、区两级政府重点建设项目。三是启动占地680余亩望新棚改项目前期工作，项目摸底、实勘、测绘已基本完成，片区建设规划正在设计中。

国有土地征收。完成潇湘大道景观南延线二三期项目国有土地征收任务，其中10家行政单位和89户私房均履行征收签约，除2户私房外，其他均已腾房，未腾房的2户，1户已进入司法程序，另1户等待业主提供产权置换房源。

其他工作。完成金麓西岸·和苑小区住宅楼2775户中的410户产权办理，发放产权证398本。启动2775户自来水表改造，已完成对住户的资料收集、实地勘测及改造方案制订，纳入2016年为民办实事项目。组织党员与鹅洲村开展“一对一”帮扶活动。投资5万元帮助鹅洲村加强基础设施建设，并由党员捐助3200元，慰问8户特困户。

（张丽）

城市管理与执法

区城市管理和行政执法局

党委书记、局长

　　　　张武强

党委副书记、纪委书记 朱　玲(女)
副 局 长 范　彪
　　余新跃
　　郑　浩
党委委员 尹新生

【概况】 1985 年 2 月成立长沙市西区城市管理办公室。1995 年 6 月,城管办、爱卫办合并,组建长沙市西区城市管理办公室。1996 年 7 月更名为长沙市岳麓区城市管理办公室。1997 年 5 月，加挂长沙市岳麓区爱国卫生运动委员会办公室和长沙市岳麓区创建国家卫生城市领导小组办公室的牌子。2002 年 2 月更名为长沙市岳麓区城市管理局。2014 年 3 月更名为长沙市岳麓区城市管理和行政执法局,为区政府工作部门。内设办公室、党群办、执法监督科(行政审批科)、市容维护科、工程管理科、财务科 6 个职能科(室),机关核定行政编制 15 名。2014 年成立区城市管理委员会，城市管理委员会办公室下设长沙市岳麓区城市管理和行政执法局。主要职责：负责编制全区城市管理工作总体规划、年度计划并组织实施，拟定全区城市管理工作的相关规定、实施方案和绩效考核方案；负责组织落实上级部署的各项城市管理工作任务；负责组织开展城市管理宣传、教育、调研等工作；负责组织开展全区城市管理综合行政执法工作；负责全区城市管理工作的督查、考评、奖惩；负责区数字化城市管理协调指挥中心的管理、指挥、调度工作;负责全区街道(镇)及景区城市管理工作的业务指导；负责全区门前市容环境卫生责任制工作的落实、督查和评价;负责全区社区物业化服务工作的指导、督查和考评,负责全区市容环境卫生、园林绿化、市政道路维护工作的业务指导、督促检查和考核评价；牵头负责新增市政道路及设施、环卫清扫及设施、园林绿化等城管维护作业的移交；负责组织实施专业维护市场化工作；负责对市场化专业维护公司进行督查、考评及奖惩；负责全区城市管理行政许可的审批、监管;负责城市建筑垃圾消纳场、门店招牌、施工围挡广告的设置管理；负责全区控违拆违、户外广告、渣土扬尘、早夜市疏堵点等专项整治工作；负责全区城市管理品质工程项目建设和管理；负责全区城市夜景灯光环境的规划、建设、维护和管理；负责全区城市基础设施的修补和完善；负责区城市管理工作委员会办公室的日常工作；负责牵头组织、调度城管系统各单位开展文明城市创建工作。

城管执法。一是推进户外广告、流动摊担、违章占道等市容整治。全年共开展各类专项整治行动 108 次,出动执法人员 8020 余人次。拆除户外广告 94 处、38414 平方米；督查整改建筑工地 98 处,整治占道施工、围挡 49 处,查处违法渣土运输车辆 566 台次，办理违规运输渣土案件 629 起，处罚金额 1263000 元；对违章占用人行道停放机动车辆抄牌 6609 台次,处罚 4004 台次;查处占道经营流动摊贩 1456 处,规范店外经营 620 余家，教育劝导流动摊贩 3854 起，办理执法案件 11249 起,罚款金额 4652679 元,市容秩序实现常态。严格落实拆违控违工作，全年共拆除历史违法建筑 11300 余处、206.6 万平方米,完成年度拆违任务的 196.7%,排全市六区第一；拆违清场 112 万多平方米,清运垃圾 52.7 万余吨,拆后复绿 15.8 万平方米，建设社区公园 2 个，新修道路 1.085 万米,新建社会停车位 1344 个,启动相关项目建设 25 个；打造洋湖街道“四路之间”、岳麓街道左家垅菜市场周边、天顶街道雷锋大道两厢、望岳街道黄陂塘四个拆违示范点。拆除后湖片区、望城坡商贸城楼顶、青山片区、八方小区等重难点区域违建，形成具有岳麓特色的拆违工作经验。

市容维护。完成修补路面 258974 平方米，整修人行道 108548 平方米，疏浚下水道 350526 米，调整侧平石约 13215 套米,清掏井约 11195 个,更换井盖约 1285 个,外运淤泥 1642 吨。区环卫公司开创“一路一方案”清扫保洁作业模式，提升清扫保洁针对性和实效性;以“六无”(即无杂草,无垃圾,无死株,无黄土裸露,无设施缺损,无占绿毁绿)为标准，开展植物和园林设施积尘清洗，全年共补栽植物 1244741 株,整修花坛边 4359 米,修复绿化护栏 3340 米, 整修其他园林设施 5403 处, 修剪行道树及其他乔木 19314 株，修剪灌木及灌木球 231066 株，修剪绿篱及模纹植物 1265.7 万平方米,修剪草皮 96330 平方米，乔灌木抹芽 997218 株，抽沟 64221 米,作围 41975 个,清除杂草 4367 万平方米,清除杂物 427 皮卡车,清除死苗 20915 平方米,清除牛皮癣 2805 处,清洗花坛边 230220 米,处理叶面、花坛边积尘 241710 平方米。

行政审批和督查考核。全年共完成行政审批案件 2623 余件。完成湘江国际帆船赛、长沙国际马拉松赛等重大活动的环境保障及省领导来长沙视察等线路保障任务 158 起。市、区两级数字化城管运行平台保持良好运行状态，共接收市级派遣案卷81088件,结案率100%,区级平台立案21588件,结案率100%,区级网格化城管平台共采集立案11257件,按期结案率100%。各街道顺利完成全区城市管理人、财、物的承接和过渡,同时,常态化督查力度加大,工作机制日趋完善。累计开展日常督查1362次,发现问题5062均交办处理,开展专项督查38次,编发各类工作通报39期,发现督促整改问题851起。

社区建设。新增社区公园绿地15500平米,其中永安社区公园新增绿地4500平方米,尖山社区公园新增绿地3500平方米,学士社区公园新增绿地4500平方米,学堂坡社区公园新增绿地2000平方米,箭弓山小区二期小游园新增绿地1000平方米。对天顶街道八家湾小区、观沙岭街道岳北社区交通微循环、排水系统、路面及人行道进行改造。规范房屋外墙立面、广告招牌及绿化提质。在10个社区(村)、小区推行开放式物业服务。组织43个社区参加"市级精品、样板、示范社区"创建,6个社区通过"市级精品社区"复查,4个社区创建为"市级精品社区",17个社区创建为"市级样板社区",4个社区创建为"市级示范社区"。

道路提质改造。对金星大道(枫林路至含光路)路面整体采取4厘米铣刨罩面,整治面积198000平方米。修复桐梓坡路(银盆南路至西二环段)段道路路基破损,对道路路面进行"白改黑"。完成岳麓大道(银杉路)跨线桥桥墩、挡墙、护栏的立体绿化设施。对永青东路、新大路、峻峰岭路、金桂路、银桂路、咸嘉湖西路、杜英路、重阳路8条支路街道提质改造。新建环卫工人休息室5座、调剂休息室25座,新建垃圾站厕7座,改造垃圾站10座,修理改造垃圾车30台,改造公共厕所生物除臭设施60套,维护整修地下通道设施6座。新建、改造潇湘大道(猴子石大桥至银盆岭大桥风光带)堤岸线、市交警大楼、银洲大厦、望月湖平改坡宿舍楼、滨江金鼎、新民路口周边楼宇和部分构筑物亮化设施160处。对岳麓大道、金星大道、潇湘大道、咸嘉湖路、新民路、麓山路、枫林路等辖区内重要道路、重要节点实施亮化。

(左乐)

【区数字化城市管理协调指挥中心成立】 2008年10月18日,成立岳麓区数字化城市管理指挥中心,与区城管局合署办公,实行两块牌子、一套班子。2011年12月,成立区数字化城市管理协调指挥中心,为区城市管理和行政执法局所属全额拨款事业单位。负责城市管理工作委员会成员单位城市管理工作的督促检查和考核评测;负责各街道(镇)和职能部门城市管理工作的指挥协调、监督评价和考核奖惩;负责区市场化专业维护公司的督促检查和考核奖惩;负责区城管数字化信息平台的管理、维护和运转;负责区重大事项环境保障的统筹调度指挥。核定全额拨款事业编制10名。

(左乐)

城管执法

区城市管理综合执法大队

党委书记、大队长

周　永

党委副书记、教导员

黄　俊(9—)

党委委员、常务副大队长

吴　君

党委委员、纪委书记

邹品德

党委委员、工会主席

何为群

党委委员、副大队长

朱　斌

李　玉

李凌云

【概况】 区城市管理综合执法大队,原名为"长沙市城市管理综合执法支队岳麓区大队",成立于2000年6月。2012年更名为长沙市城市管理和行政执法局岳麓区执法大队。2014年4月更名为岳麓区城市管理综合执法大队。为正科级参照公务员管理全额拨款事业单位,负责全区城市管理综合行政执法工作,机关全额拨款事业编制223名,特勤队员120名。内设办公室、法制科(副科级),下设副科级中队22个:橘子洲中队、望月湖中队、西湖中队、银盆岭中队、观沙岭中队、咸嘉湖中队、望岳中队、望城坡中队、岳麓中队、梅溪湖中队、天顶中队、莲花中队、坪塘中队、含浦中队、雨敞坪中队、洋湖中队、学士中队、潇湘大道中队、橘子洲景区中队、特勤中队、拆违控违中队、餐厨垃圾中队。区城管执法大队围绕"建一流队伍、创一流业绩"目标,强化队伍建设,提高城管行政执法工作水平,全面开展最严城管执法,全年行政执法工作排名全市第一。

队伍建设。一是开展队伍素质建设,打造"学习型队伍"。开展五好班子建设活动,进行"三严三实”专题教育，采取中心理论组学习、聘请专家教授专题讲座、党委书记讲党课等形式。学习习近平总书记的讲话精神和党中央、省委、市委、区委各项政策规定。每月举办一次法制业务、执法知识培训。组织全体执法干部赴韶山重温入党誓词、赴茶陵革命政权纪念地红色之旅活动。二是开展队伍作风建设，打造“效能型队伍”。从“建一流队伍、树一流形象”着手，修改制定《队伍管理细则》，对内务管理、队伍形象、执法执勤、政令畅通等进行精细化管理。优化基层党组织设置，实现无缝隙新老交替，为基层组织注入新鲜血液。46名副科职以上干部纳入区三服务一线工作体系，增强队伍与人民群众的联系。建设岳麓区城管执法“110”指挥平台，优化市与区、区与街之间的协调联系，全年共处理市级“12345”“12319”警情1.4万余件，接受群众电话投诉2000余件。组织开展“文化活动月”活动，以及拔河比赛、羽毛球比赛、乒乓球比赛和趣味运动会等。建设城市管理行政执法案件审批系统，建立执法工作微信指挥调度平台，将“微汇报”、“微执法”“微督查”纳入日常执法工作中，工作效能提升。三是开展党风廉政教育，打造“廉洁型队伍”。坚持廉政教育榜样化，大队班子成员言传身教、公正廉洁，带头学习，带头督查，带头廉洁自律，认真执行各项廉政规定；坚持监督检查实效化，公布投诉举报电话，自觉接受群众监督、举报和投诉，及时对市民意见和建议整改和反馈；坚持廉政建设制度化，推进城管执法队伍惩防体系建设工作，完善工作考核、责任追究和廉政谈话、诫勉谈话、廉政承诺和述职述廉制度。作为全区最大的一支行政执法队伍，全年没有发生一起廉政建设方面的案件。被区委评为城管执法大队年度工作“五好”领导班子。

法制工作。一是依法办理各类案件。全年共办理案件8588件（起），罚款412.3539万元。其中，门前三包案件423件，店外经营案件712件，乱摆摊担案件1222件，乱吐乱扔案件1601件，渣土案件507件，违法建设案件86件，户外广告案件70件，占绿、毁绿案件58件，占道、损路案件101件，环保案件61件，违章停车处罚3747起。二是开展法制教育培训。对中队长、法制员、新进队员、特勤队员分层次组织业务授课，重点培训一线执法队员解答实践中如何执法，举办门前三包、违法建设类案件进行专项培训5期。开展“六五”普法教育活动，组织无纸化网上普法考试。三是规范办案文书和案卷送审管理。制作“案件登记本”，完善“文书领用核销登记本”。妥善处置复议、诉讼案件，全年受理行政复议案件2起，行政诉讼案件8起（已结案4起），提请长沙市检察院开展法律监督案件4起，已审案件中，胜诉率100%。四是推行法制信息公开。全年受理政府信息公开申请6件，对申请人均做出相应回复。设置法制信息公开栏，宣传相关法律法规，公示职权职责，适时更新处罚信息、暂扣物资去向。

日常执法。按照最严城管执法工作部署，加强日常巡查执法力度，掀起“最严城管执法”新高潮。一是强化日常市容秩序整治，形成常态。大队领导针对日常执法管理工作查摆问题、解决难题，制定《市容秩序整治工作方案》。各中队按照大队整体部署安排，与街道办事处协同配合，开展各类市容整治行动28次，出动执法人员1020余人次，整治流动摊贩720个、店外经营620余家，收缴违法经营工具、物品34车次。按照属地管理原则对国美电器、农业银行、麓山宾馆、地下通道附近夜市和摊贩影响市容问题，采取教育劝导与严管重罚相结合方式进行整治共组织大型执法行动100余次。根据往年入夏江边茶摊夜市盛行问题，安排观沙岭中队、银盆岭中队、望月湖中队、桔洲中队、岳麓中队提早防范，加强巡查执法，维护湘江风光带市容秩序。二是针对重大节假日及重大活动期间市容保障工作，制定《“两会两节”行政执法和维稳工作方案》《岳麓区城管执法大队“五一”期间执法工作方案》《岳麓区城管执法大队“十一”期间执法工作方案》《岳麓区城管执法大队“中秋节”期间执法工作方案》《长沙市首届环保文化节市容秩序保障方案》《2015年三考（中考、学考、高考）及评卷工作期间市容秩序整治工作方案》等专项方案，严格抓落实，实现市容秩序“四个基本一样”（检查与不检查基本一样、工作日与节假日基本一样、白天与晚上基本一样、工作时间与空挡时间基本一样）。全区主次干道和重点敏感区域市容市貌达到“四个基本看不见”（早夜市流动摊担基本看不见、店外经营基本看不见、随地乱吐乱扔基本看不见、门前三包违规行为基本看不见）。得到各级领导肯定和广大市民称赞。

专项整治。全年开展户外广告、渣土扬尘、市容秩序、人行道停车、餐厨垃圾、早夜市、水上客运等专项整治200余次，出动执法人员1万余人次，拆除违章户外广告和违规门店招牌30余处，面积2060平方米。查处涉及渣土处理问题的工地70多个，下发《限改通知》60多份，教育整改工地70多处，证据登记保存车辆65台。办理渣土执法案件73起(其中处罚5000元以上的大案要案16起),噪音类案件8件。办理行政处罚案件81件，罚款额22万元。办理违规偷运和非法处置潲水油案件14起，罚款8000余元；加强对签约生产单位日常监管与督查。按照管理与执法并行的模式,加强与区市政局、园林局协同配合,开展市政、园林整治,发现占绿毁绿34处,其中占绿毁绿案件8起,已办结6起。通过专项整治，各类违法行为得到有效遏制。

拆违控违。按照市委、市政府“史上最大规模拆违行动”要求,根据区委、区政府的统一安排,以“百万拆违”为契机,以拆违带拆迁,配合全区重大项目建设,推进拆违控违工作。共组织、参与拆违行动400余次，出动人员力量10000余人次,拆除违法违章建筑207万平方米,控制新建违章建筑100余处,实现全区违法建筑“四零”目标。采取“三个集中”办案法(集中认定、集中入户、集中办案),派驻专职城管执法干部进驻各项目指挥部开展执法办案工作,先后在洋湖片区、桐梓坡棚户区、后湖景区办理违章建筑案件600余起,拆除项目内违法违章建筑80余万平方米,促成签约近千余户。参与区拆迁项目22个(包括往年开始仍在进行中的项目),立项拆迁（包括往年立案仍在办理中的案件)331户，完成拆迁协议286户,已拆275户。

（刘紫春）

市容卫生

区环卫局

局　　长　彭新伏
书　　记　梁　鼎
副 局 长　黄　琼(女)
周雨成
佘劲光
曾　蓉(女)

【概况】 区环卫局前身是长沙市环境卫生管理处西区管理所,成立于1978年8月,隶属长沙市环境卫生管理局。1992年1月,市环卫局撤销，成立西区环卫局，1997年3月更名为岳麓区市容环境卫生管理局，为区人民政府市容环境卫生职能管理部门,2002年3月,加挂“长沙市岳麓区环卫公司”。内设办公室、市容督查科、基建设备科、财务科、政工科、安技科;下设汽车运输队、渣土办、南片维护所、北片维护所、物业公司、渣土公司6个二级机构。核定事业编253人，现有工作人员1053人,其中,正式职工166,临聘人员887人。主要职责:负责城市环境卫生设施建设、运营与维护、监督管理城市环境卫生作业、生活垃圾清运、渣土运输等工作。

道路清扫保洁。一是道路维护实施“一路一方案”。根据各路段的具体情况量身打造一套专业化维护方案,将全区46条主次干道按路段的路幅宽窄、门店数量、人(车)流量、难易程度等具体情况设定526个人工清扫网格、12个机扫网格、10个清洗网格,并合理配置人员、机械设备,提升环卫资源利用效率,“花最少的钱办更多的事”。二是在保持日常督查频次和力度的基础上，成立4个专项督查组,针对易反弹“点”的问题开展专项督查，及时向作业维护部门反馈情况、提供整改建议，并主动跟踪督促，确保问题得到彻底解决。3至12月,累计开展专项督查60余次,发现并督促整改问题600多个，整改到位率达100%,切实提高环卫保洁维护质量。三是开展基层工作日活动。4月,出台《岳麓区环卫局基层工作日方案》,将环卫作业区域划分35个网格，由局班子成员和中层干部担任网格长,实行包作业范围、包作业质量、包作业安全“网格三包”责任制,每月18日下到各自网格内与一线职工同劳动，听取职工的意见和诉求，协调解决职工实际困难，提升服务能力和水平,做到问题在一线发现、基层解决。深化群众路线教育实践活动。全年收集意见150条(其中不合理意见7条)，办结143条，办结率100%,职工满意率100%。四是开展“转作风、比服务、赛实绩”业务大竞赛活动,出台《岳麓区环卫局“转作风、比服务、赛实绩”业务大竞赛活动方案》,将全局各部门划分成业务、经济、服务三大考核类别,坚持“日督查、周通报、月打分、季讲评”,加大对各部门工作考核力度，并依据考核结果兑现奖罚，充分调动全局上下的工作热情,推动工作发展。五是创新推出道路清扫作业拖班制，即在每日10:00—14:00时段内将相邻两网格合并为一个拖班网格，中午时段，按两个小时一班次进行保洁，有效解决中午管理及作业存在空档期的问题。六是创新水车作业模式。优化水车作业流程,变横冲作业为“先横冲、再竖冲”,解决单一横冲方式对人行道造成的二次污染,提升冲洗作业质量。

垃圾清运。坚持“依年限核维修费、依运距算油耗、依车数计报酬”原则,根据有效的运距核算出每站每车的运输单价，每月按照实际运输车次核发工资。完成21台老旧垃圾运输车的升级改造，提升垃圾清运效率。全年清运垃圾54万吨，较上年年提高10%，在每天缩短2个半小时运输时间且未增加运力的情况下，基本做到城区生活垃圾“清零”。

基础设施建设。改造压缩式垃圾站10座、新建6座更换、维修果皮桶3600余个，维修站厕1840处、地下通道250多次，安装垃圾站除臭设施60套，按照全市工班房建设“三年计划”要求，完善岳麓区环卫设施布局；盘活现有25间站厕用房，协调落实5处工班房建设用地，新建工班房30间，改善一线环卫职工工作环境；配合桐梓坡棚户拆迁需要，拆除站厕10座。

渣土管理。开展长沙市“十严”渣土整治行动，力控渣土污染源头，提升道路扬尘治理效率，一是加强前置管理，指导工程项目备齐申报资料、建设洗车设置，严把渣土处置和回填消纳工程办证关，全年协同相关部门办理渣土处置工地40多个、回填消纳工程50多个。组织人员对全区裸露社会路口进行摸底造册、上报，由区政府督促相关街道进行硬化，累计完成17条裸露社会路口造册等级和硬化工作。组织人员全面排查渣土运输工地、渣土消纳场和社会裸露泥山包，上门督促业主对其所有的黄土堆进行洒水降尘、防尘网覆盖和植绿工作，对尖山储备地及关闭消纳场等无业主社会裸露泥土包进行覆绿作业，先后组织40人次完成80亩裸露泥土堆的抛洒种植草籽工作，从源头上杜绝渣土污染。二是推广新型渣土、砂石环保车。主动与建设工地、砂石基地及运输公司对接，督促其使用新型环保车。区二环线以内已全部使用新型环保渣土车，共投入新型砂石环保车60余台，还将陆续增加投入，更换车型。整治砂石、泥浆撒漏污染和超载超速违规行为，从源头上遏制道路扬尘污染现象。三是与建设单位签订“门前三包责任制”，即包工地防污设施、人员到位；包装载适度、净车出场；包工地出入口及周边卫生整洁，明确建设单位在管控渣土污染上的职责。加大处理力度。落实建设单位与施工方的连带责任，变单一处罚施工方为建设单位与施工方同处罚，督促建设单位切实履行约束和监管施工方文明施工的义务，避免渣土污染。全年累计与35家建设单位签订“门前三包责任制”，签订率达100%，渣土管理齐抓共管局面逐步形成。四是增强渣土执法合力。以开展“百日行动”“十严”渣土整治行动为契机，联合城管、交警、运政等部门，以渣土、砂石和混凝土罐车“三车”为重点，加强线路管控，加大处罚力度，遏制跑冒滴漏、车轮带泥上路、非渣土车运输渣土等违规行为。全年共组织参与开展大型联合执法行动30余次，检查渣土工地、消纳场150多个，暂扣渣土、砂石和混凝土罐车近300台次。（彭新伏）

【环卫合同工五险补缴到位】 在完成社保补建补缴意愿征集、前期摸底及信息核实等工作的基础上，以离职人员为重点，区环卫局再次组织人员开展意见征集和信息核查，确保补缴工作“零失误、不漏一人”。截至2015年12月31日，完成汇缴724名环卫合同工个人部分费用698.22万元，财政安排并拨付单位部分补缴资金1942.92万元，区环卫合同工社会保险在规定时间节点全面落实到位。

【粪污处理改革试点】 根据《岳麓区粪污处理改革试点工作方案》的要求，区环卫局加强与区财政局、各街道工作对接，按照在全区范围内先试点再推广的思路，选定老旧小区、农安小区及机关事业单位家属小区等无物业管理、粪污池常年未清掏的59个小区开展前期试点工作。试点工作采用最新技术和工艺，实行清理物“固、液、气”三体分离，避免传统作业模式现场臭味大、清掏物处理难等问题，做到处理过程无害化、处理结果资源化、环保化。11月20日通过专家评审验收，试点工作经验得到业内权威专家一致认可，试点工作达到预期目标。

市政管理

区市政管理局

局长、党支部副书记
张晨阳

副局长、党支部书记
戴晓辉（女）

副 局 长 周 锋
徐国泉
彭红辉（女）
陈治国

【概况】 区市政管理局前身为“长沙西区市政维护队”，1992年3月更名为“长沙市西区市政管理局”，1996年区规划调整，更名为“长沙市岳麓区市政管理局”，正科级全民事业单位。人、财、物隶属区政府，行业指导归口市城管局，内设办公室、政工科、财务科、路政管理科、供应保障科、维护督查科、工程技术科、应急管理科、工会、维护公司、杜鹃维护所、梅溪维护所、岳麓维护所、民工队应急分队。现有工作人员118人(本科以上学历及中级技术以上职称的19人),各类机械设备65台(套)。财政核定年维护量为:路面设施(含人行道)605.63万平方米、排水管网54.7万米、各类井6.6万个,涵盖全区60条主次干道、4座桥梁、2个广场及1条隧道。经费由市、区两级财政按维护量定额差额拨付。主要职责:负责区内市政公用设施(含60条主次干道、人行道及排水管网)的维护和管理;研究拟定全区有关城市市政设施管理、公用事业管理工作的政策、规范性文件,并监督实施;组织拟定城市市政设施管理、公用事业和城市综合管理的中长期规划、年度计划并组织实施;参与编制城市建设固定资产投资计划,负责城市公用道路、排水管道等市政设施的维护与管理,对占用、挖掘城市公用道路、排水管网、开设路口和市政公用设施有偿使用进行审批和管理;参与城区市政公用事业建设工程质量监督和竣工验收,对与市政管理有关的城区工程施工进行监督;负责城市管理有关政策法规的宣传教育工作;负责组织实施城区防涝排渍工作;研究提出城区市政维护费及有关专项经费的年度使用计划;负责市政设施安全监督管理和所属单位安全生产,组织处理有关灾害和安全事故;研究拟定市政公用事业的发展规划、计划,组织重大科技项目攻关和技术推广;受理、占用、挖掘城市公用道路的申请审批并监督执行;完成省、市、区各级交办的其他事项。

队伍建设。一是深入学习中央十八届三中、四中、五中全会精神及国家主席习近平系列重要讲话精神,深化群众路线教育实践活动成果。学习《中国共产党廉洁自律准则》《中国共产党纪律处分条例》等廉政规定、省委九条规定、市委“两规定一办法”,全年无任何违纪违规。二是严把“三公”经费关,“三公”经费支出比上年降低23%,8月,区纪委、财政、审计联合检查组评定维护经费支出为“优”。完善督查责任制,全年组织不定期督查6次。通过劳务招标,组建5支专业维护队伍。开展各项业务培训8次、业务讲评4次。

维护业务。一是按照“修旧如初”“精细维护”标准,提升市政工作质量。全年共完成路面修补258974平方米,整修人行道108548平方米,疏通下水道350526米,调整侧平石13215套米,清掏雨污井11195座,更换井盖1285个,外运淤泥1642吨,完好率在98%以上。二是开源节流,全年支出车辆维护费157.7万元,比上年节省9万元;材料采购投入486.4万元,比上年增加87.4万元。从4月开始的市级业务月度考核中,获得两个第一,两个第二的好成绩。

路政管理。一是制定《路政管理巡查工作方案》,全年联合城管、公安开展集中专项整治活动9次,制止违章行为50余起;办理挖掘手续222起,占道手续262起,收取行政事业性费用348万元,超年度收费目标28万元。二是建立共管机制,2月,牵头组织召开区级层面的管线工作对接会,提升相关单位责任配合意识。

应急保障。一是防涝排渍。发挥城区防涝排渍指挥部办公室职能,制定《防涝排渍应急预案》,成立市政防汛“一办七队”,落实预案演练,充足物资储备。集中整治解决汛情隐患难题。汛前聘请专业公司对辖区积水点进行针对性检测,原有23处积水点已疏浚整治11处。启动汛期三级应急预案共8次,累计出动人员500余人次,车辆设备60台次,排除路面积水5000余平方米,疏浚下水管道3000余米。二是应急处置。确保设施安全运行,道路安全通畅。对潇湘大道、西二环、枫林路等近20条道路进行大清查、大整修,落实线路维护保障工作,及时处置市政设施破损和市民投诉问题。全年共接收市政“110”热线52条、“12345”市民服务热线73条,均予以解决。

重点工程。一是投资1693.5万元完成中南大学月牙湖污水改造及金星路至咸嘉湖路、枫林路至龙王港东3处高排涵上年度扫尾工程。二是投资319万元完成岳华路排水管网改造工程。三是完成8600余户的户表改造。四是启动麓景路、枫林一路、麓山路(溁湾镇—茶山路)、咸嘉湖西路(二环线桥下)4处道路渍水点改造。

基层民生。筹措经费18.6万元,解决全区“三服务”一线工作各项市政类问题26个,处理新民路社区健身坪的改造、枫林宾馆污水溢等居民群众重点关注的民情问题。全年收到各类锦旗12面。(王清)

园林绿化

区园林管理公司

书记、副局长

戴铁华

局长、副书记

陈岳恒

副局长 周　哲
王小兰(女)
李　诚
卢　毅

【概况】 区园林公司前身为西区市政工程维护队,1985年至1992年2月，区市政工程维护队分为区绿化工程维护队和区市政工程维护队，归口西区城市建设管理局领导，属全民事业单位。1992年3月更名为长沙市西区园林管理局,与区绿委办合署办公,实行两块牌子、一套班子,为正科级全民事业性行政管理机构，归口西区建委领导。1997年因长沙市区划调整，更名为岳麓区园林管理局,为正科级全民事业单位,归口区城市管理办公室管理。2002年2月,区园林管理局成建制转体为区园林公司。内设办公室、人事教育科、总工室、综合协调科、计划财务科、生产督查科、绿化管理科、工程建设科、绿委办、工会及南、中、北和潇湘4个维护管理所,1个控股公司(岳麓园林工程有限责任公司，园林局占股份52%,注册资金1038万元)。至年末,有职工627人,其中,编内职工167人，临聘人员467人,(部分路段已市政化外包，未计人员)。主要职责:负责区内主次干道、广场和公园公共绿化与园林设施的维护、管理。(市园林局、岳麓山风景名胜区管理局管理公园和业主单位自管绿化除外）负责绿化110处警、毁绿占绿案件查处,配合区城管局实施树木砍伐、移栽、绿地占用手续行政审批初审和公园范围内开设商业、服务摊点等经营项目审查（市直管公园除外),负责检查督查和评价区公共绿地管理，牵头组织和统计上报新增绿地工作相关数据,组织社区公园绿化建设和全民义务植树和爱绿护绿等活动。

*绿化维护专业精细。*全区绿化管养面积520.70万平方米,行道树219845株，古树名木756株。管养工作按常态化、精细化、全域化和“六无标准”、“五无五净”实施,贯彻执行史上最严格、最精细、最到位城市管理总要求,是长沙市内五区管养面积、数量和管养效果最好的区，市专业考核成绩优秀。

*绿城建设优质高效。*新建尖山、永安、学士、学堂坡、箭弓山二期5个社区公园和金星广场、佳兴广场、岳麓科技产业园门户广场等街头广场游园，完成西湖文化园城市公园建设，启动八方山公园建设,完成洋海塘、长华、科教新村小区3个林荫停车场建设;完成岳麓大道、金星路花化彩化特色路段建设；完成雷锋大道沿线及出入城口、咸嘉湖东路等7条道路绿化提质改造，完成金星大道城市绿道建设，完成车塘河路、三环绿带示范段等处环城片区生态走廊建设;对岳麓大道(银杉路)跨线桥、西中心屋顶、王府井广场屋顶3处实施立体绿化;拆除区治机关大院等14处围墙，开放绿地6万平方米。全年新增绿地63.65公顷(其中新增公园绿地30.65公顷),完成率141.45%,至年末,区建绿地面积3335公顷(万平方米),绿地率42%,绿化覆盖率48%。已远超长沙市“全面建成小康社会”指标并高于2017年目标值(26%)。各项绿化指标在长沙市内五区居于首位。

*绿化监管依法依规。*集中宣传《长沙市城市管理条例》《城市绿化管理条例》等爱绿护绿法规知识24次。会同区城管综合执法园林中队进行城市公共绿化保护查勘,依法处理擅自毁绿、占绿及其他破坏城市生态环境行为,配合“三服务”一线工作处理重大问题16个,配合“桐梓坡大板房棚户区改造拆迁项目”迁移树木8000余株，解决“12345市民热线”问题59个,办理绿化行政许可审批60项,接待来人来电来函并妥善处理问题504人次，制止破绿行为和交通事故损绿事件191起。

*队伍建设不断增强。*开展“三服务一线工作法”、“六个走在前列”和“争创五好班子”竞赛活动，狠抓作风建设，每月出一期作风建设通报,强化管理措施,完善管理机制,激励创先争优,带动各项工作开展。全年绿化维护工作获市月度考核2个第一名,2个第二名。创建2个市级“绿色示范村庄”、4个市级“绿色示范社区”、1个“全省绿化先进集体”、1个“全国绿化先进集体”。

【应急处置百年难遇暴风雨天气倒树事件】 5月11日凌晨起,长沙城区突降暴雨,大风肆虐,辖区内道路绿化树木大范围发生倒伏、倾斜及树枝严重受损,凌晨4时起,绿化“110”陆续接到报警。11日，上班第一时间局领导紧急调度，安排应急备勤队伍上路巡查,查看收集受灾情况,经汇总此次暴风雨造成13条道路共413株树木倒伏,1000多株行道树出现不同程度受损，为尽快排除对市民出行及交通安全的影响,迅即组织300多人队伍，兵分三组上路清障排险。对倒伏树木采取重栽、扶正加固及修整等措施,增强树木抗倒伏能力。之后,召开专题会议，对险情处置情况进行梳理总结,总结经验教训。对有关责任单位（主要是外包单位)工

作不到位，应处不及时提出批评，完善工作措施，提高防预自然灾害能力。（毛世栋）

环境保护

区环境保护局

党组书记、局长

陈志勇(9—)

刘菊娥(女,1—9)

党组副书记、副局长

杨　彪

党组成员、副局长

刘熙靖

党组成员、纪检组长

甘建文

党组成员、总工程师

胡　晓

党组成员

陈跃辉

【概况】 1979年10月成立长沙市西区环境保护办公室,1992年1月更名为长沙市西区环境保护局,1996年6月区划调整,更名为长沙市岳麓区环境保护局，是主管全区环境保护工作的政府工作部门,内设办公室、法制宣传科、综合管理科、自然生态科,下设环境监察大队、环境监测站2个副科级二级机构。核定编制38人，其中行政编13人,参照公务负责理事业编10人,全额拨款事业编15人。实际在岗人员36人(含政府雇员2人)。主要职责:负责建立健全全区环境保护基本制度、生态区建设、环境监督管理、建设项目环境影响评价审批与“三同时”验收、排污单位管理、危险废物监管、污染物减排、环境监测统计、污染源普查、基层环保队伍建设、法制宣传等行政管理工作。

污染防治。推进“清霾、碧水、静音”行动和十大环保重点工作，完成老鸦冲小区和魏家坡小区2个老社区天然气改造工程，整改硬化社会路口17处,城区市政道路主次干道清扫率达到100%、道路机械化作业率达到70%。淘汰黄标车1504辆。实施三年造绿大行动，完成雷锋大道道路绿化提质改造,提质改造3个社区,新建社区公园3个。完成湘江干流两岸14户规模畜禽养殖企业退出任务。湘江枢纽库区18个截污工程项目实现污水全截流、零排放目标。含浦污水处理厂建成并通过验收。完成麓山名园二期和润芳园二期建筑工地降噪工作和金麦田KTV噪声整治工程，麦尚KTV在环保执法后已停业关闭。健全农村环境管理长效机制,巩固农村环境连片综合整治成果；全面完成绿心地区农村环境综合整治项目建设。超额完成主要污染物减排任务。环境质量稳步提升,空气质量优良天数236天、优良率65.2%,比2014年同期分别提高23天和4.7%。严把环保前置审批的准入关，坚决防止污染行业、企业进入,发挥环保优化经济发展作用,推动产业转型升级。依法依规落实环评、“三同时”制度（建立项目所需配套建设的环境保护设施必须与主体工程同时设计,同时施工,同时投入使用),在区域范围内审批新建项目55个,参与湘江新区审批32个,“三同时”验收25个。严格落实排污许可制度，核发排污许可证25个。依法依规指导、协助企业、单位完成项目申报立项，参与项目立项审查51个,为5家企业办理了环保守法证明。

环境监管执法。开展环境保护大检查,排查工业企业296家,医院19家,4S店18家,建筑工地15家,及时整治企业9家,湖南经阁投资控股集团有限公司望城坡厂区整治工作已由市政府批准延期搬迁。开展各类环保专项执法行动28次,责令改正违法行为25家，查封暂扣4家，关停企业5家,没收非法水上餐饮渔船2条,立案查处6家,罚款18.8万元;成立区打击环境污染违法犯罪领导小组，建立公安机关派驻环保局联络员制度,9月29日,成立环保警务室，全年5人因环境违法行为被公安机关行政拘留。全年无突发环境事件。建立统一领导、上下联动、日常巡查、集中整治、入心宣传的水上餐饮预防及整治长效机制,日常巡查611人次,联合执法行动5次,对22条餐饮渔船船主下达执法文书，责令其撤离长沙市湘江水域；对多次劝阻仍违法从事水上餐饮的,行政拘留4人,没收渔船2条,有效打击和遏制了非法水上餐饮经营行为,为全市水上餐饮整治工作提供了可复制、可借鉴的经验。及时处理环境信访投诉。在区环境监察大队专门设置信访办，明确5人专门负责环境信访投诉受理和调处工作，畅通投诉渠道、优化工作流程，妥善处理各类环境信访投诉1889件,其中,“12369”热线1165件、“12345”热线647件、领导批办46件、市环保局转办19件、三服务一线办12件，有效处理率100%,维护群众环境权益,确保无群体性环境事件发生。

环境监测。新建1360平方米环境监测实验，投入220万元购置实验设备，实验室资质认证已获通过，实验室工作人员均通过上岗证考核。监测项目62个,其中水(含大气降水)和废水检测项目42个、空气和废气检测项目14个、噪声检测项目6个,增强了环境监测能力，有效提升环境执法的及时性和有效性，成为全省第一个区级三级标准化环境监测站。全年完成常规噪声监测63起，水质和大气监测122起，完成岳麓区农村环境质量监测、龙王港水质现场调研，委托第三方长沙华泽检测技术有限公司对辖区的四条河流桐溪港、观音港、靳江河、龙王港的水质监测，有效掌握水质状况。（罗瑶）

【生活垃圾分类收集处理试点】 以咸嘉新村、白鹤咀两型综合示范片区为试点，率先在全省推进社区有机垃圾、无机垃圾硬软件处理体系建设。通过整合志愿者、环保组织、学校和专业环保公司多方资源，发放《社区生活垃圾分类指引》资料30000余份，开设“垃圾分类讲堂”，构建垃圾分选宣传引导体系。通过配置家用干湿分类垃圾桶、干湿垃圾袋、小区户外干湿分类垃圾桶、智能垃圾分类回收机、居民垃圾分类积分卡、厨余垃圾处理设备、废旧衣物回收箱等设备，构建生活垃圾分类收集处理设施体系。目前两个社区已有70%的居民能做到垃圾合理分类，从源头上减少生活垃圾的产生，最大限度的实现闭环资源化利用。

【全面开展生态补偿试点工作】 出台《长沙市岳麓区生态补偿试点实施方案》，按照“谁保护谁受益”原则，以三年为周期，对湘江新区范围内生态工字型廊道、长株潭绿心保护区、靳江河及其支流流域两厢27个涉农行政村实施生态补偿。对纳入补偿范围的涉农行政村，每年安排生态补偿工作经费10万元，对连续三年评估结果为优、良好等次的涉农行政村分别给予40万元和30万元生态维持补偿资金。对通过审核验收的生态治理工程给予单个项目最高不超过总投资50%、总额度不超过30万的配套补助资金。基础评估已完成共下拨生态补偿工作经费270万元(每村10万/年)。

（罗瑶、余南）

两型社会建设管理

区两型社会建设管理办公室
主　　任　郑明方
副 主 任　周　晗

【概况】 区两型社会建设管理办公室成立于2010年12月，为区政府直属事业单位。核定人员编制7人，现有工作人员6人，其中，政府雇员1人，临职人员2人。主要职责：协同区直有关部门指导各街道、乡(镇)开展“两型社会”建设综合配套改革工作。组织全区“两型社会”建设领域的规划编制及审核。组织研究全区“两型社会”建设中的重大问题，提出相关政策建议。组织拟订“两型社会”建设综合配套改革实验重大理论课题研究。协同开展“两型社会”建设综合配套改革实验重大理论课题研究。筹集、审批、转包和监管“两型社会”建设财政专项资金和生态补偿、资源补偿、污染补偿资金。负责全区“两型社会”建设整体形象对外宣传和重大推广活动。按照“两型社会”建设评价体系、技术规范和标准，建立健全“两型社会”建设工作的督办和考评机制。承办区委、区政府交办的其他事项，配合和落实省、市重大工作部署。

制度建设。一是完善制度体系。加强宏观政策指导和全面工作引领，以区政府办名义下发《2015年全区两型社会建设工作要点》《2015年全区两型示范创建工作方案》《岳麓区2014年全区两型示范创建工作的通报》《岳麓区2015年度清洁低碳技术推广综合试点实施方案》《岳麓区2015年生态绿心保护工作目标责任状》《岳麓区2015年生态文明体制改革工作要点》等文件，明确全年两型社会建设工作重点及责任部门，明晰在资源环境、经济发展、社会和谐、体制机制等方面的具体目标。二是谋划考核办法。进一步健全考核体系特别是指标体系，做好2015年区绩效考核两型专项对各街(镇)和区直部门的目标任务分解和督促检查，侧重加大对街(镇)农业考核比重。加强与市两型办衔接，明确2015年市对区两型社会建设绩效考核的指标任务，每月及时反馈工作进展。三是科学编制规划。按照区委区政府统一部署，参与全区经济社会发展“十三五”规划编制工作，编制全区两型综合配套改革“十三五”专项规划。深入基层调研、突出热点问题，完成《借鉴安吉模式，打造河西靓城》等调研报告。

新技术推广。一是铺排工作计划。构建“政府引导、市场主体、分类推进、项目落实、突出实效”的清洁低碳技术模式，集中推广新能源发电技术、绿色建筑技术、餐厨垃圾资源化利用和无害化处理技术等十项先进适用、具有示范带动作用的清洁低碳技术。制定全区清洁低碳技术推广计划，建立全区清洁低碳技术项目库，储备清洁低碳技术项目14个，完善项目台账，定期进行调度。二是构建基层改革试点平台。出台《岳麓区2015年清洁低碳技术推广综合试点实施方案》《岳麓区清洁低碳技术推广服务体系建设（政府两型采购）实施方案》《岳麓区合同能源管理推广实施方案》等文件，明晰清洁低碳技术推广综合试点的改革路径和操作步骤，通过整合政府、企业、科研院所和社会组织等各方力量，初步构建区清洁低碳技术研发合作、融资对接、项目对接、宣传推介等方面的服务平台，率先在省市初步形成清洁低碳技术推广服务体系，初步形成“整体基础夯实、单项省级领先”的工作格局。至年底,政府两型采购综合服务体系、合同能源管理推广、两型村庄认证等省级试点工作先后完成方案拟定、项目申报等前期工作。清洁低碳技术产业促进推广中心、全区两型采购网站服务平台、清洁低碳技术宣传推介中心、农村清洁低碳技术科普推广基地等项目载体预计2016年全部建成。三是扩大两型项目规模。合同能源管理在湘雅附三、湖南中医药大学、湖南师范大学、通程集团、岳麓山大学科技园、区直机关等全区大型企事业单位中全面推行，省肿瘤医院空气源热水系统、湖南师范大学地源热泵中央空调及恒温系统技术已投入使用。以地源热、江水源热等可再生能源应用在滨江、洋湖等片区全面实施。咸嘉新村社区、白鹤咀社区公共服务中心光伏发电系统建设竣工。赛恩斯、华兴科技、长沙现代清洁低碳节能技术推广中心等龙头企业加速扩容提质。

生态绿心保护。一是构建绿心保护联动机制。严格遵守《长株潭生态绿心地区建设项目准入管理程序》，实施项目准入管理制度。全面贯彻落实绿心保护条例，下发《岳麓区生态绿心保护工作目标责任状》,将生态绿心保护工作落实到坪塘街道及区直相关部门。健全指挥调度、执法监管、绩效考核办法,强化区、街、村三级联动管理机制,用零容忍态度、最严厉措施，完成违法违规行为的整治。同时进一步强化绿心保护标识管理。二是推进绿心区综合整治。编制绿心区重大项目册,在绿心区铺排7大类16项重点项目。全面开展绿心区农村环境综合整治,区政府投入1600万元对绿心区农村生活污水、农村生活垃圾和农村环境及饮用水源进行集中连片整治和保护。投资3600万的白泉河流域综合整治工程、投资950万的绿心区生态复绿工程顺利启动,预计三年全部完成。三是推动生态涵养全面覆盖。以生态建设和生态修复为重点,推进森林生态、生态农业、生态村镇和生态廊道建设。生态复绿、退耕还林、森林防火带建设、水土流失治理正在实施中，已建成森林防火带20公里。将绿心区内2870亩森林纳入市级生态公益林补偿范围。确定绿心区的五个村为湘江新区生态补偿试点村。

两型示范培育创建。一是行业典型多点开花。在城镇、村庄、社区、学校、机关、企业、门店(市场)、家庭、公益团队等9大领域全面开展两型示范单位创建活动，桐木立马连片村庄获评省级两型示范基地，咸嘉新村社区获评省级两型示范单位,洋湖景区、岳麓山风景名胜区获评首批省级两型认证景区,阳明山庄社区、岳南村社区获评省级两型创建单位；白鹤咀社区等3家单位获评市级两型示范单位，荷叶塘社区等11个单位(家庭)获评市级两型创建单位(家庭),超额完成省市创建任务。对2014年度38个区级两型示范单位(家庭)进行了评选、表彰。二是综合片区创建纵深推进。咸嘉新村社区、白鹤咀社区、长华社区、岳麓实验小学、博才咸嘉小学、桐木村、立马村继续列入湘江新区两型综合示范片区,获扶持资金350万元。咸嘉、白鹤咀连片两型综合示范社区在全省第一个把智能乐投、餐厨垃圾生化处理机、绿色出行自行车系统、屋顶光伏发电、油烟处置、集水利用、小区LED显示屏、广场静音、两型公益服务组织等两型要素融合集成于连片社区。莲花镇桐木立马两型农村综合片区,打造成两型高效农业、景观诗意栖居、设施服务完善的最美乡村样板。岳麓实验小学率先在全省启动学生两型素质教育工程，提升“两型课程校本化、两型育人生活化、两型影响社会化”的软实力。学堂坡社区依托高校资源优势,通过区校合作,建立公益组织孵化基地，培育了众多两型公益组织。长华社区在环境美化绿化的基础上，注重群众文明素质提升,获评国家文明社区。三是创建经验唱响省市。两型社区建设走出“建机制塑主体创效益”的独特路子,即政府指导、社区主导、多方联动、市场运作、全民参与的工作机制;两型社区、家庭、志愿者联动互动为主线,两型文化熏陶、两型知识普及为两翼的群众主体动力机制；两型需求与民生需求相融合，两型技术产品与两型项目载体相融合，社会效益与产业效益互利共赢机制。两型学校创出“两型意识从娃娃抓起,通过教育一个学生,带动一个家庭,影响整个社会”的特色方法。11月20日,咸嘉新村、白鹤咀、南家塘三个社区作为全市两型示范创建观摩现场得到全市上下充分肯定，在全市两型示范创建座谈会上，

区委常委、常务副区长周凡作为区县(市)唯一代表作《励精图治创示范、两型创建谱新篇》典型发言。

管理体制改革。一是发挥牵头协调作用。出台《岳麓区2015年生态文明体制改革责任分解表》,将生态文明体制改革7大任务细化成17项重点工作,明确具体目标、主要内容、时间进度、改革成果、责任单位、责任人员。抓住关键点、找准突破口,指导区水务局、区环保局、区国土分局、区规划分局、区城管局等单位拟定重点改革事项,形成岳麓改革特色经验。完善日常调度、会商工作机制,适时掌握情况,协调解决改革中出现的矛盾和问题。参与指导开展"六个走在前列"大竞赛活动,根据区加快两型社会建设竞赛活动实施方案要求,做好组织协调各项日常工作。二是促进重点改革事项突破。抓两型综合配套改革与生态文明体制改革"两位一体"的融合。进一步完善绿色GDP考评体系,探索建立体现生态文明要求的目标体系、考核办法、奖惩机制。区审计局将绿色发展作为对街镇领导班子责任审计的重要内容。探索城市生活垃圾分类收集处理体系。以咸嘉新村、白鹤咀两型综合示范片区为试点,率先在全省推进社区有机垃圾、无机垃圾硬软件处理体系建设,探索城市居民生活垃圾分类收集处理的引导模式、分类模式和处理模式。探索生态补偿机制。建立健全"谁保护谁受益,谁损害谁赔偿"的生态补偿制度,依托湘江新区方案健全绿心地区、重点流域、重点生态功能区、自然保护区、水源保护区的生态补偿机制,逐步建立权责利相一致规范有效的生态补偿机制。区财政率先设立500万元绿心地区发展基金,重点支持绿心区加强生态保护、基础配套建设和生态产业发展,为省、市和湘江新区建立生态补偿机制提供参考样本。三是两型文化宣传全面覆盖。积极向省、市推介区两型社会建设领域的好经验,好模式、好做法,配合长沙晚报做好岳麓两型建设的宣传报道,有7篇反映岳麓区两型建设创建工作先进单位的典型经验在晚报上发表。代表区政府在市政府门户网站作《新常态新背景下推进岳麓"两型高地"建设》在线访谈,全面介绍岳麓区两型建设成就和未来发展蓝图。在长沙通讯第十期刊发岳麓两型高地建设专题文章。编制两型社区、两型村庄建设宣传折页,发放至全区基层一线。 (凌杰)

【长沙市《两型生活知识读本》首发及赠阅活动在岳麓区举行】 11月5日,由长沙市两型办主办、岳麓区两型办承办的长沙市《两型生活知识读本》首发及赠阅活动在省级两型示范单位——咸嘉新村社区广场举行。省两型委宣教联络处处长李红卫,市两型办党组书记、主任彭鉴西,市委办公厅副主任吕发祥、市两型办全体班子成员、《长沙晚报》副总编辑肖和平、区政府副调研员吴运国等领导出席。《两型生活知识读本》是政府职能部门首次以漫画读本的形式宣传两型社会和生态文明建设,由市两型办遴选贴近生活实际和社会现实的概念和事例,采用文字与漫画相结合的方式组织编写完成,让市民在欣赏漫画的同时,能够轻松愉快的学习和掌握更多的两型生活知识。读本分为四篇,分别为"两型常识我先学""资源节约我先行""环境保护我先做""两型达人我先当",既有国家生态文明建设、两型综合配套改革等大政方针的介绍,也有节约能源、节水节材、绿色消费、垃圾分类等两型知识的宣传,还有环保酵素制作、低碳换算等趣味知识的推介,努力涵盖两型生活的重要方面。读本着重于表现普通公众看得见、摸得着、做得到的生活与工作细节,传导"两型就在我们身边、两型需要每一个人参与"的理念,引导人们从日常生活、从身边小事参与两型,践行两型。活动仪式中咸嘉新村社区代表刘焕鑫介绍了社区在建设"光发电、水循环、废变宝、行减碳、油净化、宅节能"等两型社区建设新模式中居民两型生活方式转变的宝贵经验;博才咸嘉小学学生代表向以恒用稚嫩的声音传递学校与家庭如何携手共建两型新生活,发挥小手牵大手从点滴践行两型的和谐音符;《长沙晚报》副总编辑肖和平代表公众媒体发出了在全社会倡导两型、推介两型的主旋律。本次活动无偿发放读本做到彰显公益。现场向长沙市各个区县、学校、社区赠阅了7100册。活动吸引了新华网、人民网、中新网、《湖南日报》、湖南卫视、湖南经视、《潇湘晨报》、红网、华声在线、腾讯网、新浪网、星辰在线、《长沙晚报》、长沙电视台新闻频道等媒体参加。

【全市两型示范创建学习观摩活动在岳麓区举行】 11月20日上午,全市两型示范创建学习观摩活动在岳麓区举行。市政府副市长李蔚出席,市政府副秘书长潘胜强,市两型办党组书记、主任彭鉴西,区委副书记、区长周志凯,区委常委、副区长周凡陪同;各区县(市)政府分管区领导,湘江新区管委会、市直相关部门分管副职,各区县(市)两型办主任、副主任及全市部分省市级两型示范乡镇、社区、村庄、企业、学校、景区单位代表共七十余人参加观摩。观摩团一行首先来到省级两型示范单位——咸嘉新村社区和白鹤咀社区，观看智能乐投垃圾分类回收机、餐厨垃圾生化处理机、屋顶光伏发电、油烟处置、集水利用、小区LED显示屏、广场静音、绿化广场、窗台自动灌溉绿化系统等特色鲜明的两型创新项目。副市长李蔚充分肯定两个社区率先在全市探索出两型社区建设“光发电、行减碳、水循环、油净化、废变宝、宅节能、绿提质、育文化”新模式。其中,有机垃圾生物处置再利用、无机垃圾回收循环利用的城市生活垃圾分类收集处理体系，社区光伏发电、集水回用、建筑节能改造、油烟净化等两型技术应用项目，两型文化互动中心、两型公益组织、两型家庭达人等体现群众主体性的两型生活方式值得在全市大力推广。观摩团还到望城坡街道南家塘社区达美D6区有机垃圾微生物处理站，了解99%的有机生活垃圾通过微生物分解处理成污水进入市政污水水管网,从源头上实现有机生活垃圾的减量化、无害化处理模式。（凌杰）

财政·税务·金融

财　政

区财政局

党组书记、局长

邹　刚

党组副书记、副局长

喻林辉(女)

党组成员、副局长

李建平

党组成员、总会计师

汪树德

党组成员、纪检组长

刘艳群(女)

党组成员、副局长

李应怀(女)

党组成员、副局长(兼)、区政府采购监督管理办公室主任

申巧兰(女)

党组成员、区国库集中支付核算局局长

雷素平(女)

副局长(兼)、岳麓科技产业园财政分局局长

吴清萍(女)

区非税收入管理局局长

贺越强(女)

区财政预决算(投资)评审中心主任

肖建胜(女)

【概况】 1949—1987年,原长沙市西区设财政科。1987年11月,设西区财政局。1996年7月,更名为长沙市岳麓区财政局,是区人民政府主管财政工作的经济综合管理部门。内设办公室、预算国库科、行财科、经建科、教科文科、乡镇财政管理科、国资办、监督检查科,下设国库集中支付核算局、非税收入管理局、政府采购监督管理办公室、财政预决算(投资)评审中心、财源建设管理办公室5个二级机构,其中国库集中支付核算局、非税收入管理局为参照公务员法管理的副科级全额事业单位,政府采购监督管理办公室、财政预决算(投资)评审中心为副科级全额事业单位,财源建设管理办公室为全额事业单位。共有在职在编干部职工49人。主要职责:贯彻执行国家财政税收政策、方针及其他有关政策,指导全区财政工作;贯彻执行国家财政、预算、税收、财务会计方面的法令、条例和基本建设财务管理制度。根据国民经济和社会发展战略,研究制定全区中长期财政规划;拟订和执行区本级对街道、乡(镇)财政管理体制;编制全区年度财政预算草案,执行区人大批准的财政预算,编制区本级年度财政决算,汇总全区财政总决算;受区人民政府委托,向区人大报告区本级和全区预算及决算情况,向区人大常委会报告决算。参与全区宏观经济的决策和管理,参与基建投资、劳动工资、物价、经济贸易、科技、教育、住房、社会保障等方面的改革;运用经济杠杆以及区财政直接掌握的资金对全区国民经济运行和国民收入分配进行必要的调控;指导街道、乡(镇)财政工作。负责组织全区行政事业性收费、罚没收入、政府性基金收入等非税收入的征收管理和财政票证管理。负责贯彻落实区委、区政府关于促进区域经济发展和财源增长的各项政策、措施;负责加强对全区财源建设工作的组织领导,制定财源建设总体规划和具体实施办法;负责协调全区财源建设工作,研究、分析财源建设工作中的重大问题,提出处理意见并督促落实。组织实施本级财政支出绩效评价工作。负责全区基本建设项目财政投融资管理,负责规范全区重点工程财务管理、全区债务和偿债资金管理和财政投资重点建设项目结算。对财政性资金投资项目的工程概算、预算和竣工决(结)算进行评估与审查。管理和监督全区各项财政收入,组织和监督全区预算的执行;负责财政内部财务审计工作。管理全区基本建设拨款和基本建设财务制度的执行;会同有关部门审批政策性基建贷款贴息;管理区财政直接分配的挖潜改造资金和科技发展基金;管理由财政承担的全区经济贸易和农业支出、行政支出、公共事业支出、社会保障支出和国家赔偿费用。根据国家统一规定的开支标准和增加支出的政策,联系岳麓区实际,制定具体实施办法。负责全区国有资产监督管理和收入征管工作。管理和指导全区会计工作;管理和组织会计专业技术培训。拟订和执行需要全区统一规定的经费开支标准;负责政府采购管理和监督工作;实施国库集中支付制度。监督和检查各行政事业单位财政收支;加强财政统发工资管理。组织开展全区财政政策调查研究和财政科研工作；加强财政干部队伍和基层财政所建设,组织财政干部培训；负责财政宣传和财政信息工作。完成区委、区人民政府和上级主管部门交办的其他工作任务。

财政收入快速增长。发挥牵头组织职能,分解落实收入目标,加强收入分析和考核调度，健全综合治税机制。全年完成财政总收入69.57亿元,比上年增加7.71亿元,增长12.46%,税收占财政总收入比重83.95%，同比提高1.56%,增幅与税占比两项指标均居全市中心城区首位。完成地方一般公共预算收入30.58亿元,比上年增加2.43亿元,增长8.64%,其中税收收入19.42亿元,比上年增加2.16亿元，增长12.53%,非税收入11.16亿元，比上年增加0.27亿元,增长2.49%。

民生保障大幅提升。全年实际完成区本级支出35.69亿元,比上年增加3.72亿元，增长11.62%。其中,教育支出10.27亿元，社会保障和就业支出2.47亿元，医疗卫生与计划生育支出1.57亿元，城乡社区支出4.16亿元,农林水支出2.06亿元,住房保障支出0.38亿元。坚持公共财政理念,新增财力持续向民生倾斜,民生支出占全区财政支出比重为80%。全面落实义务教育经费保障政策，加大对新建和改扩建学校配套设施投入力度，统筹改善中小学校办学条件，推进长沙市示范性综合实践教育基地建设。重点支持基本养老保险全覆盖。推进基本药物制度改革，提高人均基本公共卫生服务经费补助标准。加大保障性住房建设投入。重点支持三年造绿行动、城乡环境综合整治和拆违控违工作。加大对农村交通、农田水利等农村基础设施建设项目的投入。

财源建设和成效明显。筹措资金16.7亿元，重点保障轨道交通、污水采购和湘江库区建设等重点基础设施建设，争取棚改项目专项贷款，推行政府和社会资本合作模式。安排科技发展、创业富民及产业发展扶持资金1.28亿元,出台《岳麓区促进现代服务业发展的若干政策》。落实“营改增”改革,执行小微企业税收优惠,清理落实清费减负政策。安排拨付园区资金5110万元,支持岳麓科教产业园区建设。安排1183万元服务招商引资和区域价值推介，引进一批重大项目和重点企业。8家企业纳税规模超亿元。

财政管理更加规范。继续深化国库集中支付改革,196家行政事业单位纳入国库集中支付,对244个重点工程项目资金实施“双控”管理。非税收入坚持以票管收,清理规范征收项目,简化退付流程。制定政府采购目录及限额标准，搭建政府采购信息化管理平台，加强政府采购全过程监督管理。调整评审流程,试行评审关口前移，完成财政投资评审项目1016个,审减4.09亿元,综合审减率14.68%。启动行政事业单位资产核查登记，规范国有资产评估管理和处置报废流程，分批归集国有资产。加强对街镇、村社区财政财务管理的业务指导，全面完成标准化财政所创建。针对预算执行、专项资金、厉行节约等方面开展专项监督检查12次,建立监察、审计、财政部门协同配合机制。严格预算约束,加强预算执行刚性,推进财政预决算信息公开。开展专项资金清理，加强结余结转资金管理，收回沉淀未用资金1.4亿元。落实党政机关厉行节约规定,控制一般性支出,全区“三公”经费较上年降低13.97%。组织部门对50万以上财政投资项目开展绩效自评,对15个重点民生项目实施第三方评价，涉及资金14.59亿元。控制债务规模,积极化解存量债务，争取债券资金额度6.01亿元。

党建工作进一步加强。加强政治理论宣传和党性教育，组织《党员廉洁从政若干准则》《党员纪律处分条例》等党纪条规专题学习，举办财政系统骨干业务培训班，开展“红色党性教育韶山行”“筑梦中国”等专题学习活动，局领导班子开展“三严三实”专题教育。与雨敞坪镇西湖村结对共建,争取各项扶持资金36万元支持该村农业基础设施建设，并捐建农家书屋,开展爱心助学、慰问帮扶等活动。局领导班子联点航天社区，开展网格党建工作并成功创建“五星网格”。参加区直机关工委组织的“西湖健行”“全民健身杯羽毛球赛”等活动并取得优异成绩。实行党员分类积分管理，全体党员进社区报到并开展志愿服务。局领导班子前往莲花镇立马村、军营村、金华村开展“一进二访”工作,帮助当地特困户、五保户脱贫脱困。充实党员队伍,吸纳预备党员2名,发展入党积极分子1名。

深化“清风廉理手、阳光财政人”主体廉政文化创建活动内涵。召开财政系统党风廉政建设工作大会,分解落实廉政责任,与科室和二级机构签订责任状。编制权力清单、责任清单和行政审批事项流程清单并上网公开公示。调整和简化办事流程,印发《财政主要业务工作流程》。加强干部队伍建设,开展中层干部竞争上岗,局领导公开述职述廉。继续推进同级监督试点工作,实行“三重一大集体”决策，局纪检组列席局务会、评议重大决策等制度，强化基层民主建设。主动适应经济发展新常态，强力推进财政改革，确保年度各项工作任务圆满完成。局财政综合、财政监督检查、预算执行分析工作、非税收入征管等多项业务工作获评省级先进，继续保持省级文明单位荣誉称号，连续多年被评为全区目标管理考核一类单位。（胡泉）

国家税务

区国税局

局　　长　井晓宇

副 局 长　陈　建
陈雄伟
廖　玮
丁　胜
赵道军
范开钦
刘丽蓉（女）

纪检组长　李正强

【概况】 区国家税务局现有在编干部职工165人，临聘员工50人，内设16个职能科室、4个副科级税务分局。主要职责：负责辖区15个街道和2个镇的国税征收管理工作。2015年，有开业状态纳税人17687户，其中，纯所得税企业342户，其他企业10888户（增值税一般纳税人企业2831户，小规模纳税人8057户），个体工商户6457户（其中起征点以上的749户）。从5月1日起，建筑业、房地产业、金融业、生活服务业四大行业全面推行营改增试点，区局新增营改增纳税人5600多户，营改增四大行业完成税收收入近12亿元。

税收工作。2015年，全局完成税收收入10.792亿元，同比增收6363万元，增长6.27%。完成区本级收入1.6482亿元，同比增长20.50%。推进税收执法。规范进户执法行为，向纳税人公开20条进户执法工作清单，严格执行进户审批制度。发挥税收调控经济作用，严格落实小微企业税收优惠政策，支持大众创业、万众创新，注重税法宣传工作，加强督促检查，确保税收优惠及时落实。2015年，岳麓区应享受国税税收优惠政策的小微企业5675户，应减免1289.3万元，实际享受的企业5666户，实际减免税1279.8万元，9户因不符合条件未享受政策减免。

税务管理。落实《征管规范》，调整优化科室设置，明确科室职责，实现各项业务工作高效运行，妥善处理各种疑难问题，确保金税三期顺利上线，4个专业市场接受税务登记商户由“民主评税”前的346户，增加到813户，增长134.9%。“三证合一”“一照一码”工作顺利进行。出口退税工作稳抓稳打，全年共退税2130万元，免抵调255万元。加强税收风险管理。搭建风险管理平台和涉税信息平台，加强第三方信息采集利用和风险归口管理，开展对非正常户、注销户、第三方涉税信息比对异常纳税人、税负异常和退废票偏多纳税人的税源核查，建立“分析预警、税源核查、第三方信息比对”“统一下达纳税评估指令或直接推送税务稽查案源”的税收风险控制机制。全年发布风险预警信息785户次，开展纳税评估户347次，入库税款532.87万元。

优化服务。以优化办税服务为中心，全面推进各项纳税服务工作，构建以服务促进税法遵从度的现代化纳税服务新格局。开展“便民办税春风行动”，引导税务人员站在纳税人的立场上想问题。借力微信平台，便捷办税服务。通过三项“微举措”打造实时、便捷、触手可及的微窗口。开启“银税互动”，召开银税合作联席会议，助力小微企业，分别与交通银行和建设银行合作推出“税融通”和“税易贷”两款无抵押信用贷款项目，让小微企业更快捷地获得资金支持，缓解小微企业融资难，实现税银企三方共赢。实行“一窗双岗”管理新模式，积极应对“金三”系统上线。全年开办纳税人培训班9期，培训纳税人5200人次，促进各项税收优惠政策的贯彻实施。

队伍建设。以说服教育为切入点，通过将个人收入与当地公务员比，与自己过去比，与全国平均水平比的对比活动，引导干部把主要精力放到干事创业上来。以绩效考核为依据，将绩效考核指标从考核科室部门逐渐细化到每一个人，让大家都清楚自己肩上的责任，调动整个团队的积极性。继续强化干部队伍能力素质培训，除每年固定一次全员干部素能培训外，税收业务主管部门，还适时组织专项业务培训，让相关业务干部及时了解掌握最新政策，每次培训完成后，均组织考试，以检验培训效果。联合湖南大学经贸学院开展为期一个月的干部素能培训，优化干部的知识结构，更新思想观念，开阔眼界。以基层党建为阵地，以“三严三实”专项教育为抓手，以“一岗双责”制度为推手，规范党建工作。坚持“三会一课”制度，进一步完善党务公开制，增强党组织工作透明度。建立和完善党员“三先”制度、党员评议党组织干部制度。把开展"创建先进基层党组织、争当优秀共产党员"活动作为基层组织建设的重要载体。全年评选优秀党员12名。按照"照镜子、正衣冠、洗洗澡、治治病"总要求,对照"为民务实清廉"和改进作风标准,查找班子成员在"四风"方面存在的问题和不足;着力解决发生在群众身边的腐败问题和损害群众利益的问题。党组共查找并整改问题19项,班子成员共查找问题110余条,针对查找出的问题明确具体措施、责任领导、责任部门、整改时限,建立销号制度,确保及时整改。推行班子成员带队巡查制度,作风巡查进入常态,全年共组织巡查137次,通报124次,发现、指出问题84起,列入绩效考核15人次。未发生违反"八项规定"被查处的案件。落实中央反腐倡廉新规定和新要求,完善内控机制建设,抓好税源专业化条件下风险防范体系建设,确立防控重点、难点,把反腐倡廉工作融入税收征管工作的各个环节,67名科级以上领导干部共占用310.27平方米办公用房的问题及时整改。公务接待费同比下降83.59%,车辆购置及保养费同比下降5.75%,会议费支出同比下降100%;全局45人次上缴礼品、礼金折合人民币18万余元。进一步规范财务管理,开展经济责任审计和财务审计,推进规范津补贴工作,启动公车改革和养老保险改革准备工作。进一步完善值班、安保、消防、车辆管理等制度,全年无重大安全事故发生。强化网站管理,按市局要求完成整改和更新,彻底消除网站"僵尸""睡眠"现象,充分发挥网站政务公开、在线办公、公众参与功能,确保网站安全、有序、高效运行。

(向孝周)

地方税务

区地税局

局　　长　彭仕明

副 局 长　易礼文(7—)
欧清香(女,7—)
彭文凯
肖晓华(女,1—6)
刘　信(1—6)
李　明

兼纪检组长
李　明(1—6)
欧清香(女,7—)

【概况】 区地税局前身为长沙市地方税务局西区分局,1996年更名为长沙市地方税务局三分局,2001年更名为长沙市地方税务局岳麓区分局。内设办公室、税政法规科、征管和科技发展、收入规划核算科、财务管理科、人事教育科、监察审计室、税源管理一科、税源管理二科、税源管理三科、办税服务中心、稽查局、信息中心。下设8个税务分局,核定人员编制190人,其中行政编178人,事业编12人。有工作人员190人。主要职责:贯彻执行国家税收法律法规、部门规章及规范性文件,结合实际研究制定具体实施办法。

研究制定本地区地方税收发展规划和年度工作计划并组织实施。负责地方税收及法律法规规定的费(金)的征收管理、税源管理、纳税评估、反避税和稽查工作;负责普通发票和其他税收票证的管理工作。负责下达本地区税费收入计划和税费收入计划完成情况的分析预测与统计核算;负责本系统财务经费管理和资产装备管理工作。负责监督检查税收执法活动和内部行政管理活动;负责税务行政处罚听证、行政复议和行政应诉工作。负责组织实施纳税服务体系建设,制定和监督执行纳税服务管理制度,规范纳税服务行为;贯彻执行纳税人权益保障制度,组织实施税收宣传。组织实施对纳税人进行分类管理和专业化服务;组织实施对大型企业的纳税服务和税源管理。负责制定本地区税收管理信息化制度并组织实施。负责本系统领导班子和干部队伍建设、党风廉政建设、反腐败工作以及文明创建工作。承办上级交办的其他工作。

2015年,组织入库各项收入49.3825亿元,为市局下达年计划47.9974亿元的102.89%,同比增收7.0909亿元,增长16.77%,超全市平均增幅7个百分点。

征管基础坚实稳固。确立"向税政要税源,向征管要收入"的征管思路。突出信息管税、科技兴税、综合治税和风险管理,组织税源和数据清理,推进"金三"上线工作,深化"提升征管质效三年大行动"活动,强化税源分类管理、纳税评估和常态巡查,征管工作逐步由粗放型向集约型转变。制定《征管工作目标管理考核方案》,从季度奖中拿出1000元作为每人每月征管工作考核奖金,全年累计考核人数1128人次,责任追究人数270人次,扣发奖金总额4869元。以信息化技术为支撑,加强征管基础数据管理,对基础数据采集、审核、录入、维护等工作进行质量管理、定期评估和工作考核,清理省局下发的异常数据76578条和4541条。推行《全国税收征管规范》1.0版,规范征管业务处理,严格执行工作标准、流转环节、处理时限,做到执法程序合法、文书使用规范、业务处理统一，减轻纳税人负担，节约办税成本。以土地使用税等级调整为抓手，强化征管，全年土地使用税累计入库1.6987亿元，同比增收0.9297亿元，增长120.9%。通过抓好营业税“清零行动”和加强房地产、建安业征管等举措，做到应收尽收，全年营业税累计入库22.7389亿元，同比增加1.8102亿元，增长8.65%。抓好以所得税为主的汇缴结算工作，汇缴软件的全面运用加上2014年以来房地产企业的预计毛利率上调，全年入库企业所得税7.9077亿元，同比增加3.2831亿元，增长70.99%。有7352人年收入12万以上的自行申报了个人所得税。开展行政事业单位履行代扣代缴义务专项检查，全年入库个人所得税6.4172亿元，同比增收0.5909亿元。增长10.14%。

税收服务优质高效。坚持在发挥职能作用上做文章、在提升服务质量上下功夫，力求纳税人满意。推进新网厅上线工作，先后培训纳税人2234人次，采用公布热线电话、在线QQ答疑、税管员答疑三管齐下咨询方式，印制宣传页3000份，编辑答疑手册400册摆放在各办税网点供纳税人查询，确保新网厅顺利上线。落实《全国县级税务机关纳税服务规范》，对9类72项212个服务事项进行了规范。对9个办税服务窗口的标牌、标识进行了统一，对“全职能一窗式”办税服务内容进行了明确。推行“窗口受理、内部流转、限时办结、窗口出件”工作模式。按照国家税务总局和省、市税务局要求，进一步依法压缩审批项目，缩短审批时限。落实全方位、全过程、全天候“360办税服务模式”，加印“360办税服务模式”宣传页摆放在各办税服务厅（室），“360办税服务模式”（2015版）电子显示屏在办税厅（室）滚动播放，触摸屏也可随时查询。开设纳税人学堂，采用定期与实时相结合的培训方式，共举办培训班23期，参训人员5150人次。开展上门走访服务活动，面对面地进行业务辅导，帮助纳税人不断提高办税业务水平和涉税风险防范能力。

队伍管理科学规范。紧扣“三严三实”和“一调两转”活动两条主线，强化党员干部思想意识，提升干部队伍素质，盘活人力资源。制定“一调两转”主题活动方案，开展“一调两转”及地税文化建设问卷调查，广泛征求干部意见。结合“三严三实”“三个地税”等热点工作，把精力投入到地税事业转型创新中。坚持绩效考评与结果运用并重，做到绩效考评结果与单位评先、个人评优、奖金发放、干部任用“四个挂钩”，营造“人人重视绩效、人人参与绩效、人人提升绩效”的良好氛围。加强人力资源调配，全年共调整轮岗干部58名，轮岗面达34%，特别是窗口人员工作岗位轮换，注重干部工作意愿和实际情况，不搞特殊，共调整21名干部新进大厅，轮换岗位47人。开展星级税务分局创建和税务分局标准化建设，区局与第二税务分局共接待10个区县局的交流学习工作，地税文化和星级分局氛围营造工作不断提升。

政风行风向好向优。全面落实“两个责任”，地税干部队伍平安稳定，全年无违规违纪问题发生，在上级党风廉政工作考核、作风行风评议中排名前列。一是压实“两个责任”。层层签订党风廉政责任书。年内党组成员与其主管、联系的部门负责人进行廉政例行谈话。开展部门负责人年度党风廉政责任制落实情况测评，组织干部群众对部门负责人进行不记名测评，每个部门约谈兼职监察员和一名普通干部，共收集测评表140份，优秀率95%。二是抓实“四风”整治。配合纪委开展五一、中秋、国庆期间疑似违规消费发票存根审核、税务行政审批事项调查、办公室面积超标整治四个专项整顿工作。按照市局部署开展“三重一大”党组议事规则、公务接待管理、公务员津补贴政策执行情况自查自纠。坚持领导周巡查制度和专项作风督查相结合，全年组织局领导值班巡查30次，督查组下发专项作风督查通报10期，点名通报部门6个，干部62人次，扣发目标管理奖3460元。三是完善惩防体系。建立潜在风险报告制，明确各部门负责人廉政风险排查责任。通过下达《风险防范建议书》、风险事项整改监督和风险点动态监控管理，形成对廉政风险的敏锐掌控和及时控制。选取发票管理、税务登记管理、税务稽查三个项目开展执法监察，提出整改建议4个，对区局权限内的基建维修项目进行工程结算审计11个。实施廉政警示约谈制度，设立警示教育学习约谈室，定期开展各类党风廉政警示教育活动。全年警示约谈部门负责人4人次，干部1人次，调离工作岗位干部1人次。四是执行监督报告制度。凡属“三重一大”事项均由纪检监察部门负责监督，“一把手”不直接分管人事、财务、大宗物品采购、基建及在各类会议中对会议决策事项最后表态。执行重大事项报告制度，严格落实省委政府“限宴令”，有1名部门负责人和1名普通干部向纪检组报告了重大事项。坚持交通费、差旅费、会议费、招待费按季

在局务会上公开。2015年，全局干部共上缴无法拒收的礼金、礼券13400元。（候沙）

金　融

湘江新区农村商业银行股份有限公司

党委书记、董事长
陈　颢
党委副书记、行长
黄立新
纪委书记、监事长
周松柏
党委委员、副行长
危志成
党委委员、副行长
陈　盛

【概况】 湖南湘江新区农村商业银行股份有限公司前身是长沙市农村信用合作社联合社,2006年7月,岳麓区农村信用合作社联合社与区内4家农村信用合作社(岳麓山农村信用合作社、东方红农村信用合作社、望岳农村信用合作社、天顶农村信用合作社)合并组建长沙岳麓农村合作银行。2010年11月,合作银行改制更名为长沙先导农村商业银行股份有限公司,2015年7月,更名为湖南湘江新区农村商业股份有限公司,是湖南第一批、长沙城区首家股份制农村商业银行。注册资本5.112亿元,设有15个职能部室,28家支行,20家分理处，现有工作人员412人。主要职能是为地方居民、中小企业和农村经济发展提供优质高效金融服务。至2015年末，公司各项存款余额132.91亿元，比年初净增17.1亿元,增长14.77%。各项贷款余额81.27亿元，较年初增加9.55亿元,存贷比61.15%。发福祥便民卡1711张，合同金额4.79亿元,合同已用金额2.97亿元；发福祥贷记卡1219张（其中公务卡509张)授信额度4506.6万元,透支金额1078.71万元。不良贷款余额为1.1584亿元,占比为1.43%。实现总收入8.84亿元，其中利息收入6.80亿元;总支出6.45亿元,实现综合效益4.24亿元。资本充足率16.25%；核心资本充足率15.17%;拨备覆盖率203.17%,拨贷比2.90%。各项指标均达到监管部门要求。

股本转增。采取由盈余公积金转增股本的方式,按照1∶1的比例转增股本,将股本2.556亿元转增为5.112亿元,顺利完成资本运作,有效促进企业持续发展。

业务拓展。精心组织存款,进一步优化信贷资源配置。至年末,公司涉农贷款余额为69.836亿元，占各类贷款余额的85.94%；小微企业贷款(含小微企业、小微企业主及个体工商户等）余额为39.0638亿元,累计发放小微企业贷款38.4973亿元，为1075　名小微企业主提供了资金支持。开展“六个一”“六个一百”金融服务示范活动。调整和优化信贷结构,提高资产质量。扩大电子产品的覆盖面。至年末，公司新增ATM机及存取款一体机21台，新增POS机具41台，安装ETC 2974台；新增个人网银和企业网银客户2450户；累计新增手机银行18464户。

信贷管理。完善信贷管理制度建设,严格落实贷款新规,全年组织信贷检查3次，确保信贷资产安全。至2015年末累计发放各类贷款74亿元,其中受托支付金额63亿元,占比85.3%,较好执行了贷款新规关于受托支付的要求,保证高效的财务工作。

网点建设。新建4家网点(柏乐园分理处、高新分理处、干子分理处、黄金分理处),搬迁一家网点(麓山支行),完善公司网点布局,已设计并在建9个。全年累计发放社保IC卡10多万张。对辖内营业网点开展稽核检查、排查活动61次，投入工作量1280人次,稽核网点740个。实现全年安全无事故。

工作成效。突出支农、支小重点，涉农和小微企业贷款稳步上升。至年末,涉农贷款余额为69.8亿元,占比85.94%,较上年同期增加8.26亿元，增长13.41%;小微企业贷款余额为39.06亿元,较上年同期增加4.75亿元，增长13.83%。支持农民安置房、重点工程、公共设施建设。全年累计发放信贷资金74.17亿元,重点支持新雅联丰苑，麓谷锦和等保障性住房建设工程,岳北渔场、滨湖、青山村、观沙岭、茶子山等农民安置房小区建设工程。支持农业特色产业、区域专业市场和公共客运行业。重点支持湖南省春华生物科技有限公司、长沙千龙湖生态旅游度假有限公司等省内外知名农业龙头企业,支持郁金香·建材市场、安居乐家居建材市场、湘浙小商品批发市场等较为成熟的专业市场，支持湖南新里程运输服务有限公司、湖南望城县雷锋汽车运输有限公司等一批道路客运优秀企业。资本市场全年各项业务收入1.59亿元，实现净收入1.56亿元。贷款营销收入8.84亿元,利息收入6.80亿元,综合效益4.24亿元。（杨幸生）

旅游服务

旅 游

区旅游局
党委书记、局长
胡艳苹(女)
副 局 长 陈 灿
赵耀方(女)
纪检组长 邓余良

【概况】 区旅游局成立于2011年,为区人民政府直属事业单位。核定全额拨款事业编制6人,有工作人员7人,内设办公室和业务科。主要职责:研究拟定全区旅游发展战略,组织制定全区旅游发展规划;组织、指导全区重要旅游产品的开发,促进和引导旅游业利用外资和社会投资工作;组织全区整体旅游形象的对外宣传和重大推广活动;培育、完善和开拓区内旅游市场。组织全区旅游资源的普查工作和行业规划工作,指导协调旅游资源的开发和相关保护工作;负责全区重点旅游项目申报工作及旅游项目建设专项资金计划安排;协助有关部门对旅游项目进行论证、审核和管理。组织实施国家及省、市确定的各类旅游区(点)、度假区及旅游住宿、旅行社、旅游车船和特种旅游项目的设施标准和服务标准。负责全区旅游区(点)的A级评定,旅游宾馆、饭店、"农家乐"星级标准、星级评定和推荐复核等行业归口管理的有关工作。监督、检查旅游市场秩序和服务质量。负责全区旅游统计及行业信息分析工作;指导旅游教育、培训工作,制订和组织实施全区旅游人才培训规划,指导旅游从业人员职业资格和等级考试认证的有关工作,监管和指导旅游社团工作。

2015年岳麓区获湖南省"旅游产业发展十佳区县"第二名,通过国家旅游局和省旅游局对AAAAA级旅游景区的复核审查。梅溪湖成为全国首批绿色生态示范城区,洋湖湿地景区被评为"湖南省生态文明示范基地""湖南省首批两型认证景区",橘子洲景区荣获"长沙市文明旅游景区"称号,橘子洲游客服务中心获"全国巾帼标兵岗"称号。

乡村旅游再发展。推出一批市场竞争力强的旅游精品力作:投资1.2亿元的体验型都市农庄含浦镇"沃之园"正式开园;启动坪塘首批60户"千户农庄"示范园项目,整治鹅洲"白天鹅生态旅游岛"生态环境,打造环境独特的岛上生态休闲项目;建成雨敞坪千亩韭黄基地和引进投资1000万的花卉苗木基地;策划莲花镇"莲花慢谷"新品牌,包装推广森蓝科技、天泉草业、南洲湖、景和园林、刁将军休闲农庄等项目,建设莲花现代农业公园。完成学士街道"农趣谷"乡村旅游项目的整体规划及旅游图设计,完善"农趣谷"道路及设施,将"彩蝶湖"南片区道路改造成湖南省第一条彩色沥青道路。

景区建设新投入。引进巨腕华谊电影城、奥特莱斯落户大王山旅游度假区,正加速开发步伐计划2017年投入运营,其中欢乐广场已建成,欢乐天街完成5栋建筑主体,洲际假日连锁酒店主体封顶,桐溪湖、湘江女神公园完成设计,湘军文化园完成主体工程,桐溪寺一期主体封顶,旅游服务中心(一期)完成外装,文正书院完成室内装修,湘军文化博物馆全面动工。宜家购物中心落户洋湖,洋湖体育公园部分建成,足球公园开门纳客,占地约160亩的洋湖湿地生态旅游配套服务中心已进场施工。西湖文化园提质升级,两座连接咸嘉湖路的景观桥和拥有2000个车位的游客停车库已建设完成。梅溪湖国际文化艺术中心、儿童乐园项目顺利推进,计划2016年建成并投入运营。

节会活动创品牌。节会活动成为岳麓区旅游品牌。在原有的梅溪湖国际灯光节、橘子洲大型艺术灯会、洋湖花卉展、麓山公益登峰节、橘洲音乐节、"红色记忆"橘洲大型户外音乐节、洋湖雕塑节、洋湖帐篷节和麓山红枫节系列节会活动基础上。又新设情定麓山相亲会、2015中国长沙湘江国际帆船赛、橘洲马戏嘉年华和重阳登高节、"红色记忆"纪念抗战胜利70周年音乐会和"2015湘江音乐节",围绕泛岳麓山都市生态旅游圈、滨江金滩旅游区、洋湖旅游片区,着力展示岳麓旅游胜地新形象,节会品牌效应持续提升。

旅游设施再完善。在洋湖湿地景区、梅溪湖景区新设旅客服

务中心6个，优化旅游咨询集散配套服务功能，提升旅游咨询设施和服务能力。梅溪湖公共自行车系统已建成，在洋湖湿地景区新建13.15公里自行车道，配备自行车200辆，车道连接一期至三期整个景区，环湖设站点8个。更换橘子洲景区换厕所位隔断46套、更换洗手池下水管、换气扇、烘干机等设施96套，改扩建5座厕所。进一步完善渔人码头、麦德龙等商业场所旅游配套设施。王府井河西商业广场、湘江玖号、红星美凯龙家居广场等商业卖场年内建成开业。佳兴世尊开业运营，世茂希尔顿、洋湖皇冠假日酒店、梅溪湖喜来登等旅客食宿点正加速建设。

品牌宣传有亮点。围绕“快乐岳麓”形象定位，在《长沙晚报》刊登“风情岳麓　美食美景合家欢”报道，推介岳麓旅游新景点。协助编制拍摄《一起去旅游——莲花，你的心灵慢谷》岳麓旅游宣传片；制作手绘版《醉岳麓——岳麓区旅游地图》，将乡村旅游景点资料与岳麓旅游画册、旅游地图、旅游推荐线路、景区宣传册集中打包投放到星级酒店、星级餐馆、景区的岳麓旅游宣传架，全方位宣传推介魅力岳麓。　（彭慕曦）

景区管理

长沙市岳麓山风景名胜区管理局

党委书记　丁继荣

副书记、局长

　　胡德强

副 局 长　易克彪

　　胡　佳(女)

纪委书记　易建华(1—8)

　　施柏林(8—)

总工程师　曾常清

【概况】 2015年，岳麓山风景名胜区管理局下设办公室、综合管理科和法规科3个科室（加挂综合执法队牌子）。下辖麓山景区管理处和橘子洲景区管理处两个二级管理机构。主要职责：宣传贯彻执行中央、省、市有关风景名胜区保护、建设、管理的法律、法规和方针政策，结合景区实际，制定实施细则和管理方法，并组织协调实施；负责对景区内的风景名胜资源（包括人文资源、自然资源）依法进行保护；组织景区总体规划、详细规划及专项规划的编制、呈报审批和组织实施；组织景区分期保护建设计划的编制；负责景区环境综合治理；负责对景区建设项目的选址、方案设计进行初审；审查、监督景区范围内有关工程建设项目；负责景区土地及风景名胜资源的合理开发利用和基础设施、其他公共设施的保护管理，改善游览服务条件；统一对景区内观赏、游览、旅游等一切服务经营活动进行准入审核和管理；负责景区内山林、植被、绿化、物种资源保护与管理和森林病虫害防治、森林防火扩防止水土流失等工作；审查景区内林木更新抚育采伐方案；依照景区资源保护与管理的有关法规进行综合执法和管理；对景区范围内的街道、村及有关单位在风景名胜资源方面进行统一管理；负责编制直属各景区基本建设和维护年度计划、财务计划并监督实施，负责对景内国有资产和经费监督管理；负责麓山景区管理处和橘子洲景区管理处及其他所属景区的管理；承办市委、市人民政府和区委、区人民政府交办的其他事项。2015年，岳麓山风景名胜区管理局以法律法规为统领，加强景区资源保护，以提质扩容为目标，改善景区形象品质，以游客满意为宗旨，提升管理服务水平，以打造品牌为核心，壮大旅游文化产业，以党的“三严三实”教育活动为载体，加强干部队伍建设，岳麓山风景名胜区呈现出持续、稳定、健康、和谐发展的良好局面。2015年，岳麓山风景名胜区荣获国家建设部2012至2015年度“国家级风景名胜区执法检查优秀单位”；荣获省两型办、省旅游局“两型景区”资格认证。

资源保护。继续推进景区总体规划修编工作，《岳麓山风景名胜区总体规划纲要》获住建部认可和省住建厅批复。完善景区详细规划，《石佳岭景区详细规划》送审稿已编制完成。规范行政审批流程，将建设项目审批纳入市政务中心在线管理系统统一管理，实现建设项目审批在线办理。加强与湘江新区国土规划部对接，明确和规范岳麓山风景名胜区建设项目审批内容和程序。完成湖南大学北校区学生公寓等6项风景区内建设项目审核。会同岳麓区政府编制后湖景区综合整治概念性规划，制订综合整治方案和设计要点。配合湘江新区开展后湖路、麻园路、麓景路、二环线拓改规划建设协调工作，协助相关单位完成咸嘉湖景区、天马山景区二期工程、石佳岭景区一期工程、大学城东片排水工程建设。在《岳麓山风景名胜区保护条例》颁布实施8周年之际，争取区人大支持，联合城管、环保等部门开展“保护风景名胜资源，建设生态文明岳麓”为主题的《条例》宣传月活动。活动期间，展示宣传展板20场次，悬挂横幅标语100余条，出动宣传车6台次，向市民游客发放宣传资料10000余份。

2015年,环岳麓山周边设置30块禁止破坏景区资源的大理石警示牌,公布举报电话。落实领导带队巡查、信息员举报奖励等制度,查处和打击破坏景区资源、污染景区环境等违法行为。全年累计巡查494人次,控制违法建筑面积1911平方米,控制挖山毁绿、破坏地形地貌违法行为6起,立案查处未批先建违法行为1起,联合街道拆除违法建筑8340平方米,联合环保、公安部门查处违法排污案件1起,联合公安、民政、交通等部门,集中清理麓山景区违法墓葬101处,制止5所驾校停止建设,违法破坏景区资源的势头得到有效遏制。

综合管理。对照国家AAAAA级旅游景区管理标准,投入近2000万元,完善景区安全、游览、通信、交通、环卫设备设施,完成14座旅游厕所提质改造,更新完善各类标识标牌1600余块,更新补充垃圾桶650余个,维修改造游步道668米。推进橘子洲亮化工程建设,新增及更换各类灯具25531套。加快推进橘子洲污水处理站提质改造建设,实现景区污水达标排放。加快智慧景区建设步伐,完成麓山景区南门游客车辆引导系统和全山视频监控系统改造,实现爱晚亭和橘子洲景区百兆(100M)无线网络全覆盖。推进后湖景区拆违行动,拆除各类违法违章建筑60万平方米。加大景观景点营造力度,推进景区园林绿化改造,全年种植各类花卉苗木16000多株,补植草坪3610平方米。联合海事、交通、交警、工商等部门,开展联合执法行动,景区范围内黑车、黑船非法载客和小摊小贩违法违规经营现象得到有效遏制。进一步规范一线“窗口”服务人员工作标准和服务流程,开展“文明旅游、全民点赞”暨景校共建大学生学雷锋文明旅游志愿服务活动,景区旅游环境不断优化。加强安全生产工作领导,“党政同责、一岗双责”和领导联点责任制得到有效落实。定期开展安全生产知识培训、技能演练,干部职工安全生产意识和技能明显提高,景区范围内“讲安全”氛围浓厚。结合景区实际,组织开展“打非治违”“安全生产月”“大排查大整治大督查”“六打六治”等专项行动,深入开展游览安全、特种设备、车辆安全、食品安全等方面隐患排查和专项督查,发现并整改安全隐患20余项。突出抓好森林防火、焰火燃放、节假日游客疏导和防汛工作,景区全年没有发生一起安全生产责任事故。

旅游产业发展。围绕“五个基地、十个项目”的建设目标,推进橘子洲音乐岛建设,“湘女多情”音乐小剧场建设项目已正式确定,“橘子洲主题歌”征集活动已经完成,“美丽橘子洲,世界音乐岛”初现雏形。协调、推进主席雕像布展工作,布展方案已上报市政府审定。麓山景区红枫馆、麓山沁园、步虚楼、南泥湾等项目完成提质改造并重新对外营业。抗战文化园、朱张渡、揽岳亭等文化景点建设(装修)完成并向游客开放。积极协助河西城投公司,在传统餐饮、购物、游乐等项目的基础上,引入集露营、攀岩、篮球、游泳、高尔夫等于一体的户外运动及休闲项目,开发亲子游、商务游、婚庆游、体育休闲游等旅游产品,满足游客多元化旅游需求。加大以毛泽东青年艺术雕像为主线的红色旅游文化创意产品开发,现已开发出主席青年艺术雕像铸金、铸银、铸铜及陶瓷等特色文化旅游产品。橘子洲景区积极申请旅游商品知识产权保护,6大类34小组共计60项旅游产品已通过国家工商总局商标局初审。开展招商引智工作,先后举办湘江国际帆船邀请赛、长沙国际马拉松赛、岳麓区生态房交会、麓山红枫节、麓山万人登高等大型文化、体育节会活动60余次,吸引来自世界各地游客近500万人次。

干部队伍建设。制定《关于开展“三严三实”专题教育活动的实施方案》,对“三严三实”专题教育活动进行动员和部署。局党委书记带头给党员干部专题授课,深刻阐述开展“三严三实”活动的重要意义,指出景区党员干部中存在的“不严不实”问题。局系统处级以上领导干部开展“严以修身”、“严以律己”和“严以用权”三个专题学习讨论,党员领导干部理想信念、党性修养、政治意识、规矩意识切实增强。坚持党委中心组学习制度,抓好领导干部学习教育,班子成员责任意识、服务意识、宗旨意识不断增强,政策理论水平和依法行政、科学决策能力均有明显提高。按照“集体领导、民主集中、个别酝酿、会议决定”的原则,议定景区重点项目建设、产业发展、经营管理、干部任免、资金使用等重大事项,班子内部做到相互信任、和谐共事。开展“争做雷锋精神传人、弘扬社会文明新风”系列活动,景区干部责任意识、服务意识明显增强,助人为乐、爱岗敬业蔚然成风,橘子洲景区游客服务中心被全国总工会授予“巾帼标兵岗”光荣称号,水电班组荣获市政府“雷锋号示范班组”荣誉。围绕工作中心,推进服务型基层党组织建设,基层党组织凝聚力、战斗力明显提升。开展“岗位服务明星”评选活动,全年累计评选“岗位服务明星”52名,发挥示范引领和模范带动作用。加快推进事业单位机构改革,实行竞争上岗,严格绩效考核,干部职工工作积极性和主动性得到进一步激发。严格标准、规范程序,发展预备党员3名,2名党员如期转正,培养入党积极分子5名。

(江南芬)

岳麓山风景名胜区

麓山景区管理处

主　　任　周竹平(女,7—)

书　　记　周竹平(女,1—6)

　　　　　　高春波(7—)

党委副书记、副主任

　　　　　　彭　浩

党委委员、副主任

　　　　　　刘金亮

纪委书记、工会主席

　　　　　　郑　伟

党委委员、管理处副主任

　　　　　　李艳芳(女)

　　　　　　龚延春

【概况】 1957年1月15日,长沙市人民委员会批准成立“长沙市岳麓山管理所”,隶属长沙市文化局领导,同年4月23日,岳麓山管理所更名为“长沙市岳麓山园林管理所”,隶属关系由市文化局变更为长沙市城建局。1963年7月15日,更名为长沙市岳麓公园管理处。9月20日,市编委编干字(63)25号文,确定公园管理处内设办公室、人保科,生产维护科及五个工区。1968年“文化大革命”期间,成立岳麓山公园革命委员会。隶属关系由城建局变更为长沙市革委会政治文化组。1978年6月13日,公园隶属关系由市城建局变更为市园林管理局。1980年3月18日,中共长沙市园林局委员会批准岳麓山公园内设政工股、园林股、基建维修股、宣传服务股、财务股、行政办公室、派出所。1982年1月,恢复长沙市岳麓山公园管理处机构名称。公园管理处隶属关系由市园林局变更为市城建局,机构设置不变。1987年2月18日,湖南省人民政府以湘政办发(1987)11号行文,公布岳麓山为第一批省级风景名胜区,1990年编制《岳麓山风景名胜区总体规划》中,将岳麓山公园所辖范围确定为麓山景区,景区面积6平方公里。1988年5月,岳麓山公园再次改变隶属关系,由市城建局变更为市园林管理局。1993年6月,市编委明确岳麓山公园管理处为副县级全民事业单位。1994年3月市编委(94)21号文,确定公园管理处内设政工科、园容绿化科、综合管理科、计划财务科、经营管理科、保卫科、办公室、索道管理所。2004年6月增设文物管理科。2008年6月景区隶属关系调整为市区共管,以区为主。2002年5月17日,国务院明确岳麓山景区为第四批国家重点风景名胜区,2011年12月29日,岳麓山橘子洲景区入选国家AAAAA级旅游景区。麓山景区拥有各类植物174科、592属、997种,其中,野生植物577种、挂牌名木古树305株,占长沙城区的49%。文物古迹众多,其中被列为国家级重点文物保护单位4处、省级文物保护单位13处、市级文物保护单位35处、一般不可移动文物点10处。现有在职人员431人,包括带事业编制的干部职工217人,政府雇员2人,人事代理制职工16人,招聘合同制职工77人,临聘制职工72人,企业军转再安置人员1人,季节性临时工46人。

AAAAA创建复核。成立以景区管理处主任为组长的复核迎检工作领导小组,投入专项资金640万元整改薄弱环节,综合提升景区环境品质。3月,召开AAAAA景区复核迎检工作动员会,对照《旅游景区质量等级评定与划分》标准,编印AAAAA复核迎检工作任务分解表,做到任务到岗、责任到人,整改内容无遗漏,整改时间有限期,整改结果有考核,实施“日巡查、周通报、月考评”工作制,督查组将AAAAA复核整改进展情况实施定期督办、不定期督查、跟踪问效、一查到底,并纳入绩效考核。对问题突出的责令整改并通报批评,实行奖惩兑现。全年组织召开“AAAAA”复核整改调度会7次,督查60余次,督查内容200多项,建立整改工作台账70余条。对园容环境卫生维护突出的12人给予奖励,对存在问题多次未整改到位的3人给予经济处罚。改善硬件基础设施,完成13座厕所内外墙的全面检修,按照AAAAA要求安装卫生纸筒、废纸篓、置物架、挂钩各132个,烘手机、洗手器皿各26个,干地机6台,加强便民设施的卫生保洁和维护管理,对易破损、被盗设施等及时维修和添补。更换垃圾清运设施。通过政府招投标,采购并安装450个符合景区特色的垃圾筒。新购1台6吨垃圾运输车,确保景区垃圾及时清运。规范标示标牌,增设“重大活动、临时停车”“严禁葬坟、严禁烟火”等宣传警示牌,对全山路段各类标示标牌进行排查,整改指路标牌、交通警示标牌、景点指示标牌650处,服务门点、门楼、工作用房、售票亭公示标牌、标语标牌、文明用语标牌、公共信息符号标牌105

处，充分发挥标识标牌“无声导游”作用。提升软件配套设施。恢复爱晚亭导服中心，从管理处抽调2人专职负责，为游客提供咨询、讲解服务。完成南门区域车辆智能引导服务设施，设置安装车辆信息引导显示屏，引导游客行驶，使景区车辆进出管理更加直观、规范、有序。在爱晚亭、东门等游客集中区域安装(APP)“快乐岳麓行”，更新电子触摸屏、投影仪、立式便民手机充电器，添置便民药品，提供免费寄存、免费导游图等各类便民服务，初步实现景区智慧游，针对重要区域、游客密集处如厕难问题，在厕所入口处粘贴醒目温馨提示，引导分流，合理疏散。

景区安全。制发《麓山景区党政同责一岗双责责任制》，成立景区安全生产管委会，明确安全委员会的职能职责，细化15个部门、驻山单位、经营门店职责，强化安全生产领导责任，全面落实部门直接管理责任、保卫部门监管责任、生产经营单位主体责任和员工安全生产岗位责任，形成齐抓共管的工作局面。坚持每月安全检查制和重大节假日安全检查制，通过对交通安全、食品安全和生态安全等重点领域严格督查，深化隐患整治，防范安全事故发生。全年开安全专题会议6次，安全生产大检查10次，排查隐患20余起，全部整改到位。落实打非治违清平复绿工作，联合管理局、岳麓公安分局及媒体新闻，对林区内违规乱建乱葬现象，借助公安、媒体力量，确保打非治违工作顺利开展。全年清理违规墓葬57座，复绿420平方米，整治流动商贩、乞讨盲流人员50余人次。坚持防重于救的消防安全原则，注重平时的消防宣传和禁烟劝导巡查，投资数万元维护保养消防器具50台次，更新消防器材527具。全年未发生一起火灾、食品安全、生态安全事故。

改革发展。对14处到期门店公开招标，扭转经营门店招标不公开现象，其中，面向景区职工招标6处，面向社会公开招标8处，并由上级纪检部门对招标全程实施监督，租金收入年平均净增长150多万元。围绕全年工作任务目标，制定实施《麓山景区工作人员绩效考核办法》，将工作目标分解落实到每个岗位，定任务、定责任，使考核工作有依据、有标准、有内容、有前提。每月对部门任务执行、业绩效果督查考核、监控评估，实行考核兑现。一般工作岗位推行竞聘上岗。启动合同制员工晋级考核，24名合同制员工参与晋级竞争，21名顺利晋级。制定《麓山景区班(队)长、内勤竞争上岗一般工作岗位双向选择实施方案》，为员工选择岗位，部门选择员工搭建平台。

经济增长。加强与旅行社合作互动，提供优质服务，提升观光车乘坐率。支持旅行社导游培训工作，对与景区签订合作协议的旅行社提供实习培训基地和机会，自行开辟学生旅游线路，增强景区旅游服务客流后劲。加强与物价部门的联系沟通，争取停车票价的提高。4月，景区南门停车票价由原来8元提高到10元，节假日和重大活动期间，景区停车票价可上浮50%。推行套餐营销助推团队登山活动。调整登山活动承办策略，采取定价套餐营销形式，将活动进行整体打包，全年承接移动通信公司、凌鹰户外、福晟集团等公司登山活动30余场，收入18万余元，较上年翻一番。组织秋季菊花文化节展示，将景区传统培植的1万余盆菊花对外展示。开展“万盆菊花领回家”活动，在菊花展活动期间，组织人员对自培花卉、景观植物、肥料和园林小机具等进行售卖和认养，既实现经济创收近10万元，又实现资源有效利用。景区全年总收入4424.74万元，比上年增加795.93万元。其中，索道收入1104.73万元，同比增加128.16万元，观光车收入1937.34万元，同比增加206.31万元，停车场收入407.39万元，同比增加66.23万元，旅游发展公司收入256.29万元，同比减少11.09万元，门店经营公司收入597万元，同比增加305.74万元，行政后勤收入50.46万元，同比增加9.5万元，绿化收入64.1万元，同比增加17.05万元。全年分成收入2865.51万元，同比增加460.28万元。

为民办实事。改造机关职工食堂，开展健康体检，开展工会活动，提高职工待遇，为女职工办理防癌保险，为全体职工办理医疗互助保险六项实事落实到位。职工待遇增长明显，住房货币补贴已造表上报，等待审批。春节期间，走访慰问景区57位困难职工家庭，送去慰问金和慰问物品共计5.2万元。为72名在职职工办理医疗互助(住院)费用申报，经上级工会审核全部通过，补助金全部发放入账。办理48位临聘职工入会手续。与清扫保洁人员签订劳动和劳务用工合同，为3名保洁员购买养老保险。组织景区退休党员到杨开慧纪念馆、任弼时革命纪念馆参观学习。组织退休职工开展唱红歌活动。组织在岗员工开展“我健康　我运动”的登山活动。　（张峥）

【麓山红枫文化节】 与长沙晚报

报业集团共同举办第九届(长沙)麓山红枫文化节。长沙晚报全程参与报道,刊登宣传专版7个、动态稿件12篇,价值超过200万元。星辰在线等其他媒体均进行即时报道。开展首届麓山万人登高活动、首届麓山菊文化艺术展暨健康养生节等活动,创造活动内容、持续时间、规模、人气阵容新纪录,成为"全国最有影响力的红枫节"。

橘子洲景区

橘子洲景区管理处

管理处书记、主任

曹喜军(女)

纪检员、工会主席

姚凤仙(女)

副 主 任 盛 泽

彭 柯

屈卫国

【概况】 橘子洲西屏岳麓,东峙古阁天心,绵延十里,是湘江浩浩北行抛卸泥沙堆积而成,四面环水,素有"天下第一洲"之美誉。橘子洲景区始建于1960年3月,1962年10月20日正式对外开放。1972年6月10日改名为长沙市桔洲公园管理处,1998年更名为岳麓山风景名胜区橘子洲景区,2001年2月20日被正式评为国家AAAA风景名胜区后,更名为"长沙岳麓山风景名胜区橘子洲景区管理处"(与长沙市桔洲公园管理处合署办公),2008年6月6日由长沙市园林管理局管理调整至岳麓区人民政府管理。为正科级全民事业单位,财政差额拨款,内设办公室、计财科、经营科、绿化科、保卫科、人事科、设备管理科。事业编制136人,现有在编职工91人,未上编实行人事代理制退伍安置人员10人,招聘合同制人员28人,政府雇员3人,退休人员100人,共计232人。其中,管理岗位人员24人,专业技术人员11人,工勤岗位人员97人,退休职工100人。专业技术人员中副高级职称1人,中级职称3人,初级以下职称6人。

2004年长沙市委、市政府决定对橘子洲进行整体开发建设,景区提质改造工程历时5年,2009年1月1日正式对外试运行。2009年4月21日,长沙市委、市政府决定景区免费对外开放。主要景点有洲头颂橘亭、汉白玉诗词碑、铜像广场、藤架广场、毛主席畅游湘江纪念点、揽岳亭、枕江亭、盆景园、大门广场等。景区陆地面积93.94公顷,提质改造总投资17.6亿元。以"生态、文化、旅游、休闲"为主题,融"橘子洲核心景区、旅游配套服务区、沙滩景区、水上运动区"于一体,环境优美,布局合理。新建毛泽东青年艺术雕像是景区的文化精髓,其他历史文化陈列馆、潇湘名人会所、朱张故渡、柑橘文化园、竹园、梅园、桃园、桂花园、百米高喷、音乐喷泉、婚庆园、游客服务中心、拱极楼、江神庙等景观景点耀眼炫目。既传承了丰厚的历史文化底蕴,又新添了现代园林的文化元素。精致的古建筑和简约的现代景点交相辉映,相得益彰,使橘子洲成为长沙的城市名片。成为国家级风景名胜区、国家AAAAA级旅游景区、全国文明风景旅游示范点、著名的红色旅游景区、湖南百景之一、潇湘八景景区、湖南省爱国主义教育基地、长沙十大地标名片之一。

全年接待游客500万人次,同比增长11%,其中完成中央政治局原常委、全国政协主席贾庆林、中央政治局原常委李长春等各级重要接待821批次。获长沙市文明旅游景区、长沙市文明创建优秀集体、长沙市两型示范单位、志愿服务优秀站点、岳麓区人口和计划生育先进单位等称号。景区游客服务中心被全国总工会授予"巾帼标兵岗"称号、水电班组被市政府授予"雷锋号示范班组"称号。

绿化管理。景区绿化以主干道两侧为主,在地铁口至景区入口东西两侧道路种植红叶石楠、杜鹃等矮灌木,形成模纹景观,在西侧边坡补植樟树、栾树等行道树500余株;种植红叶石楠、法国冬青等15926株,花坛换花、节日摆花等83494盆,补植草坪3610平方米。播种黑麦草50.16万平方米,做到四季常绿。

设施管理。投入30万元完成15座卫生间的改造升级,更换换气扇、烘干机等设施设备96套;做好道路、排水等基础设施维护,更换华灯灯罩435套、垃圾桶65个,维修改造游路368米;新增及更换路灯、投光灯、庭院灯等各类灯具25531套;开展污水处理站提质改造建设,增设压泥机房,实现污水达标排放。

经营管理。以活动打响品牌,景区与体育局、新闻媒体等合作,成功举办李宁10公里路跑、挑战21天等节会活动;以产品打造文化,与华旅文化传播有限公司、艺尚源文化公司等4家文化创意企业共同开发以毛泽东青年艺术雕塑为主线的红色旅游文化创意产品,开发毛泽东青年艺术雕塑铸金、铸银、铸铜及陶瓷等特色旅游产品;沙滩公园引入集露营、攀岩、篮球、游泳等户外运动及休闲项目,开发亲子游、商务游、婚庆游、音乐节会游、体育休闲游等极具个性化的旅游产品；民俗文化园举办“祈福”“登高”“市井庙会”“汉文化节”等民俗文化活动，开发集美食、表演、互动体验为一体的旅游文化产品。全年景区举办橘子洲艺术灯展、湘江国际帆船邀请赛、长沙国际马拉松赛、生态房交会、橘子洲石门柑桔节等大型节会活动48次。

综合治理。与海事、城管、公安等部门建立“警景”联合执法机制，开展为期3个月的集中整治，累计开展联合执法行动7次，出动执法力量1000余人次，收缴楼梯5架、喇叭25个；联合交警、交通、城管等部门，取缔非法营运车辆、非法租赁自行车、非法传单发放点，累计开展执法行动160余次，出动执法力量380人次，约谈相关经营业主30人次，暂扣非法营运车辆3台、非法自行车240台、违规经营工具980件，立案调查3起；在地铁口等重点部位增设监控高清摄像头14个，补充及更换各类安全警示标志120处，增设道路安全防护墩80个。全年开展安全生产检查20次，发现和排除各类安全隐患48起，完成焰火保卫任务29场。

游客接待及志愿服务。择址重建游客服务中心，建设红十字会医疗救护站，为游客提供咨询投诉、导游解说、行李寄存、医疗救护等人性化服务；设置多媒体触摸屏导览器、旅游信息查询平台、大型LED电子显示屏等电子导览设备，做好景区门户网站改版升级和景区微信平台建设，实现无线WiFi全洲覆盖；在景区主要入口等位置新增和更换中英韩文导览图、景点介绍牌及文明提示牌528块。全年接待游客14125人次，免费寄存物品3397件，成功处理217起外伤紧急救护；与湖南大学等13所高校签署《景校共建大学生道德高地协议》，节假日期间定期组织学生志愿者在园区内开展文明劝导、信息咨询、秩序维护等志愿服务活动。开展义务讲解162批次，开展各类志愿服务活动80余批次，活动参与人数7000余人次。

作风建设。开展党的群众路线教育实践活动和“三严三实”专题教育活动，制定《关于开展“三严三实”专题教育活动的实施方案》，精简“三公经费”支出，严格执行公务接待廉政灶制度，严控公务接待预算和标准，公务接待费及会费支出同比明显下降；加强公务用车管理，全年景区公务用车337次；办理市长信箱信访件1件，政协提案3件，舆情信息5件，受理各类咨询、投诉24件，其中办理“12345”市民热线咨询建议35件，回复满意率高达98%以上；优化办文、办会流程，全年召开各类会议175次，收文503件，发文107件，报送各类工作信息84条。（杨灿）

教育·科技·文体·卫计

教育事业

区教育局

党委书记、局长
喻晓黎(1—7)
李　鸿(8—)

党委副书记、副局长
喻剑平(1—7)

副 局 长 周利群(女)
雷　亮
黄瑾辉(女)

纪委书记 李哲鹏(1—11)
黄　海(12—)

区人民政府主任督学
喻剑平(1—7)
李晓丽(女,12—)

区人民政府副主任督学
黄　海(1—11)
李晓丽(女,1—11)

工会主席 李晓丽(女,1—2)
黄瑾辉(女,3—)

【概况】 至2015年末,全区共有区属学校92所,包括76所小学、16所中学,学生6万余人;驻区学校15所,包括6所小学、9所中学。全区教育系统在职教职工3234人,离退休教职工1732人。区教育局内设办公室、组织人事科、教育科、财务科、监察室、审计科、督导室、规划建设科、信息中心,下设教师进修学校(教研室)、少年宫、体校、招考办、教育后勤办公室、卫生所、素质教育基地、会计核算中心。主要职责:贯彻执行国家、省、市有关教育工作的法律、法规和方针政策,拟订有关政策措施并组织实施。组织拟订教育改革与发展规划和年度计划并组织实施;会同有关部门规划、指导全区学校(幼儿园)布局结构调整,负责教育事业相关数据统计、分析和发布。负责区级教育经费统筹管理;检查教育财政拨款的投入、执行和使用情况;统筹、指导区教育系统基本建设工作;指导区教育系统财务管理工作;对区教育系统经济活动实施内部审计。负责统筹管理全区学前教育、基础教育和社区教育事业与发展工作;指导学校(幼儿园)开展教育教学改革和办学体制、内部管理体制改革;指导学校(幼儿园)进行课程建设;负责推进义务教育均衡发展和促进教育公平;负责区教育招生考试工作。规划、指导和协调区教育系统科研、科普工作;组织、指导教研机构和学校(幼儿园)开展教育教学研究;指导学校开展奖学、助学和勤工俭学工作;规划、指导全区学校(幼儿园)后勤工作。负责督政、督学工作,承担教育执法相关工作,督导检查全区义务教育均衡发展情况;对区辖相关学校(幼儿园)的工作进行指导、检查、评估和监督,对教育质量和办学水平进行检查和监测。规划、协调全区教育信息化工作,指导学校教育信息化、教育技术装备、实验室和图书馆建设,组织指导教材和教学用书及资料征订工作,负责区教育系统政府采购监管工作。指导学校(幼儿园)思想政治教育、德育、体育及艺术教育等工作,组织、指导区属高中阶段学校学生军事训练工作;指导学校(幼儿园)安全保卫工作。组织实施教师资格制度,规划、指导区教育系统校长(园长)、教师、教育行政干部和专家队伍建设工作,规划、指导教师培养培训工作,推进学校人事制度改革。综合协调和管理民办义务教育、学前教育,规范民办教育办学秩序。指导、管理区教育系统与国际和中国港、澳、台地区的教育交流与合作;指导推广普通话和文字规范工作。承办区委、区政府和上级教育部门交办的其他事项。

改善教学条件。一是学校建设。全年启动教育建设项目共56个(包括7个市级、19个湘江新区、24个区投区建、5个社会投资、1个其他项目)。新建莲花镇中心小学(岳麓区第5实验小学)、千子小学、博才花溪小学、麓山兰亭实验小学、市一中岳麓中学、市实验小学梅溪湖学校、麓山国际小学、长郡滨江中学8所学校,除长郡滨江中学外,其余7所均开学。新增班级276个,新增学位1.25万个,为减少大班额打下坚实基础。新建学校和开学数量居内五区之首。新增6所公办园,全区公办园达31所。投入4000万元,对23个城区学校、22所农村学校、10所公立幼儿园进行提质改造,对16所学校进行运动场改造,对10所新建学校进行二次装修,完善新建学校功能室建设。二是设施设备建设。全年教育信息化投入资金2600万元。对8所新建学校(幼儿园),39所改扩建、扩班学校(幼儿园),4所城乡学校少年宫,进行统一配备。新建和改造9所学校的计算机教室,添置283套班班通设备,建设2个录播教室,采购计算机940台。投入86万元对全区平安校园监控进行改造。投入校园文化建设经费2000万元,惠及53所学校,对校园进行美化、绿化、亮化。三是安全防范工作。认真落实安全工作“三专”要求,建立健全并严格落实安全生产“党政同责”、“一岗双责”和“三个必须”的制度和责任体系。全区各学校、幼儿园均按照标准配齐头盔、防刺背心、钢叉等安保设施,部分学校还额外批量配备木棍等器械。对平安校园监控进行全面升级,建立并完善全区联网的农村校车实时视频监控平台,坚持实时监控。开展4次安全教育、应急演练、安全生产排查整治督查集中行动,共排查出较大安全隐患70余起,均“一对一”下发安全隐患整改通知书,纠正170余起校车安全违规行为。代表长沙市接受副省长李友志带队的校车安全检查,获得好评。学校食堂管理规范,全年无食品安全事故。

优化教师队伍。一是队伍素质提升。全年面向全国公开招考中小学、幼儿园教师255名。其中,招聘农村中小学专任教师20名,农村幼儿园教师4名,队伍得到进一步补充。对新进教师进行集中培训和跟踪培训,通过参加青年教师学科专业成长研究会、各学校开展的校本教研活动,青年教师得到快速成长。全区共有骨干教师206人,其中,市级66人,区级140人,完全小学以上学校都配备骨干教师。共有1916人完成30课时的集中培训,培训率59.25%,其中,参加国培省培共639人,区级培训1277人。分2批组织校长(书记)、园长等103人到清华大学参加校长综合素养高级研修班学习,提升学校管理者的综合能力。二是教师交流深入。制定《岳麓区教育局中小学校长教师交流轮岗工作实施方案》,全区共有228位校长、教师参与“三区”支教、下乡支教、挂职锻炼、区内交流,交流教师占专任教师人数的7.05%,所有聘高、中级职称教师超过岗位设置结构比例的学校都有教师交流。25名中小学教师赴邵阳边远山区支教,起到很好的带头示范作用。三是师资培养培训。打破以往培养方式常规,采取跟班研修+主题研讨形式提高干部履职能力。安排20余名后备干部学员跟班学习学校管理经验,做到按需培养,有计划培养。出台《关于加强全区中小学校长队伍建设的意见》,制定《岳麓区校长管理章程》。打破以往校长、书记培训模式,全区多位中小学(幼儿园)校长(园长)、书记自行组合,自由搭配,组成“微聚力”“力量”“芳草碧连天”等9个校长书记成长团队。每年安排不少于10万元专项经费,支持校长成长团队。活动得到社会广泛关注,《长沙晚报》等媒体作专题报道。暑假期间组织全区校长(园长)、书记,开展为期三天的信息化培训,提升校长(园长)信息化领导力。

深化教育改革。一是德育工作。以传统文化进校园为切入点,深化立德育人环境,围绕“经典诵读进课堂、经典艺术进校园、传统家风沐万家”三大主题积极开展活动。开展“走近中华优秀传统文化,综合实践活动成果展示暨专题研讨”,举办“传经典文化,做中华好少年”传统文化艺术展示活动。各学校通过剪纸、民乐演奏、吟诵等多种方式展示传统文化成果,受到家长、社会广泛认可。组织专人编写《优良家风沐万家》读本,让学生了解历代名门家训和家庭教育故事。聘请书法名家对92所中小学(幼儿园)100名书法教师进行为期二十天的书法培训。开展学雷锋主题系列活动。共发动学生捐赠零花钱24.7万元,资助贫困学生224名,充分发挥红领巾爱心基金的帮扶作用。开展“微孝吧!少年”“中国结·美德扣”“争做美德少年”等系列活动,90余所学校4万余名学生参加主题队日活动,全区的德育氛围更加浓厚。创新开展“健康生活教育与青少年文明生活素养培养”德育工作项目化管理。全区有51所学校申报德育建设项目,从特色项目经费中拿出300万元,对德育项目实施学校予以扶植和奖励。二是教育督导。成立由区政府办、区委组织部、区教育局等16个相关部门组成的教育督导委员会,认真贯彻落实国家《教育督导条例》和省、市《关于进一步加强教育督导工作的意见》,全面提高岳麓教育督导工作水平。进一步加强全区督学责任区的建设,制定并完善《岳麓区督学责任区督学聘任与管理办法》等5项工作制度,减少督导工作的盲目性和随意性。作为全省首批义务教育阶段标准化学校建设试点区,区内6所学校通过初步评估。积极探索家长督导团进校园的督导新途径,将家长督导纳入学校常态工作,让家校合作更加顺畅。开展2015年秋季开学工作暨“护校安园”行动落实情况督导检查,迎接秋季开学省、市检查,受到好评。三是教学改革。以改革课堂结构模式为重点,推进教学改革。师大附中博才实验中学、博才洋湖小学等一大批学校纷纷加入到课改实验当中。探索以学生为本的素质教育综合评价体系。博才咸嘉小学把国学启蒙教学方法作为小课题进行研究，对探索推进小学生综合素质做有意义的尝试。落实学校体育特色项目进课堂，推进“体育大课间、每天锻炼一小时”。岳麓实验中学的《阳光体育运动模式创新与校本实践研究》获“十二五”教育部课题总课题组一等奖。在当年各学科教师业务竞赛中先后有56人次获市级一等奖及以上，其中有6人获国家级一等奖。

各项工作成效。一是素质教育成绩。在省首届校园足球“湖南日报”杯中区代表队获得亚军。湖南师大附中博才实验中学、博才金峰小学、望新小学入选2015年全国青少年校园足球特色校。学士睿哲希望小学推广功夫足球教学，成为全国首批试点功夫足球学校之一。组织学生参加第三十二届长沙市青少年科技创新大赛，获一等奖11个、二等奖24个、三等奖22个，并在第三十六届湖南省青少年科技创新大赛中获2个一等奖、3个二等奖、1个三等奖。30余名学生参加第八届湖南省青少年机器人大赛，获14金、12银、12铜，实现全区机器人教育的新突破，获中国青少年科技辅导员协会优秀单位。区属高中高考二本以上上线人数比上年增加26人，长沙市第十九中学学考合格率100%，居全省前列。二是教育影响。出台《岳麓教育新三年行动计划(2015—2017)》，组织编制《岳麓读书地图》，全面梳理区域优质教育资源，为区域价值推广作出积极贡献。《长沙晚报》以《科教强区　湖湘学堂》深度解读“岳麓山下好读书”。湖南政务网以《着眼普及普惠，实现幼有所教》报道岳麓学前教育的典型经验。《中国德育》聚焦岳麓区“健康生活教育”，专题报道全区健康生活教育典型经验和成功做法。代表湖南参加在青岛举行的2015年信息化大会，展示岳麓区近几年教育信息化成果，获得大会好评。省教育厅厅长王柯敏到岳麓区专程调研教育信息化及高中特色教育工作，对区教育信息化工作给予肯定。三是作风建设。从严推进系统作风建设。通过实行会风会纪督查通报制、会风会纪“曝光”制、参会人员会中查到制、严格规范会议请销假制，加强会议纪律，提升工作效能。强化执纪问责，教育局党委、纪委主动查处7例违反师德师风行为，给予1人党纪处分，3人政纪处分，3人组织处分，在全系统起到强大的震慑作用。以“问题研究”为导向引领教育工会走内涵发展，被市教育工会评为年度目标考核先进单位，被评为区献血先进单位。突出抓好校园周边交通疏导工作，学校门口及周边交通秩序有明显改观。教育局获市文明标兵单位。

（文晓明）

【举办区第十届民办学校校长论坛】 5月13日，区第十届民办学校校长论坛暨2014年度民办教育工作总结会在长沙中加学校举行。湖南省教科院民教所副所长雷芳，长沙市教育局民办教育处处长刘凯希、副处长张璞，区教育局党委副书记喻剑平等出席会议。来自全区80多所民办学校、130多所幼儿园的举办者、校长(园长)参加会议。此次论坛围绕“如何抓好民办学校精细化管理”与“校园文化建设”两个主题展开。会上，20位学校代表结合自身学校文化和精细化管理的实践作典型发言。雷芳和张璞分别就本次论坛作启迪性、指导性点评。本次研讨，进一步提升了民办教育管理者的管理水平，促进全区民办教育更好、更快发展。

（文晓明）

【承办第四届全国小学校长大会分论坛】 10月13日，来自全国各地的300余名小学校长汇聚在长沙市岳麓区博才梅溪湖小学参加第四届中国小学校长大会第四分论坛。会议由中国教育学会、湖南省教育厅、湖南省长沙市人民政府主办，中国教育学会小学教育专业委员会、长沙市教育局承办，本届中国小学校长大会围绕“为了每一个孩子健康快乐成长——聚焦管理创新”主题开展，设立五个分论坛，岳麓区教育局承办第四分论坛。论坛就“家长、社会资源建设与管理”进行研究、探讨、交流，为小学教育事业发展共谋大计。博才梅溪湖小学作为此次分论坛的主办地，集中展示了岳麓教育特色，展现了岳麓师生良好的精神风貌。（文晓明）

科学技术管理

区科技局

党组书记、局长

张献文(1—11)

张　伟(11—)

党组成员、副局长

许艳萍(女)

凌云峰

党组成员　程庆荣

纪检组长　曾贵斌

【概况】 区科学技术局（加挂区知识产权局牌子）1977年机构恢

复时为长沙市西区科学技术委员会。1985年6月，更名为长沙市西区科局，1996年7月，更名为长沙市岳麓区科技局，是主管全区科技工作的政府工作部门，有干部职工9人（其中事业编制1人）。主要职责：负责全区国家科技方针、政策、法规的贯彻执行，负责各类科技规划、计划编制、成果推广、项目申报等工作。2015年，完成高新技术产业增加值383.9亿元，占地区生产总值比46.9%；全年区内专利申请总量7315件，授权专利数4416件，投入科普经费40万元。

深化区校合作。出台《岳麓区促进区域经济发展扶植奖励办法》，SGS集团、博奥生物、文泰能源、苏州苏试签约入驻园区。引进天祥集团、赛奥维、长湘环保、湖南理大等检验检测企业。湖南致力工程检测有限公司、中铁城建集团有限公司等16家企业被科技部认定为高新技术企业。全年园区共引进重大项目5个，引进中小型科技成果转化企业、科技中介服务类企业142家，其中检测认证类企业11家，主导产业集聚效应初显。完成中南大学科技园3万平方米孵化器建设，遴选孵化企业34家，其中院士项目5家。推进中南大学科技园(研发)总部拆迁，争取湘江新区专项扶持资金2亿元。参与举办中南大学创新创业节，对接大学生创业项目9个。中南大学科技园获批省级大学科技园区。与中南林科大合作，打造省良种经济林示范基地，推进莲花“两型示范镇”建设；与湖南中医药大学在洋湖湿地公园联手打造科普教育、成果展示、学生见习基地，开辟100亩土地药用植物园，共建洋湖垸湿地公园药用植物园。与湖南中医药大学合作共建“湖南中医药大学洋湖药用植物园”(中国医学科学院南方湿地药植园)项目。项目规划100亩左右土地，拟投资2000万，建设“二园二馆一所”即一个药植园、展示园、展示馆、体验馆、研究所，通过药植园提升洋湖湿地公园的品位与特色。由湖湘中医药文化长廊、针灸陈列馆、中药标本馆、人体科学馆和药用植物园三馆一园一长廊五个部分构成长沙中医药文化科普教育基地。中医科普基地致力于打造中医药文化的展示平台、知识平台和教育平台。借助学士农趣谷农耕博物馆和乡村迪斯尼广场等平台，打造走廊式科普特色教育平台，将总面积约为2000平方米的场馆，打造成农耕历史区、江南作坊区、农耕谚语区、农户设施区和茶陵中国瓷文化展示区5个农耕文化功能区域，形成走廊式科普展示。

创新体制改革。制定《岳麓区首届创新创业节活动方案》，出台《加强区校合作、促进创新创业的意见》征求意见稿。打造和建设“岳麓山大学城创新创业园”及“泛岳麓山自主创新示范区”。与锦绣潇湘产业园合作共建，打造锦绣潇湘文化创意产业园作为“梦工厂”桥头堡。合力建设“岳麓山大学城创新创业基地”，基地总孵化面积8000多平方米。

搭建创客平台。与驻区主要大专院校、科研院所实现科技资源共享，为园区及企业服务，为筛选入园项目打基础，打造区校合作项目服务及资源共享平台。联合知名创业培训机构草商咖啡、库可咖啡、湖南大学滴水恩公益孵化公司、湖南师范大学团委、湖南大学培训中心建立“岳麓科技创业培新学院”，签约20名驻区高校创业导师，遴选学员，组建创业导师团队和创业精英团队，开展创业培训活动。培育岳麓弘德创智空间、库可咖啡文创空间、麓客众创空间等规模创客平台，总孵化面积8000平方米，为81家创业团队和初创企业提供服务。全国性创新创业平台——“58众创”落户岳麓区大学城，总建筑面积2.6万平方米，包含艺术中心、众筹咖啡厅、书店等配套设施。组织区内40家企业参观参展“科交会”，岳麓专场会上15家企业现场签约，签约金额1.5亿元。长沙村味种植农民专业合作社、湖南国海农业科技有限公司成功创建市级“12396”科技助农直通车示范站。

引进科技人才。会同区委组织部通过筛选，聘请湖南农大和中南林科大等高校9位专家教授为区科技特派员。与市农业科技特派员对接，运用科技资源优势，指导全区农业科技项目培育与发展。培育湖南省星海农副产品开发有限公司、长沙湘龙果业有限公司、湖南森蓝蓝莓有限公司等规模农业项目。

保护知识产权。协同区工商分局、区食安办等部门联合执法，牵头组织知识产权执法12次，出动执法检查人员200余人次，查处各类侵权假冒案件35起。

（程庆荣）

文体建设

区文化体育新闻出版局

党组书记、局长

金长清

党组副书记、副局长

徐知秀(女)

副局长(兼)、文化市场综合执法局局长
付杜娟(女)
党组成员、副局长
谈 红(女)
党组成员、纪检组长
黎中华
党组成员、副局长
安伟峰(女)
党组成员 陶季君(3—)
文化市场综合执法局副局长
胡常红
文化馆馆长
刘华维
图书馆馆长、公共文化科科长(兼)
杨 娟(女)

【概况】 区文化体育新闻出版局(简称区文体新局)成立于2010年,为区人民政府工作部门。内设办公室、文化市场科、体育科,下设区文化市场综合执法局(正科级)、区文化馆(副科级)、区图书馆(副科级)、区文物管理所4个二级机构,其中区文化馆、区图书馆为全额事业单位。另设岳麓区网吧管理工作协调领导小组办公室、岳麓区文物保护管理委员会办公室、岳麓区非物质文化遗产保护领导小组办公室、岳麓区"扫黄打非"领导小组办公室,均设在区文体新局内。核定编制20人,其中行政编7人,参照公务员管理编6人,事业编7人。有在职职工28人,其中,局机关8人(含区纪委派驻纪检组长1名),文化市场综合执法局8人,文化馆3人,图书馆4人,文管所1人,政府雇员4人(其中3人分配至3个街道担任文化专干)。主要职责:贯彻执行党和国家有关文化艺术、体育、新闻出版(版权)工作的路线、方针、政策和法律、法规、规章,研究制定全区文化艺术、体育、新闻出版事业发展战略,编制并组织实施文化艺术、体育工作和新闻出版(版权)中长期发展规划和年度计划,拟订工作规章和政策措施并组织实施。推进文化、体育、新闻出版领域公共文化体育服务,统筹安排各项事业经费,规划、指导公共文化体育产品生产,指导、协调全区公共文化体育重点基础设施和基层设施建设。加强基层文化体育事业建设,指导、管理区文化馆、图书馆和基层文体站(室),组织实施全区非物质文化遗产保护和优秀民族文化传承普及工作。管理全区社会文化体育事业工作,组织、指导全区重大文化体育活动,繁荣社区(农村)文化,丰富群众文化体育生活,开展全民健身运动,推动全区文化体育事业发展。管理全区文化、体育、新闻出版市场,负责全区文化、体育、新闻出版市场综合执法工作,承担区"扫黄打非"工作领导小组办公室日常工作,组织、协调全区"扫黄打非"集中行动和大要案查处工作。协调区域性体育发展,指导全区体育竞赛工作,组织、协调全区综合性运动会,促进青少年体育运动。制定全区文化体育产业发展规划,指导、协调全区文化体育产业建设和发展,推进产业交流与合作。管理全区文物、博物馆事业,开展文物保护、管理、利用工作,负责全区文物执法和区文物管理委员会办公室日常工作。联系相关区级行业协会(社会团体),进行业务指导。承办区委、区政府交办的其他事项。围绕文化强区和"人文岳麓"建设目标要求,推进公共文化服务,打造群文活动品牌,净化稳定文化市场,发展文化产业项目,加强文物保护利用,全面提升文化基础设施建设、文化服务机制建设、文化活动创新建设和文化经济实力建设,在省、市各类文体比赛中获奖项和荣誉48个,全区文化事业发展再上新台阶。

围绕全区中心工作,夯实文体工作基础。一是基础设施建设加速提质。完善提升区图书馆、文化馆免费开放阵地和服务项目。投资30万元完善区图书馆硬件设施,丰富馆藏图书类型,在区政务大厅推出"中文在线"云屏阅读机1台。指导全区10家图书分馆完善阵地建设,打造分馆特色,完成分馆图书配送2300余册。提质改造区文化馆场馆,打造"麓山剧场",提升场馆服务品质,代表长沙市顺利迎接文化部国家一级馆新一轮评估验收工作。二是全面完成长沙市为民办事实工程任务,3000户广播电视户户通开通任务完成4264户,超额42%;新建全省一流的望月湖街道文化站,完成莲花镇综合文化站建设,督查指导南家塘社区、钰龙社区等12个示范性社区(村)文化活动中心(室)创建工作。三是公共服务效能大幅提升。图书馆举办以"纪念抗日战争胜利暨世界反法西斯战争胜利七十周年"为主题的专题书籍展、少儿电影展播等活动,打造岳麓小小向日葵营地等服务品牌活动,新办证图书证587张,购买新书10204本。区文化馆积极落实场馆免费开放政策,月平均接收基层团队5个,开展活动300余场次,组织全区文艺骨干业务培训5次,开展美术、书法、摄影、非遗等展览、培训活动,累计接收和吸引群众近8万人次。四是文化市场管理稳定繁荣。全年共检查文化经营单位15380家次,其中网吧7300家次,立案查处违规网吧78家,办结案件76件,其中停业整顿31家,罚款25.4万元,办案数、办结率均居全市第一。4月，在全省推动上网服务行业转型升级扩大文化消费现场推介会上，参会人员调研参观区聊园网吧和湘浦网娱网鸽017号数字生活馆，并听取经验介绍。全年共开展专项安全生产检查行动34次，检查各类文化经营场所4761家次，下达整改通知205份，排除安全隐患162处。举办区"扫黄打非·护苗行动"进社区活动，现场发放资料2000余册，接受咨询300余人次，制作主题宣传板23块，省"扫黄打非"办专职副主任后毅给予充分肯定。5月，全国"扫黄打非"领导小组视察区出版物市场，重点检查校园周边和岳麓山风景区周边等人员密集地域，对区出版物市场经营管理情况给予高度评价。五是确保文物遗产安全。与各街道(镇)签订《文物安全目标责任书》，落实文物长效保护机制。联合住建局、消防支队对辖区内建设类文物进行消防安全检查。组织安全巡护队每天对全区八座长沙国王陵墓葬施行错时巡查。做好重大节假日文物安全检查工作，随时对重点文物进行督查，加大文物安全宣传力度，组织开展第十个全国文化遗产日宣传活动，发放资料1000余份。完成岳麓山抗战文化园一期工程建设，9月3日正式开园并对外免费开放。

围绕服务民生理念，规范文体活动载体。一是阵地建设标准持续规范。研究出台《岳麓区公共文化服务体系建设管理标准化手册》《岳麓区建设现代体育公共服务体系三年行动计划(2015—2017年)》《岳麓区社区未成年人绿色上网场所管理(暂行)办法》，对全区文化体育阵地、绿色网吧进行标准化、规范化要求和管理，提升公共文化服务效能和文化品质，得到省、市主管部门充分肯定，并向全市推广。二是文体团队管理持续规范。制定《岳麓区群众文体团队积分制评分细则》，扶持、鼓励全区群众文体团队发展，充分调动群众文体团队的积极性和创造性，此积分管理办法成功入围全区十佳创新案例。全区240支群众文体团队全年共开展演出活动500余场次，创作选送的文艺作品在省、市、区各类比赛中获奖20余项。三是三级阵地运行持续规范。区"两馆"、街(镇)综合文化站和村(社区)文化活动中心等基层文化站点严格落实免费开放制度，统一标识、指示牌等服务标志，两馆工作人员着统一工作制服，佩戴工作证上岗，活动提前预告，开展情况及时与群众共享。全年群文展演活动吸引群众10万余人次观看。

围绕文化强区目标，打造"人文岳麓"品牌。一是群众文体活动丰富多彩。成功举办2015年岳麓区社区文体节暨第四届校园文化进社区开幕式——"人文岳麓·魅力西湖"文艺演出、区纪念抗战胜利70周年暨慰问抗战老兵爱国歌曲演唱会、全区社区群众迎春文艺晚会等大型活动，得到市、区领导高度评价。围绕安全生产、文明创建、环保法治等主题新创文艺作品20余个，完成安全生产宣传文艺演出下基层送演35场；精心打造一批优秀作品，《猫儿腻》《黄河魂》参加省艺术节评选分别获金奖和银奖，选送团队参加长沙市纪念中国人民抗日战争暨世界反法西斯战争胜利70周年大型群众合唱比赛获金奖，选送廉政文化节目获2015长沙市廉政文化优秀节目创作与汇演活动第一名，在2015长沙市"欢乐潇湘·品质长沙"群众美术书法摄影活动中获一、二、三等共10多个奖项。举办"体育大拜年　欢乐闹元宵"、区全民健身运动会和"岳麓杯"羽毛球、乒乓球赛等活动；承办2015长沙市公仆杯篮球赛，区代表队获第三名；作为主要协办单位顺利完成长沙国际马拉松大赛各项工作，承办"为爱同行"公益健行活动。二是文化惠民工程扎实开展。组织文化志愿服务活动，落实文化惠民工程。送电影下乡1000余场，对接市花鼓剧团送戏下基层15场；依托群众文艺团队开展下基层惠民送演出累计超过400余场次；组织发动特聘馆员和文化辅导员下基层结对帮扶，开展文化志愿服务系列活动100余场次，其中，郭贝贝义务为残障孩子定期进行免费艺术培训，并发动社会各界为他们募捐资金、物质等累计达数万元。陈刚师生艺术团赴偏远乡村免费演出、邓丽萍周末赴莲花镇结对帮教莲花合唱团义务声乐教学和培训共20余场。三是文化产业链快速拓展。协助区委宣传部（文产办）开展后湖景区(后湖国际艺术园)整治、建设，调优产业结构，构建以后湖国际艺术园、岳麓科技产业园、橘子洲音乐岛等产业园区为核心的文化产业发展格局。省美术馆、梅溪湖国际文化艺术中心、湘江欢乐城、西湖文化园等重大项目进展顺利。不断丰富创意产业。文化产业门类在不断增加，在基础较好的旅游、教育培训等产业带动下，发展工艺设计、手机游戏、艺术品交易、文博产业、信息服务、数字出版、影视传媒等新兴业态，产业规模在不断扬升。　(杨思薇)

卫生和计划生育

区卫生和计划生育局

党组书记、局长
文树根(1—7)
钟贵荣(8—)

党组副书记、副局长
徐　勋(1—7)
刘四清(8—)

纪委书记　袁文胜

党委委员　蔡振宇
彭上红
康　勇

副 局 长　黄小平
李国华
徐　进(女)
周　燕(女)

【概况】 区卫生和计划生育局,原为区人民政府两个独立工作部门,分别成立于1951年和1963年,原机构名称分别为长沙市西区卫生股(1984年更名为卫生局)和西区计划生育委员会,1996年7月,长沙市区划调整,更名为岳麓区卫生局、岳麓区计划生育委员会,2015年12月两部门合并为岳麓区卫生和计划生育局。内设办公室(含会计核算中心)、党建人事科、公共法制监督科、行政审批和管理科、基层指导科(含规划与信息)、家庭发展科(含流动人口计划生育管理科)、宣传教育科。核定编制33人,其中行政编15人,事业编17人,下辖区计划生育协会、区红十字会、区计划生育药具管理站、区计划生育执法大队、财务集中核算中心、区血防站、区疾病控制中心、区妇幼保健所(区计划生育服务站)、区卫生监督所、湖湘肿瘤人民医院及18个街道(镇)社区卫生服务中心。主要职责:贯彻执行党和国家、省、市关于卫生和计划生育工作法律法规,拟定卫生和计划生育发展规划、技术规范并组织实施;负责协调推进全区医药卫生体制改革和医疗保障,统筹规划全区卫生和计划生育服务资源配置,指导全区区域卫生和计划生育规划的编制实施。负责制定全区疾病预防控制规划、免疫规划、严重危害人民健康的公共卫生问题的干预措施并组织实施,制定全区卫生应急和紧急医学救援预案、突发公共卫生事件监测和风险评估计划,组织和指导全区突发公共卫生事件预防控制和各类突发公共事件的医疗卫生救援。负责制定职责范围内的全区职业卫生、放射卫生、环境卫生、学校卫生、公共场所卫生、饮用水卫生管理规范、标准和政策措施,组织开展相关监测、调查、评估和监督,负责全区传染病防治监督;承担国家和省、市卫生计生部门安排的食品安全风险监测工作任务,负责食品安全事故有关流行病学调查。负责拟定并组织实施全区基层卫生和计划生育服务、妇幼卫生发展规划和政策措施,指导全区基层卫生和计划生育、妇幼卫生服务体系建设,推进基本公共卫生和计划生育服务均等化,完善基层运行新机制和乡村医生管理制度。负责制定全区医疗机构及其医疗服务、医疗技术、医疗质量、医疗安全、采供血机构管理的规范和标准并组织实施。会同有关部门贯彻执行国家卫生专业技术人员准入、资格标准,制定和实施全区卫生专业技术人员执业规则和服务规范,建立医疗机构运行监管和医疗服务评价体系。负责组织推进全区医疗卫生体制改革,建立以公益性为导向的绩效考核和评价运行机制,建设和谐医患关系,提出医疗服务和药品价格政策的建议。实施国家药物政策和国家基本药物制度,执行国家基本药物目录,制定全区基本药物采购、配送、使用的管理制度。提出完善全区生育政策建议,组织实施加强全区出生人口性别比综合治理的政策措施,组织监测计划生育发展动态,提出发布计划生育安全预警预报信息建议;制定全区计划生育技术服务管理制度并监督实施,制定全区优生优育和提高出生人口素质的政策措施并组织实施。组织建立全区计划生育利益导向、计划生育特殊困难家庭扶助和促进计划生育家庭发展等机制;负责协调推进全区有关部门、群众团体履行计划生育工作相关职责,建立与经济社会发展政策的衔接机制,提出稳定低生育水平政策措施。制定全区流动人口计划生育服务管理制度并组织落实。拟订全区卫生和计划生育人才发展规划,指导卫生和计划生育人才队伍建设;加强全科医生等急需紧缺专业人才培养,建立完善住院医师和专科医师规范化培训制度并组织实施。组织拟订全区卫生和计划生育科技发展规划,组织实施卫生和计划生育相关科研项目。指导全区卫生和计划生育工作,监督检查法律法规和政策措施的落实,组织查处重大违法行为;监督落实计划生育一票否决制。负责全区卫生和计划生育宣传、健康教育,依法组织实施统计调查,参与全区人口基础信息库建设。制定全区中医药事业发展规划,并纳入全区卫生和计划生育事业发展总体规划和战略目标。负责重要会议和重大活动的医疗卫生保障工作。承办区委、区人民政府交办的其他事项。

2015年全区共出生人口

12465人（其中常住人口出生9097人,流动人口出生3368人），符合政策生育率98.89%(不含流动人口为98.85%)，出生婴儿男女性别比105.0：100（不含流动人口为105.3：100),人口自然增长率10.03‰(不含流动人口为4.73‰)。在全省人口和计划生育年度考核评估排队中，取得城区评估排队第二名，获全省人口计生工作模范单位,继续保持“市人口和计划生育工作红旗单位”“省人口和计划生育工作优质服务先进单位”和“国优”称号。

卫生工作。一是深化医药卫生体制改革。坚持巩固基本药物制度。加强对社区卫生服务中心（卫生院）及村卫生室的考核监管,开展低价药招投标工作。各医疗机构严格执行药品零差率销售、药品省级采购、配送制度,无网外采购、二次议价等违规现象。落实专项资金安全监管，成立会计核算中心,实行集中支付,规范专项资金管理制度。由财政统筹上级各项医改经费和本级配套资金,确保资金投入。严格落实基本公共卫生均等化配套经费,2015年,区总人口73.04万人,核定公卫补助经费标准为每人每年40元,其中,中央和省财政每人每年共24元,市财政每人每年6.4元,区财政每人每年9.6元,核定全年基本公共卫生服务经费共计2921.6万元。区级配套补助经费701.184万元,6月30日前拨付352万元，剩余349.184万元于9月底拨付到位。基本药物制度补助经费、中医服务能力提升经费、13个村卫生室标准化建设区级配套经费均纳入全年财政预算。各基层医疗机构与相关省市医院开展“双向转诊”合作,开辟绿色通道,为转诊患者提供方便、节约时间、减轻负担。二是强化卫生服务能力。完成区卫生服务中心用房改造、装修，部分设备已投入使用，新建梅溪湖社区卫生服务中心业务用房并进行内装修,13个村卫生室标准化改造已经完成；西湖社区卫生服务中心投入使用。15个单位中医药服务区建设完成并投入使用,能提供针灸、熏蒸等20种中医康复服务。引进25名高层次人才;组织和参加各级医技培训班20期400余人次;公开招聘纳入编制管理的卫生专业技术人员11名。中医药事业继续保持“全国基层中医药工作先进单位”荣誉称号。三是提高疾病预防控制能力。全区无人禽流感病例和手足口病暴发疫情。无暴发疫情和突发公共卫生事件报告。全面落实艾滋病、结核病防治措施。落实血吸虫病防治措施,无急性血吸虫病病例。健康教育和卫生监测工作全面完成。四是确保群众就医就餐安全。落实文明指数测评工作任务。开展春季学校食堂食品、早餐食品卫生、城乡接合部、地沟油等专项整治,加强农村大型聚餐现场指导。对医疗机构、餐饮单位、公共场所、二次供水单位共立案查处11起。五是行风建设管理。签订《行业作风建设目标责任书》,明确“管行业必须管行风”的职责。坚持开展矛盾纠纷排查，共接各类信访投诉20件,处理率办结率均为100%。调处医患纠纷2起，移交医疗事故鉴定5起。开展安全生产隐患排查治理3次。开展“博爱送万家”、“友阿学雷锋”和“红十字学雷锋志愿者救护培训”等红十字救助培训活动。做好征兵体检组织工作。参与医疗救护行动35次。

计生工作。一是改革考核评估办法。完善人口计生工作目标管理和绩效考核办法。参照省市做法,区对街镇的目标考核,实行分类计分排名考核，确保劲头不松,力度不减。注重日常监督和过程管理，依托全员人口信息数据库、人口网格化信息系统、“妊娠信息实时通系统”等信息化平台，加强指标数据监测，对符合政策生育率等经常性工作指标完成情况采取月通报、季排名、(半)年度及年度考核。加强预警督促和重点督查，组织召开人口形势分析会,下达工作任务清单,限期整改落实到位。二是出生人口质量管理。进一步完善出生缺陷干预三级预防,提高出生人口素质,提高产前筛查、产前诊断的参与率,规范产前筛查管理，推行全部医疗机构与有相关资质单位签订产前筛查合作协议,区11家助产医疗机构、17家社区卫生服务中心(卫生院）全部规范开展产前筛查项目,并进行相应登记,建立阳性随访本,分孕期和产后进行随访,提高产前诊断率，全年产前筛查率98.53%,产前诊断率92.36%。增补叶酸总服用率为97.97%,叶酸服用依从率91.48%。适龄儿童分苗分剂次常规免疫接种率95%以上,建卡建证率100%,区预防接种门诊全部实现疫苗扫描接种，扫码覆盖率达100%。落实避孕节育、优生优育、生殖健康等妇幼和技术服务项目，推广应用由区自主研发的免费孕前优生健康检查智能服务辅助系统。年内累计为5212名计划怀孕夫妇免费提供孕前优生健康检查，室间质评合格率100%。继续执行《岳麓区落实长效避孕节育措施奖励补助办法》，全区2901人自觉落实长效避孕节育措施,较上年增长54%。三是落实奖励扶助政策。落实城镇独生子女父母奖励等各项计划生育利益导向政策，确保区2167名农村计划生育家庭奖励扶助对象、163名城市低保户奖励扶助对象、712名特别扶助对象、188户自愿放弃再生育家庭、2.48万名14周岁以下独生子女、19名计划生育手术并发症人员、3.02万名城镇独生子女父母奖励对象的奖励扶助资金发放及时、足额到位。出台《关于进一步做好计划生育特殊困难家庭扶助工作的通知》，为计生失独、伤残家庭在生活保障、养老照料、大病医疗、精神慰藉等方面提供帮扶帮助。在橘子洲、望城坡、观沙岭等3个街道选取102户重点失独对象，开展以政府购买服务方式帮扶计划生育特殊家庭的试点工作。四是试点推行流管工作“套餐”服务。完善流动人口卫生计生基本公共服务体系和机制。在西湖街道试点推行的卫生计生“套餐”服务，得到省市卫生计生委和国家卫生计生委流动人口司的充分肯定，作为全省流动人口均等化推进大会现场参观点在全省予以推介。结合区流动人口特点，确立重点协同治理单位，加强区域之间协作配合，与流出地联手开展各项管理与服务工作，区流动人口计划生育服务管理水平全面提升。五是强化依法行政。制定下发《关于改进生育证办理工作的通知》，进一步规范审批流程，简化办证手续，强化服务指导，落实便民服务，改一孩生育证申请审批制为发放制。继续推进人口计生政务公开、村(居)务公开、办事公开和民主评议、民主监督工作。落实依法行政责任制，年度内共征收社会抚养费431万元。六是充分发挥基层计生协会职能。在20个流动人口聚集区建立计生协会组织。开展人口计生基层群众自治示范村(社区)创建活动，新增学士街道白鹤社区等6个单位申报人口计生基层群众自治示范单位。各级计生协组织充分利用“5·15国际家庭日”、“5·29协会活动日”、“7·11世界人口日”等宣传节点，广泛开展多种形式的宣传教育和帮扶。七是稳定生育秩序。围绕中央“三个不变”和“四个到位”的要求，坚持党政“一把手”负总责，贯彻落实人口和计划生育工作目标管理责任制、“一票否决”制、定期通报制和区级领导、卫计局干部联系街道(镇)计生工作责任制等机制。稳妥实施“单独两孩”政策，自新政实施以来，区累计审批“单独两孩”再生育1099例。积极推进依法行政、文明执法、综合治理等工作，在当前计生工作外部环境复杂、舆论压力加大的特殊时期，实现零集体上访、零违法行政。

无偿献血及公共卫生服务。一是无偿献血。市政府《关于做好2015年度团体预约无偿献血工作的通知》下达区级任务为3400人次，实际完成3639人次，完成率为107%。二是完成基本公共卫生服务。开展健康讲座、义诊咨询458场次52381人次；免费规划疫苗全程覆盖率“五苗”单苗及全程接种率95%以上，建卡建证率均达100%；65岁以上老人健康体检累计76857人，建档率94.44%；管理高血压47779例，管理率39.04%；管理重性精神疾病3370例，检出率4.17‰；管理糖尿病17271例；7岁以下儿童保健覆盖率91.48%，3岁以下儿童系统管理率90.28%，体弱儿管理率100%。孕产妇3382人，住院活产数3447人，住院分娩率100%，建卡率98.55%，系统管理率96.03%，无孕产妇死亡。增补叶酸总服用率为95.82%。三是发放老年乡村医生困难补助资金。经区卫生、财政、人社、公安等部门联合审核认定，区老年乡村医师为151名（2014年128人，2015年新增23人），困难补助资金及时足额发放到位。（彭上红）

社会事务

民政事务

区民政局
党组书记、局长
崔康乐
副局长 夏策联
党组成员、副局长
周 沫
副局长 黄奇刚
区纪委派驻纪检组长
彭振刚

【概况】 1996年7月长沙市西区民政局更名为长沙市岳麓区民政局，为区政府管理社会行政事务的职能部门，有干部职工35人。内设办公室、规划财务室、基层政权和社区建设科、优抚退伍安置军休科、社会福利科、社会事务科、区划地名科、纪检监察科。下设长沙潇湘园管理处（单独核算的正科级事业单位）、区社会救助局（副科级事业单位）、区救助管理站（副科级事业单位）、区双拥办、区民间组织管理局、区社工局6个二级机构。主要职责：负责社区建设、基层民主政治建设、救灾救济、最低生活保障、农村五保供养、老龄工作、社会福利、婚姻登记管理、行政区划与地名管理、民间组织管理、殡葬管理、流浪乞讨人员救助、孤儿收养、双拥、优抚、退伍安置、军休、福利彩票发行、慈善、社会工作等20多项工作职能。

【社会救助】 一是落实城乡低保。坚持动态管理下应保尽保，7月开始全面实行城乡低保一体化试点工作，城乡低保均按照450元/人/月的标准发放，至12月，有城市低保对象2925户、5125人，月发放低保金170.88万元；累计发放35822户次、63230人次，发放保障金2295.55万元，月人均补差363.05元；有农村低保对象3077户、6848人，月发放低保金132.36万元，累计发放39213户次、89106人次，累计发放保障金1806.44万元，月人均补差202.73元。二是敬老院管理与农村五保供养。至12月，有农村五保对象1166户、1223人，累计发放金额694.22万元。有农村敬老院5所，床位500张，入住老人289人，其中农村五保176人、城市“三无”人员8人。开展五保对象大走访，加强敬老院的安全管理工作，印发《关于明确农村敬老院管理责任的通知》，将敬老院的管理责任明确到人，不定期对全区5所敬老院进行全面检查，并对街道（镇）下发《督办通知书》，督促街道（镇）对敬老院存在的安全隐患及时整改。三是城乡医疗救助。全年共救助6402人次，1570.67万元（其中一站式服务救助4589人次、687.31万元）；有精神病人药物救助对象971名，累计救助5763人次、47.85万元，有168名重症精神病人接受住院医疗救助。四是低收入认定。对申请低收入认定的家庭详细调查，并通过信息核对系统进行信息比对，全年共认定低收入家庭297户，其中，经济适用房、廉租房258户，公租房39户。

【基层政权和社区建设】 一是示范品牌创建。接受省厅关于全国和谐社区建设示范单位的授牌，完成长华1个市级示范社区，南家塘、湖中、麓枫、荷叶塘4个市级精品社区创建，创建市级社区服务品牌6个，市社会工作服务示范项目3个。二是达标用房及规范化建设。制定并下发《岳麓区社区党建和社区建设三年行动计划》，完成9个社区办公服务用房达标任务，下发《长沙市社区规范化建设手册》，全力推进社区规范化建设。三是社区公共事务清理。共清理社区（村）依法履行职责事项292项，社区（村）社会事务盖章项目106项，社区（村）创建评比项目98项。与区委办、区政府办联合下发《关于规范社区（村）职能职责实现减负增效的实施方案》，明确部门延伸到居（村）委会的公共事务目录41项，部门延伸到社区（村）公共服务中心公共事务目录56项，部门延伸到社区（村）考核评比事项目录6项。四是村务监督民主建设。开展村务公开督查，配合区党风廉政建设责任制工作领导小组拟定并下发《村民质询制度实施方案》和《村务公开进农户制度实施方案》。五是城中村改造。认真开展城中村改造撤村建居工作，确保城中村改造工作顺利进行。

【双拥优抚安置和军休管理】 一是双拥共建。建设固定的双拥宣传公益广告,营造“军民团结、军政团结”浓厚氛围。及时足额发放义务兵家庭优待金和进疆进藏奖励。全年发放义务兵家庭优待金779.4万元,发放进疆进藏奖励16万元。双带双促获长沙市先进单位。二是优抚工作。优抚对象补助资金全部通过乡财所实行“一卡通”发放到位,全年共发放优抚对象抚恤金2370万元、2499人,其中伤残军人421人(1—6级伤残军人有94人),“三属”人员35人,老复员军人108人,带病回乡退伍军人243人,参战涉核退役人员717人,60周岁以上农村籍退役士兵975人,部分烈士子女(含新中国成立前被错杀平反人员子女)7人。重点优抚对象医疗保障水平有提升,共支付8.71万元为重点优抚对象购买城镇居民基本医疗保险,全年为重点优抚对象支付320万元医药费,其中一至六级无工作残疾军人94人,按政策规定报销医药费270万元、旧伤复发伙食补助费2万元。其他重点优抚对象按优待抚恤类别进行医疗补助,全年在定点医院医疗补助31万元,非定点医院医疗补助13万元。做好优抚对象各类审批工作。全年共受理各类优抚对象审批申请1300人/次,审核通过980人/次。受理伤残军人上报评残、提残申请91人,审核通过28人;受理带病回乡特困退伍军人生活补助申请65人/次,审核通过61人;受理参战涉核退役人员生活补助申请,审核通过8人/次;受理60周岁以上农村籍退役士兵老年生活补助申请120人/次;受理重点优抚对象非定点医院医疗补助申请185人/次,审核通过173人;受理伤残军人旧伤复发医疗、伙食补助申请78人/次,审核通过76人;受理烈士、因公牺牲、病故现役军人一次性抚恤金申请2人/次,发放一次抚恤金45万元。三是退伍安置工作。全年接收退役士兵336人,转业士官26人,共发放一次性地方经济补助320万元。抓退役士兵免费培训和推荐就业,充分利用区政府电子政务信息平台等方式,向退役士兵宣传免费的职业教育与技能培训,有38名退役士兵自愿参加培训,培训合格率100%,培训后就业率达95%以上。做好退役士兵安置遗留问题和矛盾化解工作。四是军休管理工作。依托街道和社区落实好军休老同志的两个待遇,发放军休干部和无军籍职工工资320余万元。

【社会福利】 整合社区居家养老服务中心26个,投入使用日间照料中心5个,即望月湖街道夕阳红日间照料中心、橘子洲太阳园日间照料中心、西湖街道先锋日间照料中心,天顶街道吉祥日间照料中心、银盆岭街道红枫日间照料中心有民办养老机构床位715张,其中麓山老年公寓236个,咸嘉老年公寓100张,安逸老年公寓110张,红枫康乐养老中心120张;全年新增养老床位149张,其中普亲养护中心39张,吉祥颐养康复中心110张。进一步加大农村幸福院建设力度,农村幸福院在上年4个基础上新建4个。全年共发放孤儿救助金21.66万余元,办理收养登记手续6对。完成中福在线年度销售任务4524.4万元,并分别在坪塘、莲花、雨敞坪和望岳4个街道(镇)开展公益助困活动,慰问困难户400余名。

【社会组织管理】 一是社会组织登记和备案。新成立社会组织35家、变更26家、注销1家、撤销3家,发放行政许可决定62份,行政处罚决定3份,另有9家正在申报中,完成市民政局下达增长率15%的目标。新成立社会组织现场核查率100%。二是社会组织监管。开展年检和评估工作,全年参加年检单位242家,其中民办非企业单位218家,社会团体24家,参检率95%。出台《长沙市岳麓区社会组织评估实施办法(试行)》,下发《长沙市岳麓区关于开展2015年公益慈善类社会组织评估工作的通知》。召开全区公益慈善类社会组织评估动员大会,启动社会组织和社工项目评估,加强对社会组织监督管理。开展社区社会组织备案工作,全区备案的社区社会组织282家。三是加强孵化培育基地建设,推动社会组织健康发展。有基地孵化和培育社会组织13个,发展100余名公益人员为基地会员,举办大型社区社会组织活动近30场,开展大型公益活动10余场,开展能力建设培训课程10次,针对入驻组织情况开展小组活动近30场,开展沙龙、主题分享会58次,开展公益创投1次,社会组织持续健康发展。四是成立社会工作协会。1月28日在全市率先成立岳麓区社会工作协会,与湖南大同社会工作服务中心签订委托运营协议书,建立协会社会化运作模式。开展社区社会组织培育工作,组织“国际社工日主题宣传周”暨社区社会工作培训活动,召开“岳麓区社会工作研讨会”,确定长华、学堂坡、咸嘉新村、白鹤咀、荣龙、南家塘6个社区为2015年社会组织培育目标。五是建立志愿者服务工作机制。5月8日成立岳麓区志愿服务联合会,委托辖区内志愿服务组织——禾湘文教促进会组织实施，已安排志愿者完成两个街道志愿服务记录网上录入工作，形成依靠志愿者指导和实施网上录入志愿者服务记录长效工作模式。三是社工人才队伍建设。组织第三期社会工作师考前辅导培训，参训人员316人，先后组织社工生命成长、社工工作技巧、社工项目筹资管理、社工项目设计等各类培训14期。四是社工工作示范项目创建。共申报项目26个，经市局评审，确定至善、智天使、仁和3个社会组织开展的社会工作服务为长沙市2015年社会工作示范创建项目。

【区划地名】 一是区划调整。依法依规推进乡镇区划调整改革工作，11月19日撤销东方红镇和麓谷街道组建新的麓谷街道，完成撤村并村工作的前期调研。完成与宁乡县区域界线联合检查工作，与天心区民政局共同确认行政区域界线自然变更。做好长沙市行政区划调整变更后界线勘测、界碑界桩更换工作。二是地名管理。成立区第二次全国地名普查工作领导小组，开展第二次全国地名普查工作，下发《关于开展岳麓区第二次全国地名普查的通知》《长沙市岳麓区第二次全国地名普查实施方案》《长沙市岳麓区第二次全国地名普查工作规程实施细则》等文件。分别召开动员会和培训会，开展地名普查宣传，建立区地名普查网站，开通区地名普查微博。有序收集资料，完成地名普查调查目录，正进行实地指导、督查走访。同时加强地名管理，完成道路命名工作。

【防灾减灾】 下发《长沙市岳麓区关于自然灾害救助项目标准化管理办法（试行）》，科学部署救灾。分别开展"5·12"全国防灾减灾日、"10·13"国际减灾日宣传。52家雷锋超市运行良好，共救助6000余人，支出近60万元。救助因暴雨导致房屋受淹、损坏、倒塌的居民户89户，支出40余万元，发放20世纪60年代精减退职人员救助金21.4万元。2015年春节慰问安排区级资金420万元，慰问物资805.46万元。

【慈善】 开展第十个"长沙慈善日"宣传活动，组织"岳麓区国家工作人员慈善基金"专项募捐，募集资金169.39万元。办理"友阿知青困难帮扶"19名，救助低保尿毒症患者25.6万余元，对特殊困难家庭和个人慈善救助13000元。慈善助学市级救助低保和特困学生281名，发放助学金98.7万元。区级救助贫困学生235名，发放助学金21.86万元。

【社会事务管理】 一是婚姻登记。全年共办理结婚登记6419对，离婚登记2367对，补领结婚证915对，补领离婚证66人，出具婚姻状况证明7553份(9月22日接民政部通知后不再开具)；二是殡葬管理。殡葬管理全区实现火化率100%，违法土葬和城区搭棚处置率100%。对桃花违法墓葬彻底关停，全年无负面报道。三是生活无着落人员救助管理。开展"夏季送清凉""接送流浪孩子回家""冬季送温暖"3个专题救助，为求助人员提供饮食、住宿、通信、医疗救治、生活救助、临时安置、返乡救助和专人护送返乡等多种救助形式，救助率100%。救助人员3248人次，其中，未成人49人次，上街主动出车411次、护送救助人员55人次，3月份护送流落在外的少女肖某回家被湖南经视台《钟山说事》栏目专题报道。（黄静）

陵园管理

长沙潇湘园管理处

书　　记　李杨波
主　　任　周铁军
副 主 任　梁荣伟
　　　　　　刘　婷(女)
　　　　　　戴校丰
　　　　　　曾国军
　　　　　　周龙波
　　　　　　李　宇(女)

【概况】 长沙潇湘陵园管理处成立于1990年，为正科级事业单位，地处岳麓区望岳街道谷峰村。内设行政部、党群部、营销部、工程部、企划部、财务部和客服部。1997年8月湖南省民政厅批准潇湘陵园为永久经营性公墓，地处岳麓区望岳街道谷峰村，占地51万平方米。有工作人员77人，其中，正式干部职工33人，合同制员工34人，巡防队员10人。

*销售经营创新高。*全年接待来访客户4万多人次，完成墓位销售1004座，实现营业收入4689万元，实现主营业务利润2605万元；完成上缴区财政资产占用费280万元。全年未发生一起森林火灾、安全责任事故以及群体性事件。

*惠民政策落实处。*不断完善惠民殡葬措施，做好做实服务群众"最后一公里"工作。对特困家庭、伤残人士、低保户等客户，享受5~15%的购墓优惠，为符合条件的低收入人群免费提供骨灰抛撒生态葬服务。

队伍建设有成效。一是实施绩效考核管理。制定《2015年绩效考核管理实施办法》,明确各部门工作目标及考核办法,调动干部职工工作积极性。二是加强作风建设。贯彻落实党风廉政建设责任制。明确"四大纪律、八项要求",严格遵守"八个严禁""52个不准",营造不愿、不能、不敢违纪违法的环境。三是推行的"三服务"一线工作,管理处8名班子成员每月28日定时到永安村、云麓园社区等网格听取群众意见,帮助解决实际问题。按照市委"一推行四公开"工作要求,每月安排2名同志到云麓园社区开展群众工作2天,全年走访接待群众百余户。

墓区建设再扩展。完成龙子福地"彭氏"墓区、仙鹤C4区开发建设,规划墓位1500余座;完成龙子福地D4区艺术墓及艺术墓园37座小型艺术墓和陵园艺术大墓基础建设;完成龙旺苑、龙A区周边绿化区域改造及其他墓区公共区域维护、修整工作,全年维修墓200座;完成龙王殿综合服务区及山下公共卫生间整体设计,启动上山公路提质建设前期准备工作。

安全稳定无事故。一是开展安全生产检查,落实防范措施。组织全园职工定期上安全消防课,增强防范意识,开展安全生产检查督查,发现和治理安全隐患10余处,在龙子福地通往微波站的原始山林加做隔离护栏400余米。更新消防设备设施,确保安防工作有备无患。二是做好春节和清明祭扫高峰期的接待工作。成立领导机构,制定工作方案和应急预案。"两节",共接待祭扫市民20余万人,疏导祭扫交通车辆3万余台。募集善款万余元,用于购买粮油、食品等物资捐赠给望城坡街道望麓社区,慰问困难群众。实现"无森林火灾、无重大安全事故、无群体性事件"发生的工作目标。　　(李珊珊)

街道·镇

岳麓街道

岳麓街道办事处

工委书记 罗勇刚

工委副书记、办事处主任

肖　健(1—2)

侯朝阳(2—)

工委副书记、人大工委主任

侯朝阳(1—3)

李亮球(3—)

工委副书记、政协联络处主任

廖　宇

工委副书记、纪委书记、党政办主任

谭　幸(女)

工委委员、武装部长、副主任

刘志装

副 主 任 彭勇智

凌　云

谢　俊

【概况】 1958年分设岳麓山人民公社和左家垅街道办事处。1979年左家垅街道办事处更名为麓山南路街道办事处。1984年岳麓山人民公社更名为岳麓山乡。1998年撤岳麓山乡和麓山南路街道办事处设岳麓街道办事处。岳麓街道办事处东临湘江,西靠岳麓山,南与洋湖、学士街道相连,北接橘子洲街道,总面积19.66平方公里,常住人口10万人,总人口15万人,横跨环线内外,岳麓山、桃花岭、寨子岭和后湖四大景区环绕其间。街道办事处属岳麓区人民政府派出机构,财政财务关系属于区财政局管理下的一级预算单位。办事处机关人员编制数60人,在职工作人员74人,离退休人员47人。机关内设党政办、党建办(纪检监察室)、综治办、财政所、社会事务办、城建办、卫计办、城管办、群众工作“三服务”一线办、文明建设办、综合治税办、安监站13个职能部门,下辖左家垅、桃花岭、五星、黄鹤4个村,靳江、枇杷塘、云麓园、麓山南路、科学村、麓枫、阳光、中海8个社区及两保站、社区卫生服务中心、丰顺垸3个直属事业单位,属城乡结合型街道。辖区内有中南大学、湖南省艺术职业学院、长沙矿冶研究院等高等院校及科研院所。2015年获“长沙市拆违控违工作优秀集体”“长沙市青年文明号”等荣誉称号,中央电视台、《人民日报》《湖南日报》《长沙晚报》、省戒毒局先后宣传拆违、控违、戒毒等优秀经验、特色亮点5次。街道连续11年获评“全市计生模范单位”,麓山南路社区获“湖南省充分就业星级社区”荣誉称号,麓枫社区获“湖南省社区戒毒一级工作站”荣誉称号,黄鹤村获“长沙市文明村”荣誉称号,枇杷塘社区、云麓园社区获“长沙市文明社区”荣誉称号。

区域经济。在稳定经济增长、稳定社会大局中,创新工作举措和体制机制,推动经济健康发展。2015年,实现地方公共财政收入1.5479亿元,超额完成479万元,基础税源占财源总额的37%,在岳麓区位列前茅;完成全社会固定资产投资24亿元,完成任务量的114.28%;完成全社会消费品零售总额32亿元,占岳麓区总任务的28%;外贸进出口总额650万美元,实际到位外资1700万美元,引进市外境内资金形成固定资产投资12.24亿元。

项目建设。承担省、市、区及湘江新区重点工程项目21项,征拆面积1739亩,拆除1556户。麻园路、湖大路、省美术馆、麓枫和苑二期、洋湖公交充电站、阳光100四期、148亩安置地全面清零腾地并启动建设;许家洲路、天马路全面建成通车;大学城东片水系及道路建设项目全面开工建设;下半年启动的中南大学科技园(研发)总部建设、长沙特种硬质合金工业公司周边零星用地征补、含浦大道一段等三个重点项目,分别完成征拆项目的34%、73%和92%。阳光100四期启动销售;中海国际社区四期基本完成建设;万科金域堤香启动南片4万平方米建设;兰亭湾畔启动二期建设;湘桥壹号启动销售并形势良好;左家垅村3.5万平方米安置房建设完毕,并完成1.9万平方米的房屋分配。

产业发展。突出岳麓山——大学城片区人才、资源、环境、消费优势,实现文化艺术、汽车销售、高校商圈三大产业由提质发展转为提效发展。省美术馆项目全面开工建设,后湖文化艺术区违章建筑基本拆除,街道微力量艺术教育公司作为长沙市文化产业重点扶持项目,2月18日正式上市,成为湖南艺术产业的典型代表。三马国际汽车主题公园项目基本扫尾,集聚以宝马、华洋、雷诺、别克为首的云栖路国际汽车长廊基本成型，今年新引进的大众、DS 汽车 4S 店正式开张营业，“58 众创空间” 项目初步完成近 2 万平方米的装修装饰。五星村、靳江村和左家垅村大力推进村级物业发展，人民群众生活质量明显提升。

城市管理。加强数字化案件处置，全年收到数字化平台信息 8205 条，结案率 100%。全面落实“门前三包”责任制度，收录门店信息 654 条，全年查处并移送各类违规案件 851 起。落实全市大拆违工作任务，全年累计拆违面积 43.7 万平方米，位列全区第一，打造后湖片区拆违综合整治、左家垅菜市场提质改造和猴子石大桥匝道周边综合整治三大特色整治工程。左家垅菜市场提质改造工程全面启动建设，拟将建成河西最大的综合性菜市场。后湖片区拆违综合整治，用 70 多天时间，拆除违章建筑 24.9 万平方米，拆得快、拆得清、拆得稳，得到市区领导的高度肯定和多次视察观摩。争取市区两级财政投入，全面提质改造麓山南路文化景观街。年内两次获评长沙市城市管理“十佳”街道，获评长沙市拆违控违工作先进集体、全区城市管理先进单位。

综治维稳。麓枫社区戒毒(康复）指导站经司法部现场观摩并高度肯定，被评为省级戒毒示范站，进入全国先进行列。在各村、社区建立综治维稳信访工作站，年内有效化解 8 件信访积案，成功调处 54 起矛盾纠纷。建立 7 支 120 余人的应急处置队伍，开展“春雷”、“飓风” 等专项整治清查行动，集中对中南大学新校区、黄鹤小区清查，抓获劝返非法传销人员 500 余人。开展不间断“巡逻防控”专项行动，在辖区内重点地区、重点部位及相对薄弱的地方增设盘查卡点 10 个，有效遏制辖区内刑事案件高发趋势，促进全街社会治安持续好转，全力保障人民群众生命财产安全。

安全生产。开展安全生产大排查，出动检查人员 300 余人次，检查各类场所 135 家，建立重点领域的隐患台账 120 处，现场整改 115 处，限时整改 5 处。对生产厂房存在重大安全隐患的豪邦沙发厂进行关停搬迁；对存在安全隐患的敬老院进行维修改造；对 3 处存在安全隐患的仓库予以坚决取缔。强化事故责任追究，督促落实安全生产第一责任人责任，建立信息队伍和应急小分队。建立长效管理机制，加强安全生产教育培训，认真落实从业资格和持证上岗制度。全年无特、重大安全生产事故发生。

文明创建。利用各类载体和形式，广泛设置“社会主义核心价值观”和“讲文明树新风”公益广告；街道身残志坚大学生滕明英刻苦求学，被推选为 2015 年第二季度长沙市雷锋式学习标兵，入选“长沙好人·身边的雷锋榜”；中南大学最美撑伞女孩秦丹丹的事迹，获得长沙市第三届道德模范提名奖，中央电视台《新闻联播》对其进行专题报道。全年，中央、省、市各级媒体共刊出街道正面新闻稿件 171 篇，其中，中央媒体发稿 12 篇，省级媒体发稿 10 篇。计生工作。抽调精干力量成功查处一例“两非”案件；举办计生培训班 40 余次，培训人数近 5000 人；与安化县田庄乡联合开展流动人口区域协作，有力推动计生“自治”；举办庆祝中国计生协会成立 35 周年暨 2015 年科技活动周文艺汇演，向群众宣传计生政策、生殖保健常识；《湖南日报》先后两次对街道人口和计生工作进行宣传报道。街道获得“全市计生模范单位”十一连冠殊荣。

社会保障。开展食品药品“四查”行动，走访排查各类经营场所 943 户次；开展食品安全大排查和专项联合执法检查，全年未发生一起食品安全事故。为 409 户城乡低保户累计发放低保金 194.32 万元；城乡特困家庭大病医疗救助 133 人次，救助金额 41.42 万元；发放高龄老人津贴 546 人次，6.85 万元；“雷锋超市” 为 531 人次发放救助物资；发放各类优抚金 89.16 万元。完成城乡居民养老保险金的征缴 170 余万元；零就业家庭动态就业援助率 100%，发放小额担保贷款 45 万元。麓山南路社区打造“就业帮扶联盟”，专门为失业人员开辟一条就业绿色通道，实现劳动者就业率 98.91%，获得湖南省“充分就业星级社区”荣誉称号。

群众工作。按照“五星网格”工作标准，完善相关工作制度。街道创建 15 个五星网格，12 个四星网格，21 个三星网格，成功做法吸引了成都永盛街道及湘阴县文星镇来街道交流学习。严格落实“五联五访”工作机制，年内接访群众 892 人，群工站队员走访群众 2039 户，解决各类网格民情问题 67 个。实行人户房数据管理，系统内净增人口数据 2 万余条，基本实现全面清查并健全系统内网格房栋建设。

基层基础建设。在规范制度上下功夫，先后出台《关于加强基层服务型党组织建设的实施意见》《岳麓街道村级制度选编》等制度，规范党建工作，形成顺畅的工作体系。下拨各村、社区专项经费 293.6 万元，发放离任村干部补贴5万余元，完成4个社区和1个村的阵地建设工作，启动惠民资金160余万元，申请社会类、志愿服务类等5大类12项40多个惠民项目，实施麓山南路社区麓山新苑停车场改造、枇杷塘社区公园改造等惠民项目。左家垅村党支部因3名班子成员个人涉嫌违纪违法，被确定为软弱涣散党组织，街道明确1名班子成员任村党支部"第一书记"，成立工作组驻村开展工作。11月，通过民意调查、走访听取意见和"两推一选"的方式补选3名支委委员，增强班子的战斗力，推动各项工作顺利进展。培养特色党建品牌，五星村龙廻塘小区"五联五化"管理模式和科学村社区"联建服务议事会"，都得到市区两级组织部门的高度肯定。

党风廉政建设。科学有效预防腐败，通过在项目动员会、基层党建会、半年度工作会等会议上强调作风要求，通过党课、廉政电影、廉政短信、任前廉政谈话等方式进行廉政提醒，工委主要负责人以"做有理想信念的共产党人"为题到各基层支部讲党课，倡导全街共产党员站在信念的顶端、挺在发展的一线、走在群众的前面；严格执行个人事项报备制度，2015年街道领导干部请假报备65人次，个人婚丧喜庆事宜报备2人次；发挥党内监督作用，确保13个社区、村的村(居)务、党务、财务及时、准确地向群众公开，强化作风建设监督检查，开展监督督查156次，查处相关线索5条，查办9件次，批评教育37人次。严肃查处违反党纪行为，2015年给予1名党员开除党籍，4名党员警告，1名党员严重警告的党纪处分。

班子队伍建设。切实落实"一把手"抓党建的目标责任制和支部书记公开述职制度，强化履职意识；选送6批次的党支部书记、党建专干参加培训和学习；严格按照"三三制"发展党员12名，推行党员分类积分管理，严格党内组织生活管理；充分发挥党组织的战斗堡垒作用和党员的先锋模范作用；围绕"一年基本拆除、两年基本清零"的目标，制发《关于党员干部在拆违工作中发挥带头作用的通知》，倡导广大党员在街道拆违项目中发挥带头示范作用。（吴红杰）

【湖南省社区戒毒(康复)工作一级站】 岳麓街道社区戒毒（康复)工作指导站于2015年1月在麓枫社区揭牌运行，4月通过验收。10月12日，司法部预防犯罪研究所研究员、戒毒工作研究室主任苏利，实习员叶永豪到麓枫社区，对社区戒毒(康复)、戒毒康复工作进行走访调研，湖南省戒毒局总经济师黄勇、社区戒毒指导处处长万长智及市、区、街道相关负责人陪同调研、现场观摩，得到各级领导一致好评。岳麓街道社区戒毒(康复)工作指导站被评为省级戒毒示范站，是长沙市首家省级示范一级站，进入全国先进行列。该站为"三站"并建，即湖南省坪塘强戒所社区戒毒(康复)指导站、岳麓区司法局社区戒毒(康复)工作办公室、岳麓街道社区戒毒(康复)工作办公室，站内设置"四室一中心"即办公室(含档案室)、心理辅导室、健康指导室(含尿检室)、集中教育室、培训指导中心。

【湖南省充分就业星级社区】 "就业帮扶联盟"协会(原名：失业联盟)成立于2004年，为失业人员开辟一条就业绿色通道。该协会主旨是资源共享，信息互通，共同创业，共谋共赢，通过联谊协会为媒介促进与下岗失业人员之间的联系，多层次、多方位、多种形式开展再就业援助、就业培训和心理疏导工作，帮助失业人员在优胜劣汰的竞争中提高心理素质和自身技能，促进下岗失业人员实现就业和再就业。"就业帮扶联盟"协会的建立受到广大失业人员的欢迎，得到上级领导的充分肯定。2014年11月，"就业帮扶联盟"协会顺利通过长沙市民政局"长沙市社区服务创新品牌"项目验收。2015年，"就业帮扶联盟"协会获得岳麓街道"就业帮扶联盟"创新奖。岳麓街道麓山南路社区获评"湖南省充分就业星级社区"。

【农民安置小区"五联五化"管理模式】 岳麓街道辖区有13个、近150万平方米农民安置小区，安置近3万失地农民。街道以服务群众、提升群众满意度为出发点和落脚点，在全街农民安置小区推行"五联五化"管理模式。"五联"即"党政领导联支部、办所主任联网格、机关干部联小区、村居两委联小组、党员骨干联楼栋"；"五化"即"基层组织楼栋化、小区管理物业化、环境维护专业化、农民创业就地化、志愿服务组团化"。推行过程分五个步骤实施调查摸底，全面掌握各农民安置小区相关情况；宣传发动，各基层党组织结合自身特点和实际，科学制订工作方案；在左家垅村、五星村、黄鹤村和麓枫社区（共计12个农民安置小区)进行试点；在全街范围内全面推进；街道工委组织考核验收。至年末，4个村（社区)12个农民安置小区得到治理，基层基础夯实,干群关系密切,有效帮助辖区内群众解决17个反映强烈的问题,为创建和谐农民安置小区提供了组织保障。

(吴红杰)

橘子洲街道

橘子洲街道办事处

工委书记 杨光华

工委副书记、办事处主任

肖　弘

工委副书记、人大工委主任、纪委书记

陈　斌

工委副书记、政协联络处主任、人武部部长

李泽亮

工委副书记

朱　珠(女)

工委委员 陈海清

曹成文

办事处副主任

毛远志

易江泉

【概况】 1953年设水陆洲街道办事处。1960年西区成立先锋人民公社,水陆洲街道办事处更名为先锋人民公社第六分社。1961年撤销城市人民公社,恢复水陆洲街道办事处。1968年更名为橘子洲街道办事处。街道地处湘江西岸、岳麓山下,东起橘子洲头,西抵岳麓山脊,南接湖南师大南院,北至湘江一桥、枫林一路,总面积16.02平方公里,常驻和流动人口共16.8万人,下辖8个社区、2个村。辖区风景秀丽、环境优美、文化科教优势突出,有岳麓山、橘子洲、岳麓书院、新民学会等旅游胜地,有湖南大学、湖南师范大学、中南大学等重点大学,还有国家超级计算长沙中心、省中医药研究院、省民主党派机关等中央、省、市卫生科研机关单位。2015年,街道坚持“文化立街、服务兴街、产业富街”的发展思路,全街上下鼓足工作干劲,抢抓发展机遇,各项工作取得长足发展。获得长沙市计生模范单位、长沙市城市管理示范街道、长沙市经济社会发展“十快”街道等荣誉。

经济建设。1. 财税收入实现双赢。开展财源建设“双培”活动,进一步优化税政服务模式,正确处理好了育税和征税的关系。2015年,街道财税任务6500万元,实际完成税收7974万元(其中,国税1491万元、地税6483万元),占总任务的122.68%。全年固定资产投资6.18亿元;社会消费品零售总额11.5亿元;外贸进出口总额60万美元;实际到位外资完成1000万美元;引进市外境内资金形成固定资产投资6.9亿元;新增“四限上”企业3家,引进总部企业1个,所有任务完成率均超过或达到100%。2.产业转型步伐加快。着力调整产业结构,不断加强产业招商和产业项目服务。一是盘活现有房产。对存量房产进行“以商招商”“二次招商”,3万平方米锦绣潇湘物业正在定向招商,火车头全面改造升级,库可咖啡等创业平台陆续入驻;2万平方米指南针商业广场资产进入网挂拍卖程序。二是做大总部经济,积极发展楼宇总部经济,采取强有力的举措开展创新招商,成功引进湖南华旅文化传播有限公司总部、昌恒医院湖南总部、新翰城全国连锁总部等知名企业。三是促进园区发展,锦绣潇湘文化产业园实现初步转型,以大学生创新创业为主体的业态发展正稳步推进。3.项目建设有力推进。以重点项目为龙头,攻坚克难、突破瓶颈,有序有力推进项目建设。一是项目拆迁建设。完成轨道交通3、4号线集体土地征收拆迁补偿、管线改造及场地准备等工作,阜埠河路站正在进行国有土地征收,目前,已完成60%的签约任务。二是重点项目建设。完成了超算中心周边环境改造工程和桃子湖路、牌楼路排污工程项目的协调与维护;天马路实现通车。后湖景区综合整治项目是全市重点项目,街道严格按照区指挥部要求,精心筹划、扎实推进、安全拆除,违章建筑基本清零,12月初全面启动后湖路土地征收前期工作。

城市管理。1.强力推进拆违控违。全年共拆除违章建筑13.4万余平方米,拆除栋数1808栋,超额完成200%。一是党员干部带头拆违。严格落实党员干部“零违建”报告制度,街道党员带头拆除自家违章建筑3200余平方米。二是各方力量联合拆违。整合城管执法、协管、街道干部、社区工作人员等力量,组建拆违执法队伍,统一组织行动40余次,动态拆除违章390处。三是后湖片区拆违整治。下半年,举全街之力,共拆除后湖片区违章建筑10.1万余平方米,实现后湖片区违章建筑基本清零。2.创建示范街道。一是加强环境卫生维护。每周开展一次卫生大扫除活动,对主次干道、立面设施每天进行冲刷,做到路面见本色、设施现原貌。二是落实“门前三包”。积极开展文明劝导、黄牌警告、严管严罚,把责任落到实处,全年共发放温馨提示单2089份,开处黄牌警告单897张,处罚到位726起。三是强化综合整治。加强对主次干道、农安小区、背街小巷及城郊接合部的综合整治,共开展整治行动280余次,收缴摊贩957个,拆除灯箱广告382个。3.巩固文明创建成果。一是丰富文明载体。充分整合资源，加强道德讲堂、志愿者工作站、社会实践平台等载体的建设，有效促进文明创建的高效开展。二是突出示范带动。对涌现出来的好人好事、先进典型进行评选表彰，尤其是湘籍最美画家段江华荣登中国好人、时代楷模榜，并先后在省市区举办先进事迹报告会，传播文明新风，弘扬了社会正能量。三是开展创建活动。以社区为平台，积极开展遵德守礼、诚信建设、邻里守望等活动，传承中华美德，融洽邻里关系。开展“保护湘江母亲河、共建长沙文明城”活动，构建长沙生态文明创建社会共治大格局，得到省市区领导的高度肯定。

社会治理。1.全面实施“平安创建”。街道继续深化综治联席会议制度，深入开展“平安联创，治安联防，矛盾联调”和综治“百日大走访”活动，有效化解各类矛盾与纠纷。严格落实安全生产属地责任和主体责任，健全教育培训、执法检查、安全监管等长效管理体系，全年未发生一起重特大安全事故。广泛开展法制宣传和法律服务活动24次，受教育干部群众达5650人次，有效提升了群众的安全意识和维权能力。2. 深入开展“一线工作”。坚持做好一线工作，加大走访接待力度，完善问题处置机制，群众问题高效解决。全年共走访接待群众7368人，收集群众诉求106个，现已办结101个，解决率达到95.28%。积极深化一线工作，推广网格民生大本营，提高群众参与度，促进居民自治。创立“六民”功能型服务党组织，网格服务拓展至文化、环保、就业、扶贫帮困等多方面。3.有效推进“街校共建”。充分整合资源，深入开展“街校合作，六维共建”工作，通过打造两个高地(即大学生德育教育高地、大学生创新创业基地)，实现了高校与街道的共建共享、互利互赢。启动社区助理、四点半课堂等项目24个，培育孵化禾湘文教促进会等社会公益组织13个，为志愿服务的开展提供坚实载体。全年共组织大学生开展志愿活动387次，参与人数达到5000人次。

民生福祉。1. 公共服务更加便捷。独生子女保健、农村奖励扶助等五项奖励扶助政策有效落实，共惠及989人，奖励金额为70.12万元。购买“南音心房”关爱计生特殊家庭服务项目，改善失独家庭生活品质。民政累计发放救助金、优抚金、高龄补贴、重残补贴、生活护理补贴近100万元，解决了一大批民生问题。培育心之声等文艺团队12个，组织开展“机关文体节”、“社区文化节”等文化文娱活动，丰富群众精神文化生活。2.就业创业更加务实。积极创造良好就业、创业环境，全年城镇新增就业人数954人。组织大型招聘会2场，帮助群众就业537人。挂牌成立了11个大学生实践基地，累计为2600余名大学生提供社会实践平台。积极培育以“库可咖啡”为典型的创业基地，落实各项优惠政策，发放小额担保贷款68万元，涌现出17家大学生创业公司。3. 社区服务更加优化。扩建学堂坡、天凤社区等社区的服务阵地，进一步规范全街8个社区的一站式服务大厅和便民服务中心，各项事务办理有条不紊。优化多功能活动室、图书阅览室、文艺活动中心等服务阵地，给群众提供更多参与平台。提质和新组建“孙立明五老工作室”“刘立强智囊团”等自治组织20余个，通过居民议事和恳谈，调解各类纠纷矛盾，提升居民自治能力。

党的建设。1.狠抓班子建设。强化街道工委集体领导，班子成员自觉坚持民主集中制原则，凡是重要工作都实行会议研究、民主讨论、科学决策，班子成员之间做到沟通充分，共识坚定。严格落实中心组学习计划，班子成员带头学习党的理论知识、法律法规，提升班子成员素质和依法行政能力，确保在拆迁腾地、社区改造及环境综合整治等工程项目中，严格按照法律法规及各项政策制度办事，无违法违纪行为发生。坚持求真务实，清正廉洁，班子成员结合“三严三实”主题教育活动，认真查找问题，带头找差距，及时整改，在全街干部群众中形成强大的凝聚力、感召力和战斗力。2.夯实基层党建。在基层党组织建设上，以实施“三基工程”为载体，大大夯实基层党建基础，多维度延伸转化网格党建成果显著。坚持服务为先，扩建30多个“功能型”党小组，培育党团志愿者队伍100余支，吸收党团员1500余人，打造了20多个志愿服务名片，推进组团式、联动式服务，为居民群众提供专业化、精细化的服务，融洽基层党群干群关系。同时，强调党建引领，党员示范，充分发挥党员队伍的先锋模范作用，邀请一批“兼职委员”，带动一批退休党员、大学生党员以及一批“两新”组织参与社会管理，壮大基层党组织的服务力量，提升服务效能。3.抓实作风建设。全面推行指纹打卡考勤、动态督导查岗、季度量化测评“三位一体”的考勤考核机制，奖优罚劣，奖勤罚懒，党员干部、机关作风明显得到改善。党政领导率先垂范，以身作则，坚持指纹打卡考勤,严肃劳动纪律;每周由党政领导带队,对街道机关、社区(村)劳动纪律、工作纪律进行督查,并及时通报督查情况,限期整改;对全体机关工作人员每季度进行量化测评考核,考核结果与季度绩效奖挂钩,有效促进干部工作积极性。全年对违反劳动纪律的5人进行严厉处罚,共处罚金900元,同时,清退不合格临聘人员8人。 (陈星宇)

【后湖景区综合整治工程全面启动】 后湖景区综合整治工程(后湖国际艺术园)是岳麓区实施文化强区战略的重点项目,已列入长沙市"六个走在前列"重大项目,易炼红、胡衡华等省、市领导多次到景区调研指导。项目于2014年启动部分基础设施建设,2015年9月,后湖景区综合整治工程全面启动,桔洲分部同时成立。创新采用"一奖二租三引四转"模式,通过入户调查、数码比对、综合认定、张榜公示、腾空违建、拆除违建、确认拆除、领取自拆奖励、依法强拆等九步工作法,11月底桔洲分部实现后湖片区违建基本清零,共计拆除违章建筑13.4万平方米,12月初全面启动后湖路土地征收前期工作。

望月湖街道

望月湖街道办事处

工委书记 王　洪

工委副书记、办事处主任

许望兴

工委副书记、人大工委主任

李为富

工委副书记、纪委书记、政协联络处主任

喻春晓(女)

工委副书记、武装部长

廖科仁(1—6)

工委委员 彭跃武

唐　凯

办事处副主任

周建华

石　健

办事处副主任

廖建兵(6—)

【概况】 1952设镇,名溁湾镇。1956年撤镇设溁湾路街道办事处,1997年改名为望月湖街道办事处。2015年下辖8个社区(其中中南和湘陵两个社区在望城区境内),总人口5.2万(其中常住人口3.7万,流动人口1.5万),总面积1.27平方公里。

经济发展。全年实现社会消费品零售总额(限额以上)1.25亿元,实际到位外资900万美元,引进市外境内资金形成固定资产投资680000万元,实现全社会固定资产投资34亿元。绿地·湖湘中心项目占地面积约11万平方米,建筑面积约41.2万平方米,计划总投资80亿元,11月开盘预售。与三联韬奋24小时深夜阅读连锁书店、国家级星汇演艺中心、UME顶级4D影院、欧洲第一大连锁零售商家乐福集团、绿地自营品牌绿地缤纷城签订入驻协议。

综合治理。拆除(销案)违法建设共计2095平方米,实现街道范围违法建设基本清零。落实"史上最严城市管理"要求,强力推行"门前三包"责任制,强力管控占道经营、夜宵摊担、流动摊担等城市顽疾。做好白沙液街有机棚改前期工作,认真开展实地测量,委托长沙泰源建筑设计有限公司对项目进行整体规划设计。服务地铁四号线望月湖站、溁湾镇站建设,配合施工单位做好幼儿园整体搬迁、外围占道和望月湖一小操场占地的相关协调工作。加快溁湾镇棚改项目遗留问题化解,强征对象实现6户签约。制定信访维稳联系帮扶制度及稳控措施,进京非访人数大幅下降,春节、"两会"、抗战胜利70周年、中共十三届五中全会等重大节假日、重要特护期实现"零非访"的工作目标。投入16万余元完善开放式小区楼栋的消防设施,增加配备楼道灭火器1179个,在各楼栋集中安装灭火器箱300个。定期组织安监专干、企业安全员、楼栋义务安全员对辖区重点经营单位进行地毯式安全排查。

社会事业。继续推进"百万助老济困益寿工程",共发放"惠民证"700余本。以"夕阳红社区家庭"为依托,联合智天使公益会开展"如家计划"。加强计生基础工作,推进流动人口均等化服务,打造计生特别家庭扶助体系建设特色品牌,全面落实计划生育奖励优惠政策。街道连续八年获得市计划生育模范单位,岳龙社区获得"长沙市新家庭文化屋"称号。全面落实"三服务"一线工作法,共接待群众2129人,收集民情问题388个,办结382个,办结率98.5%。

队伍建设。加强作风建设,印发《望月湖街道制度汇编》,严格执行上下班打卡考勤、请销假等制度,机关各部门和各社区负责人向街道工委递交《党风廉政建设责任状》。发挥五老优势,打造"夕阳红"五老团队,24名五老骨干带领8支活动团队参与并监督街道各项工作。发展壮大党员志愿者服务队伍,大爱无疆公益组织带领在职党员定期开展关爱少年儿童活动。开展在职党员进社

区活动，引导兼职委员、党代表发挥作用。实施党建网格化管理，建立“望月湖微故事”微信公众平台。（袁超）

银盆岭街道

银盆岭街道办事处

工委书记 张　淳

工委副书记、办事处主任

文注桃

工委副书记、纪委书记、人大工委主任

周　云(1—9)

工委副书记、纪委书记、人大工委主任

苏文斌(9—)

工委副书记、政协联络处主任、党政办主任

周　宇(1—9)

刘时香(女，9—)

工委副书记

彭　铁

工委委员 谭　楠(女)

工委委员、办事处副主任

李宏兵

办事处副主任

陈　良(女)

【概况】 1962年设银盆岭街道办事处。2015年，银盆岭街道下辖银星、银建、银太、银鸿、火炬城、桐梓坡、英才园、林海、铜盆湖、银桥10个社区居委会和银盆岭村、傅家洲村2个行政村，辖区面积7.99平方公里，总人口14.28万人。2015年，全街上下勇于担当、主动有为、稳中求进，经济社会各项事业实现持续健康发展。

经济发展。全年共完成地方财政收入2亿元，完成全年任务的100%。完成社会消费品零售额11.8亿元、全社会固定资产投资总额48.5亿元，引进市外境内资金形成固定资产20亿元，引进外资2200万美元。扫尾项目取得突破性进展。10月，组建新的滨江新城拆迁扫尾工作小组。滨江新城三期一、二阶段9户扫尾任务签约腾房8户；四水厂项目实现扫尾清零；湘岳南路项目扫尾4户征收任务完成签约3户，拆除房屋5栋。红星美凯龙自建商场湖南总部于10月18日顺利开业，保利·西海岸、世茂铂翠湾、世茂希尔顿酒店等项目建设顺利推进。联合绿地、奥克斯等重点楼宇开展二次招商，新入驻企业1066户，其中总部经济项目2个。基础税源增长2000万，达到9000多万，在区级财政收入中占比近50%，特格尔健康生活馆、红枫康乐养老中心等新型业态推进产业结构优化。

城市综合治理。成立“两违”专项整治工作领导小组，全年依法依规组织拆违行动100多次，拆除违章建筑3万多平方米，完成年度任务的100%。以城管重心下移为契机，制定“一办、一所、一队”的工作模式，引进达新物业公司实施环卫保洁、园林维护外包。先后对桐梓坡、英才园、银盆岭村等重点区域的市容环境进行治理，累计投入治理经费近100万元，出动人力3000余人次，车辆近150台次。先后30余次组织城管执法中队、城管公安、城管协管队对存在马路摊担、店外经营、乱停乱放、户外广告问题严重的奥克斯广场、英才园等地段进行联合整治，规范银盆南路、桐梓坡路等地段的车辆停放。取缔夜市排档10次，纠正店外经营263处，整治流动摊贩300次；处理或拆除违法建设190处，拆除违章广告638块，摘除LED显示屏82块。成立文明创建应急小分队，做好各级文明指数测评迎检工作。成立英才园余品萱爱心驿站，开展“向不文明行为告别”主题讲座、“中医进社区”服务百姓健康等活动。成立综合整治工作领导小组，制定了《城市环境综合整治工作方案》，启动“洁净岳麓、河西靓城”专项行动，联合派出所、安监站、城建办、执法中队、工商所等力量，对全街范围内13家废品收购店进行整治，责令5家经营户停业整顿。

社会事业。落实城市居民低保449户，保障人口754人。发放医疗救助金额32万余元。搭建“就业直通车”平台，开展就业援助月专项活动、“春风行动”等4场大型招聘会。参加企业100余家，提供岗位3000多个，500多人现场实现就业。实施自来水户表改造工程，改造银星、林海、火炬城、铜盆湖、英才园、桐梓坡6个社区4069户水表。实施枫树园小区提质改造工程，重铺自来水管、污水管，重修小区道路，增加小区停车位，进行补绿种绿，补增市政设施。实施燃气改造工程，完成火炬城社区魏家坡小区、红叶公寓150余户燃气改造。深化“心桥”助梦工程，全年共筹资21万元帮扶65户计生特别家庭。为流动人口做好办理独生子女安康险、意外伤害险、流入儿童等各项服务。深入落实单独二胎和二胎全面放开政策宣传解释、审查摸底、审批把关工作。完成政务服务中心的规范化建设，明确政务中心干部队伍。规范办事流程和日常管理，制度上墙。解决了银星、银桥、火炬城、英才园、林海、银双等社区办公用房问题，完善并出台《社区公共服务中心管理规定》。深入开展一线工作。56个网格共走访群众1864户，接待来访群众619人次，收集群众反映问题193个，解决

180个,问题办结率93.3%。开展群众性活动74场次,帮扶困难群众人数1163人,提供帮扶救助资金35.6万元。金色山庄网格,湘雅三医院家属区网格,铜盆湖01网格,星蓝湾网格、老鸦冲、新雅园格,科技厅网格,英才园05网格,润泽府01网格等9个"三服务"一线网格被评为"五星网格"。调整社区。撤销中联社区,新设立银双社区。分别以岳麓大道为界,调整银星社区;以桐梓坡路为界,调整火炬城社区;以岳华路为界,调整林海社区;将银盆岭村辖区内的城市居民划入邻近的银星社区进行管理。

党建工作。结合社区(村)绩效考核、工作实绩与日常表现情况,优选社区(村)干部,提拔社区正副职18人。推动服务平台"家长里短帮帮团"提质升级,创办"幸福银盆"报纸。健全和完善党风廉政建设责任制,坚持述职述廉、民主生活会制度,完善《银盆岭街道公务接待"廉政灶"实施办法》《银盆岭街道社区(村)公务零接待制度》《银盆岭街道项目征拆建设指挥部"三必须""六不准"暂行规定》。落实干部任用选拔公开、公示和谈话制度,加强人事任免、工程招投标等"三重一大"事项决策的监督。 (袁英)

【桐梓坡棚改取得阶段性成果】 3月15日,桐梓坡大板房棚户区改造项目二期征收工作顺利启动,街道抽调了218名干部参加此次征收工作,7月,从留守干部中抽调9人开展点对点帮扶,累计实现私房签约2551户,签约率达99.2%,腾房2536户,腾房率99.4%,27家产权单位完成签约,24栋房屋拆除到地。 (袁英)

观沙岭街道

观沙岭街道办事处

工委书记 江　南(1—8)
厉　军(9—)

工委副书记、兼办事处主任
厉　军(1—8)
陈建新(9—)

工委副书记、兼人大工委主任、纪委书记
潘绍辉(1—8)
周　宇(9—)

工委副书记、兼政协联络处主任、党委委员
任亿文

工委副书记
赵　嫚(女)

工委委员、兼武装部长
刘　勇

办事处副主任
李尚武
潘　多

办事处副主任、兼党政办主任
童红宇

【概况】 观沙岭街道办事处成立于1998年1月,东临湘江,西傍望岳街道,南起安居路,北接望城区,处于滨江新城核心区,总面积14.17平方公里,辖观沙岭村、岳华村和茶子山村、石岭塘村4个行政村,长望社区、钰龙社区、岳北社区、三汊矶社区、桔洲新苑社区、银纺社区、石岭塘社区、土城社区、施家港社区9个社区。2015年,全街总人口51117人,其中,常住人口39283人,流入人口11834人,人口自然增长率5.99‰(含流动人口),男女性别比104.3∶100(含流动人口)。2015年,街道区级财税收入3.06亿元,同比增长50%,全社会固定资产投资达到73亿元,同比增长30%,限上社会消费品零售总额4.11亿元,同比增长7.8%,引进市外境内资金25.9亿元,同比增长0.7%,新增"四上"企业5家,总部经济企业1家,引进市外境内资金25.9亿元,长效财源项目占比达70%。获"长沙市社会管理综合治理先进街道"等称号。

项目建设。全街66个项目开工率达到90%以上,26个产业项目开工率达到92%。实现茶山馨苑安置小区、渔人码头、阳光丽城、麦德龙广场等项目投入运营;促成滨江长郡中学、白马小学、金麓小区、楷林国际大厦A、B栋、湘江玖号、当代滨江MOMA城、恒大·御景湾二期、协信·星澜汇、万科·金域滨江一期等项目主体竣工;加快坦山公园、观沙岭公园、防汛指挥调度楼、岳北垸截污低排涵、片区能源中心A站、岳北社区、茶子山村城中村改造、广发银行大厦、浦发银行大厦、滨江国际金融中心等重点项目建设;采用"五级联动"方式促进项目招商,建立辖区企业信息库,深挖企业上下产业链,开展"二次招商",引进世界500强企业麦德龙超市入驻开业,天地人律师事务所、吉祥人寿保险进驻楷林国际,美国JW万豪国际酒店落户滨江?国际金融中心,安利湖南总部落户阳光丽城,步步高超市达成意向进驻湘荣家园。

拆迁拆违。完成坦山路三标(岳华路—银杉路)、坦山路滨江段、谷山庭院、长株潭城际铁路、北津城东西路、岳华新苑6个续拆项目清零扫尾;12个新拆项目中,茶山路实现全面签约、拆除,茶子山村重建地46户仅剩11户未签约,湘水听澜(即滨江C3C4)调查和资料收集工作全部完成,进入报审阶段;北津城高排管涵和观沙岭路4标项目已召开拆迁动员会并展开房屋调查；轨道4号线滨江站正准备全面施工围挡；观沙岭农贸市场已逐栋拆除，将建成一个新型农贸市场。在拆违控违方面，累计下发拆违公告3000余份，发放公开信16000余份，出动流动宣传车300余次；拆违过程中坚持规范作业、依法推进，坚持涉拆困难帮扶，实现拆违控违“零事故”；全年共计拆除违法建筑10.67万余平方米，清理场地30处，清运垃圾175吨，植树复绿2000余平方米。

安置建设。完成石岭塘村9套公寓房安置分配抽签工作，并对已抽签房屋进行维修整改；实现15万平方米观沙岭村安置小区全面建成，2000余人将于年底入住新居；完成10万平方米岳北渔场安置小区主体建设，按照公开、公平、公正的原则，对安置情况进行三榜公示，签订安置协议；完成茶子山村4200名村民转户工作，初步完成茶子山村三期安置房总设计图。

民生保障。年内，新增城乡低保244户，新增城乡居民医疗保险参保924人，参保率达98%，制作发放社保卡7333张；帮扶慰问困难家庭，完善残疾人分类补助，开展康复治疗、发放助听器等助残活动，实施“观沙·颐年”特殊家庭帮扶服务；创建省级养老服务示范点——长望社区居家养老服务中心，促成社区卫生服务中心投入使用，推进滨江长郡中学、白马小学等学校项目建设，着力解决就医、就学等突出民生问题；践行“三服务”一线工作法，落实网格化管理职责，全年收集问题75个，已促成办结72个，办结率96%；推动茶子山村和岳北社区纳入全市城中村改造试点；加快促成钰龙社区挂牌成立，配强社区图书室、绿色网吧、老年娱乐室、文体活动室等室内场所，建设篮球场、羽毛球场等室外场地，安置健身器材，完善开放制度。

社会事务。通过“微就业”生计支持服务，与上善助残服务中心合作，为困难家庭提供手工加工订单；对失地农民实施就业岗位信息、再就业技能培训、就业创业政策“三送”服务，开办“失地农民技能培训班”；组织“春风送岗位”“在家门口上班”等系列招聘会，帮助失地农民、大龄就业困难对象实现再就业。

环境整治。建立市容环境专项整治行动常态化机制，多次开展违规户外广告清理、无证摊点清理、夜市整治等市容专项整治行动；完善商户“门前三包”机制，与全街1500家商户重新签订责任书，健全门店台账，加强督促检查，确保门店经营规范有序；制定以动态保洁为核心的城市卫生管理机制，聘请专业保洁公司，对主次干道、背街小巷、农安小区实施动态保洁、巡回保洁，形成“大环卫、全覆盖、动态化”的清洁城市格局；开展食品安全专项检查活动，下柜销毁“三无”食品，关停整顿卫生隐患门店，辖区内餐饮门店统一由专业餐厨公司对潲水油回收处理；配强数字化城市管理信息处置专干，问题处置率达99.5%。

综治维稳。加大治安巡逻力度，动员群众参与服务村(社区)综治工作，全年无重特大安全事故和刑事案件发生；成立“红袖章”服务队进行物防技防培训，深入居民小区进行协防巡检；开展安全生产专项行动89次，检查单位172家，查处问题23处；采取街道购买消防培训服务的市场化模式，加强居民、企业、单位消防知识与技能培训；加强校园校车安全巡查督促制度，肃清校园周边文化环境，维护校园食品安全；完善人口网格化信息收录管理体系，加强禁毒在册人员、社区矫正人员、刑释解教人员等特殊人群管理服务；关注出租房屋、流动人口动态，展开拉网式排查，严厉打击传销活动；健全预防青少年违法犯罪组织机构，为青少年成长提供良好社会环境；组织开展“平安村(社区)”“平安家庭”等创建活动；开展综治法治宣传活动，发放宣传资料9000余份；发挥综治维稳中心职能，通过矛盾排查调处机制，“三调联动”化解各类社会矛盾纠纷144件，调解成功率达100%；通过信访问题包案机制，对街道辖区内信访重点对象逐人落实包案领导，采取“五包一”措施，化解信访案件12个，全年进京上访量同比下降83%。

文明创建。开展“众人合唱迎新春大联欢”“我们的节日·端午”“扬慈孝风　树慈孝德——重阳敬老学雷锋”等活动，丰富居民文化生活；组织“社区趣味运动会”“渔人码头·人像摄影展”“老年门球比赛”等文体比赛，强健居民身体素质；开展未成年人假期素质教育，组织青少年参与“文明城市我当家”“做一个有道德的人”“童心向党，快乐成长”等42项活动，引导其孝老爱亲、团结互助、全面发展；以树立道德榜样，向廖月娥、段江华等道德模范学习，在全街范围内掀起学习模范、崇尚道德模范、争当道德模范热潮；创建“爱河护道”、“文明交通”等特色文明志愿服务队伍20余支，“童心同德”未成年人教育工作室获评市级特色文明工作。

党组织建设。落实党员分类

积分管理,对党员参加组织生活、志愿服务、落实支部任务等内容量化打分,提高党员管理水平;开展“六有”党小组长示范点建设,对14个党小组示范进行验收评比;完成长望社区服务用房标准化建设,协调落实银纺社区服务用房到位,投入50余万元对桔洲新苑、长望、钰龙等社区阵地建设提质改造;落实“三会一课”“书记上党课”制度,做好学习笔记,撰写学习心得;开展农村党员冬春训活动,赴洋湖街道、银盆岭街道等兄弟街道观摩学习基层党建工作;加强“天天书记助理”活动,全街有900余名党员参与各类党员服务活动,累计调处纠纷118次,帮扶群众145人;开展“四进”党建主题活动,以“在职党员进社区,流动党员进网格,网格党员进楼栋,骨干党员进物业”为内容,1000余名党员积极对接小区物业,参与社区管理;筹建银纺社区党建工作微平台,按照“五联五共”模式开展岳北社区结对共建活动,创建“在职党员·创梦工作站”“1+1”服务室、“党旗飘扬工作站”等新型服务模式。（方彤）

【与外来务工人员共度端午佳节】 举办“我们的节日·端午”暨关爱进城务工人员学雷锋志愿服务活动。6月19日,观沙岭街道组织300余名外来务工人员开展“我们的节日·端午”暨关爱进城务工人员学雷锋志愿服务活动。现场,市区领导向进城务工人员代表赠送端午礼品,街道“天天助理”一对一地对进城务工人员子女开展“微心愿”服务。活动在群众军鼓演奏中开场,《端午三首》《兰竹梅菊》《五星红旗》《沙家浜选段》等节目赢得在场观众好评。

【市基层党建工作项目观摩团走进观沙岭】 9月9日,长沙市委组织部副部长、市委基层办主任陈昌佳带领各区县(市)组织部部长、分管党建副部长,高新区组织人事局局长、分管党建副局长共35人到观沙岭街道,就党员发展“三三制”和分类积分管理工作、基层党建“责任清单”工作推进机制、“一体四化”的服务型基层党组织建设进行观摩指导。陈昌佳一行首先参观桔洲新苑社区。该社区创建的“天天书记助理”“在职党员·创梦工作站”和“爱心工作站”等党建品牌得到观摩团的肯定。随后,观摩团来到长望社区参观。该社区创新网格化管理,主动搭建“党旗飘扬工作站”党员服务平台,由党员、栋组长、志愿者组成“铿锵三人行”模式,开展“站点式”“菜单式”志愿服务的做法得到观摩团的好评。另外,由街道出资购买社工服务,为小区“失独”家庭等特殊成员提供专业服务的“观沙·颐年”服务中心也得到陈昌佳的赞许。（方彤）

西湖街道

西湖街道事处

工委书记 王　洋(1—8)
王　军(8—)

工委副书记、办事处主任
王　军(1—8)

工委副书记、办事处主任
吴　卫(8—)

工委副书记、人大工委主任、纪委书记
曾琼柳(女,1—2)
王莲霞(女,2—)

工委副书记、政协联络处主任、人武部部长
张亮宇

工委副书记
康腾飞

工委委员 朱　军

办事处副主任
周应辉
周　波
刘正武

办事处副主任、党政办主任
曾　炼

【概况】 1973年12月设西湖渔场。1998年4月增设西湖街道办事处,街道、渔场并存。2001年西湖渔场改为街道办事处下属单位。2015年西湖街道办事处辖1个村(茶场村),1个管区(二三管区),8个社区居委会(咸嘉湖社区、金星社区、黄泥岭社区、龙王港社区、谭家冲社区、先锋社区、省委党校社区、石佳冲社区),常住人口25713人,10066户,其中,农业人口1799人,630户,流动人口18063人。总面积8.22平方公里,其中山林243公顷。全年完成地税4000万元,国税500万元。完成社会固定资产投资总额14.35亿元;实现社会消费品零售总额7397万元;新增“四上”企业4家;引进总部企业3家;外贸进出口总额153万美元;实际到位外资1100万美元,引进市外境内资金形成固定资产投资8.26亿元。

招商引资。实施“大招商”战略,全面梳理和掌握全街各商务楼宇情况,按照“全域招商”要求,注重引进高端现代服务业项目,普仁投资公司、长沙交通集团、长沙路桥公司、神斧杰思投资公司、新天地南岭经贸公司、中信建投证券公司、远晨投资公司一批企业总部和集团公司成功入驻佳兴国际汇和西湖财富等甲级写字楼。

项目建设。一是引导项目健

康发展。解决“御西湖”项目建设中遇到的困难和问题，该项目6栋、7.6万平方米商品房实现封顶并开盘，项目中的五星级恩瑞万豪酒店完成土方及地下室施工，完成西韵佳苑安置小区及配套商业工程建设扫尾，6万平方米安置房及1万平方米商业用房投入使用。二是推进项目拆迁腾地：完成集体土地194户的签约腾房，拆除房屋13万余平方米；完成国有土地30户私房签约拆除，3家单位签约腾地。

综合治理。集中开展5次校园周边环境整治行动，调处各类矛盾纠纷65起，成功率达98%，辖区发案率持续下降，群众对治安满意度不断提升，在全市民调中该街名列全区第二，全年无不稳定事件发生，实现“零进京”上访工作目标，该街连续三年获评市级综合治理红旗单位。

城市管理。组织清霾专项整治、碧水专项整治、环境噪音整治等专项行动12次，取缔私人加工小作坊5个，取缔龙王港河道内非法种植和垃圾秸秆焚烧行为；提升绿化景观，补绿700平方米，补栽3万株；集中开展30余次拆违行动，全年完成省委党校20余次重大活动的服务保障，完成80余次活动和上级领导视察路线的清扫保洁任务。年内街道两次被评为全市城市管理“十佳”街道。

计卫整合。9月，以卫生和计生部门整合为契机，成立卫生计生办公室。医疗卫生服务体系建设得到加强，2947平方米的新社区卫生服务中心投入使用。以新的社区卫生服务中心为平台，推动流动人口卫生计生基本公共服务均等化。10月26日，中央电视台《朝闻天下》节目对该街流动人口均等化服务工作进行专题报道；11月21日，国家卫计委副主任王国强亲临该街考察流动人口均等化工作；11月24日召开全省流动人口均等化服务经验交流会，在该街设立现场观摩点。

社会保障。该街城镇新增就业人数628人，失业人员再就业人数310人，就业困难对象再就业人数126人，零就业家庭动态就业援助率100%，失业登记率1.40%，城乡居民养老保险征缴基金率100%，办理城乡低保99户151人，发放低保金59.96万元。

文明创建。开展“未成年人思想道德建设”、大学生道德高地建设、我的“中国梦”、学雷锋微理论、微宣讲等主题活动；组织开展西湖文化园“萤火虫之夜”、社区文体节等活动；承办岳麓区第五届社区文体节暨人文岳麓、魅力西湖文艺晚会；思想政治理论研究硕果累累，中宣部主编的《思想政治工作研究》杂志发表该街撰写的《提升公共文化服务满意度》文章，在《湘潮》杂志发表《对志愿服务常态化的思考》和《发挥道德模范引领作用》等文章。充分调动广大人民群众共同参与文明创建的积极性。

基层党组织建设。抓党员教育管理，开展专题教育培训6次、党小组互动式微党课12余次。开展“三服务”一线工作法，实施“大工委”制和兼职委员制，提供平台组织1339名在职党员进社区开展活动，细化41个党建网格，优化组团式服务，该街681名党员志愿者开展组团服务活动达42余次，解决群众问题21个，慰问困难党员60人，发展预备党员11名。落实基层党建工作绩效考核、制定党组织书记履行基层党建工作责任清单，“一月一检查一通报，一季度一讲评一调度”，对全街各村(管区)社区落实党建工作责任情况定期督导。配强52个党小组长，开展集中培训，对软弱涣散社区党组织由街道下派第一书记，调整社区工作人员2名，对不服从组织安排的1名支委委员由街道纪委对其进行了党内纪律处分；党内纪律处分党员2名。在全街开展村(管区)社区党组织出特色创品牌、党建比服务创示范、党员比奉献当先锋的党建创新课题创建活动，涌现出“党员志愿者积分堂”“网格代办团”“金雁子”等党建品牌。其中，《构建“社、企”共建模式打造同心党建》《探索社区(村)党小组互动式微党课》等创新举措分别在省委组织部《湘组研究》2015第5期、第8期、《长沙党建》微信平台上推广；建立志愿者保障机制，在全街开展党员志愿者“积分堂”试点。耗资50万元打造先锋社区，承办全区党建工作现场观摩会。咸嘉湖社区被评为区级同心社区，《探索构建“社企”党建统战工作模式》一文在《长沙统一战线》杂志2015年第5期发表。抓党风廉政建设，党政领导成员坚持以身作则，率先垂范，牢记“两个务必”，遵守“八项规定”，恪守“十二条禁令”和“52个不准”要求，认真落实“一岗双责”责任制，带头执行干部礼品登记、重大生活事项申报等廉洁自律规定。抓党员干部的管理和监督，全年无一例干部职工重大违法违纪案件发生。（陈娟）

望城坡街道

望城坡街道办事处
工委书记　张胜良
办事处主任
陈海军(2—)

纪委书记 刘　坤
政协联络处主任
张智余
党政办主任
廖科仁(6—)
派出所所长
饶　益
武装部长 肖　然
工委委员 刘晓林
王　山
办事处副主任
黄英廓

【概况】 1998年1月设望城坡街道办事处。望城坡街道位于岳麓区中部，东接咸嘉湖街道和望岳街道望岳村，西临天顶街道燕山村，南抵梅溪湖联络村，北靠望岳街道窑塘村，距市委，市政府机关1.5公里，面积4.96平方公里，辖10个社区，常住人口8万余人，流动人口近7万多人。办事处驻望新社区。辖内交通便捷，可辐射湘西、湘北的长沙汽车西站坐落其中，湘江新区综合交通枢纽、地铁2号线汽车西站换乘站位居街道中心，二环线、雷锋大道、岳麓大道、金星大道、咸嘉湖西路、枫林路、桐梓坡路等城市主干线构成其交通线的"三纵三横"，交通便利。街道辖区内有湖南商学院、湖南省武警消防总队、长沙市气象局、市林业局等省市驻街单位70多家，湘浙小商品批发市场、广大环球家具超市、郁金香家俱装饰建材市场等专业市场7家，小型企业110多家，个体工商户5000多家。2015年，望城坡街道完成财政总收入15188万元，税收10328万元，其中，国税2460万元，地税7868万元。全社会固定资产投资9.07亿元，限额以上社会消费品零售额总7.25亿元。

企业引进成效显著。实施"引大引强、育业聚财"战略，完善招商优惠政策，改善招商环境，引进湖南湘麓汇国际大酒店、永新宾馆、8号连锁酒店等企业8家。全年累计引进市外境内资金形成固定资产投资11亿元；完成实际到位外资2100万美元。项目建设强力推进。全年铺排各类建设项目21项，其中续建项目6项新建项目9项、预备项目6项，总投资74070万元。其中，湘江新区交通枢纽、迎春路、轨道交通2号线西延线一期工程等项目已竣工投入使用；中冶长天、梅溪湖科研设计中心等工程进展顺利；旱谷塘二期建成入住，全街安置任务全面清零；梅溪湖核心区污水提升泵站工程提前完成拆迁腾地工作，工程建设顺利推进；望新社区棚户区改造与西大门城中村预备项目前期工作扎实推进。

城市管理严格到位。严格、精细、到位的城市管理，清洁、畅通、靓丽城市三大行动，构建"大城管"工作格局，全年组织整治行动267次，暂扣各种经营工具1421起，教育、处罚629人次，完成执行案件1016余起，处罚金额246740元，居全区第一；开展"三年造绿大行动"，实施围而未建地块复绿，临街临路拆违透绿工作，完成吉祥房地产、南家塘东片区、金钩湾等六处51.2亩的复绿工作，新增绿地3.39公顷，完成区下达任务的170%；开展"史上最大规模拆违行动"，全年拆除南家塘小区、商贸城片区、望麓桥、箭弓山片区、金盛园建材市场、河西布市等新老违章建筑396处66195平方米，拆除二环线西侧商贸城楼顶违章建筑149户共12000余平方米。

平安街道建设扎实推进。一是建立立体化社会治安防控体系，街道联合相关区直部门对汽车西站周边、休闲娱乐场所、校园周边等重点区域开展多次集中整治，清查各类门店1402家，清查旅社招待所119家，网吧37家，休闲娱乐场所104家，其他人员密集型场所741家，抓获嫌疑人688人，行政处罚305人；严厉打击涉赌场所，共查处并打击地下六合彩1处，查处并取缔涉赌场所16家。二是探索构建安全生产隐患清单。严格落实"一岗双责"，层层签订安全目标责任书，广泛开展消防安全大宣传大培训大排查，全年共开展消防演习和疏散演练92场，发放消防安全宣传手册33000份，张贴消防海报3445张，培训各类单位、场所1558家，培训人数67331人。认真落实安全生产责任，突出隐患排查，问题整改，全年开展安全生产排查189次，共检查单位及门店4000多家，排查整改隐患1813处，关停门店111家。三是预防和有效化解各类社会矛盾纠纷。全年共摸排各类矛盾纠纷207起，调解纠纷207起，接待群众来访152人次，处理信访个案14件，加大集体信访案件的化解，处理望新锦园F1站复工、卓峰家园水电改造等一系列集体信访问题。

推行计生网格化信息系统。加大流动人口服务管理经常性工作力度，全年共上报出生650人，计生率为96.31%，性别比为98.17，人口自然增长率为16.92‰。服务劳动力就业创业，组织失地农民和失业居民就业培训，全年城镇新增就业人数837人，失业人员再就业401人，就业困难人员再就业147人。落实居民最低生活保障制度，实现城乡低保应保尽保，全年累计发放城乡低保金157万元。有重点地开展临时困难救助，大病医疗救助240人,发放救助资金29.2万元,临时救助25人次,发放救援资金5万元。城镇居民基本医疗已参保14251人（包括新农合并入4872人)。全面推进社区建设,成功将长华社区打造成全国文明社区;湘仪社区、涧塘社区共投入近300万元，完成阵地升级改造,社区办公服务阵地建设水平走在全区前列。深化“三服务”一线工作法,全年走访1396户,接待群众703人,收集民情问题87个,已办结87个，办结率100%，以创建“五星网格”为抓手,申报创建五星网格11个,四星网格10个。全力推进东升福利厂危房改造工作，投入近600万元完成原东升福利厂3栋危房107户（3512平方米)的房屋维修加固工作,成为为民解忧的典型范例。

发展教育事业，积极开展慈善助学，帮助24名贫困学生就学，开展对中小学教师的走访慰问工作，全年对学校走访慰问金达20余万元。抓好食品质量安全专项整治和检查，全年共清查小餐饮店600多家,超市150多家,药店35家,共纠正不文明经营行为300余次,补办证、照1000余份。积极开展“迎新春联欢团拜会”“湘仪情中秋国庆晚会”等群众性文化活动,全年投入约40万创建文化示范性社区活动中心,目前,街道共建立了10个文化共享工程室(站)、8个社区已设立了社区绿色网吧，为辖区居民提供了良好的文化学习场所。

党建工作卓有成效。扎实开展“基层组织推进、党员素质提升、机制品牌创新和基层保障务实”四大工程。抓服务性党组织建设,新成立党员环保志愿服务队,开展“绿益生活馆”环保公益活动，挖掘培育一批党员志愿服务优秀团队和骨干;优化管理,加强党员素质提升，严格落实党员发展,积极推行“三三制”党员发展综合考察机制,2015年发展新党员10名,预备党员转正10名,开展党组织和党员专项清查整顿行动,全年处置7名不合格党员;抓党员教育培训，结合“书记大讲堂”,采取集中轮训、以会代训、网络课堂等形式，对全街党员进行了理想信念教育和能力素质培训,长华社区被授予“长沙市党员干部示范培训实践基地”称号;着力打造党建品牌，以“组织化管理、亲情化守望、保姆化服务”为核心理念的长华社区党建工作做法得到省委守盛书记和市委炼红书记的充分肯定。（谢婷）

【综合整治商贸城片区安全隐患】 针对商贸城片区市容环境混乱、交通秩序拥堵、线缆架设复杂、安全隐患突出等实际,2015年启动实施商贸城片区安全隐患综合整治工程，总投资7000多万元,通过同步实施广告招牌规范、道路提质改造、强弱电线路整治、平改坡提质改造、消防安全整治、东干渠加固改造、道路交通优化等8项整治工程，共拆除片区地面及楼顶违章21100平方米，拆除违规广告7.3万平方米,实施平改坡提质22栋,白改黑提质路面7万平方米，新增停车位近2000个，整理强弱线路10000余米，新增消防栓31座,疏浚下水3400米。整治后的商贸城片区安全隐患大幅减少、交通秩序全面优化、城市品位大幅提升,居民群众的舒适感、愉悦感、幸福感得到极大提升。（谢婷）

望岳街道

望岳街道办事处

工委书记 王　洋

工委副书记、办事处主任
龙明星

工委副书记、人大工委主任、政法书记
王　华

工委副书记、纪委书记、政协联络处主任
陈利华(女)

工委副书记、纪委副书记、党政办主任
陈　裕(女)

工委委员 曾志勇
肖春华

工委委员、武装部长
曾利民

办事处副主任
李毅飞

【概况】 1958年设立望岳人民公社,1984年改为望岳乡,2001年撤乡设街道办事处。2015年,望岳街道办事处辖5个行政村,3个社区居委会,总人口约3.13万人。全街完成国、地两税8167万元;完成全社会固定资产投资额34亿元,全社会消费品零售总额约5.5亿元，外贸进出口总额850万美元，实际到位外资1340万美元,引进市外境内资金形成固定资产88500万元。

项目建设。全面落实区委、区政府关于推进重点工程项目建设的各项举措，把支持项目和推进重点工程建设作为第一要务来抓,优化项目建设环境,全力推进项目拆迁和建设。面对情况复杂、矛盾繁多的拆迁环境，街道始终坚持主动作为,积极应对,突破重重艰难险阻完成了长望路和八方山公园项目的拆迁扫尾。同时,创优项目建设环境，积极服务重点工程建设，八方山公园项目全面启动；城际铁路主体工程扎实推进；长望路、宝宁寺一期主体工程、北京御园二期、八方小区二期C区32栋住宅部分基本建成；麓山国际实验小学下半年已正式招生开学；盛世耀凯一期已开始现房销售。

文明创建。深入推进文明创建管理常态化，进一步完善考核机制，按季度对各村(社区)文明创建工作进行量化打分、排名，给予奖惩，充分激发了村(社区)创建活力；继续落实商住小区物业公司负责人联系工作会议制度，明确物业公司在文明创建中的职责，充分发挥了物业公司的主体作用。扎实推进精神文明建设，积极开展邻里守望学雷锋志愿服务活动、社会主义核心价值观教育实践活动等，弘扬志愿精神，传播文明理念，引领社会新风。

社会管理。综治维稳以建设“平安望岳”为目标，切实加大综治维稳工作力度。因地制宜，合理划分巡逻网格，因时制宜，灵活部署巡逻方式，确保巡逻防控全时空、全方位、全覆盖。创新禁毒宣传方式，将禁毒宣传与文体活动相结合，多点发力，寓教于乐，在全街构筑起一道坚固的全民禁毒防线。认真吸取年初奥克斯安全生产事故教训，严格落实安全生产责任，深入开展安全生产大检查，全街安全形势基本稳定。信访:认真落实信访条例，积极协调解决信访积案，成功解决了丽都桃源小区286户业主房产证的办理问题，得到居民的一致好评。城市管理严格按照市、区两级工作要求，精心组织、严密部署，确定“一片(市府片)、一点(黄陂塘公园拆违整治示范点)、二线(二环线沿线、金星大道沿线)”的拆违工作思路，并采取片区拆违、项目拆迁拆违等方式强力推进拆违控违大行动的开展。超额完成区政府下达的拆除任务(18万平方米)，共拆除违章建筑26.4万平方米，确保拆除过程中的安全稳定。依托数字化城管平台，深入推进精细化城市管理，全年共接收市数字化平台数字化案卷5239件、区网格化平台数字化案卷5810件，结案率均为100%。以疏导结合为原则，扎实开展市容秩序专项整治，共整治流动摊贩3012个，店外经营2800余家。此外，黄陂塘公园、含光路与西二环交汇处、西二环与岳麓大道交汇处等地的城管品质工程建设正按计划扎实推进，预计2016年春节前完成建设。

社会事业。计生全面落实计生基本国策，符合政策生育率95.4%，出生人口男女性别比103.1。积极动员开展献血工作，完成献血任务305人次，被评为市级先进单位。民政:严把城乡低保政策关，做到应保尽保，无错保、漏保现象。全街农村低保311人，月发低保金75186元;城市低保146人，月发低保金81873元。扎实开展助学、助医、助残、助困等社会救助和访贫问暖等慰问活动，共计慰问困难群众673户，发放慰问金34.59万元。积极拓宽就业渠道，开展多种形式的就业援助活动，新增就业715人，完成目标任务的159%;城镇登记失业率为1.3%。全力支持八方社区等居家养老服务中心老年人服务活动的开展，老年工作扎实推进。认真落实各类为民办实事工程，组织举办群众文化体育活动30余场，有效丰富群众精神文化生活。

【弘扬模范精神　发挥示范作用】 2015年9月29日，岳麓区全国道德模范及候选人进全国文明单位宣讲活动在望岳街道举行，湖南西城实业集团董事长、全国劳动模范辜显旺为全国道德模范廖月娥及候选人孟繁英现场颁发“企业职工思想道德教育名誉顾问”，希望借此弘扬模范精神、发挥模范示范引领作用，提高职工思想道德水平。省文明办副主任熊科文、市文明办副主任丁德喜等领导出席活动。

【就业帮扶　真情相助】 2015年3月12日，望岳街道举办“就业帮扶　真情相助”现场招聘会，岳麓区人社局副局长张美兰、职介中心主任周海宁到场指导。41家企业参与招聘会，涉及酒店、餐饮、零售、物业、制造等多行业，提供包括销售人员、保安、驾驶员、修理员、服务员、普工等在内的1100多个工作岗位。前来应聘的求职者约600余人，初步达成就业意向255人。招聘现场向求职者发放1000余份长沙市创业指南、政府小额贷款、农民工综合服务指南等各类宣传资料，提供就业帮助，鼓励失地农民大胆创业。

【孝老爱亲　微孝绽放】 2015年6月17日，由长沙市文明办、长沙市教育局、岳麓区文明委主办，岳麓区委宣传部、区文明办、区教育局、望岳街道工委、办事处承办的“孝老爱亲·微孝绽放”端午主题活动在望岳街道博才金峰小学举行。全国道德模范廖月娥、“中国好人”贺国辉、“长沙市十大孝星”徐国斌，以及20余名空巢老人与200余名小学生一起，通过做粽子、送香包、雄黄点字等传统民俗活动，庆祝端午佳节。市文明办副主任胡述斌，市文明办未成年人工作处处长陈星卫，市教育局党委委员、机关党委书记胡慎信，区政府副调研员谢德良出席活动。

【为居民送上“迟到”的房产证】 2015年9月28日下午，丽都桃源小区2#、3#栋房产证颁发仪式在望岳街道三楼会议室举行，正式通报丽都桃源小区相关问题的处理情况，公布第一阶段的工作成果，长沙市委常委、宣传部部长张湘涛亲手为13位业主代表送上通红的房产证书。据悉，丽都桃源小区2#、3#栋共有286户需要办理房产证。已有32户完成办理，其余房产证正在依法依规办理中。 （陈意）

咸嘉湖街道

咸嘉湖街道办事处

工委书记 李学军（1—2）

黄 燕（女，2—）

工委副书记、办事处主任

陈建新（1—8）

潘绍辉（8—）

工委副书记、人大工委主任

邓浩宇（1—6）

钟兴志（6—）

工委副书记、纪委书记、政协联络处主任

谭景佳（女）

工委副书记、武装部长

熊 杰

工委委员 谭 旦

欧阳文中

办事处副主任

黄 巨

【概况】 1993年成立咸嘉村管理委员会，1998年更名为咸嘉综合开发小区管理委员会。2001年设咸嘉湖街道办事处。咸嘉湖街道位于岳麓区中部，北与望岳街道接壤，西与望城坡街道为界，南和西湖街道相连，东与银盆岭街道为邻。占地约3平方公里，下辖6个社区，常住人口4.8万人，驻街企事业单位2100余家。2015年，咸嘉湖街道及下辖社区新增“省级文明单位”等市级以上荣誉34项。历年累计获得国家级荣誉27项。

经济发展。2015年累计完成财政收入1.01亿元，其中，国税1602万元、地税8500万元。完成固定资产投资11亿元，限额以上社会消费品零售总额16.9亿元，市外境内引资8.03亿元，外贸进出口总额1600万美元。各项经济指标均全面或超额完成全年计划任务。年内引进长沙王府井购物中心、华文香枫酒店等优质企业10家，预计每年可可增加区级税收3000余万元。辖内共有各类企业单位1100多家，其中，以步步高广场、永祺西京、茉莉花国际酒店、筷乐潇湘、华源实业等为代表的各类企业发展良好，第三产业税收贡献率达60%以上，街道产业实现从以房地产业为主导向第三产业的过渡。全年共铺排重点项目12个，总建筑面积60万平方米，总投资约20亿元。其中，永祺·西京商业广场、高信·向日葵、中央美郡等重点项目进展顺利；金钻·润嘉华城（湘银·金色阳光）和咸嘉商住楼已完成拆迁腾地；望岳村“城中村”改造正有序推进。

城市管理。实施最严城市管理，以城管物管联盟、试点门前三包、星级门店评比等为抓手，实行最严的城管工作举措，全年共处理数字化案卷7031件，开展专项整治行动145次，拆除违法建筑15781.78平方米，街道获评长沙市“城市管理示范街道”。提质小区环境，完成咸嘉花园西片区、嘉明苑等小区，谷丰路、晨风路人行道以及嘉华苑小区人行道的提质改造工作，改造面积达2万平方米，新增车位130个，植补各类草皮3万平方米，补栽各类苗木5万余株。咸嘉花园东片区、悦峰园等7个小区均已纳入2016年提质改造计划；完成湘腾琴岛、中央美郡等小区的增绿工作，增绿面积达1万平方米；银桐路已建成通车。精神文明创建。联合湖南广播电视台茶频道举办了“茶韵潇湘，和美咸嘉”——善行义举榜发布会暨首届茶文化进社区艺术节，发布敬业奉献等8类道德模范名单；连续15年举办青少年主题夏令营活动；整合辖区小袋鼠资源环境公益中心等社会组织，开展“邻里守望”学雷锋志愿服务，3000余名志愿者深入社区，开展医疗保健、帮困帮学、两型宣传等志愿服务30余次；发展群团文化，红叶、飞鹤、万年康等群众艺术团获得2015年新创文艺作品展演一等奖等多项荣誉。

社会治理。开展“联百户，访民情”大走访活动，共走访群众4700余户次，收集诉求357件，解决困难297件，慰问帮扶10.8万余元；组织咸嘉花园党员、楼栋长、社会名流、贤达人士、理事、股民代表沟通座谈，主导其站在关心本土老百姓的角度担当社会责任；由区委常委、宣传部部长吴江牵头召开咸嘉村民股份合作社相关问题答复会，就股民诉求进行答复和解释；监督和指导股份合作社进行换届选举，股民参与率达94%，选举产生新一届理事会和股民代表。实施“警灯闪烁”工程，开展“零发案”社区（院落）竞赛活动，发案下降率达12%，连续9年获评“长沙市社会治安综合治理红旗街道”；启动“消防安全进万家”居安消防“大宣传、大培训、大巡查、大整治”活动,出资33万元向社会购买消防安全服务,在辖区开展消防培训和演练,累计培训人数达6.9万余人次,督促指导整改消防隐患934处。整合网格化社会管理服务分控中心、一线办、群工站、“12345”市民服务热线的职能与资源。全年共受理各类民情问题40869件,办结40853件,办结率达99.96%;“12345”市民热线投诉处置率达100%;“三服务”(即服务项目企业、服务基层组织、服务群众)一线驻点日共走访居民781户,接待群众895人次,收集问题47个,解决问题47个,办结率100%。辖区34个网格中,有9个网格获评“五星网格”。

民生事业。建立智慧街道。顺应“互联网+”形势,按照“包容、开放、共享、协同”理念,以居民需求为导向,以扩大参与为原则,以促进和谐为目的,打造集方便快捷、优质贴心、多向互动、多方共赢的“咸嘉里手”智慧服务平台,平台粉丝人数突破18000人,建立全省首个“智慧街道”。获评2015年优秀政务新媒体“民生飞跃奖”。实施“两型”建设。引进智能乐投垃圾分类回收机、餐厨垃圾减量处理机,共有2892户家庭办理“乐投卡”,已回收废旧物品近22吨,嘉文苑小区居民垃圾分类处理率达100%;建成全市首批社区光伏发电站,预计年均发电4万千瓦时,可减排温室气体近20吨;引进绿色出行自行车租赁系统,20个租赁服务站点、800辆蓝色公共自行车投入使用,办卡4500余张,平均使用频率达每天570人次。开展社会服务。实施“春风送岗位”就业工程,每季度举办一场招聘会,全年,为广大就业人员提供就业岗位3000余个,实现就业1300余人;试点推进“和谐咸嘉、幸福人家”活动,利用人口计生网络资源优势,开展优生优育讲座、婴幼儿早期教育优生优育检查等活动,全年组织全街范围内育龄妇女开展B超孕检工作7084人次,到位率为99%;组织妇科病普查3575人次,参检率达90%。

党的建设。以“抓党风、促政风、转作风、树新风”为抓手,开展“五好”领导班子、“五好”党支部(总支)、“五好”网格党小组、“五好”干部、“五好”党员、“五好”党员志愿服务团队评选,打造“敢于面对、勇于担当、善于创新、乐于奉献”的党员领导干部队伍;抓实“领头雁”“先锋队”培养工程,发挥党员楼栋长推动咸嘉发展的作用,在文明创建、“两型”志愿服务、自觉拆违、居民自治等领域涌现出曾善丽、颜美珍、冯铭金等一大批优秀党员楼栋长。开展“三送”志愿服务活动,2100余名直管党员和在职党员参与到志愿服务活动中,累计帮扶联系群众2500余人;推进“三进”工作,以全区“六有”网格建设为载体,开展“党支部进网格、党小组进楼栋、党员服务进家庭”活动;完成了白鹤咀社区、银谷国际社区、咸嘉新村社区办公楼的提质改造。通过“咸嘉里手”智慧服务平台,激活街道“网上道德银行”,打造白鹤咀社区“七彩志愿服务队”等志愿服务团队,形成以党员引领的社区志愿服务私人订制模式,已有注册志愿者17800余人。银谷国际社区依托辖区两新党组织,整合600余家企事业单位力量,打造“银谷联盟”,为辖区企事业单位学习交流、投资兴业、合作共赢搭建平台。（彭琴　吴丹）

【“就业春风拂星城,幸福咸嘉在行动”现场招聘会】 3月5日,由岳麓区人民政府、区人力资源和社会保障局主办,咸嘉湖街道办事处承办的“就业春风拂星城,幸福咸嘉在行动”——咸嘉湖街道大型现场招聘会在步步高广场长沙店前坪举行。长沙市就业局书记黄野,区政协副主席曾高杰,区人民政府副调研员唐士秀以及区人力资源和社会保障局局长王敏、咸嘉湖街道的相关负责人参加。本次招聘会主要面向街道范围内的下岗失业人员、被征地农民、市内的大中专院校毕业生、外来劳动力,共有包括步步高广场、麦德龙超市、长缆电工在内的90多家市内外大型公司和驻街企业参与其中,提供就业岗位3000多个,其中特设家政、保安、保洁、餐饮服务等入职门槛较低的岗位,整体上向农村富余劳动力、失业人员、高校应届毕业生倾斜。招聘会共吸引求职人员2000人,初步达成就业意向近500人。

【咸嘉湖街道物业服务实施开放式】 4月29日上午,长沙市城管执法局局长邓鹏宇一行对咸嘉湖街道开放式物业服务工作进行现场调研,岳麓区政府副区长苏春光、城管局局长张武强、咸嘉湖街道相关负责人等陪同调研。邓鹏宇一行先后对荷叶塘社区汽电宿舍小区、白鹤咀社区安塑小区和教师村小区的开放式物业服务工作成效进行实地考察,邓鹏宇对咸嘉湖街道开放式物业管理工作表示肯定,强调开放式物业服务最终还是要由社区主导,进行规范化管理,深化精神文明建设。下阶段,街道要继续不断提升物业服务社会化水平,增强服务大众的意识，确保长效常态。

【咸嘉湖街道获评“省基层应急管理示范单位”】 5月，咸嘉湖街道获评湖南省“基层应急管理示范单位”。近年来，咸嘉湖街道高度重视应急管理工作，坚持预防为主，注重应急队伍建设，全街6个社区、34个网格均配备由民兵应急分队、治安巡防队、义务巡防队、义务消防队等组成的综合应急救援队伍；已编撰《咸嘉湖街道自然灾害救援应急预案》等应急管理预案11个；以“国家防灾减灾日”“应急工作宣传月”等为契机，开展宣教活动，累计发放防灾避险宣传资料3万余份，播出科普知识300余小时，举办应急管理知识讲座50余场，参与人数达2万人次。

【咸嘉新村社区获“最美社区”称号】 5月30日下午，由长沙市委宣传部指导，《潇湘晨报》、腾讯·大湘网、《快乐老人报》主办的“大美长沙 绿色家园”2015长沙最美社区评选活动PK赛暨颁奖典礼在开福区风帆广场举行，主办方为全市5个社区授予“最美社区”荣誉称号，咸嘉新村社区位列其中，成为岳麓区唯一获得此项荣誉的社区。2015长沙最美社区评选活动于3月28日正式启动，历时两个月。通过线上投票与社区展示，接受网友在线点评，专家评委组对社区进行实地考察等形式，历经初赛、复赛、现场PK赛等环节，决出2015年最美社区。咸嘉新村社区在以“生活指数”“健康指数”“安全指数”“参与指数”“绿色指数”的评选指标赢得评委、网友的认可。

【咸嘉新村社区屋顶上的“光伏发电站”竣工】 6月15日，咸嘉湖街道社区屋顶上的“光伏发电站”——咸嘉新村社区公共服务中心太阳能光伏发电项目正式竣工，该项目引进20千瓦并网光伏发电，年平均发电量约达20000千万时。本项目预计每年减排温室气体的数量将近十吨，具有良好的新型节能环保示范作用。

【关注消费品质量安全，维护消费者合法权益】 9月26日上午，湖南省关注消费品质量安全宣传活动走进岳麓区咸嘉湖街道银谷国际社区，此次活动由湖南省质监局主办，长沙市质监局承办，湖南省质检院和咸嘉湖街道银谷国际社区协办，主题为“关注消费品质量安全，维护消费者合法权益”，重点是宣传消费品质量安全监管工作对于保障民生安全、促进消费增长、服务经济转型升级的重要意义和作用，形成人人重视质量、人人创造质量、人人享受质量的社会氛围。在活动现场，消费者可以进行现场咨询和对本市消费品生产企业产品质量进行投诉。活动还免费开展金银饰品成色度检测活动和消费品质量安全进社区活动问卷调查表等咨询和有奖问答活动。 （彭琴 吴丹）

梅溪湖街道

梅溪湖街道办事处

工委书记 沈 毅

工委副书记、办事处主任

肖盛辉

工委副书记、纪工委书记、人大工委主任

曾 伟

工委副书记、政协联络处主任

许 伟

工委副书记

姜 林

工委委员、武装部长

周 益

办事处副主任

彭 波（女）

李志刚

伍志坚

【概况】 2004年成立梅溪湖管理委员会。2007年4月撤管理委员会设梅溪湖街道办事处。辖内总面积20.2平方公里，常住人口1.8万，下辖2个社区5个村。2015年税收入库2.59亿元，完成全社会固定资产投资105.6亿元，完成全社会消费品零售总额6100万元，完成外贸进出口总额200万美元，引进市外境内资金形成固定资产投资18.58亿元。

产业发展。扶持房地产业发展，全年启动云顶·梅溪湖、长房?梅溪香山、卓越浅水湾等住宅项目14个，13个楼盘实现销售，全年销售商品房面积90.64万平方米，销售额61.89亿元。培育新兴业态，弘德创智空间等创新创业平台开始涌现，孵化“互联网+”创业企业12家。梅溪湖·星光大道招商推进，梅溪湖·七喜街销售持续升温，梅溪湖湖光山色情景街加速形成，湘江新区国际医疗健康城落户梅溪湖。发展总部经济，绿方中心竣工，景嘉微电子科研生产基地建设推进，金茂投资（长沙）有限公司入驻梅溪湖。加强对接和服务，引进高科技企业1家，辖区新增“四上”企业6家。

城市建设。全年拆迁项目8个，其中续拆项目5个，新拆项目3个，共实现签约221户，拆除191户。麓谷后勤服务配套基地、龙王港综合整治二期（中塘村协议拆迁）、西片数字服务中心等项目完成拆迁扫尾，其他项目进入拆迁扫尾阶段。保障性住房三期竣工,环线外协议拆迁、梅溪湖路西延线两个项目的保障性住房安置分配工作完成，共计安置495户1095套房,三环线内拆迁户全部入住新房。全年铺排重点建设项目21个,完成投资69.13亿元。地铁2号线西延线一期实现试运营,新建看云路、映日路等9条道路,梅溪湖路西延线竣工通车,三环线高架桥改隧道工程、龙王港河道整治二期工程推进，片区立体化交通体系初步形成。依法拆除违法建筑8.8万平方米、户外违规广告8500平方米。推进“三年造绿大行动”，完成绿地建设2.3公顷。

社会事业。周南梅溪湖中学附属小学、岳麓实验二小竣工,雅礼梅溪湖中学、麓山国际梅溪湖中学等学校抓紧建设。主动对接市、区教育部门和驻区名校,为驻区学校提供服务，全年教育投入61.1万元。街道社区卫生服务中心竣工。举办湖南省第三届“爱地球·看我的”、长沙国际灯光节、长沙城市马拉松系列赛等活动。推进民政工作,发放低保金15.75万元。完善帮扶制度,全年城镇新增就业540人次。推进“新市民加油站”项目,组织召开失地农民专场招聘会5场次，就业技能培训3场次,经验在《长沙晚报》头版头条推广。启动社会保障“一卡通”发放工作,共发放社保卡约3000张。完成辖区内所有80岁以上低保户和90岁以上老人的资料采集、录入,发放补助金1.06万元。推动文明创建，在阳明山庄社区引进“春之晖·茶物语”公益项目，该项目的“憨儿乐要工作——爱心蛋糕坊”获评团中央举办的第二届中国青年志愿服务项目大赛银奖。启动“幸福家庭教育”项目,获评市级社区服务品牌。通过全国、全市文明城市指数测评,实现“不扣分、得高分”的目标。

普法教育。做好安置帮教、社区矫正和法律援助工作。推行综治网格化管理，全年受理各类纠纷54起,全部结案。突出宣传引导,推进平安创建工作,全年未发生一起综治安全事故。强化群众参与,实施“红袖章”工程,组建义务巡防队伍7支353人，定期进行安全提示和治安巡防。落实领导包案和定期接访制度，接待群众来访482人次，其中领导接访188人次,化解信访积案6起。开展重点领域安全隐患整治和打非治违行动,全年排查建筑工地、消防、道路交通等领域安全隐患76处，全部整改到位。承办省2015年安全生产宣传咨询日活动,开展各类消防安全应急演练5场，大力宣传新《中华人民共和国安全生产法》，举办文艺汇演3场次,讲座7场次,发放宣传资料1万余份。深化企业负责人和从业人员安全生产责任意识，全年未发生一起重大安全生产责任事故。加大春节、清明等特护期的值守和隐患排查力度，全年未发生一起森林火灾事故。落实食品药品监控工作，全年未发生食品安全事故。践行“三服务”一线工作法,开展“一推行四公开”活动,走访群众1388户，帮扶困难群众330户，发放慰问金2.7万元,解决各类民情问题154个。开展“三帮一·爱心助力”志愿服务结对活动,机关干部、辖区党员、社区专业社工、大学生志愿者共同组成8个志愿服务团队,与10户有未成年人家庭教育助力需求的家庭结对,长期开展帮扶。

践行“三严三实”,继续聘请“作风卫士”和“五老”特约监督员,加大作风建设监督力度。精简政府文件、会议，集中精力谋发展、抓落实。坚持厉行节约,严控“三公”经费,推行公务接待“廉政灶”、村(社区)“零接待”制度,接待经费下降58.28%。开展信念教育、廉政教育和作风教育,深入推进廉政文化建设。推进“五朵金花”“金花党员戴大姐工作室”创建活动,探索“党员爱心接力站”、党建服务“五微”工程等,经验在《长沙宣传》推广。深化“代表之家”“政协沙龙”内涵,开展“双联双建”活动,人大代表、政协委员接待群众200余人次，为群众解决实际问题100余例。设立“同心家园”,开展“同心社区”创建活动,得到中央、省、市领导肯定。推进新建社区阵地建设，落实4处新建城区社区办公用房，另有10个楼盘积极对接中。做好“五好”领导班子、“五好”干部和“五好”党员推荐评选活动，执行岳麓区发展党员“三三制”,发展新党员5人。在全街推行党员分类积分管理办法,处置不合格党员7人。推进基层党组织书记“双述双评”活动，组织街道党员开展“三严三实”专题教育学习,开展关键岗位工作人员技能培训，加大村（社区)干部轮训力度,为社区建设培养后备力量。宣传征兵政策,为部队输送新兵3名。 （戴湘蓉）

天顶街道

天顶街道办事处

党工委书记

龚毅夫

党工委副书记、办事处主任

蒋志国

党工委副书记、人大工委主任

彭国宏(1—9)

党工委副书记、人大工委主任、纪工委书记

王钟元(9—)

党工委副书记、政协联络处主任、纪工委书记

张智余(1—9)

党工委副书记、政协联络处主任

范　璐(女,9—)

党工委委员、武装部长

曹志武

党工委委员

刘虎踞

办事处副主任

卢　艳(女)

戴正江

【概况】 1962年成立天顶人民公社,1984年3月撤人民公社,成立天顶乡人民政府。2012年撤乡人民政府设天顶街道办事处。天顶街道总面积20.86平方公里,总人口5.68万人,辖7个建制村,1个社区居委会。2015年,全街完成财税收入17800万元,同比增长54.5%,其中国税完成800万元,同比增长10.8%,地税完成17000万元,同比增长57.4%。全社会固定资产投资达86亿元,社会消费品零售总额完成2.5亿元,引进市外境内资金形成固定资产投资13.82亿元,外贸进出口总额2400万美元,实际到位外资2900万美元。其他各项经济指标完成或超额完成年度目标任务。

经济发展。全年共铺排重点工程项目43个,完成梅溪湖片区麓龙路、麓枫路、信息产业园和印轩学校项目拆迁扫尾清零;中电二期、中兴通讯项目全面清零,实现交地;长沙大河西先导区四个软件等信息产业项目一期完成拆迁腾地,二期按进度完成拆迁任务;60号令政策拆迁遗留户朱镜霖户所有法律程序走完;信息产业园科锐家具、长株潭城际铁路西延线等项目完成拆迁调查;地铁二号线西延线投入运营,映日路、麓枫路全面通车,各大基础设施项目进展顺利;新丰源、长房·云时代项目启动建设;辖区内6栋5A级写字楼建设进度较好;金茂广场、中建·梅溪湖中心等城市综合体引领现代服务业高端发展,金茂广场地标级双塔写字楼主体建设基本完成,购物中心、酒店裙楼年底竣工,已有沃尔玛、CGV影院等国际知名商业品牌进驻装修;中建·梅溪湖中心商业街运营良好;梅溪湖文化艺术中心完成钢结构,实现主体封顶;红星井湾子国际家居MALL商业卖场隆重开业;金茂悦梅溪湖创新中心主要汇聚电子商务行业,已进驻40余家企业,引进深圳达实智能股份有限公司(达实智能华中区总部)、湖南凌云电子商务有限公司、湖南九合创造商业管理有限公司等大型企业;梅溪湖北岸商圈逐渐成形,商业氛围日益浓厚,多次接受市区领导视察。辖区内品牌房地产业发展势头好,金茂、中建·梅溪湖中心等住宅持续热销,其中,中建·梅溪湖中心在上半年长沙房地产市场项目销售金额榜中以成交591套、成交金额达到5.03亿的佳绩稳居第三;振业城、高鑫·天麓、金科·世界城、新达美、凯特·梅溪紫郡等商品住宅销售情况良好。街、村自持资产招商取得新进展,街道物业楼全部对外招租,中高端酒店餐饮服务业进驻。全街产业发展态势良好,潜力巨大。

社会事业。推进城中村改造工作,全面拆除八家湾小区违章,八家湾小区水、电、燃气改造及整体提质等工作基本完成;成立川塘资产管理股份有限公司,筹备川塘村改社区居委会工作。安置工作积极推进,清水、燕联公寓房完成建设,60号令农民安置遗留问题扫尾基本完成,协调解决农安小区供水问题,以八家湾安置小区为重点,推进小区水电基础设施建设和房屋权证办理问题,圆满完成信息产业园保障性住房和印轩小区15户34套房抽签分房工作。着力建设教育强街,全年投入教育资金70余万元。长沙市一中岳麓中学、长沙市实验小学梅溪湖学校全面完工,下半年正式开学;川塘中学、信息产业园和印轩学校启动主体工程建设,全街教育事业实现跨越性发展。兑现落实农村优秀学生奖励政策、教师绩效引导机制,全年发放奖励资金25万余元。举办2场失地农民专场招聘会,社会反响良好。扎实开展城乡低保一体化工作,共计发放各类补贴、救助、补助资金近200万元,民生保障明显增强。深入践行“三服务”一线工作法,全街网格干部接待群众899人次,走访群众1612户,收集问题89个,现场解决50个,已办结38个,问题办结率达98.88%。积极开展“五星网格”创建工作,全街51个网格星级创建申报率达100%。

城市管理。按照市、区要求开展拆违大行动,成功组织雷锋大道、八家湾小区、5个农民安置小区、青山片区等重点区域违法建筑拆除行动,得到《长沙晚报》、湖南经济、湖南都市、长沙新闻、政法频道等多家媒体关注并报道。全年组织开展拆违行动67次,累计拆除违章建筑13.6万平方米,超额60%完成区政府下达的拆违任务。及时发现并制止、拆除新建违章40余处,开展对永安、浪琴湾小区建房超层强拆行动,严格控制新建违章。雷锋大道绿化提质改造项目顺利完成。青山片区三条村级道路、天顶路、尖山路提质全面完成,柏家塘、永安、尖山社区公园完成建设,八家湾小区整体提质全面启动。落实"门前三包"责任制,扎实开展市容整治、城乡环境卫生整治,全年组织开展集市、夜市、流动摊担、广告招牌等专项整治行动80余次,取缔尖山安置小区旁逢三赶集占路为市的交易市场。加强绿地建设,全年新增绿地3.7公顷。不断完善环卫基础设施,认真做好城市文明指数测评工作,推行环卫服务外包,加强工作督查,环境卫生管理水平和效果得到提高,城市形象明显改善。

安全生产。全年组织开展全街性安全隐患排查整治行动12次,对全街28家重点监控单位分类建档,实行一月一检查制度;及时组织"回头看",巩固青山片区安全隐患整治成果,在3月联合区直部门的检查行动中,成功收缴甲醇3吨;开展大规模安全生产专题培训2次,安全生产工作基础扎实、成绩突出,成功创建省级安全生产示范街道,顺利通过"长沙市标准化安监站"检查验收。

信访接待。畅通民意表达渠道,引导群众依法依规表达诉求,做好重点节段信访维稳工作,明确领导包案责任,成功化解了一批信访积案和苗头性倾向性问题,全年共接待来访群众16批21人,其中,进京1人次,到市2批4人次,到区6批13人次,办理国家信访局交办件6件,省信访局交办件1件,信访总量同比下降65.7%。加强矛盾纠纷排查调处,全年排查、受理各类民事纠纷220件,调解成功220件,调解成功率100%,及时、稳妥处理突发死亡事件14起。

综治宣传、专项整治。开展4次大规模综治宣传活动,发放宣传资料12000余份,张贴标语5000余条,悬挂横幅300余条,宣传栏32块,开展3次法律进农村活动,反响良好。联合派出所开展6次禁赌专项整治行动,销毁打鱼机、老虎机等赌博机50余台,治安巡防队配合派出所抓获各类犯罪嫌疑人8人,调解纠纷12起,发现安全隐患5个,全街社会大局持续和谐稳定。

党建工作。坚持每月召开1次党委会议研究部署党建工作,党工委书记14次深入村、两新党组织进行调研走访;与各基层党组织签订责任书,制定责任清单、任务清单,每季度开展党建工作讲评,层层压实党建责任。组织全街党员群众观看《筑梦中国》等专题教育影片并撰写观后感文章120余篇;组织全街农村党员积极开展2015年冬春训并组织党支部书记开展讲党课活动;组织机关支部70余党员干部赴长沙监狱进行警示教育活动。落实街道80位离任村干部生活补贴,规范制定并提高村社区工作人员待遇。开展"七一"纪念活动,表彰先进党支部6个、优秀共产党员96人;推荐1名基层党支部书记和1名大学生村干部参加全区事业编考试;推荐3名优秀党员参与全区"五好党员"评选;严格把控党员入口关,新发展8名党员。街道机关、学校、卫生院等单位79名在职党员开展"在职党员进社区"活动,积极参加社区组织的活动24次,"一帮一"捐赠资金3万余元,解决实际困难15件。加强党风廉政建设和反腐败工作,强化监察室力量,全年共开展明察暗访检查21次,发放《督查通报》2期,通报批评不遵守工作纪律的干部13人次,诫勉谈话2人次,对3名违纪人员进行行政问责。

精神文明建设。成功举办纪念抗日战争暨反法西斯战争胜利70周年"勿忘国耻、圆梦中华"知识竞赛,第二届"十佳孝星"、"十佳公婆"颁奖典礼暨"孝老爱亲·共享团圆"中秋节文艺汇演等活动,得到市、区领导高度关注和肯定,多家媒体进行报道,社会反响良好;计生工作积极对接国家计生政策调整,扎实推进相关工作;关心下一代工作经验在市、区推广;人大、政协、武装等各项工作齐头并进。 (张智权)

【城中村改造工作全面启动】 川塘村位于涉外经济学院以东,天顶路以西,桐梓坡路以南,梅溪湖以北,面积3.21平方公里,共有18个村民小组,住户780余户,2100余农业人口和已拆迁转户的400余非农业人口。按照2015年岳麓区城中村改造计划,川塘村被纳入2014—2018年改造计划。改造工作采取政府主导"有形改造"和村集体经济组织实施"无形改造"相结合的形式,大力推进"四个转变",即农民转变为居民、村委会转变为社区居委会、集体土地转变为国有土地、集体经济转变为股份经济。改造工作从1月1日开始,预计2016年6月全面完成。

【柏家塘农贸市场完成扩建】 经一个月的建设和整治,天顶街道于1月中旬完成对柏家塘农贸市场扩建工作并进入规范运营,扩建后的农贸市场面积近1200平方米，增加800平方米面积，极大缓解市场压力，方便群众生活，规范市场及周边秩序，小区形象明显改善。

【市级观摩团观摩雷锋大道绿化提质改造项目】 6月26日，雷锋大道绿化提质改造项目作为岳麓区三年造绿大行动视察观摩点接受由湖南省委常委、长沙市委书记易炼红，市委副书记、市长胡衡华带队的市四大家领导及区县（市）负责人等200余人的现场观摩。雷锋大道岳麓段全长约4.5公里，宽约33米。此次改造内容包括绿化提质、立面改造、亮化建设、基础设施完善、违章拆除、市容环境整治等6个方面，改造后的雷锋大道路面幅宽将增至60米。

【“勿忘国耻、圆梦中华”知识竞赛】 8月18日上午，长沙市青少年“勿忘国耻、圆梦中华”知识竞赛活动在天顶街道举行。湖南省文明办未成年人思想道德指导工作处处长史锋、长沙市文明办副主任梁飞彩出席活动，岳麓区文明办等相关单位及街道负责人参加活动。参加此次竞赛的8支青少年队伍以天顶街道辖区村、社区为单位，各单位选派3名优秀选手参赛，选手年龄在10~14岁。竞赛活动分两组进行，每组进行必答、抢答、风险选答三轮比拼。经过近两个小时的激烈角逐，最终燕联村、燕子山村、永安村代表队分别荣获本次青少年“勿忘国耻、圆梦中华”知识竞赛第一、二、三名。

【奖励被高校录取的优秀农村学生】 8月30日，按照《长沙市岳麓区天顶乡奖励农村优秀学生暂行办法》，天顶街道对全街参加2015年全国统一招生考试或免试推荐的优秀农村学生共25人，进行表彰和奖励，共计发放奖励资金近50000元。其中被录取为硕士研究生的彭博等4名学生各奖励6000元，且是第二次获得此项奖励，被全国“211”重点高校本科专业录取的李浩然等4名学生各奖励2000元，被其他高校本科专业录取的李玲知等17名学生各奖励1000元，并颁发奖励证书。

【红星井湾子国际家居MALL梅溪湖店开业】 9月3日，梅溪湖片区首家家居消费高端卖场、天顶街道重点产业项目红星井湾子国际家居MALL梅溪湖店盛大开业。红星井湾子国际家居MALL梅溪湖店坐落于枫林三路与平川路交汇处，由红星实业集团有限公司投资兴建，建筑面积达6万余平方米。目前已引进70余户商家，其中包括顾家家居、慕思、星港家居、芝华仕、恒信华典等高端知名品牌，填补河西梅溪湖板块家居消费无高端卖场的市场空白，成为新经济增长点和实现产业转型升级的强大支撑和动力，进一步增强梅溪湖国际新城产业发展的辐射力和影响力。

【创建湖南省安全生产示范街道】 11月下旬，湖南省安全生产委员会办公室公布2015年度安全生产示范创建考核验收结果，天顶街道作为岳麓区唯一申报街道，顺利通过创建验收，成为2015年度省安全生产示范街道。天顶街道辖区共有安全生产重点单位27家，其中加油站3个，烟花鞭炮经营户11家，重点规模企业9家，建筑施工单位4家。近年来，街道坚持“安全第一，预防为主，综合治理”的方针，落实责任，立足防范，强化监管，加强整治，安全生产工作取得显著成效，全街未发生一例安全生产责任事故，安全生产形势持续稳定向好。

（张智权）

坪塘街道

坪塘街道办事处

工委书记 文志龙

工委副书记、办事处主任

吉文斌(3—)

工委副书记、纪工委书记、人大工委主任

方　强

工委副书记、政协联络处主任

曹春辉(3—)

工委副书记

龚　常

工委委员 吴爽高(女)

工委委员、办事处副主任

吴　浪

办事处副主任

邬　炼

黄　捷(女)

【概况】 1958年设立坪塘人民公社。1961年析建坪塘、白泉、太平公社和坪塘镇。1984年撤公社设乡，坪塘镇为区属镇。1985年坪塘乡并入坪塘镇。1995年，白泉乡、太平乡并入坪塘镇。2013年撤镇，析建洋湖街道和坪塘街道。坪塘街道地处长沙市岳麓区南端，东临湘江，南抵湘潭九华工业园，西与岳麓科技产业园毗邻，北接洋湖街道，是岳麓区的南大门。全街总面积约90.13平方公里，总人口4.6万人，辖狮峰山村、红桥村、莲花山村、太平村、白泉村、兴合村、双湖村等7个行政村和桐溪港、观音港2个社区。是长株潭城市群“两型社会”建设综合配套改革试验的长沙大河西先导区核心区域。通过坪塘大道、潇湘大道南延线、地铁3号线、长益常城际轻轨和长岳、长潭城际轻轨等与外界快速联系，区位发展优势明显，自然人文资源丰富，拥有得天独厚的山(大王山)、水(湘江、观音港、桐溪港)、洲(巴溪洲)等自然禀赋和曾国藩墓园及桐溪寺。

经济建设稳步发展。一是各项指标超额完成。2015年完成财政收入3000万元，其中，国税本级财政收入完成900万元，地税本级财政收入完成2100万元。各项财政补助收入5026万元，其中财政拨款3770.6万元，上级部门专项补助收入1255万元。固定资产投资总额51.5亿元，引进市外境内资金形成固定资产1.02亿元，引进外资600万美元，实现外贸进出口30万美元。二是现代农业。双季稻种植面积5098.09亩，一季稻种植面积19667.68亩，抛荒控制在5%的安全范围内。油菜良种补贴面积3511.93亩，申报种粮大户45户。土地重金属污染治理试点定在新合、太平两村，共计6810亩。农产品质量安全检测共完成区下达150批次任务，未出现不合格批次，土地流转项目步入正轨管理程序，全年向区申报评审4家，街道审批2家。

基础设施日臻完善。在9个农业村共修建村级公路36.5公里，排查及处置农村公路安全隐患有125处，配制150块隐患路段路标警示牌。投入28万元，完成187.37公里主干道路沿线砍青扫障，确保辖区路段顺畅安全。投入6万余元在双湖建立防汛抗旱物资仓库，水利建设方面投入42万元，对全街23处骨干山塘、5处渠道进行整治，安全饮水投入300万元将观音港社区和花扎街村安全饮水工程列入街道重点解决的水利建设项目。完成花扎街村安全饮水工程农村网段铺埋工作，观音港社区安全饮水工程正式通水。

社会事业不断发展。一是低保工作，全街道低保户共计756户，1327人，每月发放最低生活保障金4421464元。与上年同比新增低保户79户，减少169户，变更减少90人。发放精简退职金额36864元、60人次。新申报强生助孤3名，申报2名低保户尿毒症患者的补助。申报“金叶情、心连心”救助2人，申报2015市级慈善助学30人，发放助学金112000元，申报区级慈善助学23人，发放助学金21000元。二是全年四次深入村、社区免费为10000余名育龄妇女提供全面的妇科病大普查，组织育龄群众进行免费生殖检测，共计开展健康检查1558人，治疗各类疾病564多例。三是投资100余万元对街域内中、小学及幼儿园进行维修维护，对存在的安全隐患进行排查整改，对食品卫生安全工作进行检查。四是加大对农村医疗卫生工作的投入和指导，组织二次无偿献血工作，成功献血150人。

重点工程顺利推进。一是征拆工作。将老工业基地的工矿区、污染区、地质灾害多发区建设成为综合性旅游度假区。片区规划面积39.36平方公里，首期开发区面积23平方公里。湘江欢乐城建设总面积2400亩，总投资约120亿元，由欢乐广场、欢乐雪域、欢乐水寨、欢乐海洋、欢乐天街、华谊兄弟电影文化城六大核心项目构成。华谊兄弟电影文化城占地约420亩，打造集优质“电影拍摄+旅游+文化+教育+商业”于一体的电影实景互动文化业态。项目一期水城A区结构完成50%，B区结构完成45%。坪塘大道南延线项目3月20日启动，项目涉及双湖、白泉、红桥3个村，征用土地522亩，共动迁135户，90余天完成签约100%，7月实现全面交地。新学士路项目9月11日启动，项目涉及红桥、长塘2个村，共82户，150余亩土地。截至年底，完成签约52户，拆除7户。蜂巢颜料化工厂拆迁项目8月28日启动。二是建设情况。石门塘路基本完成建设。巡抚西路坪塘大道—桐溪寺段路面完成铺油，桐溪寺—山泉路段进行土方平衡。湘江西岸堤防整治工程开挖换填土方150米。石门塘环境景区整治工程基本完成建设。坪塘南片保障性住房一期基本完工；二期启动建设。湘军文化园广场主体完工，桐溪寺配套工程在建，文正书院主体完工。坪塘大道南延线通车。

民生项目有序推进。一是敬老院建设。廖月娥敬老院位于街道太平村樟木塘组，聘第四届全国孝老爱亲道德模范廖月娥为名誉院长，占地面积6.5亩，建筑面积为1547平方米，配备有道德讲堂、志愿者工作室、棋牌娱乐室、图书阅览室、舞蹈健身房、乒乓球室、医务室等设施。陆续入住老人73人，在院老人43人。二是助残服务。长沙市上善助残服务中心位于坪塘街道长塘村，于2014年注册登记，是长沙首个非营利性社会服务机构，核心服务目标在于促进残疾人就业和融入社会，同时积极整合教育、社工、医疗和心理资源，全面、有效地开展残疾人相关工作。

综合治理维护稳定。全年提供120万元，装备警用巡逻车11

台,51个专职巡防队员,在辖区主要道路、治安复杂区域和110个治安巡防点进行24小时全天候巡逻,随时接受群众报警、求助;严厉打击各类严重刑事犯罪和“两抢一盗”“黄赌毒”等违法犯罪。受理报警案件533起,立刑事案件78起,破现行案5起;受理治安案件121起,强戒3人,治安拘留25人,捕诉8人,刑拘11人,现场调解治安案件105起。健全信访各项工作制度及矛盾纠纷排查解决机制,全年共接待群众来访140次,处理信访交办案件19起,结案率达到100%。

市容环境全面整治。全年投入拆违整治提质经费500万元,重点对坪塘大道沿线、花扎街村集镇、太平美丽乡村、新塘绿心保护等进行违章建筑拆除和环境进行提质。年内共拆除各类违章建筑270处,拆除面积86022.48平方米,制止新增违法建设行为40余起;教育处罚整治流动摊贩128次,暂扣处罚经营工具50件,查处渣土、砂石违法乱运168起,上缴国库处罚金额36950元;清理村(社区)裸露垃圾920吨。重点成立爱卫办公室,大力开展环境卫生整治工作,在岳麓区2015年区环境卫生评比检查中3次评为第一名,太平村获评长沙市1~6月份城乡环境卫生整洁行动内城区唯一“优胜村”。2015年圆满完成绿心地区农村环境综合整治工程的前期调研、立项、施工等各项工作。项目总投资约1500万元,共建设四格化粪池1228个,垃圾分类房4个,垃圾桶1385个,垃圾箱190个,人力保洁车26台,种植花草、苗木若干。

(李文郁)

洋湖街道

洋湖街道办事处

工委书记 黄大勇

工委副书记、办事处主任

李　江(8—)

工委副书记、人大工委主任、纪工委书记

黄　硕(1—8)

工委副书记、政协联络处主任

陶华山

工委副书记

丁　玲(女)

工委委员、办事处副主任

刘　辉

工委委员、人武部长

李　定

工委委员 廖　曦

办事处副主任

邹士朴

【概况】 洋湖街道是2013年1月由原坪塘街道析置后成立的新街道。辖区范围东至湘江,西、北沿靳江河与学士街道相邻,南与坪塘街道交界,全街区域面积23.88平方公里,常住人口约2.5万人,共设4个行政村(洋湖村、连山村、蓝天村、山塘村)和3个社区居民委员会(白庙子社区、新生社区、湘坪社区)。2015年,被评为岳麓区经济社会发展“双快”街道、拆迁先进单位、绩效考核一类街道。

经济综述。2015年全街市场主体1465个,其中,企业437个,个体经营户1028余户,辖区规模工业企业2家,完成规模工业企业总产值31734万元,与上年同期相比增长11%;辖区限额以上批发零售企业1家,完成限额以上社会消费品零售总额0.304亿元,与上年同期相比增长36.6%;新增“四上”企业5家,分别是旷远集团(长沙)房地产开发有限公司、长沙恒宏房地产开发有限公司、长沙恒图房地产开发有限公司、长沙奥克斯洋湖置业有限公司、洋湖湿地开发管理有限公司5家公司;完成外贸进出口总额30万美元,完成实际到位外资1100万美元;完成引进市外境内资金形成固定资产122850万元;引进总部企业2家(尔康制药、腾讯视频),完成财税收入1.25亿元,其中地税收入1.2亿元,国税收入500万元。

房地产业。2015年,街道辖区有万科·白鹭郡、电建·湘熙水郡、先导恒伟·西雅韵、先导恒伟·湘江时代、中天·栖溪里、和顺·洋湖壹号等20余家高端精品住宅,实现销售面积42.38万平方米、销售金额28.64亿元、销售房源3565套。

招商引资。2015年,全街共启动重点建设项目71个,累计完成投资98亿元。完成省信用联社、省建筑设计院的总部变更和税收理顺,引进宜家购物中心、德国卓伯根、省上市公司协会、红宇新材、浙商商会、众益传媒、腾讯视频、尔康制药等一批优质企业。

道路交通。洋湖位处长沙“西拓南延”的重要结合点,是湘江新区的核心起步区。区域内“六横六纵”道路骨架基本成型,在建的地铁3号线纵贯南北,与猴子石大桥、湘府路大桥、黑石铺大桥三条过江通道形成立体综合交通大格局;长潭西、长韶娄、京港澳、绕城高速近在咫尺。2015年年底,洋湖街道南北主干道坪塘大道与湘潭九华大道顺利贯通,从湘潭九华到长沙洋湖湿地公园,只需半个小时。年内,开通公交线路6条,即938路、206路、207路、4路、318路和222路。此外,对蓝天村、山塘村、白庙子社区的10余公里农村道路进行提质改造，方便居民出行。

水利设施。年内投入资金对山塘水库进行修整，完成水利灌溉设施建设维护。投入资金30万元对山塘村下芦毛冲组黄泥塘、芋荷塘和蓝天村邓家塘、长冲塘等5口山塘进行清淤。

水网改造。洋湖街道老集镇一直由坪塘自来水厂集中供水。该水厂始建于20世纪80年代初，由于年代久远，设计工艺落后，机械设备老化，管网渗漏严重，供水能力已远远不能满足集镇居民生产生活需要。2015年，街道投入1000万余元启动建设坪塘老集镇自来水管网改造工程，于年底正式建成投入使用，彻底解决了老集镇居民的饮水问题。

教育科技。街道辖区内共有公立中学1所(坪塘中学)，小学4所（博才洋湖小学、湘江实验小学、蓝天希望小学、山塘小学)，市属高中1所（岳麓实验中学)，公办幼儿园1所（洋湖中心幼儿园)，普惠制幼儿园2所(洋湖幼儿园、立思恩雅幼儿园)，私立幼儿园2所(奥星幼儿园、布朗风幼儿园)，共有在职在编教师(含退休)532人。在校高中生1975人，其中女生905人;初中生500人，其中女生233人；小学生1284人，其中女生441人。此外，还有一所集小学、初中、高中于一体的大规模高档次私立学校——中加国际学校，占地120亩，共有在校学生1100余人。引进高科技企业湖南理大交通科技发展有限公司；引进高新技术企业长沙骅骝冶金粉末有限公司。2015年洋湖湿地科普展示馆获评国家绿色建筑。

文体活动。全街共有群众文化团队7支，其中山塘村“好运来”艺术团获得“长沙市百佳群众文艺团队先进团队”的称号。5月8日，举办洋湖街道好运来艺术团十周年庆典。街道综合文化站建设面积1700平方米，设有图书阅览室、健身活动室、排练室等8个活动室，其中图书室内藏书达到3000余册。文化站有标准篮球场1个，羽毛球场2个。年内，街道策划开展“爱地球·爱环境·爱家园”世界地球日主题学雷锋志愿服务活动、“我运动·我青春”登山比赛、“文明之星耀山塘”暨“情系留守儿童，我们一起来过节”文艺晚会、农民趣味运动会等活动12场。针对青少年开办“羽毛球公益培训班”“乒乓球公益培训班”。面向外来务工、留守儿童等低收入家庭子女，暑期开展“小小向日葵营地”免费艺术培训班活动。大美洋湖·2015中国(长沙)雕塑文化艺术节、长沙国际马拉松比赛等大型国际文化赛事在洋湖举办。

环境整治。严格落实市、区史上最严城管工作要求，按照“随脏随洗、即有即清”作业标准，坚持全域治理、源头治理、立体治理、精细治理、常态治理，主次干道基本实现“五无五净”(即:道路无垃圾、无杂物、无积泥、无积水、无污迹，路面干净、绿地和树圈干净、边角侧石干净、井沟井盖干净、果壳箱等环卫设施干净)目标。持续推进拆违控违攻坚战，全年共组织违建拆除行动68次，拆除违建达18.73万平方米，完成全年目标任务的156%。两次荣获全市城市管理“十佳”街道荣誉称号。

文明创建。开展洋湖景园小区“市级文明小区”创建，组建志愿者服务队伍，成立村、社区党支部志愿者服务队、小学生志愿者服务队、中南大学生志愿者服务队以及管委会与物业公司志愿者服务队等多支队伍，常态化开展楼道卫生清理、捡拾白色垃圾以及废品换绿植等各类主题志愿活动19次，累计参加人员541人。组织开展“文明之星”评选活动，街道共评选出“贤惠之星”27名、“孝顺之星”28名、“家教之星”25名、“友爱之星”27名、“楼栋之星”8名、“五好文明家庭”30户。9月下旬，制定殡葬改革奖励办法(《岳麓区洋湖街道办事处关于印发〈关于推进殡葬改革工作的实施意见〉的通知》)，对在殡仪馆办理丧事活动的具有本辖区户籍的居民和所在村（社区）分别给予10000元/例、1000元/例的奖励。

民生保障。全年审核发放低保金4378人次，共1079338元；申报、审批、发放大病医疗救助42人次，发放医疗救助资金175830万元;完成精神病人普查任务，为86名精神病患者进行免费体检，全年发放精神病药物594人次，重症对象送往定点医院住院治疗22人次；街道现有重点优抚对象109人，按照区民政局要求，及时、足额、打卡发放各种定补和抚恤金1470961元;以各类节日契机，组织开展走访慰问活动，发放慰问品、慰问金共83200元。洋湖村、山塘村、湘坪社区、白庙子社区“一站式”便民服务中心已投入使用;蓝天村级物业大楼已竣工，连山村村级物业大楼已完成选址，新生社区、湘坪社区综合服务用房已完成规划选址。

社会治理。年内投入专项经费采购19台电动巡逻车，增聘19名村(社区)巡防队员，与“红袖章”巡防队伍相结合，实行分班组、分批次、分区域、分重点常态化治安巡逻，构建了全方位、全覆盖的防控体系。结合“三服务”一线工作法，创新推出“双百大走访”活动，全年共计走访群众2489户，收集意见建议122条，解决实际问题57个。先后开展6次大型安全大检查行动，建立健全12个突发事件应急预案，认真落实领导带班、全天候的值班备勤制度，全街没有发生重大安全责任事故。

培训就业。2015年先后举办4期失地农民物业管理和创业职业技能培训，培训失地农民432人，举办2场大型失地农民就业招聘会，42家用人单位进场招聘，吸引1200余名失地农民现场求职，300余人实现长期稳定就业。其中，白庙子社区被评为2015年省级充分就业星级社区。

宣传推介。全年被岳麓新闻网采稿得分42.1分。在市级以上主要媒体的重要版面刊发稿件，其中《两型引领托起大美洋湖》在《长沙晚报》头版头条发表，《“阳光村务”照亮山塘》在《湖南日报》发表，《长沙首家戒毒康复人员就业企业基地》在新华网上发表，《长沙洋湖街道“文明之星”结对帮扶10名留守儿童》等信息在中国文明网发表。

党建教育。把落实党建责任制作为党建工作的总抓手，2015年，街道以召开党政办公会、党建工作部署会、村（社区）书记座谈会等形式，先后12次专题研究部署党建工作。严把党员入口关和出口关，发展党员10名，处置不合格党员2名。投入10万元，对各村（社区）远教站点的学习设备进行更新。搭建党员教育新平台，创办以党员教育为主体的“润民讲坛”，结合“五老四教”讲师团、社区学校、蒲公英家长课堂等载体，定期邀请专家教授和老党员讲授党史党章党性，每月安排2次学习活动，全年共举办各类学习活动56场次，其中全街党员干部参加的大型集中学习8次。开通“润民讲坛”党员教育微信平台，打造党员学习“掌上课堂”。打造山塘村廉政文化示范点，“制度+”的山塘民主管理模式得到省市区领导的观摩和肯定。以街道35岁以下（含）青年工作者为主体，开展“岗位大练兵”系列活动，内容涵盖笔试能力测试、每周心得体会撰写、每天升降国旗、LOGO设计比赛、拆迁跟班学习、广播主持人轮训、志愿服务等十余项，全街上下形成爱岗敬业、创优争先的氛围。（何仕蓉）

【戒毒康复人员就业培训基地挂牌】 12月10日，长沙市首家戒毒康复人员就业培训企业安置基地在洋湖街道坪塘电力线路器材有限公司正式挂牌，原省政协委员、市政协主席、市禁毒协会会长简用超，市社会禁毒协会会长刘回、副会长兼执行秘书长张立和，市禁毒办副主任、市公安局禁毒支队副支队长欧建平，区禁毒协会会长葛秀华等出席揭牌仪式，区禁毒协会各分会会长一同参观安置基地并参加经验交流会。

（何仕蓉）

学士街道

学士街道办事处

园区党工委副书记、街道工委书记
罗　政
工委副书记、办事处主任
吴静波
工委副书记、纪工委书记、人大工委主任
殷建国
工委副书记、政协联络处主任
张　驰
工委副书记、工会主席、机关支部书记
严民意
工委委员、人武部长
刘金顶
工委委员、副主任
曾　兵
副 主 任　李昌遐
徐祎琳（女）

【概况】 学士街道办事处成立于2013年1月。2015年，学士街道下辖4个行政村和4个社区居民委员会，129个村（居）民小组，9440户，76158人，其中农业户4202户，农业人口13041人。总面积42.28平方公里，其中耕地面积550公顷，山林1800公顷，实现粮食总产量6910.8吨。全年实现全社会固定资产投资总额54亿元，社会消费品零售总额4.2亿元，规模工业总产值4.025亿元，引进市外境内资金形成固定资产投资额7亿元，外贸进出口总额650万美元，新增“四上”企业7家，引进总部经济2家。财税收入1.2亿元，其中国税1500万元，地税10500万元，居民人均纯收入42301元，连续三年跻身全区绩效考核街道类一类单位序列。

项目建设顺利推进。共铺排重点项目58个（含区重点项目47个），其中基础设施项目16个、公共配套项目6个、产业项目36个。2015年新启动6个项目432亩，其中含浦大道一段、斯德尔、左栗路、莲坪大道等项目签约腾房率为100%，岳麓科技园检测园总部、环城绿带项目年底实现全面签约。受整体经济形势影响，辖内房地产行业全年发展速度减缓，街道大力扶持培育现代服务、生态旅游、生态农业、中小微企业等多种业态。完善岳麓农趣谷25亩核心区域基础配套设施建设，完成7所房屋和40亩土地的租赁、流转工作,引导和支持景区村民完成4所最美乡村庭院的建设工作,完成景区旅游路线地图、标识路牌的制作。中国汽车零部件工业公司落地户学士,拟建中汽(湖南)中央汽车文化公园,已完成项目规划、投资方案、汽车赛事活动策划及汽车赛道设计工作。完善农村环境综合整治长效机制,增强农村环保“造血”功能,强化农户环保意识,推进农村垃圾分类回收工作,修复农村垃圾池300个、增配环保垃圾箱600个。开展玉赤河截断污染源和生态修复工作,加快推进生猪养殖清退工作,拆除大型畜禽退养13处,18000平方米。持续抓好绿化环保工作,在岳麓农趣谷、玉赤河沿线、学士路等地播撒花草种子约1800千克,种植桃花树约10000株。开展拆违控违工作,年度拆除违章搭建房屋337户,共11万平方米,超额完成3.5万平方米的拆违任务,为街域产业项目布局提供广阔发展空间。建拆并举,多方面筹措资金500余万元,完善象嘴路及含浦大道与云栖路交叉口立交桥亮化工程,完成学士路、云栖路、车塘河路、联丰小区、学士小区的提质改造工作,在象嘴路口、含浦大道等主要路口增设红绿灯,街域整体环境日趋优美。同心共造畅通学士,外移3条公交线路终点站至三环线外,有效缓解建成区拥堵现象。

社会管理综合治理。街道与辖区派出所协同开展社会综合治理“小安大爱”创建工作,组建专业治安巡防队伍2支、村(社区)治安巡防队伍8支、群防群治力量共1500余人,设置30个治安管理网格全面覆盖各村、社区。2015年联合派出所、交警中队、工商管理等部门开展综治线专项打击行动80余次,捣毁传销窝点余85个,遣散传销人员910余名。受理刑事案件共141起,同比上年下降32.85%,其中侵财案件139起,同比上年下降26.4%。坚持依法治访,稳步推进信访维稳,全年积极调处矛盾纠纷63起,调解率100%,整体调解成功率98%,进京上访人数一直为零。专门设立处置60号令历史遗留问题办公室,扎实开展60号令信访遗留问题处置工作,积极协调处理米兰春天停工、洋湖创富项目投诉、麓山里“楼跑跑”、九龙领仕汇项目复建问题,广泛听取人民群众诉求,走访调研采集民情记录2237条,主动做好多方协调稳控工作,做到矛盾化解在基层、化解在一线。2015年获岳麓区社会管理综合治理先进街道称号。严格开展安全生产监管,单独设立安全生产监督站,年度组织发放安全宣传资料2万余份,出动安全生产检查共计1998人次,检查生产经营单位1502家,排查各类安全隐患3998处,现场整改3768处,下发责令整改143份,消防处罚警告39家。开展消防安全检查13次、网格化安全大检查12次、中小学幼儿园安全检查10次、食品安全检查8次、在建工地检查4次、特种设备安全生产检查3次,主办以安全生产为主题的大型文艺演出4场次、协办省、市、区、街合力参与的500人消防技能大比拼活动,2013年获全市安全生产示范乡镇(街道)称号。

城市管理有序推进。以城乡融合为目标,充分发挥全市首家城管调度中心综合协调作用,整合城管办、执法中队、数字化指挥中心、市政、环卫、园林、环保以及开放式物业管理等城市管理维护单位资源,健全顺畅“快反应、低重心、无缝隙”的城市管理调度机制,工作阵地实现由建成区域向农村区域的延伸,城管问题解决的工作效率平均提升75%以上。推进最精细城管工作,与物业公司、环卫部门建立“一对一”无缝对接的合作处置机制,环卫工人专线联系门店,定人定时定点上门收集餐厨垃圾收集、破除“牛皮癣”顽疾。开展渣土车辆出城整治行动,合理设置临时停靠场所,年度清理出城渣土车辆400余台,设置临时停车位500余个。作为全市唯一的城乡接合部先进典型,2014年上半年获评市级城乡环境卫生“优胜街道”、2015年5月获批长沙市城市管理“十佳街道”,在全区上半年城市管理工作排名中名列第一。

社会事业稳步发展。年内走访困难群众、特困党员、退伍军人397户,发放慰问金17.96万元。开展“爱心妈妈团”“市区手牵手慈善助学”等爱心帮扶活动,筹集捐款4万元,帮助22名特困学子继续学业。结合学雷锋日、在职党员进社区等活动,组织街道干部与志愿者开展“关爱孤寡残老活动”,深入敬老院提供医疗服务和赠送慰问物资。挖掘辖区高校志愿者专业特长,组织湖南中医药大学、湖南食品药品学院和湖南工业职业学院志愿者180人次进村(社区)入户,开展食品药品安全讲座2次、义诊进社区活动4次、家电维修大惠民活动6次。开展雷锋超市创建工作,年度接收捐赠43390元,发放救助物资折价37043元。整合惠普社会组织社工资源,创建社区“四点半”课堂,试点免费为中小学生开放绿色网吧、图书室、书画室、健身房等场所。开展“公共卫生服务赶集”试点，建成500平方米的社区居家养老服务中心，举办15支队伍参加的首届“岳麓智谷杯”大型篮球赛1次，有效实现各类公共服务均等化。坚持“开前门，堵后门”基本原则，完善学士就业服务信息平台建设，以专业培训充分提升待业群体就业技能，平台全年登记求职人数446人，通过平台成功就业149人次。精心组织“春风行动”现场招聘会，吸引800余失地农民和进城务工人员参与应聘，达成就业意向200余人。优化计生服务质量，全年国家免费孕前优生健康检查177对，落实长效避孕节育措施231例，奖扶人数1772人，获长沙市2014年度人口计生工作“十佳”和模范乡镇（街道）、2015年岳麓区人口和计划生育工作优秀单位等称号。

党建纪检不断加强。突出工委主体作用，抓好党风廉政建设。始终坚持“领导主体、落实主体、推进主体”三位一体，当好党风廉政建设的推进派。党政领导带头签名《学士街道领导干部廉洁从政十项承诺》，在全街全面落实“廉政灶”全覆盖，村（社区）公务“零接待”，项目征拆建设指挥部“三必须、六不准”（“三必须”即必须设立纪检监察机构、必须接受审计、必须坚持阳光公开；“六不准”即不准空头许愿、不准接受工作和服务对象的请吃、不准充当“中介”和“掮客”、不准推诿塞责、不准破坏施工环境、不准违背廉洁承诺）等制度，全面确保纪工委履职。党政办公会议先后7次专题研究党风廉政建设工作，研究制发相关文件6个，第一时间召开全街党员大会，专题学习《中国共产党廉洁自律准则》和《中国共产党纪律处分条例》，对党风廉政建设做到常研究、深部署、多学习。将工作作风摆在决定事业成败的高度，制定下发《学士街道机关干部加强作风建设管理追责制度》，制定落实《学士街道机关工作人员和村（社区）支委成员工作作风和效能考核管理办法（暂行）》。坚决落实《岳麓区基层党组织党务公开实施方案》，对党务公开执行情况进行专项督导和检查。引导各村通过民主选举成立“村务监督委员会”，进一步扩大村务政务公开力度，自觉接受人民群众监督，夯实党建基础。在街村（社区）两级广泛搭建“四同创建”阵地，巩固共同思想政治基础，凝聚政治共识这个圆心，确保条例落地生根。团结各方力量，引领项目助推，打造经济升级新蓝图。以何继善院士成立的继善高科产业园为主阵地打造同心园区，在项目拆迁、基础设施配套等方面提供全方位服务，加速同心园区产业高端要素汇聚，产业结构合理调整，吸纳赛恩斯环保、中大检测等20多家高新技术产业入驻园区，汇集50余名高知识层次统战对象，提供就业岗位100余个，累积带动周边就业近千余人，园区利税过千万，进一步扩大党建覆盖面。坚持“一线工作法”，发动全街党员深入村（社区）进行村落庭院卫生大扫除和重点路段交通秩序规范大劝导。在基层党组织中，分类开展“立足本岗，争先创优”演讲比赛、“入党干什么，为党做什么”大讨论等主题活动，引发新一轮政治、政策、政心素养提升潮。以“七一”总结表彰大会为契机，组织全街800多名基层党员召开“增强党性，凝心聚力，奉献学士”主题大会，通过工委书记述责述廉、发放《牵好“牛鼻子”，种好“责任田”》、“温习党章知使命，佩戴党徽亮身份”、全体党员重温入党誓词等形式，激发组织内生动力，寻找组织归属感召，充分调动共产党员积极性，发挥先锋模范作用，增强党员归属感。（刘科伟）

含浦街道

含浦街道办事处

党工委书记

李学军

党工委副书记、办事处主任

夏　峰

党工委副书记、人大工委主任、纪工委书记

舒　拉(8—)

党工委副书记、政协联络处主任

杨岳军

党工委副书记

蒋　敏(女)

党工委委员

李胜宏

办事处副主任

康景洋

熊海江

伍永华

【概况】 1951年建乡，1958年撤乡设人民公社，1962年析建九江、学士公社，1984年撤公社设乡，1998年撤乡设镇，2011年撤镇设含浦街道。2012年析置含浦、学士两个街道办事处。2015年，含浦街道辖6个行政村和1个社区居委会，共有162个村（居）民小组，8898户，27968人，其中农业户6609户，农业人口25719人。总面积51.17平方公里，其中耕地面积1240.8公顷，山林1477公顷，堤防约20公里，占全区堤防总长约1/3，大小堤垸7个，水库2座。全年实现粮食总产量16408吨，完成农业总产值12481万元，街道工业总产值24775万元，其中完成规模工业总产值 13883 万元。全年完成税收 658 万元，其中地税 439 万元,国税 219 万元,农民人均收入 8998.77 元。

经济发展。一是发展现代农业,完成水稻种植 1.86 万亩,连片油菜 1500 亩,连片绿肥 6500 亩。加大冬修水利项目建设，完成山塘清淤 31 处,水渠护砌 29 处,小河坝维修加固 3 处。引进了占地 700 余亩的现代农业休闲项目——沃之园，该项目于 6 月 6 日正式开业。根据区雨莲含现代农业片区的定位,积极打造“含浦乡韵谷”。重点支持官埠口村创建“美丽乡村”示范点。二是推进项目建设，街道中心幼儿园项目已完成竣工验收，春节后将顺利开园。干子小学及附属幼儿园项目顺利开学。芝字港大桥建成通车。污水处理厂通过环保“三同时”竣工验收,并投入运行。集镇杆线下地、立面改造、道路改造等工程完工。社区卫生服务中心项目已完成项目招投标。12 月 20 日,《长沙晚报》头版头条对含浦街道民生工程建设进行了报道。三是落实拆违控违,共组织拆违行动 40 余次,拆除违法建筑 112 处,拆除面积 28621 平方米。清理拆后建筑垃圾 112 处，清场 2.8 万平方米,复绿 103 处,复绿面积 2.1 万平方米。为群众办理建房证 168 本,规划证 196 本;完成危房改造 27 户,其中重点援建户 6 户,一般援建户 21 户。四是整治乡村环境，深入开展乡村环境卫生综合整治工程,以干子村为试点,对辖区主干道路、河道水塘等重点部位的环境卫生进行全面清理整治，共清理卫生死角 60 余处,清理陈年垃圾 80 多方。积极开展“绿色庭院”创建活动,选取官埠口村为示范点,以点带面,为百姓营造一个干净整洁的生活环境。大力开展环境卫生大评比活动，对月评比中对排名靠前的村（社区)给予奖励,排名落后的村(社区)给予处罚。

社会事业。一是优化社会服务。积极开展“服务育龄群众百日行” 活动和计生协会 5·29 活动，大力推行“亮灯式”管理模式,完成孕前优生健康检查的对象共 201 对。加大村级卫生室建设改造力度,官埠口村“金轮侨心卫生站” 和干子村级卫生室已全面改造完成。加快农村公共文化建设，引导群众自发成立了官埠口村“朝晖舞蹈队”和九江村“夕阳红腰鼓队”;举办了以“做阳光女性、享幸福生活、创智慧人生”为主题的趣味运动会和“亲近自然,青春永驻”登山比赛,陶冶了干部群众的情操。完成低保审核 554 户，1077 人，发放救助金 166.29 万元；完成农村养老保险的参保人数 10648 人;开展了“春风行动” 大型招聘会，为 400 余人提供了就业岗位；街道劳动保障站被授予“长沙市城乡居民基本养老保险经办服务示范点”称号。二是重视安全生产。与各村(社区)、企业签订安全生产目标责任状。积极开展“打非治违”专项行动,检查企业、个体等 100 余家,查处非法存储烟花爆竹点 2 家、清退 1 家无证大型食品加工作坊，年内未发生一起安全责任事故。三是做好信访维稳。大力开展普法宣传和“平安进基层,综治大走访”活动，加强不安定因素的排查和调处工作,重点做好春节、全国两会期间的不安定因素排查和矛盾纠纷的调处工作，共排查调处各类矛盾 46 起,调处成功 46 起,调处成功率为 100%,无到市、赴省、进京非访,社会大局保持和谐稳定。

党建工作。一是基层组织建设。召开街道党建工作推进会,下发《含浦街道 2015 年党建工作要点》,与各支部签订党建工作责任状。加大对弱涣散党组织的整顿帮扶力度，选派街道优秀干部任干子村第一书记到村指导整改工作。认真落实“三会一课”制度,全面落实“四议两公开”工作法,完善村级监督委员会工作机制,对村级财务、资产资源处置、村务公开等情况进行全面监督。按“三三制”党员发展办法,发展新党员 10 人,转正 10 人。二是深入开展党员“亮身份　找差距　作表率”活动,引导党员在拆违控违,环境整治等方面发挥先锋模范作用。积极开展农村党员冬春训工作,7 次邀请市区领导对各支部 800 多名党员进行轮训。实行党员积分制管理,每月评选机关“党员之星”三名。三是密切党群干群关系。大力推行“三服务”一线工作法,深入开展“一推行四公开”和党员干部“一进二访”活动,共收集民情问题 56 个,全部解决到位。

（胡海彬）

【港商捐建侨心卫生站】 3 月 4 日，由香港金轮集团董事局主席王钦贤捐资 50 万元兴建的金轮侨心卫生站，在含浦街道官埠口村揭牌成立。市委常委、市委统战部部长文树勋和省、市侨联负责人出席活动。官埠口村村民代表向金轮集团赠送锦旗,相关领导与该集团负责人王钦贤一起为卫生站揭牌。卫生站竣工投入使用,解决了街道 2 万多居民的就医需求。

【八项民生工程打造含浦新市民生活】 近年来,已投入近 1 亿元资金，含浦街道先后启动集镇提质、集镇农村安全饮水、污水厂建设、公立幼儿园建设、芝字港渡改桥、干子村校园建设、社区卫生服务中心、入城通道工程等八大民生工程,居民广泛受益。目前,芝字港大桥已建成通车，方便靳江河两岸居民出行，告别了靠渡船过河的历史。含浦自来水管网已通到居民家门口，元旦前后开始供水；污水处理站已通过环保验收并已开始运行，每天可处理污水 1300 立方米。同时,通过管线下地、门面招牌广告统一等方式改造，集镇改变了昔日脏乱差面貌,街面上看不到一处垃圾,人们的行为举止更文明，集镇成了居民们购物休闲的好去处。

莲花镇

莲花镇人民政府
党委书记 黄军其
镇　　长 彭首志
党委副书记、人大主席
杨新军
党委副书记、纪委书记、政协联络处主任
苏文斌(1—8)
何权刚(9—12)
党委副书记、武装部长
付烈山
党委委员、政法委书记、副镇长
刘　潮
副 镇 长 侯　光
李建成
谭　玲(女)

【概况】 1951 年建乡。1995 年五丰、莲花、桐木三乡合并为莲花镇。2015 年,莲花镇辖 16 个行政村,1 个社区,268 个村民小组,16648 户,50935 人。镇域面积 113.9 平方公里,山林面积 8000 公顷,耕地面积 2495.27 公顷，其中，水田 2048.6 公顷，旱土 446.67 公顷。2015 年实现工业总产值 35614 万元,工业增加值 11039 万元,完成财政收入 3510 万元。粮食总产 33326 吨，蔬菜生产面积 2000 公顷,水产品产量 2165 吨,经济指标全面完成。被确定为“湖南省新型城镇化试点镇”、获评“全国文明镇”,五丰村获评“全国文明村”。

产业发展。一是产业结构优化升级。继续提质桐木现代农业产业示范园，打造现代农业产业集群。完成森蓝蓝莓展示馆主体建设。天泉草业完成市级“秀美乡村湿地生态系统示范点”建设。推进桐木村巡检湾示范组建设,全面完成古桥遗梦、桐木农耕文化展示馆和莲花河桐木段生态提质改造。二是全力服务龙头产业,为产业发展保驾护航。占地 165 亩的长沙市气象公园项目进入工程扫尾和设备调试阶段。爱格设施农艺园项目流转土地 900 亩,1.5 万平方米设施大棚建设完成。三是重点扶持现代农庄，打造旅游观光特色。“圣峰果业”依托莲花山,建成了集水果采摘、观光餐厅和休闲度假于一体的新农村示范农庄。“新中荷农庄” 流转土地 300 余亩,建成集茶叶生产、蔬菜配送、餐饮娱乐、旅游观光于一体的现代生态农庄。2015 年获评“长沙市统筹城乡融合发展优秀单位”。

基础建设。一是加快推进重点项目建设。长韶娄高速辅道全线通车，莲花镇中心小学建成并投入使用，长沙市示范性综合实践基地完成主体工程并启动附属工程建设，莲善公路完成拆迁并启动施工建设，岳宁大道莲花段启动拆迁腾地工作。黄桥大道、雨莲大道、长韶娄高速公路、长沙市示范性综合实践基地等重点项目 400 余户农民安置工程建设全面铺开。其中,云盖、东塘、金凤安置小区房屋主体建成并完成入住；莲花社区安置小区基本完成主体建设；五丰、军营安置区完成正负零建设,部分已完成主体;华宝安置小区已完成土方平整。二是加快农村公路、农田水利建设。修建农村公路 20 公里,整修大型骨干山塘 24 口，扩容加固骨干山塘 4 处,完成河坝综合整治 6 处,完成清淤工作 130 亩、沟渠疏浚 12.2 公里。稳步推进农村安全饮水工程，完成从长韶娄高速至莲花集镇以及雨敞坪至桐木集镇的自来水管网工程建设。

生态治理。一是健全环境整治机制,强化生态环境保护。推进“美丽乡村”建设,开展“五美”家庭评选,完成社区、桐木、云盖、立马 4 个环境卫生示范点建设,莲花镇获评全国文明镇，五丰村获评全国文明村,《经济日报》、《湖南日报》和《长沙晚报》等媒体以《千年古镇莲花美》《文明莲花俏争春》《现代农业“接二连三”激活第六产业》为题对莲花建设成果予以报道，两型品牌效应日益凸显。二是落实“三年大造绿行动”。实现 “三边” 造林、“四旁” 植树 1500 亩,迹地更新、荒地造林 300 亩。完成莲花河桐木段 3 千米的清淤、绿化、美化等生态景观改造工程,绿化乡村道路 3 条,创建绿色示范集镇 1 个、绿色示范村庄 1 个、绿色示范社区 1 个、绿色示范组 17 个、绿色示范庭院 60 户。

社会事业。一是夯实“富民”根基。落实积极的就业政策,转移农民就业 2838 人,新增城镇就业人员 98 人,帮扶失业人员再就业 7 人。做好下岗失业人员的登记管理工作，发放就业失业登记证

92本,新增办证42本,发放失业金存折48本。二是大兴“惠民”举措。稳妥推进城乡居民养老保险工作,完成居民参保缴费17738人175.44万元,完成比率124.43%。做好城乡低保并轨工作,发放社保卡3.2万张。积极对接上级部门和社会组织,结对帮扶特困群众233户。落实农村危房改造政策,改造危房49户,救助因灾倒房户54户11.7万元,发放临时救助款20.2万元、优抚定补金180人23.5万元、伤残军人抚恤金30人147万元。完成广播电视户户通工程1085户。三是多办“利民”实事。投入资金完成双枫中学操场征地和十六幼儿园的改扩建、五丰中学围墙的新建、金塘小学电路改造。提质改造镇综合文化站,完成文化站户外体育中心、桐木村示范性市民体育中心建设。组建莲花女子合唱团,开展广场舞、拔河赛等全民健身活动,群众文体活动丰富多彩。社会公益组织“农家学舍”持续发展,已扩展到7个服务点,定期免费服务留守儿童300余人。完成华宝、立马村卫生室标准化建设并投入使用。建成云盖、社区、龙洞、金凤4个养老示范点,云盖、桐木、金凤、集贤等4个点正在申报省市级农村幸福院。优化计生服务,年度符合法定生育率92.6%,开展社会抚养费征收等工作,落实流动人口均等化服务。

社会管理。一是狠抓安全生产。完善安全生产监管机制,落实安全生产责任制,坚持安全生产季度讲评制。以铁腕手段整治安全生产,全年排查安全隐患30余处,关闭非法采石场、砖厂各3家。加大对校车安全隐患的排查力度,有效降低道路交通安全风险。依法打击非法违法生产经营行为,加强全镇烟花爆竹、危险化学品、建筑施工安全的专项整治工作,加大巡查排查力度,及时整改到位,确保全年未发生安全生产责任事故。二是畅通民意渠道。自觉接受人大法律监督和政协民主监督,办理人大代表建议30件、政协委员提案6件。落实“三服务”一线工作法,开展“一进二访”活动,为群众解决问题120个,干群关系进一步融洽。有效开展“12345”市民服务热线工作,办结工单139件。规范政务服务标准,简化办事服务流程,扩大政务公开范围,全年公开政府信息293条,回复红网、区长信箱、政务网站领导信箱信访件45件,完成上级督办件9件。开通“莲花慢谷”微信公众号,发布动态消息500多条,关注指数达1.5万人39万次。三是强化综合治理。强化社会治安管理,加强特护期重点人员的稳控,全年未发生进京非访或到省市政府集体上访事件。举办禁毒妈妈宣誓仪式,开展“零发案村(社区)”创建活动,加强治安巡逻,及时掌控动态信息,有效化解矛盾,消除治安隐患,群众安全指数提升。全年调处纠纷265起,调解率100%,成功调处率98%,为群众挽回损失337万元。

党组织建设。一是加强干部队伍建设。按照“公开、公平、公正”原则,向社会择优录用5名机关干部,10名计生助理和2名计生队员。加大干部培养力度,2名机关聘用人员成功考入事业编制行列。积极开展“五好”班子、“五好”干部评选活动,彰显党委选人用人导向。二是巩固基层组织建设。强化班子队伍建设,培养选拔村级后备干部,基层党组织的战斗堡垒作用加强。推行党员发展“三三制”原则、党员分类积分管理和不合格党员处置办法。完善各村(社区)一站式办公场地建设,加大投入改善软硬件基础设施,将桐木村打造成农村基层党建综合示范点。三是深化党风廉政建设。落实“有错无为”问责办法,出台《莲花镇治理镇机关干部“走读”的暂行办法》,严格执行季度考核制度,强化对干部的管理。加强廉政教育,贯彻落实《中国共产党廉洁自律准则》《中国共产党纪律处分条例》,领导干部示范带头、以身作则,干部队伍的自警、自省、自励、自律意识增强。四是发挥党员示范作用。坚持把支部建在产业基地上,建立天泉草业、南洲湖等非公企业党支部,促进支部建设与产业增效、农民增收良性互动。深化党政班子“一联一”的服务模式,班子成员带头促服务,主动联点企业、对接项目,以党员示范作用带动产业发展。创建“李国明”五老工作室、环境保护志愿团队、“萤火虫公益微信群”等志愿服务活动品牌,涌现李国明、张红光等一批服务群众的先进典型党员。（李未枝）

【爱格设施农艺园项目落户莲花】 2月26日,岳麓区莲花镇东塘村、五丰村与湖南斯利农业有限公司签订土地承包经营权流转合同,这标志着投资1.8亿元的爱格设施农艺园项目正式落户莲花。该项目总占地面积1000亩,其中现代设施农业区500亩,特色花卉培育区200亩,属于莲花镇“一核两翼”发展格局中的东翼核心区。项目规划有现代设施农业观光园、植物种苗工繁育工厂等子项目。其中现代设施农业观光园将采用花园景观规划的设计手法,种植特色花、蔬、果产品,同时融入农耕文化,建设集现代设施农业研发、技术创新、设施设备展示、设施农艺观光体验、现代农业科普及技术培训等功能为一体的花园式现代设施农业园。

【莲花镇被列入湖南省新型城镇化试点镇】 8月4日，省政府新闻办召开发布会，新型城镇化试点正式启动。岳麓区莲花镇被确定为全省28个建制镇新型城镇化试点地区之一，成为长沙市城区唯一的试点镇。对于新型城镇化试点地区，《湖南省新型城镇化试点工作总体实施方案》指出，省赋予试点地区先行先试政策，并给予一定资金支持。资金重点倾斜方面，将设立湖南省新型城镇化试点专项资金，每年对试点地区通过以奖代补形式给予资金支持；新型城镇化建设信贷资金重点向试点地区倾斜；中央代省政府发行的地方债重点投向试点地区；中央和省级专项资金倾斜。政策优先试点方面，方案提出国家和湖南省涉及城镇化的改革措施，优先安排在试点地区推行；试点地区享受优先推荐参加低碳生态试点城镇、海绵城市、智慧城市、住宅产业化等国家试点示范的权利；湖南省开展的各类专项试点优先安排在试点地区等。

（李未枝）

雨敞坪镇

雨敞坪镇人民政府

党委书记 李群素（女）

党委副书记、镇长

刘志军

党委副书记、纪委书记、人大主席

吴俊良

党委副书记、政协联络处主任

刘 震

党委委员、人武部长

王桃兵

党委委员、副镇长

叶 兰（女）

副 镇 长 罗勇谋

刘 锋

黄友良

【概况】 1949年8月建嵇山乡。1995年5月撤嵇山、麻田乡设雨敞坪镇。雨敞坪镇位于湘江新区核心区，东与莲花镇相连，西面、南面与宁乡县花明楼镇、夏铎铺镇交界，北邻望城县白箬铺镇，镇中心经惊西线与319国道、市区三环线相连，距猴子石大桥相距45公里，距长沙市委、市政府40公里，往东通过雨九线与莲花镇相连，距长花灰韶公路10公里，区位优势明显。镇政府驻地嵇家山村，辖7个村、1个社区，11202户，36062人。境内为丘陵区，最高点嵇蹦山海拔474.9米。全镇总面积83.7平方公里，共有水田1867公顷，林地3715公顷，水面300公顷。2015年共完成财政总收入4098万元，其中国税105万元，地税503万元；完成全社会固定资产投资6326万元；全年签约项目2个，投资额2000万元，履约率达100%。 （阙琳）

经济发展。一是工农业发展。雨敞坪镇坚持以“突出特色、辐射带动”为导向，按照“几轮明月、满天星斗、绿色银行”的田园产业战略发展规划，重点打造“四个千亩基地”（即千亩韭黄基地、千亩生姜基地、千亩彩色稻基地、千亩特色水果基地）和“十百千新农家”（即十个特色农庄、百所农民合作社、千名种植大户），促进农民增收、农业增效、农村发展，推动雨敞坪镇逐步成为“现代化的乡村都市、产业化的发展乐园”。全镇建成以润坪、雨泉、裕成为代表的农民合作社28家，推行“农户+基地+企业”的模式，形成以韭黄、生姜、油茶、美国山核桃等为特色的种植项目43个，特色种植面积373公顷，引进浙江特色品种田鱼养殖80多亩，小龙虾养殖180多亩，娃娃鱼养殖场2家，生态蛇养殖4家，山地养鸡场7家。该镇共有企业25家，非煤矿山5家、烟花鞭炮经销点17家、加油站1家、加工企业2家。规模工业产值完成6000万元，规模工业增加值完成1620万元，社会固定投资完成6326万元，新增规模企业1家，完成外贸进出口303万元。成功建成高标准农贸市场，积极探讨乡村旅游，成功引进湘唯广告有限公司，引进市外境内资产9700万元，完成外贸进出口30万美元，成功申报四上企业1家，总部经济1个。二是项目建设。城镇开发。投资600余万元建设“惠民”文化广场，投资536万元对福胜桥至污水处理厂沿线、镇机关大院周边等38栋累计186缝房屋进行立面改造，投资160万元建成整洁、有序集镇农贸市场投入使用，全面落实田园风情美镇打造，进一步提升建管水平。加强农村基础设施建设，全年投入552万元硬化村组道路23公里，实现示范道路白改黑4条。加大完善水利设施体系建设力度，全年投资700余万元，完成山塘清淤19.67公顷、骨干山塘整治57处、高危山塘整治4处、渠道疏浚33.3千米、小河坝整治9处。配合完成安全饮水工程建设并试运行，全面提质群众生活用水。

社会事业。一是社会管理。年内配合政法机关立刑事案件40起，查处治安案件20起，维护辖区内社会稳定。组织开展14余次非煤矿山、烟花爆竹、企业消防、校车、食品、液化气等十大安全检查,排查安全隐患30余起。平安创建水平提高,创建平安村(社区)11个,治安安全单位9家,无毒村(社区)11个,无邪村(社区)11个,平安校园8家,创建面100%,合格率90%以上。二是民生保障。完善居民参保方式。全年城乡居民养老保险征缴141万元,城乡居民医疗保险征缴260万元。全年共计发放保障金515万元。切实保障住房安全,完成危房改造53户;开展创业富民活动,新增城镇就业55人。打造民生工程。积极构建敬老爱老长效机制,投入近1200万元新建一所"医养结合"的敬老院,10月搬迁入住。农村环境综合治理。全年制作宣传禁烧横幅60余条,印刷宣传标语1000余份,定期召开秸秆和垃圾禁烧调度会,确保秸秆、垃圾的禁烧。新建350个三格化粪池,成功通过验收。投资60余万元新建垃圾池680余个,添置垃圾箱和垃圾桶2000个,夯实设施基础。投资30余万元,建设完成嵇山中学污水处理系统,全面提升污水处理能力。三是教育卫生。贯彻落实"教育强镇"目标,强力推进素质教育,特别注重规范管理校车,全年未发生教育领域安全事故。探索整合学校资源,引进名校联合办学机制,提升全镇教育教学质量。扎实开展食品药品安全建设与管理工作,加强农村集体聚餐管理,全年未发生食品安全事件。升级改造西湖、麻田等5个村卫生室,全面提升基层医疗水平。计划生育。2015年全镇共出生人口485人。组织开展了"服务育龄群众百日行"等活动。

*党群组织建设。*一是引导党员干部坚定政治方向,严守党的政治纪律,确保政令畅通,认真开展群众路线"回头看"和"三严三实"专题教育活动,坚持"一推行四公开"群众工作、"三服务一线"工作法,实现服务群众零距离,最快速度解民忧,全年共解决群众各类诉求130余件,办结率、满意率100%。推行"12345"市民服务热线与信访工作相结合,全年共处理市民服务热线50余起,办结率、满意率100%;接待来信来访37批次。二是认真落实全面从严治党要求,建立健全89个农村党小组,率先全区出台并实行《农村党员积分定等管理办法》,从严执行"三三制"发展党员14名、处置不合格党员11人,整治福胜村党组织软弱涣散问题。创新党建引领和服务品牌,打造新卯村"一站四带零距离"党建模式、麻田村党建"一二三四"工作法、卫生院"党建引领建功立业"等系列党建示范点;涌现嵇家山村李家庄"民情直达车"、中心校"45分钟未来"党团员志愿服务、社区"'伸手弯腰'乡村环境自卫队"和新卯村"和事佬帮帮团"等志愿服务品牌,联系服务群众"最后一公里"更加顺畅。三是坚持党风廉政建设,全镇各镇属单位、社区(村)党组织书记层层签订党风廉政目标责任书,全面落实"一岗双责";全面实施"预算管理",严格财经报批;完善"三公"经费、财政预决算、村级财务管理等制度;落实"廉政灶"全覆盖、村级公务"零接待"等相关制度,实现关口前移、源头治理。深入开展"清风岳麓,你我同行"等廉政主题教育活动,打造麻田、新卯村廉政建设示范点。

(阙琳)

【环境卫生优秀乡镇】 雨敞坪镇素有"全国环境优美乡镇""省级卫生镇"和"市十佳镇"称号。全镇坚持按照网格化、精细化管理模式,推行垃圾分类减量法和卫生收费制,嵇家山、福胜、麻田等6村被纳入湘江新区一类村生态补偿范围。全区环境卫生月评比中4次排名第一。年中考核获评长沙市城乡环境卫生"一类"乡镇。年度考核获评"长沙市2013—2015年周期优秀乡镇"。

【特色乡村旅游】 雨敞坪镇深入挖掘自然资源、文化底蕴,培育壮大特色乡村旅游,凸显"风情山水、幸福人居、生态休闲"新意。宣传推介"美丽嵇山如座佛""天然氧吧长寿奇福泉水湖"文化生态旅游,锤炼特色品牌,实现农村与观光休闲产业、健康养生产业嫁接,使乡村旅游逐渐成为城乡一体的主角,彰显雨敞坪独特田园风情魅力的产业增长新极。全镇逐步建设了金马、秀才塘、红叶情等一批以健康养生休闲农业园、生态蔬菜瓜果采摘园为代表的农业休闲园20余家。

榜上有名

（排名不分先后）

获国家(部委)奖励(命名)单位名表(2015 年)

获奖单位	获奖名称	授奖单位
岳麓区	全国创建农村土地经营权流转试点县(区)	农业部
咸嘉街道白鹤咀社区	全国综合减灾示范社区	民政部
区人民法院民事审判一庭	全国巾帼文明岗	全国总工会
区人民法院中南大学法学院	《〈专制法〉第四次修改关于专利纠纷调解救剂机制的研究》中标高院 2015 年度第 9 项司法调研重大课题	最高人民法院
咸嘉街道咸嘉新村社区团支部	2014 年度全国五四红旗团委(团支部)	共青团中央
岳麓科技产业园	2015 年中国改革年度十大案例单位	中央改革办
莲花镇	全国文明镇	中央文明办
莲花镇五丰村	全国文明村	中央文明办
天顶街道司法所	全国模范司法所	司法部
橘子洲景区游客服务中心	全国巾帼标兵岗	全国总工会
朝阳青少年安全指导服务中心	“45 分钟的未来”银奖(农村儿童综合素质教育课堂)	共青团中央
春之辉特殊孩子援助中心	“45 分钟的未来”银奖(爱心糕点坊)	中央文明办
中南大学“待用长沙”公益创业团队	“45 分钟的未来”银奖(与环卫工人同行温暖传递计划)	民政部
中南大学“悦音之眼”公益社团	“45 分钟的未来”银奖(关爱盲童有声谈物录制公益行动暨悦音 APP 应用)	中国残联 中国志愿服务联合会
区人民法院	多元解纷示范法院	国家最高人民法院
咸嘉街道银谷国际社区	2015 年“国家级综合减灾示范社区”	民政部
区农业林业畜牧局	千年古镇莲花美	《经济日报》(7 月 5 日 15 版)

获国家(部委)奖励(命名)个人名表(2015 年)

所在单位	获奖人	获奖名称	授奖单位
老干局	尹定国	全国关心下一代工作先进个人	中国关工委
天顶街道司法所	张治国	全国模范司法所所长	司法部
湖南师范大学美术学院	段江华	全国师德标兵	教育部
湖南师范大学美术学院	段江华	时代楷模	中宣部
区委党校	邓　晖	创新社区教育治理	《人民日报》2015 年 3 月 25 日理论版
区委党校	董彦宏	新常态下推进基层治理法治化的路径探析	《中国市场》2015.12

获省(厅局)奖励(命名)单位名表(2015年)

获奖单位	获奖名称	授奖单位
岳麓区	县级精细化管理工作先进单位	省财政厅
岳麓区	县市区非税收入征收管理工作先进单位	省财政厅
区消防大队	全面建设先进单位	省消防总队
区公安国保大队	侦破“2013.10.24”特大组织领导传销案集体三等功	省公安厅
西湖街道财政所	湖南省2015年度标准化财政所创建工作先进单位	省财政厅
莲花镇财政所	湖南省2015年度标准化财政所创建工作先进单位	省财政厅
含浦街道财政所	湖南省2015年度标准化财政所创建工作先进单位	省财政厅
雨敞坪镇财政所	湖南省2015年度标准化财政所创建工作先进单位	省财政厅
岳麓街道麓山南路社区	2015年省级充分就业星级社区	省人力资源和社会保障厅
西湖街道谭家冲社区	2015年省级充分就业星级社区	省人力资源和社会保障厅
橘子洲街道师大社区	2015年省级充分就业星级社区	省人力资源和社会保障厅
银盆岭街道银星社区	2015年省级充分就业星级社区	省人力资源和社会保障厅
咸嘉湖街道荷叶塘社区	2015年省级充分就业星级社区	省人力资源和社会保障厅
望城坡街道老虎岭社区	2015年省级充分就业星级社区	省人力资源和社会保障厅
洋湖街道白庙子社区	2015年省级充分就业星级社区	省人力资源和社会保障厅
咸嘉街道银谷国际社区	2015年“湖南省综合减灾示范社区”	省综合减灾办
岳麓社区戒毒(康复)工作指导站	社区戒毒(康复)工作一级站	省戒毒管理局
区文体新局	2015年“欢乐潇湘　品质长沙”群众艺术、摄影活动摄影作品二等奖	省委宣传部、省文化厅、省文联
咸嘉湖街道	湖南省基层应急管理示范单位	省政府应急办公室
区法院刑审庭	审理刑事大要案荣立集体二等功	省高院
区委党校	全省党校行政学院系统科研先进单位	省委党校
银谷国际社区	2015年度“科普益民计划社区”	省科委
咸嘉新村社区	2015年省级两型示范单位	湖南长株潭两型实验区工委会、管委会
咸嘉新村社区	2015年度省级示范性青少年综合服务平台	团省委
岳麓公安分局	全省公安警卫基层基础建设先进单位	省公安厅
区纪委、监察	2015年度纪检监察信息工作先进单位	省纪委、监察厅
望城坡长华社区	全省最美志愿服务社区	省文明委、省志工委
梅溪湖街道阳明山庄社区	湖南省民族团结进步行先进社区	省人民政府
咸嘉湖街道白鹤咀社区	地震安全示范社区	省地震局、省民政厅
咸嘉新村社区	湖南省基层应急管理示范单位	省应急办
区老干部局	省老干部宣传工作先进单位	湖南省委老干部局
区老干部局	湖南省老干部(老年)大学示范校	湖南省委老干部局
区环境监测站	湖南省环境监测站标准化建设(三级站)达标单位	湖南省环境保护厅
荷叶塘社区	省示范妇女儿童之家	省妇联
岳麓山风景名胜区管理局	两型旅游景区	省旅游局、省两型办
银谷国际社区	2015年度“文明社区”	省精神文明建设委员会
区文体新局	《猫儿腻》获省艺术节舞蹈类金奖	省委、省政府
区文体新局	《黄河魂》获省艺术节器乐演奏类银奖	省委、省政府

获省(厅局)奖励(命名)个人名表(2015 年)

所在单位	获奖人	获奖名称	授奖单位
区法院	彭林霞	个人二等功	省高级人民法院
区法院	郭　曙	个人三等功	省高级人民法院
区法院	舒秋膂	个人三等功	省高级人民法院
西湖派出所	文增强	全省公安政治工作成绩突出个人	省公安厅
区公安国保大队	何应生	个人二等功	省公安厅
莲花镇	唐启汉	省关心下一代工作突出贡献奖	省关工委
区检察院	任　为	第七届全省检察机关侦查监督业务能手	省检察院
区文体新局	熊　艺	2015 年“欢乐潇湘　品质长沙”群众书法、美术、摄影活动美术作品三等奖	省委宣传部、省文化厅、省文联

附 录

岳麓区2015年重点民生实事工作完成情况

长沙市岳麓区为民办实事考核办公室

2015年12月8日

按照省、市重点民生实事工作总体部署及区政府关于下达2015年省市重点民生实事目标任务的通知要求,全区各级各部门高度重视、认真实施,全区重点民生实事工作进展顺利,大部分指标已完成年初下达的目标,预计全年所有指标将按质按量完成目标。现将主要情况汇报如下:

一、截至12月7日重点民生实事进展情况及全年预计

2015年,省、市重点民生实事工作涉及我区的指标任务共25项,其中省级考核指标11项,市级考核指标14项。

(一)已完成的指标22项,具体指标如下

普通公路安保设施建设、农村公路危桥改造、解决农村人口饮水安全问题、城区居民自来水户表改造、新增城镇就业、农村危房改造、新增公共租赁住房、城市棚户区改造、帮助0~7岁残疾儿童实施抢救性康复、贫困残疾人居家托养服务、社区卫生服务中心改扩建、新增社会治安视频监控摄像头、建设社区矫正中心、办理法律援助案件、肉类蔬菜流通追溯体系建设、示范性乡镇(街道)综合文化站建设、广播电视户户通工程建设、新农村示范村建设、新增养老服务床位、街道老年人日间照料中心建设、绿色示范村庄、绿色示范社区。

其中有七项超额完成:

1. 解决农村人口饮水安全问题:工作任务为1万人,目前完成1.2万人,预计全年完成1.3万人,完成工作任务的130%。

2. 城区居民自来水户表改造:工作任务为1万户,完成1.0258万户,完成工作任务的103%。

3. 新增城镇就业:工作任务为0.6万人,已新增0.7万人,完成工作任务的116.7%。

4. 帮助0~7岁残疾儿童实施抢救性康复:工作任务为36名,帮助45名,工作任务的125%。

5. 办理法律援助案件:工作任务为280个,已援助346件,全年预计援助360件,完成工作任务的128.6%。

6. 广播电视户户通工程建设:工作任务为3000户,目前已完成4264户,完成工作任务的142%。

7. 新增养老服务床位:工作任务为100张,已新增149张,完成149%

(二)暂未完成任务的指标有3项,具体指标如下

1. 农村环境综合整治村庄:工作任务为5个,此项目坪塘街道为项目单位,十月份已全面开始施工,工期大约两个月,预计12月20日完工并通过验收。

2. 全民健身工程建设—乡镇(户外)全区健身中心:工作任务为1个,目前健身器材正在安装,已完成工作任务的90%,预计十二月中旬完成。

3. 全民健身工程建设—乒乓球场、篮球场、健身路径建设:工作任务为6处,目前健身器材正在安装,已完成工作任务的90%,预计十二月中旬完成。

二、所做的主要工作

今年以来,我区重点民生实事工作应该说进展较快,效果较好,我们主要做了以下工作:

(一)加强组织领导。全区各级各部门按照省市要求和区委、区政府的统一部署,把重点民生实事作为工作重点、精心组织、狠抓落实。各责任单位也始终把重点民生实事工作摆在重中之重,主要领导亲自挂帅,组建工作机构,充实工作力量,加大资金投入,在全区形成了机构健全、组织严密、上下联动的良好工作机制。

(二)落实工作责任。区重点民生实事考核办按照省、市考核办要求,召开会议专题研究部署为民办事实工作,把实事指标分解落实到了具体责任单位和责任领导。各责任单位结合自身实际,对工作任务进一步进行了分工和细化,明确了具体责任人和完成时间,建立了严格的工作责任体系。

(三)完善工作机制。完善了信息定期反馈制度,要求各承办单位采取逐月上报,将落实情况反馈到区统计局和区考核办;健全了督促检查机制,坚持按月对重点民生实事工作进行调度,把定期督查和随机抽查、全面督查和重点督办结合起来,切实加强实事工作的督促检查。

附件:2015 年 12 月岳麓区重点民生实事项目完成情况统计报表

填报单位:岳麓区统计局 (盖章)　　　　2015 年 12 月

事项		考核项目	工作目标	计量单位	累计完成工作量	完成工作进度%	备 注
1	★	普通公路安保设施建设	57.6	公里	57.6	100	
2		农村公路危桥改造	1	座	1	100	
3	★	解决农村人口饮水安全问题	1	万人	1.3	130	
4		城区居民自来水户表改造	1	万户	1.0258	103	
5	★	新增城镇就业	0.6	万人	0.7	116.67	
6	★	农村危房改造	170	户	170	100	
7	★	新增公共租赁住房	1184	套	1184	100	
8	★	城市棚户区改造	600	套	600	100	
9	★	帮助 0~7 岁残疾儿童实施抢救性康复	36	名	45	125	
10		贫困残疾人居家托养服务	180	名	180	100	
11		社区卫生服务中心改扩建	2	个	2	100	
12	★	新增社会治安视频监控摄像头	560	个	560	100	
13	★	建设社区矫正中心	1	个	1	100	
14		办理法律援助案件	280	件	360	128.6	
15		肉类蔬菜流通追溯体系建设	8	项	8	100	
16	★	农村环境综合整治村庄	5	个	已全面开始施工十二月份完工	90	预计十二月中下旬完成
17		示范性乡镇(街道)综合文化站建设	2	个	2	100	
18		广播电视户户通工程建设	3000	户	4264	142	
19		新农村示范村建设	1	个	1	100	
20	★	新增养老服务床位	100	张	149	149	
21		街道老年人日间照料中心建设	5	个	5	100	
22		绿色示范村庄	2	个	2	100	
23		绿色示范社区	4	个	4	100	
24		全民健身工程建设　乡镇(户外)全民健身中心	1	个	招标结束,健身器材正在安装	90	预计十二月中旬完成
25		全民健身工程建设　乒乓球场、篮球场、健身路径建设	6	处	招标结束,健身器材正在安装	90	预计十二月中旬完成

注:"★"表示省考核项目。

负责人:　　　　填表人:周　凡　　　　填报日期:2015 年 12 月 8 日